王兆成 著

子化条件下劳资关系研究

——基于劳动过程变化视角

郑州大学出版社

图书在版编目（CIP）数据

数字化条件下劳资关系研究：基于劳动过程变化视角 / 王兆成著. -- 郑州：郑州大学出版社，2024. 9.
ISBN 978-7-5773-0672-8

Ⅰ. F249.26

中国国家版本馆 CIP 数据核字第 2024HN3162 号

数字化条件下劳资关系研究——基于劳动过程变化视角
SHUZI HUA TIAOJIAN XIA LAOZI GUANXI YANJIU——JIYU LAODONG GUOCHENG BIANHUA SHIJIAO

策划编辑	王卫疆	封面设计	苏永生
责任编辑	郜　静	版式设计	苏永生
责任校对	樊建伟	责任监制	李瑞卿

出版发行	郑州大学出版社	地　　址	郑州市大学路 40 号（450052）
出版人	卢纪富	网　　址	http://www.zzup.cn
经　销	全国新华书店	发行电话	0371-66966070
印　刷	广东虎彩云印刷有限公司		
开　本	710 mm×1 010 mm　1 / 16		
印　张	22.5	字　　数	348 千字
版　次	2024 年 9 月第 1 版	印　　次	2024 年 9 月第 1 次印刷

书　号	ISBN 978-7-5773-0672-8	定　价	68.00 元

前言

　　伴随着数字化与智能化为特征的数字技术在经济市场中的不断融入,人类正经历着生产力和生产关系的再次变革。人类迈入了数字社会。这一变革不仅改变了人类的生产方式,也对劳资关系产生了深远影响。人工智能带来的利润变化、工人下岗、数字生产力变化、劳资关系变化、未来利润率走势等方面急需经济学理论论证支撑。马克思说任何商品生产过程是劳动过程、价值形成过程的统一。资本主义的生产过程是劳动过程与价值增殖过程的统一。劳资关系即由资本雇佣劳动所产生的利益关系,最突出的表现是劳资之间围绕着生产和分配的博弈,劳资关系成为现代市场经济的核心关系。数字化条件下劳资关系将产生如何变化,新的变化将如何作用于资本、劳动、利润、分配,这些研究领域必将成为当今经济学界研究的一大理论内容。这些内容也将势必成为时下马克思主义政治经济学亟须研究的热点问题。

　　本书运用政治经济学原理,使用马克思生产力-生产关系理论、生产过程理论、资本积累理论等,基于劳动过程和价值增殖过程从劳动过程视角来分析数字化条件下劳资关系的变化,从劳动过程、劳动组织方式、资本对劳动监督的方式、剩余价值创造等方面对劳资关系的变化展开研究。劳资关系是资本雇佣劳动的关系。劳资关系贯穿于再生产总过程,但是劳资关系的核心主要体现在以劳动过程为基础的直接生产过程。在直接生产过程中,劳资关系又集中体现在资本对劳动过程的监督控制、剩余价值的生产和劳动工资的决定以及两者的对立,这也是数字化条件下劳资关系的集中表现。这些构成了本书的研究重点。本书的第3、4、5章就是围绕着这一重点展开的,这三章也是本书的核心章节。

总体来看,围绕研究重点,本书可分八章进行研究:第1章是导论;第2章是文献综述与理论基础,为本书的研究提供相关学术进展和理论支撑;第3、4、5章在逻辑上层层推进,从劳动过程方面揭示数字化条件下劳动方式新变化的原因以及数字化条件下劳资关系变化的特征,进而对数字化条件下劳资关系问题展开研究。其中,第3章是数字化条件下劳动过程的新变化,研究数字化如何导致劳动过程的变化,这是理解劳资关系变化的物质技术基础;第4章是数字化条件下资本对劳动过程的监督与控制,以数字化条件下劳动过程中监督的变化为切入点,研究数字化条件下,劳动过程中资本对劳动的监督与控制;第5章是数字化条件下的资本利润和劳动工资,重点研究数字化条件下的剩余价值创造与劳动工资决定。第6章是实证案例分析与特殊性研究,该章一方面对第4、5、6章的研究内容进行实证;另一方面对数字化条件下劳动组织方式案例与劳资关系的特殊性展开分析;第7章是计量实证,该章基于前述对数字化条件下资本与劳动、利润与工资相互关系的研究,对数字化条件下剩余价值量的变化进行计量实证检验,证明了资本家获取的剩余价值量增多了且在岗工人的工资收入升高了的结论;第8章是在整个研究的基础上做出总结并提出推论,给出对策建议。

本书的研究结论如下:

(1)数字化条件下劳动过程的基本要素发生改变,技术条件改变。数据成为生产要素,且具有分布式特征,能瞬间从不同的地域直接参与生产过程。劳动工具具有数字化、智能化与分布式特点,同样能通过网络从不同地域瞬间参与产品生产。数据生产资料与劳动工具分布更广,生产中的必要数字化生产设备如大型云平台、服务器等,被大型资本控制。

（2）数字化条件下,劳动过程与劳动组织形式具多样性,呈现扁平化、网络化、数字化与智能化等特征,且具有分布式特点。劳动过程被分解成多个阶段,并在不同的时空中协同开展。上述包含的分布式、扁平化、网络化特征,均是垄断资本主义时期扁平化劳动组织形式在数字条件下的新发展的具体表现。

（3）数字化条件下劳动过程中资本的监督形式,与传统形式相比发生了变化。数据成为劳动对象且分布式存储,加之生产工具、劳动者的分布式带来劳动力变化与劳动力市场容量变化,这导致数字化资本对劳动过程监督手段多样化且监督能力增强。同以往相比,工人议价能力降低,工人收入差距进一步扩大,资本方在劳资关系中处于更强势地位。

（4）资本作用于数据且具备分布式特征是劳资关系更具弹性的内因。资本更容易与数据结合,占有并作用于分布式的数据生产资料与分布式的数字化智能化生产工具上。资本在数字条件下,更容易形成垄断。

（5）采用数字化的公司,在岗工人工资虽然可以有一定的提高,但这些在岗工人创造的剩余价值更多,剩余价值率更高。

本研究的创新点主要有以下三点:

（1）将数字化劳资关系纳入政治经济学的理论研究范围内,不仅研究单一公司短期劳资关系,也研究市场多行业公司(包括实体经济公司与虚拟经济公司),长时间跨度下劳资关系的变化与状态,有一定的学术创新性。

（2）提出了分布式特征,即劳资关系具有时间和空间上的分布性。研究并揭示了劳资关系具有时间和空间上的分布式特征。在生产中由于数据资料的分布式、智能化与数字化,生产工具的分布式与智能化,导致数字化且分布式的生产工具替代了部分传统的脑力与体力劳动者,最终引起了生产资料、劳动过程和生产力的质变,带来了劳资关系的变化。这种变化贯穿于资本再生产的全过程,并集中体现在以劳动过程为基础的直接生产过程中。本书提出的分布式特征对理解数字化条件下劳资关系的变化有重要意义。

(3)提出并证明了数字化使资本能够获得更大的利润,而利润的本质仍然是工人创造的剩余价值。构建模型且实证证明了数字化劳动过程使资本的利润得到提升,虽然工人工资有所增加,但创造的剩余价值更多,这是更多的利润的源泉,同时工人被剥削的程度也更加严重。

本书稿完成于 2018 年,并在 2022 年将电子档文件共享到非营利学术机构中,对全球数字经济理论发展起到了推动作用。本研究的结论及给出的建议近年来被国内外经济学者引用,自 2018 年以来全球经济发展与经济政策的制定,也在一定程度上印证了本研究结论与措施的正确性。

本书理论体系的提出,对人们面对数字时代、人工智能时代社会的变化以及在此形势下个人投资与发展等方面,均具有积极意义。研究内容既可作为经济学爱好者了解数字经济时代人工智能技术带来变化的开胃读物,也可作为经济学研究人士制定政策的理论依据。对当下人工智能时代经济、文化、社会的变化与发展,个人的投资与发展等方面,具有前瞻性的积极意义。

著 者

2024 年 6 月

1 导论

1.1 研究背景及问题的提出

1.1.1 研究背景

21世纪初,在互联网持续发展的同时,人工智能、区块链、云计算、大数据和物联网(统称"ABCDI"①)等新一代数字技术纷纷进入商业应用阶段。第一、二、三产业迅速将互联网与 ABCDI 等数字技术应用于生产经营。学界和业界逐渐将互联网和 ABCDI 等新一代数字技术与经济深度融合的产物视为"数字经济"。②

当今,数字化与网络化不断融入社会和生产生活的方方面面。平台经济从出现、崛起到成熟,发展非常迅速,已成为推动各行业与企业发展的重要力量。在数字经济背景下,实体公司也逐渐融入平台化与云化生产销售环境。借助大数据、人工智能、区块链等先进技术,实体行业中逐渐演变并催生了实体行业的工业云平台,形成了实体企业的云制造、智能云平台和工业云平台。

这种平台具有互联网企业平台化特征。在互联网平台企业(如淘宝、京东、滴滴打车等互联网企业)显现出平台化与垄断化特征。在实体经济领域,公司多结合云制造特征的数字化云平台,如河南省的水泥行业内部已形成了规模性的数字平台化特征。这种趋势在其他实体经济行业中也有发

---

① 本书所述的 ABCDI 技术是指人工智能、区块链、云计算、大数据和物联网技术。数字技术是指使用 ABCDI 技术或其他数字化技术的技术。ABCDI(Artificial intelligence、Blockchain、Cloud computing、Big Data、Internet of Things)即英文数字技术首字母的缩写。本书中简称 ABCDI 技术。

② Casilli A A. Waiting for robots:the ever-elusive myth of automation and the global exploitation of digital labor[J]. Sociologias,2021,23:112-133.

生,形成了以大型企业为主导的行业智能云制造数字平台,这种云化工业云平台,将行业内部产业链打通,生产过程中资源与生产销售过程达成实时数据共享,达到了高效、低碳、数字化、时效性、定制化、平台化的效果。很多中小型企业与小微公司纷纷加入大型企业主导的行业数字云制造平台中,分享平台带来的便利性。同时,这种趋势也进一步加剧了行业中大型企业垄断性特征的形成。

调研发现,数字化已成为趋势,除了互联网企业外,实体经济中的很多行业也采用了数字技术,并进行着数字化转型。因此,数字化劳资关系的研究就显得更为重要。以往学者普遍将精力放在互联网企业的劳资关系研究,以及互联网平台的定价、垄断价格、双边贸易模式等方面的研究,对当今越来越多的实体行业的数字化趋势研究较少。但是,从近年来的政策与实际发展来看,实体经济的数字化、平台化趋势已然成为新的热点。在这种背景下,数字化浪潮带来了全行业性的生产方式与劳资关系的转变。这些新的特征及转变与传统工业时代有很多不同,值得我们倍加关注去研究。

由于采用数字化技术的企业数量增多,数字技术逐步改变了资本与劳动力的结合形式,数据变为生产要素中的一部分,直接使劳动形式出现了新的变化。传统的较为固定的企业资本雇佣劳动形式被迫发生变化。资本与劳动力的结合形式改变,使固定的劳动场地与厂房变得更为灵活多样,劳动过程的时间维度与空间维度也被打通。数字化趋势下,数字平台打通了劳动要素的时间、空间壁垒,劳动结合形式灵活多变,工人的合法权益无法得到保障。资本与劳动通过平台结合①,大资本与跨国资本与平台结合。

基于此背景下,近期,学者陆续对互联网企业的定价、网络多边性问题以及互联网平台垄断问题的治理等,做出了探索性的研究与贡献。但对数字化条件下,资本与劳动的关系、公司投入与回报、利润、资本有机构成以及收入分配等方面的经济学理论研究,相比之下仍较少。这种情况引出了本书的研究。

---

① 王存刚.数字技术发展、生产方式变迁与国际体系转型——一个初步的分析[J].人民论坛·学术前沿,2023(4):12-24.

1.1.2　问题的提出

西方经济学家安德普·格林在为《新帕尔格雷夫经济学大辞典》撰写的"马克思主义经济学"词条中明确指出,劳动过程是马克思主义经济学三大组成部分之一①。当今,数字技术融入生产,生产过程发生变化。进一步细化分析当代数字化技术在劳动过程与生产中的融入现象,并逐层细化提炼,分类甄别,最后提出现阶段待研究的理论性问题尤为重要。①智能制造:数字化技术在生产过程中的应用使得传统的制造业向智能制造转型。通过将传感器、机器人、物联网和大数据分析等技术应用于生产环节,实现了生产线的智能化和自动化。智能制造可以提高生产效率,降低成本,使生产过程更加灵活并实现生产过程的可追溯性。②互联网和物联网:数字化技术的发展促进了设备和系统的联网,形成了物联网。物联网使得各种设备、机器和传感器能够相互连接和通信,实现信息的实时共享和集成。在生产过程中,物联网可以实现设备的远程监控和管理,提高生产效率和故障排除速度。③3D打印和定制化生产:数字化技术的进步推动了3D打印技术的发展,使得生产过程更加灵活,实现了小众商品即刻生产与个性化定制生产。通过3D打印技术,可以根据客户需求实现定制化产品的生产,减少了传统制造中的库存和物流成本。④虚拟现实和增强现实:数字化技术的应用还促进了虚拟现实(VR)和增强现实(AR)在生产过程中的使用。通过虚拟现实技术,生产设计师可以进行虚拟建模和模拟,加快产品设计和验证的过程。增强现实技术可以在生产现场提供实时的信息和指导,提高工人的工作效率和准确性。⑤数据驱动的生产优化:数字化条件下,生产过程中产生的大量数据可以进行收集、存储和分析。通过数据分析技术,企业可以获取关于生产过程的实时和历史数据,从而进行生产优化和决策制定。数据驱动的生产优化可以帮助企业提高生产效率、降低能源消耗,并减少废品和损耗。

劳动过程发生变化。①自动化生产线:数字化技术可以将传感器、机器

---

① 约翰·伊特韦尔,默里·米尔盖特,彼得·纽曼.新帕尔格雷夫经济学大辞典(第三卷)[M].北京:经济科学出版社,1996:420.

人和自动化系统整合在一起,实现生产线的自动化。例如,汽车制造厂可以利用数字化技术来控制装配机器人,使其能够自动完成汽车零部件的装配工作,从而提高生产效率和质量。②虚拟协作和远程办公:数字化技术使得协作和办公不再受地域限制。人们可以利用云计算、在线协作工具和视频会议等技术,实现虚拟协作和远程办公。这使得团队可以跨越时区和地理边界,共同完成项目,并且更加灵活地安排工作时间和地点。③数据驱动的决策:数字化技术提供了大量的数据收集和分析工具,使得企业能够基于数据做出更明智的决策。例如,在市场营销领域,企业可以通过分析消费者数据和市场趋势来制定更精准的营销策略,提高市场反应速度。④个性化生产和定制化产品:数字化技术使得生产过程更加灵活,可以根据个体需求进行个性化生产和定制化产品制造。例如,3D打印技术可以根据客户的需求直接制造出定制的产品,而不需要传统的生产线和库存储备。⑤线上销售和电子商务:数字化技术推动了线上销售和电子商务的发展。人们可以通过互联网购买商品和服务,而不再需要去实体店铺。这种变化对于零售业和服务行业来说影响是巨大的,使得企业能够扩大市场范围并提供更便捷的购物体验。

在劳动过程中,资本开发了新的监督形式。资本监督劳动的例子主要体现在以下几个方面。①监控和绩效评估系统:数字化技术可以用于监控员工的工作表现和生产指标。企业可以使用各种传感器、摄像头和软件工具来监测员工的工作时间、生产效率和质量指标等。这些系统可以追踪员工的工作进展、产量和效率,为资本方提供了实时的监控和评估手段。②动态排班和工时管理:数字化技术使得资本方能够更加灵活地管理工人的工时和排班。通过数字化系统,资本方可以实时跟踪工人的工作时间和出勤情况,进行灵活的排班安排,以最大限度地利用劳动力资源,并根据需求进行调整。③远程工作监管:数字化条件下的远程工作使得资本方对员工的监督和控制变得更加复杂。然而,数字化技术也提供了一些解决方案。例如,通过远程监控软件、协作平台和项目管理工具,资本方可以追踪员工的工作进度和成果,确保远程工作的执行和达成预期目标。④数据分析和预测:数字化技术的数据分析功能使资本方能够更好地预测和规划劳动力需求。通过分析历史数据和市场趋势,资本方可以预测出产量需求和劳动力配置,并相应地做出决策,包括雇佣、解雇和调整工作条件等。⑤自助服务和自动化:数字化技术为企业提供了自助服务和自动化的方式,减少了对人力资源的依赖。例如,企业可以通过数字化平台和系统实现自助招聘、自助培训和自助报销等功能,减少对人力资源部门的支持和干预。

可见,在数字化条件下,劳动过程与生产过程均发生了很多变化。同时,资本对剩余价值的获取手段也发生了变化。因此,在当今生产力大发展与劳动方式更迭的新形势下,需要将研究重点聚焦于数字技术条件下劳动过程与生产方式的变化,及由此带来的劳资关系的变化。

1.2 研究意义

1.2.1 理论意义

本研究的理论意义主要体现在以下方面:

(1)本研究是马克思劳动过程理论与劳资关系理论在数字时代的新探索与新应用。在马克思理论的基础上,对生产方式、劳动组织过程、生产要素等方面,做出数字化背景下的解读,并研究其具体变化与经济学应用特征。通过这些方面的研究,将对马克思劳资关系理论的丰富有很大益处,有助于延展马克思劳动过程理论、马克思生产力-生产关系理论、劳动价值论、马克思分配理论、马克思资本有机构成理论、资本积累等理论,在数字经济方面的具体应用。对于马克思经济学理论以及中国特色社会主义市场经济理论方面,也是一种有益的补充。

(2)本研究有益于数字化条件下资本有机构成方面的理论研究。数字化条件下的劳资关系受到了双重影响。一方面,实证研究证明,短期内,资本在采用数字技术投入、增加固定成本投入后,资本有机构成发生变化,公司利润上升,工人工资也会提高;另一方面,从长期来看,数字化条件下的监督过程发生了变化,资本将新的组织形式和数据作为生产资料的结合形式,更多且更隐蔽地获取工人的剩余价值。

(3)从理论上证明了数字化条件下在岗工人的收入逐渐增加,而资本与劳动的收入差距也随之扩大。同时,通过实证证明了采用数字技术的公司在岗工人工资有所上升。但是由于数字技术的替代作用,一部分工人被迫下岗而从事其他职业,收入降低,工人内部工资差距逐渐拉大。人工智能的出现,使得劳动者的脑力与体力劳动被替代,市场中无法产生足够的由数字技术"创造效应"而产生的新的岗位。假定岗位数量不变,那么由替代效应造成的工人失业,将使得劳动力市场容量增大,形成劳动力市场供大于求的局面。此时,工人的议价能力下降,工人收入降低。这一理论研究结果对于如何调节利益关系以推动社会主义市场经济体制下的和谐劳资关系的构建和发展提供了支撑。

(4)在理论上,通过对数字化条件的劳资关系的研究,拓展了实体经济的政治经济学分析。可以说,在当前的市场环境中,面对各种要素变化,对所有的数字化企业展开政治经济学研究具有重要意义(不仅限于互联网行业的企业,也包括实体经济领域的公司)。这样的研究旨在深入探讨广义数字化条件下劳资关系的变化,以及数字化条件下劳资变化所带来的效应。除了互联网平台企业外,特别关注实体经济中采用数字平台的公司,如制造业行业类的公司在数字化条件下劳资关系变化的新特征。这一研究的目的在于弥补近期相关领域学者研究的不足,并对相关经济学理论提供有益的补充。同时,也有益于丰富相关领域的研究文献内容和经济学理论基础。

1.2.2　现实意义

本研究的现实意义主要体现在以下方面:

(1)本研究可帮助我们更好地了解数字化条件下中国劳资利益关系的变化和影响,以及其发展演进的规律,为中国特色社会主义市场经济条件下劳资利益关系的完善提供对策建议。

(2)通过对数字化条件下劳资关系变化和影响的研究,可以对劳资波动问题和失业问题进行短期和长期分析,并做出科学的预测。

(3)最终研究结论不仅对互联网行业企业有指导意义,也对实体经济领域的公司有重要的启示作用。对小微公司和中小型企业面对数字化冲击是否采用数字技术的不确定性,有实践性的指导意义。对政府和决策机构出台相关政策、实施政策扶持措施、制定配套的法律法规与税收政策,具有一定的参考价值。

(4)对数字劳动过程的新特点展开的研究,对建立适应数字化经济发展的新型劳资关系有积极的现实意义。对推动中国特色社会主义,建立和谐数字劳动关系的发展,制定政策和法规保障劳动者的权益和利益,特别是在数字劳动过程中的保护措施,有积极意义。对促进企业和员工之间的良好沟通和协作,建立公正、平等的数字劳资关系,更好地推动中国特色社会主义和谐数字劳动关系的发展,具有积极的现实意义。

总之,本研究揭示了数字化条件下劳资关系的新动态和特征。在数字化条件下,劳动力市场的供需关系可能发生变化,技能需求和职业结构可能发生调整,劳动力的组织形式和工作方式也可能发生变革,这可能引发收入分配的变化和劳动权益的重新平衡,对于劳动者、企业和整个经济体系将产生影响。最终的研究成果对如何应对上述的变化,提供了前瞻性的参考意义。

1.3　研究目的与研究对象

1.3.1　研究目的

本书的研究目的,在于从劳动过程的角度探讨数字化条件下劳资关系的变化与影响,丰富经济学理论学界在此研究视角中的理论研究内容。在数字化条件下的劳资关系方面,研究主要聚焦于采用数字技术的企业以及平台型企业。通过对劳动过程、生产方式的研究,分析劳资关系的变化特征。

另外,文献综述表明,国内外学者对互联网平台公司的经济现象研究较多,但对数字化条件下实体领域的数字化与平台化带来的经济学效用方面,以及劳动过程变化后带来的劳资关系与相关变量分析方面的研究文献,则比较欠缺。尤其是国内外学者在数字化条件下,从普遍行业与广义全公司领域的研究视角进行经济学讨论的较少。从马克思经济学或政治经济学角度,研究上述相关领域或内容的也较少,其相关研究文献与理论仍然较为匮乏。如,针对数字化条件下的"平台"理论,西方经济学学者主要从双边市场、垄断和平台定价等方面进行讨论。国内外学者前些年在共享经济方面的研究也主要关注垄断、市场定价和产业链等方面。

1.3.2　研究对象

本书研究数字化条件下的数字劳动过程,并由此产生的劳资关系变化。劳资关系是资本雇佣劳动的关系。劳资关系贯穿于再生产总过程,但是劳资关系的核心主要体现在以劳动过程为基础的直接生产过程。在直接生产过程中,劳资关系又集中体现在资本对劳动过程的监督控制、剩余价值的生产和劳动工资的决定以及两者的对立。这也是数字化条件下劳资关系的集中表现。这些构成了本书的研究重点。

在数字化条件下,知识的数字化与信息的数字化形式,被视为关键的生产资料。在知识与信息变为数字化的生产资料后,涉及数字生产劳动和数字非生产劳动的劳动生产过程。也正是基于此,本书重点从劳动过程视角展开,研究数字资本主义下劳资关系的变化与影响,主要研究资本主义国家和中国非公有制经济领域中的数字劳动过程,以及由劳动过程引起的劳资关系变化与影响。因此,本书研究范围定义得比较具体,主要研究数字化条件下这些特定领域的劳资关系的特点和变化。

从一般性与特殊性方面来讲,本书研究课题是数字劳动过程,即在数字经济背景下,数字化的知识和信息被视为关键的生产资料,从而涉及数字生产劳动和数字非生产劳动的过程。研究生产过程中的劳资关系(劳资关系的发生阶段)。在劳资关系的影响方面,着重研究劳资关系的结果(利益分配阶段与工资方面)。研究对象主要限定为中国非公有制经济领域中的数字劳动过程和资本主义国家的劳动过程,以及由劳动过程引起的劳资关系变化与影响。以双重意义、二重分析法,秉承唯物辩证史观,遵循由一般性到特殊性的原则。先研究传统劳动过程的一般性,后研究数字化条件下劳动过程的特殊性。先研究数字化条件下世界资本主义国家的劳动过程与劳资关系的一般性;之后在特殊性方面,将研究区域从世界范围内聚焦到中国范围,专门聚焦研究中国非公有制经济的劳资关系问题。因此,本书的研究对象与研究范围定义得比较具体,旨在研究这些特定范围中,数字化条件下的劳资关系的特点和变化。

1.4 研究内容与研究方法

1.4.1 研究内容

本书研究了数字化条件下劳资关系的变化,遵照研究思路、方法与目的,通过八个章节进行研究。本书的研究结构如下:

第1章,导论。叙述了研究背景,提出了研究问题,描述了研究框架,阐述了本书的研究方法、研究思路与研究价值,总结了研究的理论价值与实践意义,并对全书各章节研究内容进行概述,阐明了本书的研究体系。

第2章,文献综述与理论基础。通过对国内外数字化条件下劳资关系方面相关文献进行整理与分类,对相关研究成果的具体研究内容进行较为系统的梳理与归纳研究。因为数字化相关的研究领域里,基于经济学理论的研究内容较新,所以在引用研究成果时,不免会有个别作者的研究内容被连续引用。本章还阐述了本研究使用的理论基础。本章是数字化条件应用的理论基础,主要涉及马克思经济学理论,包括劳动过程理论、劳资关系理论、剩余价值理论以及关于其他代表性学者在劳动过程方面的理论。后续阐述了相关数字技术的构架方式。由于本书研究的内容具有跨学科特征,所涉及领域也都较为专业,因此,需要将后续研究所涉及的技术基础加以介绍,为后续研究起到铺垫作用。

第3章,数字化条件下劳动过程的新变化。本章研究数字化条件下劳动方式的变化,这是理解数字化条件下劳资关系变化的物质技术基础。研究中从理论基础上结合现实生产场景,较为详细地分析了数字化条件下资本与劳动的实现条件、应用场景与构架机理。采用从一般性到特殊性的逻辑推演方式,系统研究了工业社会与数字化条件下劳动方式与生产方式变化和技术变化,并将传统社会的生产与数字化条件下的劳动生产的不同之处加以对比。较为详细地研究了数字化条件下,资本与劳动的结合方式,阐述了经济主体在数字化中的发展历程与生产组织构架形式(如物联网平台与云平台),研究了数字化劳动组织形式的应用场景与构架机理。并基于上述方面,从政治经济学层面上,通过梳理传统社会与数字化条件下的社会对比分析,研究在生产的技术条件、物质条件、劳动组织形式、生产方式与劳动方式等方面的独特表现与特征,最后做出相关研究总结。

第4章,数字化条件下资本对劳动过程的监督与控制。本章对数字化条件下劳动过程变化后出现的问题展开研究——以数字化条件下劳动过程中监督的变化为切入点,研究当代劳动过程中资本对劳动的监督与控制。在研究中基于劳动过程理论、劳资关系理论与资本监督理论,研究了劳动过程中的劳动组织形式变化与劳资关系的弹性。首先从劳动过程理论入手,对数字化带来的生产组织形式变化与劳资关系进行分析。研究发现在当代数字技术融入生产后,数据变为生产资料,具备了分布式特点;生产组织形式扁平化,且也具有分布式特征,数字技术打破了传统生产组织的时间与空间壁垒。沿着此路径进一步研究发现,使用数字技术后资本在劳动过程中的监督效果更强。进而对数字化条件下的监督形式,对传统的雇佣关系、监督方式与为何监督等方面进行研究。然后结合数字化条件下的劳动过程中监督的新变化与新场景的分析,研究得出:数字化条件下强化了监督,使监督更严密,新的监督影响了劳动与劳动过程。最后,分析了在数字化条件下的监督对劳动与劳动过程所产生的具体影响。

第5章,数字化条件下的资本利润和劳动工资。本章研究了数字化条件下的资本利润和劳动工资,研究了数字化条件下的剩余价值创造与劳动工资决定。首先,研究了剩余价值与利润、非数字化下的剩余价值生产,以及数字化条件下的剩余价值获取。之后,研究了数字化条件下劳资关系与劳动过程变化引起的利润与利润率变化,探究了数字化条件下劳动的质量与范围变化,提出了生产要素的分布式间接提升利润的观点,对数据的"分布式"在劳动过程与生产中产生的作用加以经济学理论研究。最后,对数字化条件下资本有机构成变化做出研究,对工人工资收益做出研究分析。

本章为本书的重点章节,在前四章的研究基础上,进一步从资本与劳动在数字化条件下的表现,进行相关要素与变量的经济学分析。建立资本与劳动,利润与工资的经济学逻辑模型构架。结合数字化条件下劳资关系的特征与深层次原因分析,运用马克思生产力-生产关系理论、生产过程理论、资本积累理论,结合劳动效率与生产效率分析,构建了经济学模型框架。在研究逻辑上找到了公司技术投入、利润增长、利润率与工资的关系。研究发现资本有机构成提升后,利润率发生变化,并由此进而分析数字化对公司利润的影响以及对工人工资收入、可支配收入、员工薪酬绝对值、员工薪酬占企业营业总收入的比重和员工薪酬占企业总资产的比重的影响。对数字化对市场经济中各个主体的利润与效益得失做出了经济学分析并加以结论计量验证。通过科学的经济学模型与逻辑关系,使用科学的统计计量方法,最后使用基于专业计量软件 Stata16,以全球最新最主流的方式,计量实证相关模型与逻辑的正确性。以计量经济学实证证明了模型与理论正确性,并论证了该研究结论的正确性。

本章通过数字化条件下公司生产过程与劳动过程的变化,基于马克思经济学理论,以政治经济学视角展开经济学理论分析,指出数字化条件下生产组织形式与生产过程呈现分布式特征。数字化条件下不同于以往社会形态,出现了生产场地分布式,劳动时间分散式,劳动过程信息不对称性降低,生产组织呈现网络化与分布化态势。同时研究了在此数字化条件下劳动变化与劳动类型的变化,指出数字化条件下劳动从属性变化,劳动过程控制权变化,数字化条件下市场中单一采用数字技术的公司短期内生产力的提高且利润提升,探究到数字化条件下企业生产力发展带来了劳资关系变化的内因。然后,将研究扩展到广义市场下数量庞大的众公司中,从长期角度分析了市场内不同行业的公司的利润情况。在宏观层面上,从长期角度研究并证明了市场内采用数字化技术的公司生产率提升,利润增高。

第6章,数字化条件下劳资关系变化的实证案例分析与特殊性研究。本章一方面是对第3、4、5章研究内容的实证;另一方面对数字化条件下劳动组织方式案例与劳资关系的特殊性展开分析。对数字化条件下劳资关系的特殊性与一般性加以研究并从案例上对数字化条件下的监督、剩余劳动、雇佣方式与数字化条件下的劳动组织,进行全面的实证证明。通过案例实证方式,例证了本书提出观点的正确性。例证包括数字化条件下监督方面的国内外案例例证、数字化条件下的剩余劳动获取方面的国内外案例例证、数字化条件下雇佣方式方面的国内外案例例证与数字化条件下的劳动组织形式方面的国内外案例例证。对数字化条件下劳资关系的特殊性从多方面多角度进行了科学的实证证明,并做出科学的分析说明。最后再次界定了研究对象的范围,为研究的科学性分析建立严谨的范围基础。

第7章,数字化条件下劳资关系变化的实证检验。本章对数字化条件下剩余价值量的变化进行计量实证检验。基于对数字化条件下资本与劳动、利润与工资相互关系的研究,证明了资本家获取的剩余价值量增多了且在岗工人的工资收入升高了的结论。通过计量实证环节,从15年的全部A股非公有制上市公司35 559个"企业-年度"观测值构成的非平衡面板数据,展开实证分析,并证明了本书论点的正确性。具体来说,通过采用计量经济学的研究方法,将不止于32万个面板数据进行计量分析、时间回归实证分析,并通过模型实证进行显著性测试、异质性与稳健性检测验证。运用基于从固定行业和年份的双向固定效应模型的回归的实证,证明了第5章推演结论的正确性。

第8章,结论与建议。本章总结了本书研究内容的结论,并在整个研究基础上提出对策建议。归纳了引起资本与劳动变化的要素,提出了应对数字化条件下劳资关系变化的建议与对策,包括数字化条件下企业劳资关系变化的影响及应对建议,以及面对数字化条件下劳资关系的变化形势,从工人、企业及政府三个层面应采取的措施。

1.4.2 研究方法

数字化在经济活动中的广泛应用,涉及经济学、计算机科学和人工智能等多个领域。本书运用马克思主义理论、政治经济学理论、西方经济学和计量经济学理论,从劳动过程入手研究数字化条件下资本和劳动的变化,包括劳动要素、生产要素、劳动组织形式、资本与劳动的结合形式以及资本监督劳动方式等方面的变化,并探究上述变化对数字化条件下劳资关系的影响与作用。

(1)归纳推理法。归纳是从特殊到一般的研究方式,依据现有现象或理论推演出具有一般性的结论。本书通过对现有国内外文献的归纳整理,筛选出研究流派,并归纳研究分析。同时,在结合国外与国内数字化条件下劳动过程的具体变化案例,进行理论归纳与创新,找出相关理论联系,构建了本书的理论基础,进而推理出新的理论研究框架,并最后通过实证分析验证框架模型的正确。

(2)逻辑演绎法。本书采用逻辑演绎的研究方法,从数字化条件下劳动过程的核心概念出发,逐步深入分析数字化条件下劳动过程的特征形式、生产组织方式和控制形式。随后,重点讨论数字化条件下劳资关系变化引起的影响及其催生的理论问题,并最终将研究对象具体到数字化条件下劳资关系的变化对全球范围视域和对中国的启示。从抽象到具体、从一般到特殊的逻辑演绎法,是本书使用的主要研究方法。

(3)比较分析法。通过比较分析传统社会和数字化条件下的劳动过程,对数字化条件下劳动过程进行了总结分析。在此基础上,对在数字化条件下,发达资本主义国家数字资本在劳动过程中的生产方式、监督过程、劳动组织方式、劳动方式与技术形式等方面,同以往社会劳动形态做对比研究分析,揭示了数字化条件下劳资关系的变化原因。比较分析了全球范围内该研究内容的一般性与特殊性。将研究内容拓展到中国私有制公司中。在此基础上,提出了具体的政策建议,以便社会主义国家更好地利用与引导数字资本,构筑数字化背景下和谐的中国特色社会主义劳动关系。

(4)案例分析法。个体案例在经济学中具有一般性特征。本书通过搜集相关案例进行实证案例证明,从劳动过程角度验证了数字化条件下劳资关系变化的真实性。数字劳动过程作为马克思主义理论的微观视角研究,具有一般性特征,需要通过经济现实案例总结数字劳动过程的新特征。在此基础上,通过进一步分析劳资关系的变化,尤其是在劳动过程中,资本的监督强度变化与监督对劳动过程带来的影响。资本与数字要素的结合,导致劳动过程中劳动资料与劳动对象的变化。最后通过案例研究,进一步揭示并探究数字化条件下劳资关系的基础。本书在重视查阅相关典型案例基础上,注重总结归纳案例特征,使用代表性的案例实证论点,并展开相关理论的分析。

(5)计量实证法。在具体的实证分析中,采用计量经济学。通过2022年全球最新版本和最主流的计量经济学计量数理分析软件 Stata16,进行十分专业且科学的计量分析。通过检验内生性,描述性监测与相关性分析,采用固定行业和年份的双向固定效应模型的回归验证变量显著性,并通过异质性监测与稳健性监测。使用从固定行业和年份的双向固定效应模型进行回归分析;采用面板数据分析,分析中通过 OLS、IV-2SLS 或联立方程模型的比较分析,并从回归结果检验本书的核心解释变量数字化会对各种被解释变量产生正向影响,并通过 t 值 R 值判断其显著性水平。

1.5　研究思路与研究框架

1.5.1　研究思路

本书的主体研究思路为:由现象归纳出研究问题→梳理研究理论基础→理论研究与框架搭建→计量实证论证→案例实证映射检验→研究展望。本书采用马克思主义的认识逻辑,"从具体到抽象"地构建了基于劳动过程的劳资关系分析框架,通过对数字化条件下劳资关系变化的劳动过程与要素的分析,抽象出生产方式、劳动组织形式、监督形式、资本有机构成等影响因素,从而构建了一个完整的分析框架。接着按照"从抽象到具体"的陈述逻辑要求,以抽象要素的分析为起点,结合中国数字化条件下的非公有制经济领域中的数字劳动过程,深入探讨劳动过程引起的劳资关系变化和影响。本书的研究范围定义具体,主要聚焦于资本主义国家和中国非公有制经济领域中劳资关系的特点和变化。

劳资关系是资本雇佣劳动的关系。劳资关系贯穿于再生产总过程,但是劳资关系的核心主要体现在以劳动过程为基础的直接生产过程。在直接生产过程中,劳资关系又集中体现在资本对劳动过程的监督控制、剩余价值的生产和劳动工资的决定以及两者的对立。这也是数字化条件下劳资关系的集中表现。这些构成了本书的研究重点。本书的第3、4、5章就是围绕着这一重点展开的。其中,第3章研究数字化条件下劳动过程的变化,这是理解数字化条件下劳资关系变化的物质技术基础;第4章研究资本对数字化条件下劳动过程的监督与控制;第5章研究数字化条件下的资本利润和劳动工资。这三章内容层层递进,从劳动过程方面揭示数字化条件下劳动方式新变化的原因以及数字化劳资关系变化的特征,进而对数字化条件下劳资关系问题展开研究。

本书将研究集中在以劳动过程为基础的直接生产过程。在这个过程中,劳资关系体现在资本对劳动的支配权:一个是监督控制,一个是追求劳动工资的最大化。而这两者之间是有矛盾的,因此将研究集中在这些方面,关于其他的劳资关系本书没有涉及。将研究重点集中在劳资关系的核心所体现的以劳动过程为基础的直接生产过程中。研究劳资关系的核心主要集中在以劳动过程为基础的直接生产过程。研究以劳资关系中劳动过程的变化引起的各主体间的利益关系变化为分析对象,从政治经济学的角度探讨了当今数字经济下劳资关系的变迁和创新。具体有如下几方面:

第一,数字化劳资关系的劳动过程研究方面,通过对劳动过程的研究,发现在数字化条件下,劳资关系呈现弹性、松散特征,进而提出了分布式特征,即劳资关系具有时间和空间上的分布性,并证明此劳资关系相比以往社会的劳资关系,更具剥削性。从多角度、多方面,详细归纳总结并论述了数字化条件下,企业劳资关系的特性,并充分证明了数字化条件下企业劳资关系对工人的剥削更加严重,发现劳动关系被隐蔽的深层次根源。

指出数字化条件下,企业劳资关系变化源自生产方式的分布式,以及生产资料的分布式,进而带来的生产分布式。劳资关系变化与资本剥削加剧,松散灵活的劳资关系下,来自分布式生产资料、分布式生产工具、分布式生产方式带来的生产工具变化、劳动形式变化,使得工人联合成本加大,进而在劳资关系中工人处于弱势。

指出数字化条件下,劳资关系变化源自数据变为生产资料并呈分布式特征,劳动者和劳动呈现分布式特征。数字化条件下,数据变为生产工具,且数据改变生产工具,使生产工具秉承分布式特征,数据变为劳动对象并呈分布式特征,劳动者劳动呈现分布式的——三分布式特点。加上劳资合同松散,促成了数字条件下企业劳资关系愈发松散、灵活。

具体劳动过程的劳动控制权发生改变,掌握数据所有权即掌握了主动权,也就是说数据所有权的掌握替代了物质资本所有权在劳动过程控制中的主导地位。劳动的数据从属性被强化。劳动从属性呈现多次化趋势,控制主体逐步向消费者倾斜,劳动从属性关系进一步被隐藏。指出"共享经济"华丽外衣下的剥削本质,并总结出数字条件下劳资关系的特征与引起变化的根源;说明了数字经济下工人受剥削程度较以往生产时代加剧。

第二,关于劳资关系中资本与劳动关系方面的研究:直接研究了工人与资本方在经济中的关系。劳资关系是马克思理论的实际验证与重点问题,劳资关系理论是马克思理论在实际生活生产中的直接表现与体现。本书正是从劳资关系入手分析了工人收入、利润率、资本有机构成之间的关系,并通过回归模型实证证明,进一步证实了马克思理论的正确性及其在现实经济生产、生活中的指导意义。

第三,通过实证证明了数字化条件下,企业通过主动使用数字技术,提升生产效率,使工人工资上升,这有利于实现共同富裕,发展社会生产力,也为大力发展数字经济提升社会福利提供了理论支持。

第四,在市场中,当企业自愿采用新的数字技术,自愿提升工人工资的时候,不是想发福利,而是其选择的结果,且实证证明了在此情况下的企业自愿采用数字技术,使得工人工资收入提升;在岗工人收入的提升且企业利润率提升;最终企业采用数字技术提升了剩余价值获取量。最后通过实例与计量经济学方式验证了此结论的正确。并得出企业经过理性判断且自愿采用数字技术后,所带来的在岗工人收入增加、企业利润升高。虽然在岗工人的工资提升,但这些在岗工人创造的剩余价值更多,剩余价值率更高,工人被剥削得更深。

第五,对数字化条件下企业劳资关系变化产生的就业形态进行研究。分析研究了新的就业形式与传统就业形式之间的差别,对新就业形态对劳动力市场的影响与发展趋势做出了研究分析,并对就业形势的短期发展趋势以及长期发展趋势做出了较为准确的预测,这种预测可以为今后一些行业应对失业形势带来的影响,有针对性地提前采取相应措施与消减恐惧等方面,极具帮助。对新就业形态带来的劳动力市场与替代的低技能劳动者方面的影响,以及由数字平台带来的低技能劳动者失业与迁移方面的问题,也进行了研究。从多方面探讨新就业形态所面临的亟待解决的问题,做出了详细的解读与归纳。在书尾进行了理论研究总结,并对劳动者权益保护、实现共同富裕、改革收入分配制度及新就业形态等方面给出参考性应对措施与建议。

1.5.2 研究框架

劳资关系是资本雇佣劳动的关系。在研究框架上,全书始终紧密围绕数字化条件下的劳资关系这一主线展开。本研究遵循马克思主义的核心概念,如形式隶属与实际隶属、绝对或相对剩余价值、劳动、劳动力和劳动力价值、劳动时间、资本有机构成、利润和利润率等,将分析建立在劳动过程理论、劳资关系理论和剩余价值理论的基础上,构建了劳动过程演变带来的劳资关系演变的动态过程。将数字化条件下资本采用数字技术后劳动过程的变化,引起的劳资关系变化及资本与劳动、生产效率与工资的变化建立并纳入一个严谨的经济学框架中加以研究。从理论中推演出结论,经过第7、8章的实证,证明了该研究结论的正确性。

第3、4、5章的研究结构如下:

通过第3章的系统研究发现,数字化导致劳动过程的变化,这也是理解劳资关系变化的物质技术基础。在第3章集中分析了数字技术与劳动结合的可能性、实践性,并分析了具体构架形式;分析了资本家在生产过程中常用的数字技术的构架形式和使用效果。通过对技术基础的介绍,研究对象中的数字技术更加清晰,资本与数字技术的结合方式也逐渐明朗。从现实方面分析了数字化条件下资本与劳动的结合形式。从数字化与公司结合的各种现实应用案例与场景中发掘特征,并研究总结特点,包括经济主体在数字化中的发展历程,物联网平台与云平台的生产组织架构形式,数字化劳动组织形式与应用方式。研究了为何产生数字化条件劳动过程,以及现实中数字化劳动过程的构架形式。

第4、5章从劳动过程视角继续对数字化条件下劳资关系与劳动过程进行展开研究。第4章,研究数字化条件下资本对劳动过程的监督控制。基于马克思劳动过程理论与布雷弗曼劳动过程理论,分析了在数字化条件下的分布式新特征,研究了变化的结果为数据生产资料分布式,生产组织形式分布式与扁平化,资本在劳动过程中监督效果更强等。研究了数字化条件下资本与劳动在劳动过程中如何结合,以及其表现的特征,进行提取研究,并进行理论归纳。证明了数字化条件下劳动组织形式发生变化,且劳资关系更具弹性。第5章,研究了数字化条件下的剩余价值与工资决定。基于资本有机构成理论与剩余价值理论,结合变量研究得出,数字化条件下,采用数字技术的公司的资本循环速度增快,资本有机构成提高,剩余价值增多,利润率增高的理论原因,并总结研究成果。

为保证研究的严谨性与正确性,本书采取两种实证手段(案例实证,计量检验)对研究结果进行证明。第6、7章均为对论点与结论的证明环节,以实证案例证明与计量检验的方式,分别从当代实际案例例证方面以及计量实证方面,对第3、4、5章研究分析的结果加以证明。第6章,数字化条件下劳资关系变化的案例分析与特殊性分析,通过案例实证方式证明研究成果。第7章,数字化条件下劳资关系变化的实证检验,对研究结果进行计量验证。使用计量经济学手段采用计量实证的验证方式,基于Stata16使用双向固定效应模型进行回归分析,并进行稳健性测试验证研究结果。第8章,总结研究结论,并在整个研究基础上提出对策建议与展望。

基于上述研究框架(参见图1.1)的总结:本书重点研究劳资关系的核心所集中的以劳动过程为基础的直接生产过程(第3、4、5章)。研究以劳资关系中劳动过程的变化引起的各主体间的利益关系变化为分析对象,并从政治经济学的角度探讨了当今数字经济下劳资关系的变迁和创新。第3、4、5章围绕此研究框架展开:其中第3章研究数字化导致劳动过程的变化,这是理解劳资关系变化的物质技术基础;第4章,研究数字化条件下资本对劳动过程的监督与控制;第5章,研究数字化条件下的剩余价值与工资决定。这几章的内在逻辑关系,构成了本研究的核心。本研究只集中在劳资关系的核心所体现在的以劳动过程为基础的直接生产过程中。从数字化条件下劳动过程的现实变化开始研究(第3章),由现象提炼理论,展开研究并得出结论(第4、5章),论证验证理论的正确性(第6、7章),给出结论及建议(第8章)。

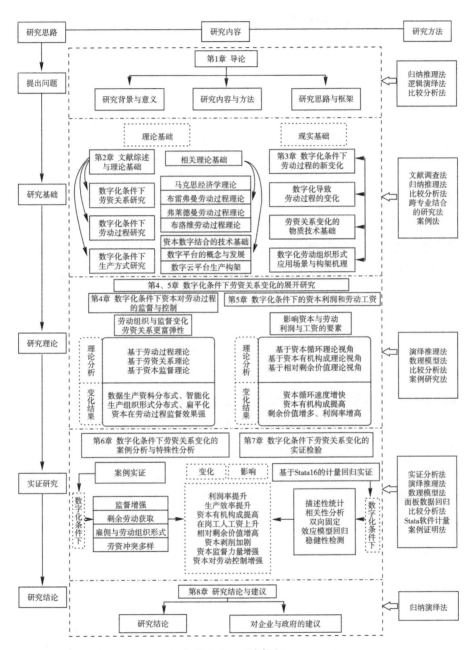

图 1.1 研究框架

1.6 创新点与存在的不足

1.6.1 创新点

（1）将数字化劳资关系纳入政治经济学的理论研究范围内，并将数字化条件下的劳资关系研究纳入政治经济学的研究体系下。不仅研究单一公司短期劳资关系，也研究市场多行业公司（包括实体经济公司与虚拟经济公司），长时间跨度下劳资关系的变化与状态，具有一定的理论创新性。

（2）提出了分布式特征，即劳资关系具有时间和空间上的分布性。在生产中由于数据资料的分布式、智能化与数字化，生产工具的分布式与智能化、数字化，分布式的生产工具替代了部分传统的脑力与体力劳动者，最终引起了生产资料、劳动过程和生产力的质变，带来了生产关系与劳资关系的变革。

具体来讲，提出以下四点：①分布式、智能数字化的生产工具替代了部分传统的脑力与体力劳动者，并直接带来劳动力变化与劳动力市场容量变化。劳动力市场变化后，对供给需求产生影响，假定岗位数量短时间内不会发生大的变动，那么当被替代的劳动者人数增多之后，将直接产生劳动力供大于求的局面，导致劳动者议价能力降低。数据成为生产资料且能被分布式存放，并且可以瞬间被使用。②生产工具和劳动资料也具备分布式架构，可以被安置在世界任意角落，当需要执行任务的时候，由平台分配任务，按照任务执行即可完成商品生产过程。劳动者具有分布式特征，通过平台参与劳动，他们通过同分布式存在各地的生产工具结合可以同时或分时，按需要有条不紊地处理生产任务。这种数字化分布式生产过程打破了时间和空间限制，生产过程与任何时代相比更加扁平化，且更有秩序。③分布式数字化生产工具一般配有数字平台，通过平台智能调度并监管劳动过程，它能避免花费资本购买生产设备，因为分布式生产设备有的只需要支付服务费，节省大量固定成本开支，减少因为设备维护而花费的时间成本，且能节省库存、运输、仓储等流通成本。④这种分布式数字化的生产过程易于资本对分布式生产工具和劳动资料的占有,进而更易被资本掌控,劳动过程也更容易被资本监督。分布式特征也使得劳动组织形式多样化,带来劳资结合形式多样性与灵活性,使得劳资关系弹性化,资本的剩余价值获取更隐蔽。

(3)发现在数字化条件下的劳动过程中,资本对劳动的监督过程发生了巨大变化,以及劳资冲突的发生方式变化。数字化劳动过程中,资本对劳动过程监督手段与能力增强。提出并证明了数字化条件对公司有利,对在职工人有利。构建模型且实证证明数字化劳动过程使公司短期利润提升,工人工资提升。此时工人虽工资增多但创造了更多剩余价值,且被无偿占有。数字化条件下资本利润的本质仍然是剩余价值。采用数字化的公司,虽然在岗工人工资提升,但这些在岗工人创造的剩余价值更多,剩余价值率更高。且分布式的替代作用使劳动力市场增大,工人议价能力降低,工人被剥削得更严重。

1.6.2　不足之处

由于课题涉及领域较多,结合了经济学、计算机科学与技术、人工智能、物联网工程、网络空间安全、软件工程、逻辑学、生命科学、信息通讯学、数学、统计学等诸多领域,仅仅 ABCDI 数字技术中的 A(AI 的简写)——人工智能一项的底层领域就囊括了计算机、机械、逻辑学、数学、生物神经网络、仿生学、自动化、统筹学等诸多根基学科。加之研究内容是较为前沿的领域,以此为研究角度和侧重点的经济学理论与文献在 2020 年前较少。尤其是,在政治经济学领域聚焦数字化,且同时聚焦互联网领域与实体经济领域的理论与文章更少,所以未免在研究中受到一些限制。本书在建立研究框架时,基于马克思经济学理论与历史相关学者的劳动过程理论,结合当代最新数字化劳动过程技术和现实实现条件,因此将不可避免地引用或叙述相关理论基础与专业知识。另外,由于涉及跨学科领域,篇幅虽尽量压缩,但章节数量和字数仍较多。在语言表达与文笔润色方面,限于能力,难免存在一些语句不够通顺流畅的情况,在此再次表示歉意。

2 文献综述与理论基础

　　本章系统梳理了当前国内外经济学学界关于劳资关系方面的研究成果，特别是在数字化条件下，劳资关系的新的发展与研究成果。对数字化条件下劳动过程与劳资关系、数字化条件下劳资关系的特征、数字化条件下平台对劳资关系的作用等方面，展开细致的分类总结。既较为翔实地分类概括了国内外关于劳资关系的最新研究成果，也指出了当前研究成果内容的不足或缺失之处，并找到了开展此类相关研究的突破口。

2.1 数字化条件下劳资关系的研究

2.1.1 数字化条件下劳资关系的特征

2.1.1.1 当代数字化条件下劳资关系总体特征归纳研究

　　许多学者在劳资关系研究中，都意识到当前劳资关系形态发生极大变化。Serhat Kologlugil(2015)指出，劳资关系在当今数字经济时代，较以往社会发生了巨大变化。[1] Andreea Drugǎu-Constantin(2018)指出，进入数字化时代，企业组织形式和雇佣模式发生了重大变化。[2] 劳资关系发展为数字化劳资关系，Juliet B. Schor 和 William Attwood-Charles(2017)从微观上指出，增多不稳定就业、非正式雇佣关系增多，[3]工人利益难在非正式雇佣关系中受

---

　　① Serhat Kologlugil. Digitizing Karl Marx：The New Political Economy of General Intellect and Immaterial Labor[J]. Rethinking Marxism,2015(1)：123-137.

　　② Andreea Drugǎu-Constantin. "Non-Employment Work Arrangement in Digital Labor Marketplace：Who's Fooling Who?", Journal of Self-Governance and Management Economics, 2018(6)：3.

　　③ Juliet B. Schor, William Attwood-Charles. The "sharing" economy：labor, inequality, and social connection on for-profit platforms[J]. Sociology Compass,2017(11)：e12493.

到保护,职业变换增多,工作形式多样,节奏增快,直接导致就业不确定性,工人职业规划不确定性,市场经济中主要劳动要素人员承受压力增大。

贝内特·哈里森指出,"核心-外围"的生产框架体系,在网络化背景下更容易搭建,此时公司的核心技术工人数量增多。同时外围公司采用外包形式获取相关劳动任务。① 生产过程中的弹性受劳动力市场的弹性增加而加强。② 数字快速发展背景下,肖潇(2018)指出借助数字技术,在劳动中公司对中等技能工人的数量要求降低。③ 李梦琴、谭建伟、吴雄(2018)指出,平台和劳动者间的劳动关系更复杂。④ 随着信息技术与数字技术发展,当今劳资关系的网络化发展基于资本在空间维度、时间维度与现实地域维度三维度的充分协同,这三维度也构架了劳资关系不断演进的三维度通道。Cavaglia C. 和 Etheridge B. (2020)指出资本同核心技术工人趋向更合作的态势,资本同非核心工人则呈现日益市场化的趋势。⑤ 赵秀丽(2022)认为近代手工业经历约四百年,工业资本主义经历约二百年,而信息资本主义自产生到发展仅用不足五十年时间,既完成了网络化劳资关系特征的转型,又催生出基于互联网与数字经济的数字化劳资关系萌芽。⑥ Aloisi(2016)指出信息资本主义孕育了数字化劳资关系的初始阶段,自21世纪初至今,数字化劳资关系发展壮大,已逐渐发展成数字经济时期劳资关系的新模态。⑦ Dyer-

①　赵秀丽,杨志.劳资关系新形态:弹性劳资关系网络的形成与变迁[J].经济学家,2018(11):55-61.

②　贝内特·哈里森.组织瘦身:二十一世纪跨国企业生产型态的蜕变[M].李昭瑢,译.台北:远流出版事业股份有限公司,1997.

③　肖潇."分享经济"背景下劳资关系的演变趋势探析[J].探索,2018(2):185-190.

④　李梦琴,谭建伟,吴雄.共享经济模式下的共享型用工关系研究进展与启示[J].中国人力资源开发,2018(8):105-114.

⑤　Cavaglia C, Etheridge B. Job Polarization and the Declining Quality of Knowledge Workers:Evidence from the UK and Germany[J]. Labour Economics,2020,66:701-884.

⑥　赵秀丽.劳动过程变迁视角下劳资关系的演变与最新发展[J].当代经济研究,2022,321(5)79-88.

⑦　Antonio Aloisi. Commoditized Workers:Case Study Research on Labour Law Issues Arising from a Set of "On-Demand/Gig Economy" Platforms[J]. Comparative LaborLaw & Policy Journal,2016(3):654-688.

Witheford(2010)认为数字劳动与平台资本的相互作用,正逐渐产生新的数字化劳资关系。①

从劳资关系整体考量,资本的既得利益和利润巨大,Marta Guerriero(2019)认为,由于竞争、核心技术工人与非核心工人收益差日渐增大,资本同劳动表面上呈现更弱的关联关系,工人阶级缺乏斗争力量,更易受外部因素制约。②

数字化条件下,劳资关系在劳动过程中延续传统的监督方式。③ 塞缪尔·鲍尔斯、理查德·爱德华兹与弗兰克·罗斯福(2010)指出,网络化促使标准化的监管的诞生。④ 涂永前 (2018)认为,新时代背景下,农民工和弱势的非核心技能劳动者存在合同签订率低,保障下降的情况。⑤ 低技能劳动者技能被弱化,沦为工具人或被迫失业。Juliet B. Schor 和 William Attwood-Charles(2017)指出,在劳动过程中,不具有从属性的新的劳资关系出现,这种现象称为"去劳动化关系"。⑥ 其实质是去除雇佣或从事从属性劳动的束缚。⑦ 谢富胜(2019)也指出,劳资关系呈现新的特征,表现为就业不稳定化,资本与劳动的关系转向实质隶属。⑧ 数字化影响下,桑福德·M. 雅各比

---

① Nick Dyer-Witheford. Digital Labour, Species-becoming and the Global Worker[J]. Ephemera,2010(3/4):484-503.

② Marta Guerriero. "The Labor Share of Income Around the World: Evidence from a Panel Dataset", Asian Development Bank Institute, ADBI Working [M]. Tokyo: Asian Development Bank Institute,2019:920.

③ 赵秀丽,杨志.劳资关系新形态:弹性劳资关系网络的形成与变迁[J].经济学家,2018(11):55-61.

④ 塞缪尔·鲍尔斯,理查德·爱德华兹,弗兰克·罗斯福.理解资本主义:竞争、统制与变革(第3版)[M].孟捷,赵准,徐华,译.北京:中国人民大学出版社,2010.

⑤ 涂永前.新时代中国特色社会主义和谐劳动关系构建研究:现状、问题与对策[J].社会科学家.2018(1):119-125.

⑥ Juliet B. Schor, William Attwood-Charles. The "sharing" economy: labor, inequality, and social connection on for-profit platforms[J]. Sociology Compass,2017(11):e12493.

⑦ Cherry M A, Aloisi A. Dependent contractors in the gig economy: a comparative approach[J]. Am. UL Rev. ,2016(66):635.

⑧ 谢富胜.平台经济全球化的政治经济学分析[J].中国社会科学 2019(12):73.

(2010)提出,劳资关系逐步弹性化,即使是日本,它的终身雇佣体系也在逐步消失。① Chai S. 和 Scully M. A.(2019)提出,劳资关系的变革必定是跟随着生产方式的改变,而生产方式又是在劳动过程中的一环。②

2.1.1.2 在劳资关系与劳资矛盾加剧与缓和方面学者的不同观点

大卫·哈维(2016)认为,技术进步背景下资本主义劳资矛盾存在加剧的可能性和必然性。他指出,资本基于劳动力市场,不仅对劳动者肉体形成统治,也对劳动者精神形成直接影响,迫使劳动者不得不劳动,除了被资本支配与剥削外没有其他出路,这也形成了革命爆发的起点。他也认为,劳资矛盾是资本主义社会独特和重要的关键矛盾。③

Keller(2020)从跨学科的视角阐述了数字化的进程及带来的后果,他认为,企业实行数字化后数字化转型会带来"非典型"就业形势,从而加剧劳资关系不平衡,使得收入分散及低工资发生率攀升④。唐永、张衔(2020)指出人工智能在生产中的使用,一方面具有创造效应,另一方面带来破坏效应,将减少工人岗位,劳动者有被智能化生产设备替代的风险。⑤ 劳动者的工作压力变相增大也导致了劳资矛盾。数字化带来的机械程度提高和技术化提高,夺取了工人的主观能动性,增加工人异化,这种现象也将导致劳资矛盾

① 桑福德·M.雅各比.嵌入式世纪企业——日美公司治理和雇佣关系的实践与比较[M].张平淡,刘荣,译校.北京:经济科学出版社,2010.

② Chai S, Scully M A. It's about distributing rather than sharing: using labor process theory to probe the "Sharing" economy [J]. Journal of Business Ethics, 2019, 159 (4): 943-960.

③ 大卫·哈维.资本社会的17个矛盾[M].许瑞宋,译.北京:中信出版社,2016: 78-82,92-93.

④ Keller B. Interest representation and industrial relations in the age of digitalization-an outline Interest outline [J]. Industrielle Beziehungen Beziehungen. Zeitschrift für Arbeit Zeitschrift Arbeit, Organisation und Management Organisation Management, 2020, 27 (3): 255-285.

⑤ 唐永,张衔.人工智能会加剧资本主义失业风险吗——基于政治经济学视角的分析[J].财经科学,2020(6):51-65.

增强。[1] 孙蚌珠和石先梅(2021)认为,尽管劳资结合形式被数字经济改变,但剩余价值被资本掠夺的本质并未改变,劳资矛盾依然有加剧的可能。刘凤义(2012)结合三次产业革命历程进行分析,在基于"技术—制度—绩效"框架上,分析指出,结合历次产业革命资本主义劳资关系走过了从"双重对立""对立—合作"到"对立—紧张"三个阶段,在2008年全球金融危机影响下,资本主义劳资关系呈现进一步恶化的情况。

胡莹(2020)则认为,数字平台融入企业为实现形式的数字经济融入企业后,数字经济时期资本主义劳动过程的新特征,指出在一定程度上该劳动组织形式缓解了劳资矛盾。[2] 徐晓红(2009)则趋向于认为,由于社会保障制度的健全和全球化因素与经济发展的影响,当今中国劳资关系正从紧张向缓和变化。[3]

传统资本雇佣劳动的形式在数字资本中被同样延续(徐宏潇,2020)[4]。资本借助平台一方面加快了周转速度,另一方面也带来了利润的不均等分配。

2.1.1.3 当代我国数字化条件下劳资关系的特征

唐镰、李彦君、徐景昀(2016)指出,平台企业或平台型企业基于平台,使用网络方式,达成用工关系并签署用工合同,此类用工模式不同于以往的工业时代。[5] 杨斌、魏亚欣、丛龙峰(2014)以及李玲娥(2018)认为,数字经济背景下,中国私营企业中,非稳定性劳资关系日渐增多,[6]表现为劳资间的法

---

① 张敏,李优树.数字经济时代资本主义劳资关系演变的内在逻辑:批判与超越[J].财经科学,2021(10):43-55.

② 胡莹.论数字经济时代资本主义劳动过程中的劳资关系[J].马克思主义研究,2020,240(6):136-145.

③ 徐晓红.劳资关系与经济增长——基于中国劳资关系库兹涅茨曲线的实证检验[J].经济学家,2009(10):52-57.

④ 徐宏潇.国际数字资本主义的发展动向及其内在悖论[J].经济学家,2020(2):54-60.

⑤ 唐镰,李彦君,徐景昀.共享经济企业用工管理与《劳动合同法》制度创新[J].中国劳动,2016(14):41-52.

⑥ 李玲娥.中国现阶段私营企业劳资关系的属性及特点——马克思主义政治经济学的解释[J].政治经济学评论,2018(5):101-120.

律平等地位方面的网络性非典型雇佣形式。[①] 常凯、郑小静（2019）提出，新的劳资关系与就业形态是在一定的社会制度与技术条件下，劳动力同资本在特定的生产组织形式下结合的产物。[②] 杨斌、魏亚欣、丛龙峰（2014）认为，非雇佣性劳资结合形式是当前共享经济中劳动关系变化的突出表现。[③]

魏益华、谭建萍（2018）提出，我国近年来的共享型劳动者数量增多，这种共享型劳务关系，一方面从属性低，另一方面它的薪酬支付方式也是多样与灵活的。[④] 关于在劳资关系中与具体劳动过程中的法律权责认定、风险责任划分、用工属权等方面，均存在相关需要完备的地方（张素凤，2016）。[⑤]

吴清军、杨伟国（2018）认为，算法导向的平台劳务关系正慢慢成型。[⑥] 李晓宁、冯颖（2019）认为，数字经济下，也应关注劳动者与资方谈判的议价能力。[⑦] 在数字经济下，劳动者的报酬高低也同他们跟资方议价或争取的程度有关。但是，资本方依靠其较高的议价能力普遍可以将工人的平均工资压低5.46%左右（刘章发、田贵贤，2017）。[⑧] 因此，从以往十多年中国劳动力市场情况分析，资本方具有强议价能力，劳动者工资水平普遍低于应得

① 杨斌，魏亚欣，丛龙峰.中国劳动关系发展途径探讨——基于劳动关系形态视角的分析[J].中国人力资源开发,2014(19):96-101.

② 常凯，郑小静.雇佣关系还是合作关系？——互联网经济中用工关系性质辨析[J].中国人民大学学报,2019(2):78-88.

③ 杨斌，魏亚欣，丛龙峰.中国劳动关系发展途径探讨——基于劳动关系形态视角的分析[J].中国人力资源开发,2014(19):96-101.

④ 魏益华，谭建萍.互联网经济中新型劳动关系的风险防范[J].社会科学战线,2018(2),84-90.

⑤ 张素凤."专车"运营中的非典型用工问题及其规范[J].华东政法大学学报,2016(6):75-87.

⑥ 吴清军，杨伟国.共享经济与平台人力资本管理体系——对劳动力资源与平台工作的再认识[J].中国人力资源开发,2018(6):101-108.

⑦ 李晓宁，冯颖.基于合作共赢的和谐劳资关系构建研究[J].经济问题,2019,478(6):21-29.

⑧ 刘章发，田贵贤.信息不对称、劳资议价与均衡工资决定[J].经济评论,2017(4):45-56.

"公平"工资。① Juselius M I（2008）指出，工会在数字经济环境中，能力作用非常有限。② 胡恩华、张毛龙、单红梅（2016）在中国基于工会实践材料的研究中，发现工会在维权行为中参与极少，基层工会的实际功能性有待提升。③

此外，国内学者也从不同学科视角，对我国劳资关系做出研究。如潘旦（2022）指出，平台企业通过利用资本在法律方面的优势，在制定合同时，规避相关法律条文，以此规避责任与义务。④ 有从法学视角专门从劳动法与劳动仲裁方面，对数字经济下资方与劳方的冲突进行研究的（王天玉，2017），⑤有在平台企业中的管理策略方面进行探讨的（吴清军、杨伟国，2018），⑥也有基于劳动过程从就业选择与就业状况，从社会学角度开展研究的（吴清军、李贞，2018）。⑦ 这些学者的研究内容，在某些方面形成了一致性的意见，但是在一些方面仍然存在研究理论上的分歧。⑧

2.1.2　数字化条件下的劳资结合形式与工资形式

2.1.2.1　数字化条件下的劳资结合形式

在数字经济发展对劳动关系运行环境产生的影响方面，李梦琴、谭建伟、吴雄（2018）指出，平台的出现带来了新的用工模式，它基于共享经济，采

---

① 莫旋，阳玉香，刘杰.中国劳动力市场劳资双方议价能力测度[J].经济与管理研究,2017(4):47-56.

② Juselius M I. Long-run relationships between labor and capital:Indirect evidence on the elasticity of substitution[J]. Journal of Macroeconomics,2008,30(2):739-756.

③ 胡恩华,张毛龙,单红梅.中国工会与劳资关系调节职能——基于1853篇工会实践报道的研究[J].经济管理,2016(11):174-186.

④ 潘旦.互联网"零工经济"就业群体的劳动权益保障研究[J].浙江社会科学,2022(4):89-95.

⑤ 王天玉.劳动法规制灵活化的法律技术[J].法学,2017(10):76-89.

⑥ 吴清军,杨伟国.共享经济与平台人力资本管理体系——对劳动力资源与平台工作的再认识[J].中国人力资源开发,2018(6):101-108.

⑦ 吴清军,李贞.分享经济下的劳动控制与工作自主性——关于网约车司机工作的混合研究[J].社会学研究,2018(4):137-162,244-245.

⑧ 谢鹏鑫,屈萌,冯娇娇,杨付.新时代我国劳动关系的研究综述与展望:基于劳动关系主体的视角[J].中国人力资源开发,2022,39(4):96-109.

用的形式是"平台+公司+用户",或简化来说,是"平台+用户",用户中也包括劳动者。① 杨静(2020)认为平台的用户身份多样,不仅仅是个人,也包括小型的承包商。② 王文珍、李文静(2017)认为平台规模变大的同时,平台中公司主体体积逐渐缩小。③ 对淘宝与阿里巴巴平台用户的调研发现,淘宝店铺用户的平均雇员为 1.6 人/店,天猫平均雇员为 6.9 人/店。④ 平台使得雇佣形式呈现灵活的非正式化的新特点。⑤ Banning M. E.(2016)提出,平台经济中劳动过程被进一步细化,资本监控劳动的方式多样,劳动关系的具体确定愈发困难。⑥ Chen M. K.,Rossi P. E.,Chevalier J. A.,(2019)提出,数字化使传统的雇佣关系转向纯粹的市场交易关系。⑦ 平台企业中的劳动者与工业时代中的劳动者不同,他们工作地点分散,在参与商品劳动中不常碰面。但是他们会通过平台进行交流,相比之前的工业时代,劳动者间的人文关系密度下降。人力云平台中用户的流动性很高,但在合同规定中,平台并未给用户缴纳社保与纳税。⑧

在数字化条件下,劳资合同形式和雇佣形式与效果方面,学者的研究结果也出现分歧。一部分学者认为,新型的劳资合同缓解了社会矛盾,另一部分学者认为,新型的劳资合同降低了工人收益,增加了劳资冲突与劳资矛盾。

---

① 李梦琴,谭建伟,吴雄.共享经济模式下的共享型用工关系研究进展与启示[J].中国人力资源开发,2018(8):105-114.

② 杨静.平台企业从业人员保障方案:中欧对比及启示[J].社会保障研究,2020(5):94-102.

③ 王文珍,李文静.平台经济发展对我国劳动关系的影响[J].中国劳动,2017(1):4-12.

④ 数据来源于阿里研究院代表在人社部劳动关系司和劳动科学研究所召开的新经济座谈会上的发言。

⑤ 谢增毅.互联网平台用工劳动关系认定[J].中外法学,2018(6):1546-1569.

⑥ Banning M. E. Shared entanglements-Web 2.0,info-liberalism & digital sharing[J]. Information Communication and Society,2016,19(3-4):1-15.

⑦ Chen M K,Rossi P E,Chevalier J A,et al. The Value of Flexible Work:Evidence from Uber Drivers[J]. Journal of Political Economy,2019,127(6):2735-2794.

⑧ Cherry M A, Aloisi A. Dependent contractors in the gig economy:a comparative approach[J]. Am. UL Rev.,2016(66):635.

　　数字化条件下劳资合同形式与雇佣形式变化上,Damodaran A.(2018)指出,公司通过规避合同责任,无形间将责任转嫁给工人,工人失去了在传统雇佣中应得的福利,及工会、协商等权益。[①] 袁文全、徐新鹏(2018)将数字化下的平台与供给侧方面联系研究,认为共享平台企业可以不用承担"五险一金"等社保,并且认为这有利于社会闲暇劳动力与资源的利用,利于形成"用户+公司+平台"的新雇佣关系。[②] 杨静(2020)更是提出了,应当将社保与劳动关系彻底脱钩,[③]从法律上减小劳动关系对上述内容的界定。[④] Doorn N. 和 A. Badger(2020)指出,共享平台中的公司采用多种合同方式,通过加盟、代理等模糊劳动关系,[⑤]这导致劳动雇佣形式的模糊化。公司利用法律合同的手段,将应承担的义务"合理"规避掉,使得合同的不确定性增强(汪银涛、吴延溢,2019)。[⑥]

　　总体来说,数字化条件下的雇佣关系较为灵活。汪雁(2019)认为,劳动者在共享平台中的就职情况灵活多样,就业关系更为复杂。[⑦] 劳务服务具有一次性特征,用户与对象间的劳动关系也有短期性[⑧]、一次性特征[⑨](李梦琴、谭建伟、吴雄,2018;李坤刚、乔安丽,2015)。可见共享经济形式一方面改变

　　① Damodaran A. The dark side of valuation: valuing young, distressed, and complex businesses[M]. London: pearson education, 2018.

　　② 袁文全,徐新鹏.共享经济视阈下隐蔽雇佣关系的法律规制[J].政法论坛,2018(1):119-130.

　　③ 杨静.平台企业从业人员保障方案:中欧对比及启示[J].社会保障研究,2020(3):94-102.

　　④ 王茜.互联网平台经济从业者的权益保护问题[J].云南社会科学,2017(4):47-52.

　　⑤ Doorn N, A Badger. Platform capitalism's hidden abode: producing data assets in the gig economy[J]. Antipode, 2020, 52(5): 1475-1495.

　　⑥ 汪银涛,吴延溢.人工智能时代劳动法立法范式的转型[J].人文杂志,2019(10):34-43.

　　⑦ 汪雁.关于共享经济平台网约工劳动权益保障的研究[J].中国劳动关系学院学报,2019(6):122-127.

　　⑧ 李梦琴,谭建伟,吴雄.共享经济模式下的共享型用工关系研究进展与启示[J].中国人力资源开发,2018(8):105-114.

　　⑨ 李坤刚,乔安丽.劳务承揽与劳动关系的区别——基于雇佣历史发展的分析[J].中国劳动,2015(3):55-59.

了商业模式,另一方面变化了雇佣形式,这缓和了社会矛盾,同时,他们认为共享经济是零工经济的实质(沈杰,2020)。①

Cockayne D. G.(2016)认为,灵活劳资雇佣形式间接使得平台工人的劳动保障权益受损,如差异性与灵活性,影响了平台工人的收益水平与保障水平。②

有学者将数字经济中产生的具有新特征的劳资关系视为非典型的劳动关系。它包括非固定场地的工作场所、部分步骤的工作、临时工作、部分工时的任务工资、短期任务、季节性任务、外包、多重劳动关系等方面(韩文,2016)。③ 也有学者认为,平台中的劳资关系归属于劳务关系,这种劳务关系指通过劳务形成的短时有偿关系(龚潇,2013)。④

在数字化背景下企业签署的劳资合同方面,李梦琴、谭建伟、吴雄(2018)认为,在劳务者合同中,平台企业如果按照劳动法中履行对工人包括最低工资标准、解雇赔偿、福利待遇等方面实施,则将带来共享平台公司的成本增高。但零工群体多数并未与平台企业签订正规劳务合同,很多平台企业并未在合同中与实际中履行缴纳三险一金的义务,这使得平台工人的权益在社会保障体系外游离(Florin Bonciu,2017)。⑤ Duch-Brown N.、Martens B. 和 Mueller-Langer F.(2017)指出,平台的零工工资,例如平台外卖员或平台网约车司机,他们可以自由安排工作时间,并能使用自身的生产资料资源(私家车),是一种自我雇佣的形式。如果将这种关系定义为非劳动

---

① 沈杰.共享经济下劳资关系的分析[J].营销界,2020(5):86.

② Cockayne D G. Sharing and neoliberal discourse:The economic function of sharing in the digital on-demand economy[J]. GEOFORUM,2016,77:73-82.

③ 韩文.互联网平台企业与劳动者之间的良性互动:基于美国优步案的新思考[J].中国人力资源开发,2016(10):86-90.

④ 龚潇.劳动关系、劳务关系、雇佣关系的特征及其归责[J].法制博览,2013(11):225-227.

⑤ Florin Bonciu. Evaluation of The Impact of The 4th Industial Revolution on the Labor Market[J]. Romanian Economic and Business Review,2017(12):7-16.

关系,那么提供劳动的工人的基本权益将不能被保障。[①] 同时,由于资方作为公司的实际控制者,对合同的拟定具有话语权,零工群体对合同只能被迫接受(汪雁,2019)。[②]

在数字化条件下企业劳资合同关于劳动者法律与保护方面,Friedemann J. (2020)指出,平台企业劳务合同方面,服务工人面临书面合同签署不易、维权不易、岗位维持不易等三不易。[③] 王健(2019)认为,从法律上可以将平台网约工纳入劳动法保护对象。[④] 穆随心、王昭(2018)认为,按劳务合同,可以将全职平台车主定义为平台雇员,将非全职平台司机定义为非雇员。[⑤] Fuchs C. (2014)指出,弹性的平台雇佣,一方面降低平台公司运营成本,另一方面,平台工的权益被弱化。[⑥] 周国庆(2022)认为,数字经济下平台型公司对效率的关注更多,但是相对忽视了公平。从这点来看,企业的社会责任感方面明显缺失。[⑦]

2.1.2.2 数字化条件下的工资形式

在信息化背景的经济活动中,通过对经济现象的分析,国内学界达成劳动收入份额下降的共识。白重恩、钱震杰(2009)研究发现,我国劳动收入处在较低水平且呈现下降趋势。同时,随着改革开放经济快速发展的步伐,收入水平并未同步跟进,反而出现劳动收入份额下降的情形。[⑧]

① Duch-Brown N, Martens B, Mueller-Langer F. The economics of ownership, access and trade in digital data[J]. SSRN Electronic Joural,2017(1):4-48.

② 汪雁.关于共享经济平台网约工劳动权益保障的研究[J].中国劳动关系学院学报,2019(6):122-127.

③ Friedemann J. Risk Shifts in the Gig Economy:The Normative Case for an Insurance Scheme against the Effects of Precarious Work[J]. Journal of Political Philosophy,2020(29):281-304.

④ 王健.APP 平台用工中的网约工身份认定与劳动关系重构[J].兰州学刊,2019(6):46-55.

⑤ 穆随心,王昭.共享经济背景下网约车司机劳动关系认定探析[J].河南财经政法大学学报,2018(1):34-42.

⑥ Fuchs C. Digital Labour and Karl Marx[M]. New York and London:Routledge,2014.

⑦ 周国庆.新零工经济下均衡雇佣关系重构研究[J].人力资源管理,2022(6):117.

⑧ 毛杰.改革开放中的资本逻辑与劳动收入份额演变[D].西南财经大学,2022.

在数字化背景下的经济活动中,工人工资收入高低方面,Kaufman B. E. (2014)指出,平台企业带来的弹性使得平台工人收入呈下降趋势。[1] Keller B. (2020)指出,平台企业限制就业工人数量,以此加剧零工工人内部竞争,压低工人薪资空间。[2] Kuhn K. 和 Maleki A. (2015)指出,平台下的公司中,工人工资水平变得难以预测,工人的福利保障部分减少,实际工资增高,同时,原先可预测工资变为弹性工资。[3] 李梦琴、谭建伟、吴雄(2018)则认为,平台企业工人的实际收入下降。[4] Lei Y. W. (2020)指出,平台工人每小时的报酬为 4.43 美元,小于美国规定的最低时薪报酬 7.25 美元。[5]

另外,纳入数字平台后的企业工人有时候并非只服务于一家雇主。Manyika J. 等(2019)指出,劳动者从平台化企业得到的收入也不是其全部收入,数字经济背景下,很多劳动者往往兼职获得多份收入。[6] 在工资支付形式上,Mccann D. 和 Fudge J. (2019)指出,平台支付方式多为一次性支付或阶段性支付,由平台雇佣者自主选择。[7]

关于数字化作用于劳资收入分配,数字化对劳动者报酬的增多或降低,

① Kaufman B E. History of the British Industrial Relations Field Reconsidered:Getting from the Webbs to the New Employment Relations Paradigm[J]. British Journal of Industrial Relations,2014,52(1):1-31.

② Keller B. Interest representation and industrial relations in the age of digitalization-an outline Interest outline [J]. Industrielle Beziehungen Beziehungen. Zeitschrift für Arbeit Zeitschrift Arbeit, Organisation und Management Organisation Management, 2020, 27 (3): 255-285.

③ Kuhn K,Maleki A. A Workforce of Micro-Entrepreneurs:Online Labor Platforms in the Sharing Economy[J]. Academy of Management Annual Meeting Proceedings,2015(1): 85-109.

④ 李梦琴,谭建伟,吴雄.共享经济模式下的共享型用工关系研究进展与启示[J]. 中国人力资源开发,2018(8):105-114.

⑤ Lei Y W. Delivering Solidarity:Platform Architecture and Collective Contention in China's Platform Economy[J]. American Sociological Review,Forthcoming,2020(1):70.

⑥ Manyika J,Mischke J,Bughin J,et al. A new look at the declining labor share of income in the United States[J]. McKinsey Global Institute Discussion paper,2019:1-64.

⑦ Mccann D, Fudge J. A Strategic Approach to Regulating Unacceptable Forms of Work[J]. Journal of Law and Society,2019(2):46.

资本家的剥削强度,以及数字化共享经济对资本主义制度与资本主义剥削方面,具体是加深或减少剥削还是增加或缓和了矛盾,学者也持不同观点。

Pulkka V. V. (2017)指出,美国学者对1950年至今的劳工统计局数据进行分析,得出二十年来,美国劳动者收入呈现显著降低局面。[①] Drago Bergholt 等(2019)对美国劳动者的收入降低现象做出总结,其中提到技术因素、投资增长速度,以及生产过程中新技术的应用,都是导致这种结果的主要原因。[②] Marta Guerriero(2019)指出,自20世纪80年代后,上述下降趋势愈加显著。[③] 但是,基于数字技术的日益成熟,Corrie Driebusch, Daniel Huang (2016)指出,通信技术资本收益持续上升,其中技术部门占比从5%上升到15%。[④]

Ravenelle A. J. (2017)指出,平台劳动者无法控制算法,只是被动地接受平台任务,各种任务奖励与惩罚受平台直接控制。[⑤] 沈杰(2020)认为,数字经济下的共享经济中,劳动者对平台的从属性增强,这类似于传统劳动者对生产资料的从属性。虽然劳资关系的某些方面发生变化,但是资本通过现代化方式控制了劳动过程。劳资力量差距扩大,在此情况下,工人工资方面也产生变化。[⑥] 但是,韩文(2016)则认为共享经济颠覆了资本主义制度本身。[⑦]

在数字化条件下企业剥削分化劳动者方面,肖潇(2018)指出,数字经济

① Pulkka V V. A free lunch with robots – can a basic income stabilise the digital economy? [J]. Transfer:European Review of Labour and Research,2017,23(3):295–311.

② Drago Bergholt,Francesco Furlanetto,Nicolò Maffei Facciol. The Decline of the Labor Share:New Empirical Evidence[J]. Norges Bank:Working Papers,2019(18):1–44.

③ Marta Guerriero. The Labor Share of Income Around the World:Evidence from a Panel Dataset[M]. Tokyo:Asian Development Bank Institute,2019.

④ Corrie Driebusch, Daniel Huang. Tech Stocks' New Attraction:Dividends [J]. The Wall Street Journal,2016(8):27.

⑤ Ravenelle A J. Sharing economy worker:selling,not sharing[J]. Cambridge Journal of Regions,Economy and Society,2017,10(2):281–295.

⑥ 沈杰.共享经济下劳资关系的分析[J].营销界,2020(5):86.

⑦ 韩文.互联网平台企业与劳动者之间的良性互动:基于美国优步案的新思考[J].中国人力资源开发,2016(10):86–90.

下的平台化加剧了劳动者的分化。① 沈杰(2020)指出,平台扩大了劳动力市场的容量,将大量空闲劳动力从不同地点拉动到平台中,形成了类似大量产业后备军的形态,使得平台中劳动者间竞争态势加剧。②

在数字化条件下资本对剩余价值的获取方面,张衔(2021)指出,可变成本包含雇佣合同中的工资支出,资本为了利润而通过各种方式压低可变成本。同时,资本采用低工资高强度的劳动方式,在我国也并非个例现象。③ 潘旦(2022)指出,零工群体中,跨度较大的劳动时长是工人提升收入的主要形式,这使得平台工人常常经受超负荷的劳动。④ 在面对这种高强度劳动时,黄再胜(2019)认为,为了减少资本对剩余价值的获得量,平台中的从业者应联合起来,以集体行为争取既得利益。⑤ Rosenblat A.等(2016)提出,在平台的"用户+平台"模式里,团体与组织性降低,这间接使得平台经济中工会组织较为松散。⑥ 平台劳动者零散分布,任务具体又琐碎,工会组建迟缓,⑦平台劳动者维权难上加难,⑧也导致了工人要求工资待遇的能力降低,进而应得工资降低(汪雁、张丽华等,2019)。

2.1.3 数字化条件下劳资关系变化引起的失业

学者关于数字条件下劳资关系变化对就业与失业影响研究方面,也存

① 肖潇."分享经济"背景下劳资关系的演变趋势探析[J].探索,2018(2):185-190.

② 沈杰.共享经济下劳资关系的分析[J].营销界,2020(5):86.

③ 张衔.坚持《资本论》原理,开拓当代中国马克思主义政治经济学新境界[J].当代经济研究,2021(2):11-13.

④ 潘旦.互联网"零工经济"就业群体的劳动权益保障研究[J].浙江社会科学,2022(4):89-95.

⑤ 黄再胜.网络平台劳动的合约特征、实践挑战与治理路径[J].外国经济与管理,2019(7):99-111.

⑥ Rosenblat A,Stark L. Algorithmic Labor and Information Asymmetries:A Case Study of Uber's Drivers[J]. International Journal of Communication,2016(10):3758-3784.

⑦ 汪雁,张丽华.关于我国共享经济新就业形态的研究[J].中国劳动关系学院学报,2019(2):49-59,98.

⑧ 谢鹏鑫,屈萌,冯娇娇,杨付.新时代我国劳动关系的研究综述与展望:基于劳动关系主体的视角[J].中国人力资源开发,2022,39(4):96-109.

在不同声音。盖伊·斯坦丁(2019)指出平台共享创造就业机会、增进社会福利。① 哈里·布雷弗曼(1978)指出,灵活且不稳定的雇佣方式,导致劳动者无法通过系统且长期的培训获得相应的劳动技能,进而加剧降低了工人技能。② 当今,这种灵活的就业类型更多,这种新的就业形式体现在,工人就业后,在劳动时间、工作场地、报酬形式等方面,与原先就业形式的不同。③ 白永亮(2017)指出,平台带来就业方式的灵活化。但是,就业中存在劳资纠纷、权益保护,以及权责划分等多种新问题,在这些问题中,相关双方往往通过博弈进行解决。④

数字技术带来替代作用,工人被迫失业。⑤ Ravenelle A. J. (2017)认为,数字技术的效应影响越来越大,低技能劳动者被迫从劳动岗位上离开,被动转变为个体自由劳动者。⑥ 姚建华、苏熠慧(2019)指出,平台资本采用分包派遣方式开展生产,并且在合同中规避义务,工人在技能降低后,无法适应具体的生产任务,更陷入无法获取工作的局面。⑦ 从就业形式的统计看,制造业用工人数降低,互联网平台用工人数快速增长(李培林、尉建文,2021)。⑧

---

① 盖伊·斯坦丁.不稳定的无产者:从失权者到公民[M].北京:社会科学文献出版社,2019:27-29.

② 哈里·布雷弗曼.劳动与垄断资本——二十世纪中劳动的退化[M].北京:商务印书馆,1978:103-110.

③ Schobin J, Tomazic A C. The digital gamification of labour: a new form of labour process regulation? [J]. International Journal of Work Innovation,2020,2(4):308-327.

④ 白永亮.共享经济下灵活就业法律制度重构[J].江西社会科学,2017(10):209-217.

⑤ Wiebe A. Protection of industrial data – a new property right for the digital economy? [J]. Journal of Intellectual Property Law & Practice,2017,12(1):62-71.

⑥ Ravenelle A J. Sharing economy worker:selling, not sharing[J]. Cambridge Journal of Regions,Economy and Society,2017,10(2):281-295.

⑦ 姚建华,苏熠慧.回归劳动:全球经济中不稳定的劳工[M].北京:社会科学文献出版社,2019:27-29.

⑧ 李培林,尉建文.新的历史条件下我国工人阶级构成的变化和应对[J].学术月刊,2021(9):129-138.

2.1.4 面对数字化条件下劳资关系影响的应对策略研究

面对数字化条件下劳资关系的变化,学者认为要从法律法规方面对其进行规制。沈杰(2020)指出,原先的法律制度条文中,部分已无法适用于新的共享经济下的劳动合同和组织形式,应对劳动法中相关律条进行完善,加入平台公司和劳动者合同方面的条文,以此让劳动者能够通过法律手段维护自身既得利益。[①] 杨云霞(2016)指出,应加大从法律上对存在劳资关系与非存在劳资关系方面的法律界定。[②]

徐景一(2021)、韩文(2016)、汪雁(2019)等指出,反垄断法规的出台,以及对其的监管是非常必要的,[③]应当尊重法律,尊重市场。可以协调政府的多个职能部门,[④]监管平台垄断公司,包括大型共享平台公司。[⑤] 同时,应当在严格监管与模糊之间把握一个良好的度(Minter K,2017)。[⑥]

Sang-Chul Park(2018)指出,在平台下的共享经济与零工经济的合同方面,也应出台相应的法律加以限制。[⑦] 平台企业也应当积极履行企业义务,制定科学规范的劳务管理制度。[⑧] 比起拒绝承认"劳务关系"而言,平台企业

---

① 沈杰.共享经济下劳资关系的分析[J].营销界,2020(5):89.

② 杨云霞.分享经济中用工关系的中美法律比较及启示[J].西北大学学报(哲学社会科学版),2016(5):147–153.

③ 徐景一.算法主导下的平台企业劳动关系与治理路径[J].社会科学辑刊,2021(5):164–171.

④ 韩文.互联网平台企业与劳动者之间的良性互动:基于美国优步案的新思考[J].中国人力资源开发,2016(10):86–90.

⑤ 汪雁.关于共享经济平台网约工劳动权益保障的研究[J].中国劳动关系学院学报,2019(6):122–127.

⑥ Minter K. Negotiating labor standards in the gig economy: Airtasker and unions new south wales[J]. Economic & Labor Relations Review,2017,28(3):438–454.

⑦ Sang–Chul Park. The Fourth Industrial Revolution and Implications for Innovative Cluster Policies[J]. AI & Society,2018(33):1–20.

⑧ 潘旦.互联网"零工经济"就业群体的劳动权益保障研究[J].浙江社会科学,2022(4):89–95.

应当使用市场机制,与平台劳动者积极协商。[①] 胡放之、陈欣然、张文旭(2020)指出,合同工人应积极学习法律并增加自我保护意识,在签订合约时,避免平台企业利用信息不对称的方式或其他方式规避的法律责任。[②]

数字化条件下企业承担企业责任与社会责任方面,Schobin J. 和 Tomazic A. C. (2020)指出,平台企业需要承担社会责任,对平台在用户和加盟商的超额收费方面也应加以遏制,另外在对平台员工负面效果惩罚与薪酬方面也应出台相应管理政策。[③] 翁仁木(2019)认为,对平台工人,平台企业应主动缴纳强制性的保险,通过这种商业保险的保障方式保护平台劳动者与平台的相关权益。[④] 还有观点认为,政府可以采取政策出台对共享经济契合的工伤保险规则,将合乎规定的平台工人纳入工伤保险体制中,[⑤]平台企业与平台工人可以一起承担相关工伤缴费(张岩,2018)。[⑥]

有学者指出应鼓励行业协会制定相关平台企业规章规范管理体系,鼓励平台企业与平台工人签订稳固长期共赢的劳务合同,促进形成政府、工会、公司共同参与的机制,实现和谐共赢的劳务关系。加强对平台用工主体、用户与客户间的合同规定等方面的权利与责任规则划分,合理地实现三者对相关风险承担(李梦琴、谭建伟、吴雄,2018)。[⑦] Stepanov I. (2020)提出,针对数字经济体制下逐渐失衡的利益分配结构,政府也可以从顶层设计角度加以控制,加大法律规制,增强工会作用,提升工人在劳资博弈中的话

---

① 韩文.互联网平台企业与劳动者之间的良性互动:基于美国优步案的新思考[J].中国人力资源开发,2016(10):86-90.

② 胡放之,陈欣然,张文旭.网约工劳动权益保障:问题、原因及对策[J].科技创业,2020(9):137-140.

③ Schobin J, Tomazic A C. The digital gamification of labour: a new form of labour process regulation? [J]. International Journal of Work Innovation,2020,2(4):308-327.

④ 翁仁木.平台从业人员职业伤害保障制度研究[J]中国劳动,2019(10):78-90.

⑤ 杨静.平台企业从业人员保障方案:中欧对比及启示[J].社会保障研究,2020(3):94-102.

⑥ 张岩.共享经济下灵活就业人员的工伤保险制度探析——以平台工作者为视角[J].吉林工商学院学报,2018(6):90-94.

⑦ 李梦琴,谭建伟,吴雄.共享经济模式下的共享型用工关系研究进展与启示[J].中国人力资源开发,2018(8):105-114.

语权,挽回劳资关系失衡的局面。① 汪雁(2019)认为,应当将平台工人联系起来,集体参加相关维权活动,加强联络组织,增强工会力量与维权能力。②

2.2 数字化条件下劳动过程与生产方式的研究

2.2.1 数字化条件下的劳动过程的特征

韩文龙、刘璐(2020)提出四种数字劳动过程:基于传统的雇佣劳动过程、平台下的具有零工雇佣特点的劳动过程、数字化公司劳动过程以及产销型数字劳动过程。③

Vial G.(2021)指出,资本与劳动的关系正是资本主义劳动过程的本质。④ 当下与未来,公司与数字平台融合增多,数字化与平台化对市场内的公司产生了作用。这种作用也带来生产组织形式与劳动过程的形式转变。肖潇(2018)认为,平台企业没有改变私有权,仅仅是整合了生产资料资源,只是在劳动过程中基于平台控制与调配这些资源。⑤ 崔学东、曹樱凡(2019)认为平台虽能利用闲置的社会资源,采用平台的共享,其实质为将分散的生活资料或劳动资源集中并商品化。⑥ 在数字化条件下企业利用平台进行生产,Nambisan S.(2017)提出,公司采用数字平台实现了资本和劳动的"双重解放",这使得公司获得更大商业空间,并将提供给劳动者更多的岗位选择。

---

① Stepanov I. Introducing a property right over data in the EU: the data producer's right-an evaluation[J]. International Review of Law, Computers & Technology, 2020, 34(1): 65-86.

② 汪雁. 关于共享经济平台网约工劳动权益保障的研究[J]. 中国劳动关系学院学报, 2019(6): 122-127.

③ 韩文龙, 刘璐. 数字劳动过程及其四种表现形式[J]. 财经科学, 2020(1): 13.

④ Vial G. Understanding Digital Transformation: A Review and a Research Agenda[J]. Managing Digital Transformation, 2021: 13-66.

⑤ 肖潇. "分享经济"背景下劳资关系的演变趋势探析[J]. 探索, 2018(2): 185-190.

⑥ 崔学东, 曹樱凡. "共享经济"还是"零工经济"? ——后工业与金融资本主义下的积累与雇佣劳动关系[J]. 政治经济学评论, 2019, 10(1): 22-36.

这扩大了用工方式,革新了劳资要素的形式。[①] 刘皓琰、李明(2017)指出,劳动者的劳动时间和劳动地点不再固定和受限,[②]劳动者能够对自身的劳动过程与时间实施自主控制。Wiebe A. (2017)指出,在劳动过程中分工方面呈现社会协同分工,这是与从传统内分工不同的,平台企业价值链呈现基于网络的"平台—超外包"构架[③]。Warner K. 和 M. Wager(2019)认为,平台企业为市场生产提供了平台,带来细化的分工体系,平台也成为具备盈利功能的重要基础中介设施。[④] Chen M. K. 等(2019)指出,平台企业在劳动过程中的生产组织形式是基于数字技术与数据的内核,与基于劳动者、公司或供应商的外围组成。[⑤]

在数字化劳动效率与利润方面,潘旦(2022)指出平台能够对零工劳动群体的劳动效率充分控制。[⑥] 陈冬梅、王俐珍、陈安霓(2020)提出在劳动过程中的技术影响越来越大,劳动分工受技术因素影响,呈现出分工细化状态。资本家通过细化的分工,实现更好地监督和控制工人劳动过程的目的。技术是资本控制劳动的新手段,也是新工具。资本也借此愈发在劳动过程中占据主导地位。[⑦] 潘旦(2022)指出资本使用技术优势压缩用工成本。[⑧] 何帆、刘红霞(2019)认为,平台自发制定缩短任务时间,以此提升平台效率,

① Nambisan S. Digital Entrepreneurship:Toward a Digital Technology Perspective of Entrepreneurship[J]. Entrepreneurship Theory and Practice,2017,41(6):1029–1055.

② 刘皓琰,李明. 网络生产力下经济模式的劳动关系变化探析[J]. 经济学家,2017(12):33–41.

③ Wiebe A. Protection of industrial data – a new property right for the digital economy? [J]. Journal of Intellectual Property Law & Practice,2017,12(1):62–71.

④ Warner K, M Wager. Building Dynamic Capabilities for Digital Transformation:An Ongoing Process of Strategic Renewal[J]. Long Range Planning,2019,52(3):326–349.

⑤ Chen M K,Rossi P E,Chevalier J A,et al. The Value of Flexible Work:Evidence from Uber Drivers[J]. Journal of Political Economy,2019,127(6):2735–2794.

⑥ 潘旦. 互联网"零工经济"就业群体的劳动权益保障研究[J]. 浙江社会科学,2022(4):89–95.

⑦ 陈冬梅,王俐珍,陈安霓. 数字化与战略管理理论——回顾、挑战与展望[J]. 管理界,2020,36(5):220–236.

⑧ 潘旦. 互联网"零工经济"就业群体的劳动权益保障研究[J]. 浙江社会科学,2022(4):89–95.

但这带来了对劳动效率的非合理化。[①]

孟飞、程榕(2020)在数字企业生产过程的平台化研究方面指出,依附于平台企业的大数据是新阶段产业资本的生产经营过程中实现利润最大化的有效途径。[②] 并指出,依靠数字平台金融资本在进行风险规避、风险管理和风险投资方面,也逐渐成熟和增多,与此同时,社会上方方面面都在不知不觉间纳入数字平台体系。Nambisan(2017)曾提出,在数字经济中,资本家通过借助劳动过程中的交互协作来缓解劳资冲突。[③] Brynjolfsson E. 等(2016)指出,劳动组织形式多采用"云端制"即"大平台+小前端"的组织形式,这种构架也正是很多商业组织的"初始构架",例如苹果 App 商城平台、谷歌平台、Steam 游戏平台、安卓应用平台、美团平台、优步平台等。[④]

在劳动过程的组织与剥削方面,在平台的生产组织形式上,Cavaglia C. 和 Etheridge B. (2020)指出,平台加外包的生产组织形式,加快了资本循环的次数,是资本通过平台开展的平台化分工构架方式。[⑤] 平台垄断使消费者利益受损。Goldfarb A. 和 Tucker C. (2019)指出,在数字经济下,资本借助平台天生垄断优势,使得劳动过程与劳动结合方式向着偏向资本有利的方向转化。[⑥] 沈杰(2020)指出,在共享经济下,平台工人虽然能利用自身所有的生产工具进行生产,但是生产过程必须基于平台,资本对劳动的剥削非常隐蔽。[⑦]

① 何帆,刘红霞.数字经济视角下实体企业数字化变革的业绩提升效应评估[J].改革,2019(4):12.

② 孟飞,程榕.资本主义共享经济是对资本逻辑的深化还是逆转?——基于雇佣劳动关系视角的政治经济学批判[J].国外理论动态,2020(3):62-74.

③ Nambisan S. Digital Entrepreneurship:Toward a Digital Technology Perspective of Entrepreneurship[J]. Entrepreneurship Theory and Practice,2017,41(6):1029-1055.

④ Brynjolfsson E. , McElheran K. "The Rapid Adoption of Data－driven Decision－making" [J]. American Economic Review,2016,106(5):133-139.

⑤ Cavaglia C, Etheridge B. Job Polarization and the Declining Quality of Knowledge Workers:Evidence from the UK and Germany[J]. Labour Economics,2020,66:701-884.

⑥ Goldfarb A,Tucker C. Digital Economics[J]. Journal of Economic Literature,2019,57(1):3-43.

⑦ 沈杰.共享经济下劳资关系的分析[J].营销界,2020(5):86.

在数字化条件下资本通过数字平台形成垄断并控制劳动过程方面，Cette G. 等(2021)指出，平台垄断算法技术，制定劳动过程规则。① 谢富胜等(2019)认为，资本对平台的运营与掌控，掌握了关键的基础数字设备，基于此的垄断实现了对劳动过程的操控。② 基于数字平台的平台型企业具备天生的垄断特征，基于互联网等数字技术，大型垄断平台公司往往跨国出现，资本更易形成跨国垄断，进而形成"数字霸权"(Chai S. & Scully M. A.，2019)。③

肖潇(2018)指出，从表面看，在劳动过程中工人有较以往社会更自由的劳动场地与时间，具有更多灵活性，而且工人从中甚至无法理解或感受到自身受到平台的监督。④ 但在平台企业中，资本利用技术监控、意识形态控制、直接管控等方式，对雇佣劳动进行隐蔽深刻的控制(王健，2019)⑤。资本一方面与劳动结合，另一方面通过平台获取劳动中的数据。⑥ Andreea Drugǎu–Constantin(2018)认为，从另一方面看，在劳动市场灵活的状态下，平台能够依据算法实现对劳动过程的控制，并使劳资双方权利更加不平衡。⑦

吴清军、杨伟国(2018)指出，资本对劳动过程的控制形式、方式、强度等

---

① Cette G，Nevoux S，Py L. The impact of ICTs and digitalization on productivity and labor share：evidence from French firms［J］. Economics of Innovation and New Technology，2021：1–24.

② 谢富胜，吴越，王生升.平台经济全球化的政治经济学分析［J］.中国社会科学，2019(12)：62–81.

③ Chai S，Scully M A. It's about distributing rather than sharing：using labor process theory to probe the "Sharing" economy［J］. Journal of Business Ethics，2019，159(4)：943–960.

④ 肖潇."分享经济"背景下劳资关系的演变趋势探析［J］.探索，2018(2)：185–190.

⑤ 王健.APP平台用工中的网约工身份认定与劳动关系重构［J］.兰州学刊，2019(6)：46–55.

⑥ 沈杰.共享经济下劳资关系的分析［J］.营销界，2020(5)：87.

⑦ Andreea Drugǎu–Constantin. Non–Employment Work Arrangement in Digital Labor Marketplace：Who's Fooling Who？［J］. Journal of Self–Governance and Management Economics，2018(6)：3.

方面,随着平台的出现与平台经济的发展,发生了改变[1]。Doorn N. 和 A. Badger(2020)认为,平台的控制方的资本对劳动过程有极大的控制力。[2]

2.2.2 数字条件下劳动资料的变化

马克思指出:"生产方式的变革,在工场手工业中以劳动力为起点,在大工业中以劳动资料为起点。"[3]胡莹(2020)认为数字化的生产资料是数字经济时期,资本主义生产方式变化的起点。[4] 就国内外学者的研究状况来看,"劳动资料的数字化"可以被理解为两层含义:①数据成为生产资料;[5]②传统生产工具的数字化升级而成的数字化、智能化生产工具等。[6]

数据成为数字化背景下企业的生产资料,也早已被学术界普遍认同。Bharadwaj A. 等(2018)认为,数据是资本在 21 世纪至今找的新的生产资料。[7] 徐翔、赵墨非(2020)对数据资本做出如下定义:"基于网络与数据库的数字化、生产要素化的数据与信息。"[8]刘皓琰、李明(2017)提出"网络生产力"基于信息技术和平台,将信息要素当成劳动对象,这也使得生产要素的

① 吴清军,杨伟国.共享经济与平台人力资本管理体系——对劳动力资源与平台工作的再认识[J].中国人力资源开发,2018(6):101-108.

② Doorn N,A. Badger. Platform capitalism's hidden abode:producing data assets in the gig economy[J]. Antipode,2020,52(5):1475-1495.

③ 马克思恩格斯文集(第5卷)[M].北京:人民出版社,2009:427.

④ 胡莹.论数字经济时代资本主义劳动过程中的劳资关系[J].马克思主义研究,2020,240(6):136-145.

⑤ Acemoglu D, Restrepo P. The Race between Man and Machine:Implications of Technology for Growth,Factor Shares,and Employment,American Economic Review,2018,108(6):1488-1542.

⑥ Bloom N, Garicano L, Sadun R, Van Reenen J. The Distinct Effects of Information Technology and Communication Technology on Firm Organization [J]. Management Science, 2014,60(12):2859-2885.闫境华,朱巧玲,石先梅.资本一般性与数字资本特殊性的政治经济学分析[J].江汉论坛,2021(7):39-47.

⑦ Bharadwaj A,O A Sawy,P A Pavlou, et al. Digital Business Strategy:Toward a Next Generation of Insights[J]. MIS Quarterly,2018:471-482.

⑧ 徐翔,赵墨非.数据资本与经济增长路径[J].经济研究,2020,55(10):38-54.

形式发生变化。① Andrea Fumagalli 等(2018)指出,平台基于数字技术,产生了一些新的剥削形式。一些新的商业模式也通过数字技术,对用户的信息进行着随意提取,这都使得平台对基于千万用户的集体信息无偿占有,这些集体信息也逐渐私有化。② Fourcade M. 和 K. Healy(2017)指出,抓取各种数据已成为当今平台企业的重要目标。③ 数字化条件下市场经济中各主体在生产资料、生产对象、劳动者等方面,较之以往社会均发生变化。Brynjolfsson E. 和 McElheran K.(2016)也指出,数字经济时代的劳动资料常常是非物质形态、数字技术形态特征的劳动资料。④

2.2.3 数字化条件下劳动对象的变化

肖潇(2018)指出,数据变为生产要素的新成分,围绕数据的研发、分析等方面需要很多技术支持。⑤ Hopp C. R(2015)指出,数字技术公司通过对算法独占、智能提取、大数据加工等方法,将网上免费的数据据为己有。⑥

孙蚌珠、石先梅(2021)指出,数据不仅仅是一种原料,它逐渐在生产过程中的地位越来越重要。⑦ Nambisan S.(2017)指出,数字资本的要素包含

---

① 刘皓琰,李明.网络生产力下经济模式的劳动关系变化探析[J].经济学家,2017(12):33-41.

② Andrea Fumagalli,Stefano Lucarelli,Elena Musolino,Giulia Rocchi. Digital Labour in the Platform Economy:The Case of Facebook[J]. Sustainability,2018(10):1-16.

③ Fourcade M,K Healy. Seeing like a market[J]. Socio-economic review,2017,15(1):9-29.

④ Brynjolfsson E, McElheran K. The Rapid Adoption of Data-driven Decision-making [J]. American Economic Review,2016,106(5):133-139.

⑤ 肖潇."分享经济"背景下劳资关系的演变趋势探析[J].探索,2018(2):185-190.

⑥ Hopp C R. Sonderegger. Understanding the Dynamics of Nascent Entrepreneurship:Prestart-up Experience,Intentions,and Entrepreneurial Success[J]. Journal of Small Business Management,2015,53:1076-1096.

⑦ 孙蚌珠,石先梅.数字经济劳资结合形式与劳资关系[J].上海经济研究,2021(5):26.

数字技术设备、数字平台、需要被加工的数据及数字技术人力资源等方面。[①]
其中需要被加工的数据在很多劳动过程中,都是一项很大的工程。[②] Doorn
N. 和 A. Badger(2020)指出,平台经济中的用户在产生大量用户数据的同时,
这些数据被加工,被用于开拓新的业务与盈利中。[③]

2.2.4 数字化条件下劳动者的变化

在数字化条件下劳动者的变化的研究方面,胡磊(2019)从生产关系的
演变角度指出,数字经济改变了劳动的形式,也一定程度上改变了工人阶级
的地位。[④] 在数字化条件下企业的劳动者方面,Friedemann J. (2020)认为,
可包括临时工人、合同工人、承包商、零工劳动者等类型。[⑤] Kolot A. 和
Herasimenko O. (2020)指出,数字化条件促成的零工经济模式最大创新在于
人力资源的分配形式。[⑥]

归纳近期学者关于数字经济背景下平台企业生产过程的研究,得出学
者的普遍共识为,融入数字平台后,企业的生产过程一般囊括三个经济主
体:平台、包含在数字平台下的企业和平台内实施劳动的劳动者。此外,大
的跨国资本会使用资本对数字平台和经济活动施加压力,进行干涉。孙蚌
珠、石先梅(2021)指出,企业通过数字平台与劳动力结合。[⑦]

---

① Nambisan S. Digital Entrepreneurship:Toward a Digital Technology Perspective of En-
trepreneurship [J]. Entrepreneurship Theory and Practice,2017,41(6):1029-1055.

② 徐翔,赵墨非. 数据资本与经济增长路径[J]. 经济研究,2020(10):38-54.

③ Doorn N,A Badger. Platform capitalism's hidden abode:producing data assets in the
gig economy[J]. Antipode,2020,52(5):1475-1495.

④ 胡磊. 网络平台经济中"去劳动关系化"的动因及治理[J]. 经济纵横,2019(9):
122-127.

⑤ Friedemann J. Risk Shifts in the Gig Economy:The Normative Case for an Insurance
Scheme against the Effects of Precarious Work[J]. Journal of Political Philosophy. 2020,29:
281-304.

⑥ Kolot A, Herasimenko O. Labor 4. 0 concept:theoretical-applicable principles of
formation and development[J]. Economy and Forecasting,2020 (1):7-31.

⑦ 孙蚌珠,石先梅. 数字经济劳资结合形式与劳资关系[J]. 上海经济研究,2021
(5):27.

2.2.5　数字化条件下的生产方式与价值增殖过程

Serhat Koloğlugil(2015)指出,数字化时代生产方式变革,生产方式嵌入劳动过程,直接导致劳动过程变化。① 数字化技术的快速发展和广泛应用已经改变了传统的生产方式。数字化条件下的生产方式利用先进的信息技术和自动化设备,实现了生产过程的数字化和智能化。这一变革不仅对企业的生产效率和质量控制产生了深远影响,还为个性化生产、供应链协同和可持续发展等提供了新的机遇。丹·席勒(2001)曾提出数字资本主义,这也是当今资本主义的生产方式在数字经济下变化与发展的最新代表阶段。② 数字化融入各行业,如曼纽尔·卡斯特(2003)指出,网络社会日臻成熟,社会的基本要素单元变为"网络"。③ 杨志(2008)基于网络的技术引起新的生产方式的巨大变化,并使得网络化逐步成为资本、企业间生产联系的纽带。④ Cette G. 等(2021)指出,数字化条件下的生产方式的优势包括提高生产效率、降低成本、优化资源利用、提升产品质量、实现个性化生产等。⑤ 数字经济下,劳动过程受数字技术影响,而劳动过程的演化承载着劳资关系的变化。⑥

数字化生产方式的研究方面,Loris Caruso(2018)提出,数字化生产方式具备网络化和智能化,通过物联网和人工智能等技术,实现设备、工艺和人员之间的高度互联和信息共享。⑦ 可以利用传感器和数据分析技术,实时监测生产过程并提供实时反馈,以便及时调整和优化生产。Sang-Chul Park

---

① Serhat Koloğlugil. Digitizing Karl Marx: The New Political Economy of General Intellect and Immaterial Labor[J]. Rethinking Marxism,2015(1):123-137.

② 丹·席勒. 数字资本主义[M]. 南昌:江西人民出版社,2001.

③ 曼纽尔·卡斯特. 网络社会的崛起[M]. 北京:社会科学文献出版社,2003.

④ 杨志. "网络"新生产方式的革命——网络经济与生产方式关系研究系列之二[J]. 福建论坛(人文社会科学版),2008(10):30-33.

⑤ Cette G,Nevoux S,Py L. The impact of ICTs and digitalization on productivity and labor share:evidence from French firms[J]. Economics of Innovation and New Technology,2021:1-24.

⑥ Andrea Fumagalli,Stefano Lucarelli,Elena Musolino,Giulia Rocchi. Digital Labour in the Platform Economy:The Case of Facebook[J]. Sustainability,2018(10):1-16.

⑦ Loris Caruso. Digital Innovation and the Fourth Industrial Revolution:Epochal Social Changes? [J]. AI & Society,2018(33):379-392.

（2018）指出，该生产方式具有智能决策和自主化，借助机器学习和自动化算法，实现生产过程中的智能决策和自主化操作。[1] Hemous D. 和 Morten O.（2014）认为，在个性化生产和定制化服务方面，数字化条件下的生产方式可以根据客户需求实现个性化生产和定制化服务，提供更好的用户体验。[2]

Tim Bartley（2019）指出基于数字技术的数字化生产方式，是现代资本主义生产方式转变的方向。嵌入于数字化劳动过程中的劳资关系也日益趋向于数字化转型。[3] Christian Fuchs（2020）也指出，劳动过程的流通化依托并受控于数字平台。[4] 平台成为中介，无形地参与到各种资本化过程中，[5]直接促使了平台资本主义的出现与成熟。[6]

数字化条件下的生产过程方面，Barrat James（2013）以生产过程角度观察，劳动关系具有不完全性与不连续性。[7] Bharadwaj A. 等（2013）认为劳动过程的任务同以往区别较大，主要体现在传统岗位工作具有连续性，但是基于平台的任务往往具有每单性，一单一结；[8]管理形式以平台自动管理为主。[9] 福克斯（2016）指出，它由多种劳动方式组成，如雇佣劳动、灵活劳动、

① Sang-Chul Park. The Fourth Industrial Revolution and Implications for Innovative Cluster Policies[J]. AI & Society,2018(3):3.

② Hemous D, Morten O. The Rise of the Machines:Automation, Horizontal Innovation and Income Inequality[J]. American Economics,2022,14(1):179-223.

③ Tim Bartley. The Digital Surveillance Society [J]. Contemporary Sociology,2019(6):34-42.

④ Christian Fuchs. Towards a Critical Theory of Communication as Renewal and Update of Marxist ·071· Humanism in the Age of Digital Capitalism[J]. Journal for the Theory of Social Behaviour,2020,1(4):50.

⑤ Langley P, Leyshon A. Platform Capitalism:the Intermediation and Capitalisation of Digital Economic Circulation[J]. Finance and Society,2017(1):11-31.

⑥ 尼克·斯尔赛尼克.平台资本主义[M].广州:广东人民出版社,2018:42-102.

⑦ Barrat James. Our Final Invention:Artificial Intelligence and the End of the Human Era[M]. New York:St. Martin's Press,2013.

⑧ Bharadwaj A,O A Sawy,P A Pavlou,et al. Digital Business Strategy:Toward a Next Generation of Insights[J]. MIS Quarterly,2013:471-482.

⑨ 汪雁.关于共享经济平台网约工劳动权益保障的研究[J].中国劳动关系学院学报,2019(6):122-127.

零工劳动等。①

数字化条件下的价值增殖过程方面,张昕蔚、刘刚(2022)认为,深度学习算法等人工智能技术与各类制造业传感器、机器设备的融合,得以使通用性的算法更具针对性地应用于异质性产品和不同制造流程的深度优化,从而在更深层次上提升生产工艺,最终提升生产效率。② 陈万球(2023)指出,智能机器的广泛运用,机器人对劳动者在全行业广泛深度替代,极大地提高了社会生产力,却加剧了工人的贬值与劳动产品的增值。③ 产品的生产并不必然与劳动者的直接劳动相联系,其最终产品的产生,往往表现为物化劳动在智能化机器作用下的组合过程,价值增殖过程也更具复杂性和隐秘性(张昕蔚等,2022)。④

数字化条件下的生产方式带来的生产优势方面,Cockayne D.(2016)认为这种生产方式可提高生产效率,通过自动化和智能化技术降低生产成本、缩短生产周期并提高生产效率和产能。⑤ Arvidsson A.和 Colleoni E.(2012)指出,在优化资源利用方面,数字化条件下的生产方式可以实现资源的精细管理和优化配置并减少资源浪费⑥。在加强质量控制方面,数字化技术不仅可以实时监测和分析生产过程,提供更精确的质量控制,降低产品次品率,而且能够实现个性化生产。数字化条件下的生产方式可以根据客户需求实

---

① 克里斯丁·福克斯.国际数字劳动分工与帝国主义[EB/OL].(2016-08-25)[2021-06-20].http://www.wyzxwk.com/Artide/guoji/2016/08/369973.html.

② 张昕蔚,刘刚.数字经济中劳动过程变革与劳动方式演化[J].上海经济研究,2022(5):56-66.

③ 陈万球.人工智能时代的劳动方式变革图式[J].武汉大学学报(哲学社会科学版),2023(1):36-43.

④ 张昕蔚,刘刚.数字经济中劳动过程变革与劳动方式演化[J].上海经济研究,2022(5):56-66.

⑤ Cockayne D. Sharing and Neoliberal Discourse:The Economic Function of Sharing in the Digital on-Demand Economy[R]. Geoforum,2016.

⑥ Arvidsson A,Colleoni E. Value in Informational Capitalism and on the Internet[J]. The Information Society,2012,28(3):135-150.

现个性化生产,提供多样化的产品和定制化的服务。①

　　数字化条件下的生产方式也带来挑战,如信息安全方面,Florin Bonciu (2017)指出,数字化条件下的生产方式涉及大量的数据交换和信息共享,对信息安全提出了更高的要求。② 技术复杂性方面,Bodie M. T. (2021)提出,数字化技术的应用需要企业具备相应的技术能力和专业知识,增加了技术复杂性和管理难度。③ Casilli A. A. (2021)指出,数字化条件下的生产方式需要员工具备新的技能和知识,企业需要进行员工培训和转型管理。④

2.3　数字化条件下平台与平台型企业的研究

　　本书是基于数字化条件下的劳资关系的研究,研究框架具体细分为数字化条件下劳动与资本的政治经济学分析与研究,进一步讲,将数字化条件放大到微观数字技术使用与宏观数字技术应用作用于资本与劳动引起的经济学变量的变化与要素定量研究。"平台化"是微观数字技术联合起来后,形成的具有一定体量公司数量的公司集群。数字技术具有互联性、分布性、智能性等重要特性,尤其是在当今数字技术应用中的平台性将上述数字技术的多重特征集于一身,也是数字化在多公司联合使用后的集中体现。因此,全面性与科学性地研究本课题,关于数字化与具体经济主体的融合与搭建方面,数字化平台与平台经济也需要纳入研究体系中,是考察的一环。

　　为保证研究框架的严谨性,下面将关于数字平台的相关领域研究内容与研究成果做较为详尽的文献梳理。关于"平台",从数字平台、平台网络效应、数字平台能力等方面,介绍研究对象的特点。主要针对平台经济、平台

　　① Arvidsson A,Colleoni E. Value in Informational Capitalism and on the Internet[J]. The Information Society,2012,28(3):135-150.

　　② Florin Bonciu. Evaluation of The Impact of The 4th Industial Revolution on the Labor Market[J]. Romanian Economic and Business Review,2017(12):7-16.

　　③ Bodie M T. The Law of Employee Data:Privacy, Property, Governance[J]. Indiana Law Journal,2021:97.

　　④ Casilli A A. Waiting for robots:the ever-elusive myth of automation and the global exploitation of digital labor[J]. Sociologias,2021(23):112-133.

型企业、生产关系、生产组织形式等方面进行研究关联与理论联系梳理。数字化具有天生的垄断特性,研究数字化也绕不开"平台",因此,在研究数字化条件下经济理论的适用性问题时,也务必需要将隐含条件和相关"平台"理论加以研究与说明。

在此需要说明的是,关于数字化与数字化条件介绍,以及关于数字技术与数字化应用基础方面,在文献综述中涉及一部分,另外关于数字化的应用架构与机理,在下一章节中也有研究论述。介绍并研讨此部分的内容有助于后续章节对经济理论的逻辑关系及模型结构与分析论证的展开,可起到对问题全面论述的铺垫作用。另外此部分的研究论述也对所研究课题的全面展开研究,有着补充性作用。如对此方面内容熟悉的,可直接跳过此部分内容并从第 3 章开始。

2.3.1　数字化与数字化条件

查阅相关资料,对数字化条件,学者们并未给出明确定义。采用数字化的手段可以是多种多样的。如张新鹏、冯均科、李之媛(2021)认为人工智能等数字化技术的突破与应用,数字化的成熟,既更新了公司存在的经济环境,又推动公司生产与管理变化创新。① 数字化条件也多是指运用数字化技术条件或数字化手段后的公司或企业。

数字化广义上指自 20 世纪 80 年代伴随着计算机的诞生与普及,到 90 年代随着个人计算机进入商业与各种企业生产而普及的信息化之后的技术背景条件,多指自 2000 年以后伴随着 ABCDI 技术的发展与联合运用,带来的生产与销售领域的数字技术变革。数字化条件是伴随着数字化的发展而产生的,在 21 世纪,随着 ABCDI 技术的融合,不断展现出新的活力,融入生产、销售等各个阶段,并被用于各种公司,对经济等方面产生深厚的影响与冲击。放眼当下,针对当代数字化应用,数字化条件即指数字经济背景下,利用 ABCDI 数字技术,融合数字技术,充分采用任何一种 ABCDI 技术,或多

---

① 张新鹏,冯均科,李之媛. 数字化驱动下"增值型"内部审计模式的构建与实现[J]. 财会月刊,2021(8):110-116.

种 ABCDI 技术融合使用(一般将企业利用的人工智能、区块链、云计算、大数据和物联网等新一代数字技术统称为"数字技术"①)的经济主体。经济主体可以是市场经济中的各种从事经济活动的主体。数字技术逐步进入商业应用阶段并融入各种经济主体,例如各种产业行业中的公司或企业。

2.3.2 平台与平台型企业以及平台经济

2.3.2.1 利润、效益与平台和平台经济

当代与未来数十年,数字化的切入点,很大程度上通过各种数字平台可以实现数字化与公司的融合,并必然伴随着各种平台型企业、平台公司以及平台经济。学者对平台的研究始于 1990 年前后,"平台"概念首次被 Clark W. 提出:平台能根据消费者的需求添置或消减功能,并促使生产商品的完善。② 近些年成为热频词汇的"共享经济"是平台经济的一种经济模式③。在 *Market Microstructure*(Spulber,2002)文中,以市场中协调交易的视角,阐述了平台的特征,分析了中间层组织的运作原理,这标志着中间层理论的问世。④ 并指出,中间层组织是组织中能看见的手。⑤ 学者们针对平台经济的研究的热情于 2000 年前后出现,当时针对国际银行网络反垄断事件,展开了一系列研究与讨论(如 Caillaud B. & Jullien B. 等,2003⑥;Armstrong M.,2010⑦)。平台经济是基于信息化、数字化技术的网络化的经济体,以网络为

---

① 数字技术,即 ABCDI 技术,如果没有特别说明,本书所述的均为上述定义内容。后文如有缩写,均指此类数字技术。

② 高良谋,张一进. 平台理论的演进与启示[J]. 中国科技论坛,2018(1):123-131.

③ 张红彬. 共享经济的网络效应、生产要素配置及治理研究[D]. 北京:北京交通大学,2021.

④ 蒋鑫. 制造业平台化转型研究——经济效应、机制与逻辑[D]. 北京:中国社会科学院研究生院,2020.

⑤ 华中生. 网络环境下的平台服务及其管理问题[J]. 管理科学,2013(12):7-16.

⑥ Caillaud B, Jullien B. Chicken & Egg: Competition among Intermediation Service Providers[J]. R & Journal of Economics,2003,34(2):309-328.

⑦ Armstrong M. Competition in two – sided markets[J]. R & Journal of Economics,2010,37(3):668-691.

媒介,基于网络实现实体交易与售卖服务的经济系统平台①。Chakravorti S.和 Roson R. (2006)研究了平台双边市场,对它定义的同时,研究了它的市场规则、竞争制度、机制和特点。②

平台是集多方需求于一身的具有多重经济关系的复杂组合体,在云计算、大数据、通信网络技术等新一代数字化技术的基础上,平台运营者通过投入平台运营,使得平台用户、平台参与公司与平台运营者,多方资源互补,协同分工,提升各自收益。③

国内经济学与管理学专家曾对双边或多边平台的竞争策略展开研究,并获得了一定的有益结论。④ 国外政治经济学研究学者对数字经济下网络化的平台的兴起很感兴趣,提出了"平台经济""平台资本主义",并对该情形下的经济范式加以归纳。⑤ 对平台的起源进行了讨论,特别是对数据攫取逻辑支配下平台间竞争的发展趋势进行分析。⑥ 此外,一些国内外学者对平台的垄断倾向和垄断效益,也进行了讨论和分析。⑦ 国内马克思主义政治经济学学者对数字经济引起的生产过剩、分配、失业、经济危机、过度金融化、共同富裕和过渡到共产主义社会方面也进行了讨论和分析。⑧

另一部分学者,以 Rochet 和 Triole 为主,主张从"双边市场"视角展开分

---

① 黄慧丹.平台型企业社会责任感知与顾客忠诚度关系研究[D].杭州:浙江工商大学,2021.

② Chakravorti S, Roson R. Platform Competition in Two-Sided Markets: The Case of Payment Networks[J]. Review of Network Economics,2006,5(1):118-143.

③ 黄慧丹.平台型企业社会责任感知与顾客忠诚度关系研究[D].杭州:浙江工商大学,2021.

④ 徐晋,张祥建.平台经济学初探[J].中国工业经济,2006(5):77-79.

⑤ M Kenney,J Zysman. The Rise of the Platform Economy[J]. Issues in Science and Technology,2016(3):61-69.

⑥ 尼克·斯尔尼塞克.平台资本主义[M].程水英,译.广州:广东人民出版社,2018.

⑦ S West. Data Capitalism: Redefining the Logics of Surveillance and Privacy[J]. Business & Society,2019(1):20-41.

⑧ 夏莹.论共享经济的"资本主义"属性及其内在矛盾[J].山东社会科学,2017(8):44-49.

析研究①,进而一部分学者如李允尧等(2013)和叶秀敏(2016)主张双边主体间博弈获取利润的经济形态。其中,在双边市场研究中,不同的学者从不同方面给出了定义。② 学者对双边市场的研究切入点不同,并没有形成统一的定义,③但是研究结果均达成了一个共识,那就是以某种形式形成供需关系的两种或以上的消费组合,基于平台实现交易。④ 双边市场具有的定义特性主要有三点:①平台竞争来自交叉网络外部性;⑤②互补性双边需求;③平台商品定价方面的价格结构非中性。⑥

　　在双边市场理论初期,Evans指出双边市场运作产生的原因主要有三点:①平台内有不同组的消费者;②一组消费可从别的组需求中获益;③不同群的主体间产生交易可以被中介高效地促进。⑦ 双边市场取决于双边不同的群体客户,在同一平台内不同群体客户间的互补性强,且双边市场价格结构具有非中性(Rochet C. & Tirole J.,2003)。⑧ Regibeau(2005)的研究中指出,在同一平台内,平台结构由两组或两组之上的用户间存在的互补性所决定;外部性联系到组与组之间;平台中实现最大化的交易量完全由如何实现平台内各组的合理价格所决定,⑨即如何在平台内不相同的组之间合理地

① 黄慧丹.平台型企业社会责任感知与顾客忠诚度关系研究[D].杭州:浙江工商大学,2021.
② 王镇,陆金青.现代中介型平台企业竞争策略研究——基于双边市场理论的分析[J].现代商贸工业,2010(24):32-33.
③ 蒋鑫.制造业平台化转型研究[D].北京:中国社会科学院研究生院,2020.
④ Rochet J C,Tirole J. Two-Sided Markets:A Progress Report[J]. R & Journal of Economics,2010,37(3):645-667.
⑤ 蒋鑫.制造业平台化转型研究[D].北京:中国社会科学院研究生院,2020.
Annabele Gawer. Bridging Difering Perspectives on the Technological Platform:Toward anIntegrative Framework[J]. Research Policy,2014:1239-1249.
⑥ Rochet J C,Tirole J. Platform Competition in Two-Sided Markets[J]. Journal of the European Economic Association,2003,1(4):990-1029.
⑦ Evans D S. The Antitrust Economics of Two-Sided Markets[J]. Social Science Electronic Publishing,2002,20(253).
⑧ Rochet J C,Tirole J. Platform Competition in Two-Sided Markets[J]. Journal of the European Economic Association,2003,1(4):990-1029.
⑨ 蒋鑫.制造业平台化转型研究[D].北京:中国社会科学院研究生院,2020.

分摊。平台最大量交易不依赖于对平台内各个组收取最大量的费用。随后,D. Auer 和 N. Petit(2015)基于此提出,消费个体依托平台使得每次交易的成本降低,降低的交易费用,间接提升了应获取的价值;需求具有黏性而非互相独立,是平台中消费个体的共性。[①] 我们在此基础上提出,平台中各组用户与消费群通过平台降低了各种交易费用,间接使他们(平台中的用户与各消费群)各自获得了价值的提高。平台中各消费者与生产者和用户间的需求是非独立的。

在学者的研究中,将双边市场分为两大类:一种是从市场的角度划分,另一种是从平台的角度划分。从市场角度划分,根据平台定价、平台个体数量、市场与行业性质等指标,将平台细化类型。如,从收费方上划分,是否对双边市场都收取或仅对一方收取费用来讲,可划分为对称双边市场或不对称双边市场。[②] 从用户群体的量的角度,可依照双边平台消费者的种类划分为简单双边市场和复杂双边市场(Rochet & Tirole,2010),只有买方卖方和平台提供方参与的叫作简单双边市场。Belleflamme P. & Toulemonde E.(2004)根据平台设计的产业相关性分为横向平台与纵向平台。[③] 从平台角度划分,学者从竞争层面将平台分为垄断平台、竞争性平台和潜在竞争性瓶颈平台。

2.3.2.2 平台经济发展阶段

平台经济理论研究体系分四阶段发展历程:阶段一,20 世纪 90 年代前后,从计算机技术的发展带来的生产中的应用,平台组织生产的模式在平台结构下的转变和推动商品生产效率提升方面的过程与机理研究,是管理学

① D Auer,N Petit. Two-Sided Markets and the Challenge of Turning Economic Theory into Antitrust Policy[J]. SAGE Publications,2015,60(4):426-461.

② 蒋鑫.制造业平台化转型研究[D]. 北京:中国社会科学院研究生院,2020. Evans D S. Some Empirical Aspects of Multi-sided Platform Industries[J]. Social Science Electronic Publishing,2003,2(3):191-209.

③ Belleflamme P,Toulemonde E. Emergence & entry of B2B marketplaces[J]. CORE Discussion,2004(11):1-31.

领域在制造工程设计方面的研究成果。① 阶段二,自 21 世纪以来,学者对数字化条件下平台方面的研究,主要聚焦在平台型市场的运行策略与构成方面。之后,逐渐将研究内容扩展至平台管理与平台生产的管控方面。阶段三,由对平台化观念的研究慢慢转移到对具体行业的应用与影响中(如图 2.1)。阶段四,自 2016 年以来的平台化相关的理论研究。在经济学研究领域,平台常归于市场范畴,即特殊的市场交易或产业组织形式。②

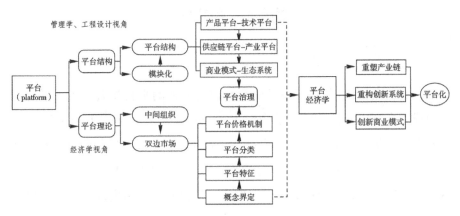

图 2.1 平台经济框架

在西方经济学界的研究中,B. Botsman 和 R. Rogers 专注于以优步公司这种互联网企业为代表研究对象的共享经济,认为这种资源共享的经济组织方式的革命将替代资本主义私有制,这种经济组织形式对劳动组织方式、资源配置形式、劳动效率、低碳排放与环保等方面很有积极作用③。也有一些学者基于 Rochet 和 Tirole 的双边市场理论,将平台定义为处于市场和企业间的新的经济主体,它们具有间接网络效应。④ Rochet 和 Tirole 认为,交易量

① 王槐林,刘明菲. 物流管理学[M]. 武汉:武汉大学出版社. 2005.

② 刘刚. 人工智能创新应用与平台经济的新发展[J]. 上海师范大学学报(哲学社会科学版),2021(3):46-52.

③ B Botsman, R Rogers. What's Mine is yours:The rise of collaborative consumption[M]. New York:Harper Business,2010.

④ Rochet, Jean-Charles, Jean Tirole. Platform Competition in Two-Sided Markets [J]. Journal of the European Economic Association,2003(4):16-26.

受价格因素影响的交易平台是平台的本质。平台主要基于其网络外部性进行"双边市场"内容研究,这点也同以往的"双边市场"的研究内容有所不同。① 与此同时,Parker G. 和 Van A. M.(2012)指出,平台将交易主体分为供给侧与需求侧,并指出,一侧用户数量变动将引发另一侧用户数量变动的现象,被称为网络外部性。② Rochet 和 Tirole 进而提出,平台的一个条件特征是网络外部性,平台中能通过价格机制影响市场两侧的交易结果。③

2.3.2.3 平台型企业与制造业平台型企业

1. 平台型企业

数字化条件下,平台型公司数量将持续增多。平台型公司所普遍具有的经济学特点,也将普遍存在于所有有此类特征的平台型公司上。平台型公司或平台型企业是数字经济中的主体,Stabel 与 Fjeldstad(1998)认为,基于平台框架构成的平台型公司是公司发展的未来方向,④这种平台构架特征具备创造巨大价值的能力。⑤ 关于平台企业的定义发展,自 2014 年以来,国内外学者对平台型企业的研究都在发展。从商业运营角度,Gawer(2014)认为,平台型企业能为参与者提供丰富的利益互补品、技术或服务,并能构架平台生态链与交易规则。⑥ 从组织视角,张一进与张金松(2016)、丁宏与梁洪基(2014)指出,作为平台提供者,通过开放子端口,将交易各参与方纳入平台,以服务提供者满足双边(多边)不同类型的市场需求促成交易,形成平

① 曾江洪,李佳威,李林海.众筹平台双边市场特性与竞争策略研究[J].科技进步与对策,2017(3):1-6.

② Parker G, Van A M. A digital postal platform:Definitions and a roadmap[R]. The MIT Center of Digital Business,2012(1):2-30.

③ J C Rochet, J Tirole. Two-sided Markets:A Progress Report[J]. Rand Journal of Economics,2006,(3):37-46.

④ 黄慧丹.平台型企业社会责任感知与顾客忠诚度关系研究[D].杭州:浙江工商大学,2021.

⑤ 黄慧丹,易开刚.平台型企业社会责任的概念及其结构维度构建——基于扎根理论的探索性研究[J].企业经济,2021,40(7):31-41.

⑥ 黄慧丹,易开刚.平台型企业社会责任的概念及其结构维度构建——基于扎根理论的探索性研究[J].企业经济,2021,40(7):31-41.

台商业生态圈。① 平台型企业可以利用互联网为买卖双方提供信息流的组织结构。王娜(2016)从运营角度定义了平台型企业,指出平台型企业是市场中与商业生态系统中的基本单位之一。平台型企业基于价格策略,提升双边贸易效率,并为双边主体提供交易支持,并从每一次交易中获取利润。② 王节祥(2020)指出,平台型企业是为双边用户提供交易支撑,并能有效提升交易效率的基于互联网的平台机构。③ 胡国栋、王琪(2017)从功能视角提出,平台型企业是以用户服务为出发点,基于互联网技术的,具有低成本高效率特征的资源与媒介型主体。④ 阳镇等(2018)从组织角度指出,平台型企业的定义是依托商业生态环境,基于数字技术,提高供求双方交易效率,降低成本,并从中获取利润的平台主体。⑤

从研究基础可以看出,平台型企业具备市场经济下一般企业的经济特征,突出具有独立性、自负盈亏性、双边性、市场性等特点。国内外学者对平台型企业做出了分类,并从不同的视角加以研究,一方面反映了平台的多样化,另一方面也反映了研究者因熟悉的背景不同,研究角度和侧重点也不相同。

从发展模式来看,平台型企业可以分为两种类型:第一种是通过实体产业进化来的平台型企业,它通过以企业自身技术、品牌、商品为基础,采用平台技术对内提升工人创新、研发与生产质量水平,对外展现企业实力形象或组成结构。第二种是在市场中承担中介作用,利用平台端口将市场中的资源方便快捷地相连接起来,并促成交易达成。

融入数字平台的公司拥有平台企业原理特征,主要指广义平台企业。

---

① 黄慧丹.平台型企业社会责任感知与顾客忠诚度关系研究[D].杭州:浙江工商大学,2021.

② 王娜.基于互联网的平台型企业商业模式创新研究述评[J].科技进步与对策,2016(11):157.

③ 王节祥.平台演化与生态参与者战略[J].销售与管理,2020(5):116-124.

④ 胡国栋,王琪.平台型企业互联网思维与组织流程再造[J].河北大学学报.2017(2):110-117.

⑤ 阳镇,许英杰.平台经济背景下企业社会责任的治理[J].企业经济,2018(5):78-86.

这种企业采用数字化技术服务于生产和销售,利用数字平台技术,一方面依靠自身搭建平台,发展企业自身商品、技术与服务,通过平台对内强化员工内部创新、创客与创意发展,提升自身生产研发能力与创新能力。另一方面通过自身研发的平台,实现该企业行业的产业链优化。通过自身的平台,让产业链上下游的企业或与该企业产业链密切联系的企业加入平台中,在平台中完成各种生产资料与生产物资的交易;通过平台实现中介功能,使原材料与销售环节透明、高效以减少各项不必要的费用与开支,同时也能实现平台的数字中介功能;通过平台将纳入平台并链接到的市场上的各种资源、需求及时有效连接起来,促进生产信息交流,达到信息流畅传递,生产原材料、商品供应与销售顺畅,促进生产资料端交易以及商品交易,促成平台供应商与平台顾客有效的实时交流,促使各环节交易顺畅进行。

上述我们定义的广义数字平台概念可以称为广义数字云平台,既包括互联网企业,也包含实体企业。广义数字平台也是交易平台型企业、优势价值共创型平台企业。这种概念来源于市场调研,例如河南水泥行业,已自发在大型企业牵头下建立了上述行业内的平台,并可实现上述定义中的各个环节。除了水泥行业,其他一些行业在近年来也陆续受市场经济影响,自发搭建了行业平台,这种行业平台跟我们上述定义的广义数字平台如出一辙。只是这些现象前些年一直未引起学者关注并纳入相关系统理论研究中。

2. 制造业平台型企业

数字化背景下,平台经济时代,模块化遍地开花,基于数字平台的企业,如云制造企业,都会将自身的产品细化,同时也将商品加工过程细化。高效的数字平台将鼓励第三方开发各种有利于平台内各个群组、企业或用户的互补性产品,同时专注于数字平台的稳定性、开放性、兼容性,以提高网络外部性以及"知识溢出",这样的商业模式适用于任何经济体,[①]既包括数字经济与互联网企业,也包含实体经济与制造业企业,尤其是这种特征对制造业来讲是机遇也是挑战。云制造平台的发展也遵循此规律,一方面依托大型

---

① Ceccagnoli M, Forman C, Huang P, et al. Digital platforms: when is participation valuable? [J]. Communications of the Acm, 2014, 57(2): 38-39.

企业与云制造平台开发者制定行业规则,规范准入机制,另一方面保障制造平台的稳定性、开放性、兼容性,达到网络外部性和"知识溢出",这样的商业模式适用于任何行业平台经济体,容易达到资料有效利用,形成规模经济效益。

平台经济依托构成的要素基础包含运营者、参与者和规则。[①] 依托数字技术和"一方投入多方获益"的理念,将要素资源最大限度地聚集于平台中,并在平台参与者获益之时[②],研发出能使得自身不断增值的新经济形态。[③] 随着基于此的商业模式的逐步开发,数字平台带来产业链上中下游的集聚,形成了新特征的生产系统,并依赖生态系统促进了产业转型的产生。平台生态系统的产生,模糊了产业边界,促进了跨界经济效益的产生。[④]

Parker G. 和 Van A. M. (2012)在研究中曾指出:"制造业实现自身升级或转型,常通过基于平台生态系统的途径,或利用数字技术制作自身的平台来构架属于自身企业的平台生态系统。"[⑤]从他们的研究中得出,资源提供方(用户)、资源需求方(用户)、平台搭建公司、平台运营公司,为平台生态经济系统的四个主体。[⑥] 这也是云制造平台的未来发展方向与目标的有力理论支持。制造业基于数字云平台,依靠企业的数字化网络平台搭建属于自己的经济生态圈,促成产业链升级,达到自身获取更好的经济效益。平台化应用于企业中,这种趋势从企业内部变化延展到企业外部变化。此趋势起初从互联网企业蔓延与发展,但是不仅是互联网企业和数字经济企业,实体经

① 牛禄青.平台经济崛起[J].新经济导刊,2017(11):10-18.

② 郭珉江,李亚子,张芳源,等.平台经济学视角下"互联网+"医保支付参与机制的探讨[J].中国卫生经济,2020(1):30-33.

③ 蒋鑫.制造业平台化转型研究[D].北京:中国社会科学院研究生院,2020.史健勇.优化产业结构的新经济形态——平台经济的微观运营机制研究[J].上海经济研究,2013(8):85-89.

④ 尹倩.价值创新视角下的"互联网+"时代商业模式探析[J].中国商论,2016(31):129-131.

⑤ Parker G, Van A M. A digital postal platform:Definitions and a roadmap[R]. The MIT Center of Digital Business,2012(1):2-30.

⑥ 孙耀吾,翟翌,陈立勇.平台企业主导能力及其演化:理论构架与研究逻辑[J].创新与创业管理,2016(1):17-27.

济企业也逐渐被这种趋势所影响,并加入这种趋势与改变中,这种影响也有一定的经济学理论基础。

3. 平台企业生态系统

Chesbrough(2003)从管理学角度提出理念,指出通过利用外部理念,自身内部理念和知识得到最大化收益。[①] 借用外部力量提升自身,变为生产体系(平台生态系统)中的一份子。[②] 这是平台视角变成当代生态系统与商业模式的理论起源。

数字化应用于各行业中,依托平台,新老企业均利用平台占有率实现数字化转型升级。Baldwin 和 Woodard 曾在 2009 年指出平台系统具备进化升级的属性,使其能够适应外部环境而及时做出相适应的改变。在互联网信息技术环境里,平台在竞争中发展,尽管一些与平台联系的企业并无买卖关系,但这种广泛的生产网络仍被 Adner 和 Kapoor(2010)称为创新生产系统。在此框架下,在平台中的任一企业或企业群都相当于整个系统中的一份子。它们在平台的网络化的构架中,实现协同交易与互补服务等经济行为。

Mäekinen 等(2014)在 Moore 提出的商业生态系统上,以平台为基础,对商业生态系统(platform-based BES,PBES)做出研究,他认为商品研发机构、原料供货商、原料制造商、支撑服务互补商等共同构筑了平台商业生态系统。平台商业生态系统是这些相互关联或不关联的生产体系组成的平台。此使用生态系统的竞争力来自系统平台内各个成员间通过平台实现的信息、数据、资源、设备共享。不但提升了研发效率,也便于将生产、研发、销售等环节在平台中高效整合。Adner R. 和 Kapoor R. 在 2010 年也提出了以平台为桥梁媒介,改变传统线性生产销售服务的逻辑。[③] 由此理论展开的全新

① 潘文砚,庄越. 企业开放式创新的影响因素研究[J]. 工商管理,2016(3):46-54.

② Wiebe A. Protection of industrial data - a new property right for the digital economy? [J]. Journal of Intellectual Property Law & Practice,2017,12(1):62-71.

③ Adner R, Kapoor R. Value creation in innovation ecosystems: How the structure of technological interdependence affects firm performance in new technology generations [J]. Strategic Management Journal,2010,31(3):306-333.

企业模式对传统管理理论、经济理论、价值链理论和供应链理论都具有重要意义。①

李鹏与胡汉辉（2016）从共赢、单赢与多赢合作的视角，分析了企业在平台中的演变，进而发展为平台内的完善生产系统的发展过程。② Jacobides M. G. 等（2018）认为，企业通过平台载体并融入平台后转化为平台企业，再通过演化参与到平台内各企业间的协同合作。③ Rong K. 等（2018）指出，通过供应链平台型企业组织间的推动，企业逐步演化为平台生态系统。他进而提出，平台企业的竞争强项由传统线性供应链的专业化竞争优势转化为核心平台企业的网络外部效应，进而发展为企业平台生态系统的共同演化。④（如图 2.2）

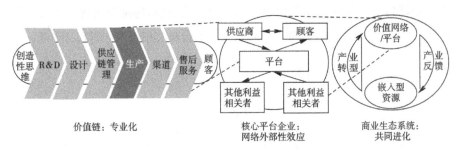

图2.2　价值链、平台企业与商业生态

在现实中，平台企业更多是通过平台企业生态系统进行实现。共享经济是平台经济的一种经济模式。罗宾（2015）在《共享经济：重构未来商业新模式》中明确提出，共享经济有三大组成基础，即服务、商品的需求者与消费

① 周柏翔，丁永波，凌丹.基于共生理论的供应链联盟共生稳定性监测研究［C］.第六届中国管理科学与工程论坛，上海，2008.

② 李鹏，胡汉辉.企业到平台生态系统的跃迁：机理与路径［J］.科技进步与对策，2016（10）：1—5.

③ Jacobides M G, Cennamo C, Gawer A. Towards a theory of ecosystems［J］. Strategic Management Journal, 2018, 39（8）: 2255—2276.

④ Rong K, Lin Y, Li B, et al. Business ecosystem research agenda: more dynamic, more embedded, and more internationalized［J］. Asian Business & Management, 2018, 17（3）: 167—182.

者,提供方与生产者,以及共享平台。掌握三个关键步骤,即整合闲置资源,通过数字技术与网络平台实现供需精准匹配与监控,生产者与消费者可以实现从平台上到平台下的各种交易合作。[①] 郑联盛(2017)提出,共享经济运行机制必须包含五个核心要素:闲置资源、真实需求、连接机制、信息流和收益。[②] 刘建军(2013)认为共享经济包含交易主体,交易对象与共享网站。[③] 平台型企业是"共享经济"的具体实现形式,平台化同平台企业的构成,与平台经济体系同"共享经济"的构成并无本质区别。

上述学者从不同角度,对平台企业生态系统与共享经济生态系统的构成进行了分析,综合他们的观点发现,平台系统与共享经济都具备一些共同特征,即点对点,限制资源与数字平台。但是现有资源和文献的研究多限于消费领域与价格领域。国外学者多从商业模式、技术构架与实现形式等方面论述研究,也并未从政治经济学本质角度对平台与共享经济进行研究分析。

2.3.3 平台对资本的影响

2.3.3.1 平台经济对资本的影响

平台经济对技术资本的影响力,经常通过基于数字平台的平台内各个企业内部技术创新、人力资本提高、技术资本提升来体现。有学者基于平台主体运行模式研究,认为企业主导型、政府主导型和行业协会主导型的平台技术带来协同合作与资本提升(李平、王蒲生、杨君游等,2007)。[④] 有学者从技术发展方面对平台进行划分,将其分为技术领先型、追赶型和赶超型平台(王亚萍,2008)。[⑤] 有学者基于区域发展理论对平台模式进行研究,提出均

[①] 罗宾·蔡斯.共享经济:重构未来商业新模式[M].杭州:浙江人民出版社,2015:33.

[②] 郑联盛.共享经济:本质、机制、模式与风险[J].国际经济评论,2017(6):45-69.

[③] 刘建军.共享经济:内涵嬗变、运行机制及我国的政策选择[J].中共济南市委党校学报,2013(5):38.

[④] 李平,王蒲生,杨君游.传统产业共性技术平台构建模式研究[J].自然辩证法研究,2007,23(9):55-59.

[⑤] 王亚萍.广东产业共性技术创新平台建设模式的选择[J].科技管理研究,2008,28(8):14-16.

衡型、点极型及点轴型发展模式(孙庆、王宏起等,2010)。① 有学者基于平台组织形式,对虚拟模式与实体模式进行研究(许强、葛丽敏,2009)。② 平台经济作为产业转型升级的重要手段,③不光从产业链方面赋能,还从平台技术升级方面提升经济动能(王磊、谭清美、王斌等,2016)。④

关于平台对资本和创新方面的研究,国内不少学者对其进行研究,但多聚焦于商业模式方面,主要包括资本和开放性、知识性、公共性、动态性等相关的内容,⑤以数字平台作为媒介,将这些内容联合实现良性互动,并且该数字平台内的任何主体和用户均可以享受其带来的技术资本与创新资源(王斌、谭清美,2013)。⑥ 数据、媒介与符号价值是平台的实质核心,信息经济也是平台经济的主要表现。平台经济基于数字技术与网络化平台的多边或双边主体进行协同创造价值,充当市场"中介"交易场地的作用(周文、刘少阳,2020)。⑦

2.3.3.2 平台与平台经济对产业链的影响

平台与平台经济促进生产力提升得益于互联网与物联网的普及与工业生产的融合应用,使得制造业生产力得到解放,生产要素范围扩展,资源配置效率提升。我们将在后续章节中分析如交易关系、分配机制、合同关系、

---

① 孙庆,王宏起.区域科技创新平台网络化发展路径研究[J].科技进步与对策,2010,27(17):44-47.

② 许强,葛丽敏.行业科技创新平台的虚拟组织运行模式研究[J].科技进步与对策,2009,26(2):49-51.

③ 张鹏.发展平台经济助推转型升级[J].宏观经济管理,2014(7):47-49.

④ 王磊,谭清美,王斌.传统产业高端化机制研究——基于智能生产与服务网络体系[J].软科学,2016,30(11):1-4.

⑤ 许正中.走向创业型经济:以创新创业带动就业的政策选择[M].北京:中央广播电视大学出版社,2010.

⑥ 王斌,谭清美.产业创新平台建设研究——基于组织、环境、规制及外围支撑的视角[J].现代经济探讨,2013(9):44-48.

⑦ 周文,刘少阳.全面理解和不断深化认识市场经济[J].上海经济研究,2020(3):20-31.

劳资关系以及福利关系等方面发生的变化。①

平台经济模式率先出现在互联网背景的企业中,通过整合上游卖家与下游买家的关系,特别是当构建数字平台后,企业依托于数字平台,将传统供应链中的低效环节去除,实现了高效率。在数字平台与数字技术的应用下,企业的生产起点,转变为以消费者需求为主要起点的精准数字模型形式。② 这种平台理论将下游供货商与消费者概念模糊化,提出同传统供应链理论不同的理论模型论点。从价值链的角度,学者提出垂直价值链中资本巨大的投资需求,可通过采用多边市场或双边市场的价值链形式来规避。③ 例如,传统的垂直价值链被基于数字平台的用户价值链所代替。④ 基于人工智能、大数据、云计算的平台,完成了零售价值链的实时信息共享,达到了价值链协调与效用均衡。⑤

随着市场竞争的加剧,各种生产技术不断更迭,实体经济方面,如制造业行业的企业也面临着时代带来的转型升级的机遇与挑战。是否实行新的平台化转型路径,是否实行平台化分工机制,需要制造业企业抉择。事实证明,基于云制造与数字平台化系统的生产分工机制极大降低了商品生产分工过程的协作成本,提升了企业技术内涵。云制造与数字平台的开放性特性降低各种商品的研发成本和技术难度,缩短企业商品研制时长,提升创新能力。各种数字技术的数字化、智能化、平台化趋势,倒逼制造业企业升级,并不断细分商品侧重,不断使产业链迭代发展,细分消费市场,并由此给中小型公司带来新的商机。基于云制造与数字平台的合同与信赖生产关系,降低了商品生产中各环节交易成本,使得数字平台具备更好的扩展性与兼容性,提升数字平台的向外延展能力,不断地从内到外,从局部到整体,促进

① 李俊,张思扬,冒佩华."互联网+"推动传统产业发展的政治经济学分析[J].教学与研究,2016,50(7):14-20.

② 阿里研究院.平台经济[M].北京:机械工业出版社,2016.

③ Sprague R. Worker (mis) classification in the sharing economy: Trying to fit square pegs into round holes[J]. ABA Journal of labor & employment law,2015,31(1):53-76.

④ 陈威如.从垂直价值链模式走向双边市场模式[J].商学院,2012(9):12-13.

⑤ 王举颖.大数据时代零售企业多边平台发展与协同定价策略研究[J].价格理论与实践,2015(5):106-108.

制造业实现新的转型升级。① 例如,数字化与智能制造结合,能有效缩短实体产业中商品研发的时间,缩短商品生产加工过程的生产时间,保障安全生产长时间进行,总体提升企业生产效率,节能减排,实现生产过程中能源资源与生产资料消耗的降低,降低企业运营成本。加快推进智能云制造与实体产业融合,能提高制造业供给结构的适应性与灵活性,对发展经济增长新动能有重要作用。②

国家层面也高度重视此趋势的发展并不断出台政策。③ 2020 年 5 月国家提出新基建战略,涉及数字技术设备、数字转型、智能升级等多方面内容。④ 此项鼓励政策的持续出台对我国智能云制造融入各行业与企业,起到了推动作用与政策支持作用。其中《规划》作为我国"十三五"时期智能制造发展的纲领性文件,明确了"十三五"时期智能制造发展的指导思想、重点任务与目标。⑤ 对实体经济发展,智能云制造融入实体经济行业与企业的发展,起到了支持作用。提出了创新、协调、绿色、开放、共享的目标,这与智能云制造融入企业的影响目标和生产目标非常契合(王文军、李琪、刘丹,2020)。⑥ 这也意味着智能云制造能更好地融入制造业企业与实体经济行业与企业。⑦《中国制造 2025》预示着智能数字平台与服务体系的日臻成熟。

---

① 彭诗言.平台经济视阈下制造业转型升级机制研究[J].社会科学战线,2017(7):258-261.

② 政策解读.《智能制造发展规划(2016-2020 年)》发布[J].中国信息化,2016(12):61-62.

③ 近年来发布实施的新基建政策:《中国制造 2025》《国民经济和社会发展第十三个五年规划纲要》和《智能制造发展规划(2016—2020 年)》(以下简称《规划》)等政策。

④ 何旭健.中国大型海运企业数字化转型的机会和挑战分析[J].物流工程与管理,2022,44(10):105-107.杨骅,王雪颖.5G 新基建打造数字社会新图景[J].移动通信.2020(8):66-72.

⑤ 武照云,张毓兰,原富林,等.基于排样优化与车间调度的粮机装备智能制造平台研究[J].河南工业大学学报(自然科学版),2019(1):89-93.

⑥ 王文军,李琪,刘丹.论人工智能时代绿色发展的挑战及应对[J].西安财经学院学报,2020(1):30-36.

⑦ 谭清美,房银海,王斌.智能生产与服务网络条件下产业创新平台存在形式研究[J].科技进步与对策,2015(23):62-66.

2.3.3.3 平台对商业模式的影响

平台经济时代,模块化遍地开花,数字平台企业如云制造企业,都会将自身的产品与商品细化。同时发展两种战略会妨碍平台企业形成规模经济,并不利于第三方服务或商品提供者的参与。这将抑制第三方加入平台的积极性。因此,高效率的数字平台所有者会鼓励第三方开发各种有益于平台内不同群组、企业或用户的互补性产品。同时,专注于数字平台的稳定性、开放性、兼容性,以提高网络外部性以及"知识溢出",这样的商业模式适用于任何经济体,既包括数字经济与互联网企业,也包含实体经济与制造业企业,尤其是这种特征对制造业来讲是机遇与挑战。[1] 云制造平台的发展中也应遵循此规律,一方面依托大型企业与云制造平台开发者制定行业规则,规范准入机制;另一方面保障制造平台的稳定性、开放性与兼容性,达到网络外部性和"知识溢出",这样的商业模式适用于任何行业平台经济体,容易达到资料有效利用,形成规模经济效益。

Parker G. 和 Van A. M. (2012)在研究中曾指出,"制造业基于平台搭建的系统,实现数字化升级转型,或者本身采用数字技术搭建自身企业的数字化平台系统。"[2]这也是云制造平台对未来发展方向与目标的有力理论支持。依赖云平台实现的制造业新生态系统,依托自身平台优势构筑自身的生态系统,吸引小企业加入平台,实现全产业链的优化,达到良好的经济效应。[3]

随着基于此商业模式的逐步开发,数字平台带来产业链上中下游的集聚,形成了新特征的生态系统,并依赖生态系统促进了产业转型的产生。[4]平台生态系统的产生,将产业边界打破,颠覆原有产业生态格局,经济效益

① Ceccagnoli M, Forman C, Huang P, et al. Digital platforms: when is participation valuable? [J]. Communications of the Acm,2014,57(2):38-39.

② Parker G, Van A M. A digital postal platform: Definitions and a roadmap [R]. America:The MIT Center of Digital Business,2012(1):2-30. 孙耀吾,瞿望,陈立勇. 平台企业主导能力及其演化:理论构架与研究逻辑[J]. 创新与创业管理,2016(1):17-27.

③ Sprague R. Worker (mis) classification in the sharing economy:Trying to fit square pegs into round holes[J]. ABA Journal of labor & employment law,2015,31(1):53-76.

④ 史健勇. 优化产业结构的新经济形态——平台经济的微观运营机制研究[J]. 上海经济研究,2013(8):85-89.

上实现跨界获取的效果。① 依托"一方付出多方受益"的理念,②最大限度地使平台参与者受益。③

2.3.4　关于"平台"的其他研究成果

2.3.4.1　管理学视域下的平台理论

管理学中最早采用了平台(platform)一词。在 1992 年 Wheelwright 和 Clark 发表的一篇新产品的研发文献中率先提到了"平台"一词。他们提出并认为,核心用户的一组需求能被平台满足,平台可以依靠置换元素或更新元件的方法将产品升级并满足用户的需求。在 1995 年,D. Garlan 等认为,平台式是普通元素的集合。④ 后续的学者在 2000 年前后,将平台定义为子系统与界面,即子系统与界面按照一定的规则排序,形成了新的商品生产线。在此基础上,学者又扩展了平台的定义,认为平台能有目的地设计并安排一系列的系统和界面,使得产品能顺利生产。如安娜贝拉·加威尔、迈尔克·库苏麦诺和相关学者在 2007 年前后,分析平台模块化结构⑤,或其内部的创新性竞争性特征⑥,开展了对平台的经济商业模式、竞争与策略方面的分析研究。⑦

平台概念起始于当时的产品生产线,随后,新的定义不断加入,产品平

---

① 尹倩.价值创新视角下的"互联网+"时代商业模式探析[J].中国商论,2016(31):129-131.

② 牛禄青.平台经济崛起[J].新经济导刊,2017(11):10-18.

③ 郭珉江,李亚子,张芳源,等.平台经济学视角下"互联网+"医保支付参与机制的探讨[J].中国卫生经济,2020(1):30-33.

④ D Garlan, D Perry. Introduction to the Special Issue on Software Architecture, [J]. IEEE Transactions on Software Engineering,1995,21(4):269-274. 谢富胜,吴越,王生升.平台经济全球化的政治经济学分析[J].中国社会科学,2019(12):62-81,200.

⑤ 安娜贝拉·加威尔,迈尔克·库苏麦诺.平台领导:英特尔、微软和思科公司如何推动行业创新[M].袁申国,刘兰凤,译.广州:广东经济出版社.2007:40-50.

⑥ A Gawer. Platforms, Markets and Innovation[J]. Cheltenham:Edward Elgar, 2009(7):77-81.

⑦ 杰奥夫雷·G.帕克,马歇尔·W.范·埃尔斯泰恩,桑基特·保罗·邱达利.平台革命:改变世界的商业模式[M].志鹏,译.北京:机械工业出版社,2017:70-99.

台被学者提出,之后技术平台也被相继提出。随着大数据、人工智能和数字化通信技术的应用,数字经济全球化,多维度供应链也具有网络特征,数字产业平台也孕育而生。当多维度网状供应链特征的产业平台出现后,原先线性供应链体系在商业环境、供需关系、传统企业运营格局等方面,均会出现翻天覆地的变化。

2.3.4.2 供应链"平台"

大数据、人工智能和数字化通信技术的应用合力下,平台已从企业内部向企业外部延伸,获得了规模效应。一些制造业企业如汽车制造业、电器制造业、电子产业制造业的企业中,工程设计流相关的产业中得到集中体现,它们能使这种制造平台快速在企业之间的供应链中得到应用。

此时传统线性供应链变成了交叉放射形态的多维度网状供应链,且更加复杂。这使得众多制造资源需要新的整合以发挥最优效能。一些生产设备由拥有变为租用,是一大转变。在重新塑造产业过程中,由于技术进步替代快、设备成本高,"租用"已成常态,这也是供应链平台和产业平台运行的核心原理。

平台中的模块具有通用性特征,一次研发多处使用。它也具有灵活性与组合性特征——不同模块的结合将带来不同的功效。以这种形式架构,也变相增加一些研发模块的使用寿命和运用时间,延长不变资本折旧时间,降低研发设计成本,一些互补零件与元素间也能充分利用,减少生产时间,实现规模经济。在研发层面,能降低研发成本与研发风险。在平台中将研发服务模块化降低了因某一项目失败而满盘皆输的可能。因为一旦项目失败,该项目当中的一些模块还能用于其他商品的项目的生产中,这就使公司开发风险变相降低。

在这些应用中,网络企业、软件企业与数字经济企业依然一马当先。在激烈的市场竞争环境下,例如微软强制捆绑 Windows 操作系统进行售卖,以此搭建平台用户群,以此平台化手段,巩固 Windows 操作系统和旗下 Office 办公软件的地位。一些软件商也采取跨平台战略,尽量让自己的软件兼容各种硬件设备、兼容多种系统、兼容多平台,以这种方式扩大本企业在售商品的市场占有率。

2.3.4.3　平台的治理与税收

下面两个热点问题汇聚了当今平台治理方面的主要研究内容。一是平台的垄断问题,这是由平台本身的固有属性特征带来的;另一个较新的方向是平台的税收问题。

(1)平台垄断问题。平台经济同各行业融合程度的加深,由此引发的市场垄断现象在学术界已得到重视。① 平台易出现"赢者通吃"现象,②这是由于多边平台独特性与其网络外部性的不断扩大导致的。③ 网络效应的外部性使得传统单边市场的反垄断条款不再适用于这种情形,认识网络效应对垄断的作用将是非常重要的。Filistrucchi L. 等(2012)在研究中指出,传统反垄断方面的条例已经不能符合网络效应的状况,如仍然实施传统反垄断条例,那么将随之产生较严重的偏差效果。④

(2)平台双边税收问题。在双边市场税收的研究方面,Kind H. J. 等人在 2008 年开始提出并在 2013 年进行了扩展,同时在 2017 年,由 Kind H. J. 和 Koethenbuerger M. 进行了拓展,于 2018 年由 Belleflamme 和 Toulemonde 在此基础上进行了延伸。这些学者的研究指出,平台的双边增税可以增加依赖于平台双边的使用用户和群体数量。如当平台获利是由于其中一边的更高赋税造成的,同时,将收入从平台的有赋税的一边移到没有赋税的一边,这将导致平台双边产出均增长。⑤ 这也从侧面证明了,横向差异化平台的最

---

① Evans D S. The Antitrust Economics of Two-Sided Markets [J]. Social Science Electronic Publishing,2002(20):253.

② Sang – Chul Park. The Fourth Industrial Revolution and Implications for Innovative Cluster Policies[J]. AI & Society,2018(33):1–20.

③ Eisenmann T R,Parker G,Van Alstyne M W. Strategies for Two Sided Markets[J]. Social Science Electronic Publishing,2014,84(10):92–101.

④ Filistrucchi L,Geradin D, Van Damme E. Identifying Two-Sided Markets [J]. Tilec Discussion Paper,2012,2012–008(1):33–60.

⑤ Kind H J, Koethenbuerger M, Schjelderup G. Efficiency enhancing taxation in two-sided markets[J]. Journal of Public Economics,2008,92(5):1531–1539.

优构架将被税收影响。①② 此外,其他国内外学者也研究了平台相关的税收方面的问题,如增进社会福利和公平方面的相关研究。

2.4 文献评述

　　数字化条件下劳资关系的研究现状,呈现出国内外都在积极探索和深入研究的态势。以下是对本章节上述国内与国外研究进展和流派的总结综述,以及关于以数字化条件下劳资关系、劳动过程为视角的文献综述总结与文献评述。

　　(1)劳资关系的国内研究综述。①数字化劳动与劳资关系:国内研究者对数字化劳动背景下的劳资关系进行了广泛研究。关注的焦点包括数字平台劳动、在线劳动市场、劳动力供需匹配等。研究者通过实地调研、案例分析和理论探讨,探索数字化劳动对劳资关系的影响和变化。②互联网经济与劳资关系:随着互联网经济的迅速发展,国内学者关注互联网企业的劳资关系特征和问题。研究内容涵盖了互联网企业的用工模式、工作弹性、劳动权益保障等方面,旨在深入了解互联网经济对劳资关系的塑造和重构。③劳动权益保护与劳资关系:在数字化条件下,保障劳动者的权益成为关注焦点。国内学者对劳动法律法规、劳动保护政策和实施情况进行研究,关注劳动权益保护的问题,并提出相应的政策建议。④劳动力市场变革:国内研究者关注数字化条件下劳动力市场的变革。他们研究了数字技术对就业形态、职业结构和劳动力供求关系的影响,同时也关注劳动力市场的灵活性、社会保障和劳动合同等问题。

　　(2)劳资关系的国外研究综述。①数字化劳动平台与劳资关系:国外学者在数字化劳动平台的劳资关系研究方面做出了重要贡献。他们关注平台工人的工作条件、收入分配、劳动权益等问题,以及平台算法、评价体系等对

　　① 蒋鑫.制造业平台化转型研究[D].北京:中国社会科学院研究生院,2020.
　　② Kind H J, Schjelderup G, Stähler F. Newspaper Differentiation & Investments in Journalism:The Role of Tax Policy[J]. Economica,2013,80(317):131-148.

劳资关系的影响。②灵活就业与劳资关系:在数字化条件下,灵活就业模式的兴起引起了学者们的关注。国外学者对零工经济、远程工作等灵活就业形式下的劳资关系进行研究,探索灵活就业对工人权益、社会保障和劳动组织的影响。③社会平台与劳资关系:社会平台的发展也对劳资关系带来了新的挑战和变化。国外学者关注社会平台经济中工人权益保护、劳动组织形式等问题,并研究平台工人生活状况。④自动化与劳动力需求:国外学者研究数字化条件下自动化对劳动力需求的影响。他们关注自动化技术对不同行业和职业的影响程度,探讨数字化技术对就业机会和技能需求的变化。⑤社会影响与政策回应:国外学者关注数字化条件下劳资关系的社会影响和政策回应。他们研究数字化技术对劳动者福利、收入不平等、社会保障和劳动法律的影响,并提出相应的政策建议。

(3)以劳动过程为视角的劳资关系国内研究总结。①数字化劳动过程的变革:国内学者关注数字化劳动过程中的工作方式、组织结构和生产关系的变革。他们研究数字化技术对劳动过程的影响,如自动化、智能化、机器人化等问题。②劳动力市场的数字化:随着数字平台的兴起,国内学者关注数字化劳动力市场的发展与变化。他们关注在线招聘、人力资源平台、远程劳动等数字化劳动力市场的运作机制,以及劳资双方在数字化平台上的交互和协调问题。③劳资合作与冲突:国内研究者关注数字化劳动过程中劳资关系的合作与冲突。他们研究劳资合作的机制、协商模式和合作意识的培养,同时也关注数字化条件下可能引发的劳资冲突和争议,如工资福利问题、劳动安全问题等。

(4)以劳动过程为视角的劳资关系国外研究方面。①数字化技术与劳动过程:国外学者研究数字化技术对劳动过程的影响,包括自动化、大数据分析、人工智能等。他们关注数字化技术对劳动力需求、工作内容和工作组织的影响,以及与之相关的劳资关系问题。②劳动组织与数字化转型:国外研究者关注劳动组织在数字化转型中的角色和挑战。他们研究组织变革、工作流程再设计、员工参与等方面,探索如何在数字化条件下建立更有效的劳资关系。③管理创新与劳资关系:国外学者研究数字化条件下的管理创新对劳资关系的影响。他们关注新型管理实践和工作制度对劳动过程和劳资关系的塑造,如灵活工作安排、绩效评估体系、员工参与和激励等。

这些研究进展和流派反映了国内外学者对数字化条件下劳资关系以劳动过程为视角的关注点和研究方向。

(5)劳资关系的研究流派。①技术决定论:这一流派认为数字化技术的发展和应用是劳资关系变革的主导因素。研究者关注数字化技术对工作流程、组织结构和劳动力需求的影响,强调技术决定了劳资关系的演变。②劳动过程重构:这一流派关注数字化条件下劳动过程的重新塑造。研究者关注数字化技术在工作内容、工作方式、工作组织和工作环境中的影响,以及劳资关系在这一过程中的变化。③平台经济研究:随着数字平台的兴起,研究者关注数字化条件下平台经济对劳资关系的影响。他们关注在线劳动力市场、共享经济平台等数字化平台对劳动力供求、雇佣关系和劳动者权益的影响。④劳动力市场变革:这一流派关注数字化条件下劳动力市场的变革。研究者关注数字化技术对就业形态、职业结构和劳动力供求关系的影响,同时也关注灵活工作、社会保障和劳动法律等问题。

综上可见,数字化条件下劳资关系的研究是一个广泛而复杂的领域,涉及多个学科和研究方向。不同的学者和研究团队可能采用不同的理论框架和方法,对不同的问题进行研究。因此,在进行文献综述时,建议综合考察不同流派的研究成果,全面把握数字化条件下劳资关系研究的现状和趋势。

从中外参考文献中发现,自2019年以来,部分学者已对资本主义劳资关系进行不同角度的试探性研究,并从经济学、管理学、法律学等方面,形成了一定的基本论点。以数字平台融入企业为实现形式的数字经济融入企业后,将对各个企业行业产生影响,劳动者的工资收入和劳动报酬也会产生一些新的变化和特征,对资本主义劳资矛盾变化的深化有了新的认识。

但在研究文献中,学者的研究多聚焦于第三产业或服务业企业,对第二产业制造业或实体经济领域企业关注与研究的理论与成果仍较少,且尚未形成完备的经济学体系与框架。同时,从往年文献内容看,学者们对共享经济方面研究较多,针对劳资关系要素与劳动组织形式方面的研究聚焦尚少。学者普遍对互联网企业,如外卖平台数字技术的使用带来的合同保障、定价机制变化进行分析。此外,在数字化研究方面,从实证角度证明相关经济学结论的论文也较少。学者研究中也未能证明,企业数字化、平台化是不是未来企业发展的必经之路,各个行业企业是否会必然出现平台企业。最后,学者在研究平台企业劳资关系的剩余价值获取方面,未从劳动过程与生产组织层面更深地剖析资本无偿占有超额剩余价值来源,也未从政治经济学角度深挖并充分论证数字化条件下的企业劳资关系中工人处在弱势地位的深层原因。

从国内外文献综述的梳理中,发现国内外学者在数字化条件下的劳资关系研究方面,还存在以下分歧:在数字化条件下的劳资关系中,资本对工人的剥削加剧或减轻,以及数字经济对劳资关系的影响效应方面,都还存在分歧;学者关于数字化对工人的效应影响方面,也存在研究分歧;学者对工人收入呈现上升还是下降方面,也存在分析结论分歧;学者对数字化条件下资本对劳动的剥削程度,增强与减弱也存在分歧。

上述这些方面都为我们进一步研究数字化条件下劳资关系提供了理论研究空间。正是在对上述文献整理过程中,发现当今研究领域的争论与缺失,本书将从马克思经济学的劳动过程方面研究分析入手,系统而深入地研究上述有待发掘的领域。同时,通过逻辑理论推演与计量实证分析,对上述学者产生的研究分歧,给出科学与明确的研究结果。

2.5 理论基础

主流经济学家总是回避生产和劳动组织的问题,而常常从充满假设的市场("生产要素"买卖)来研究经济问题。他们几乎从不直接接触资本和劳动围绕劳动时间和剩余产品分配的控制权而进行斗争的生产领域本身,而是把这些问题分别留给那些关心企业和管理日常情况的人。① 正如非主流经济学家罗伯特·海尔布隆纳所述:实际的社会生产过程——劳动行为的血肉之躯,以及组织和控制劳动的上下级关系——对传统经济学家来说几

---

① 王声啸,陈琦,郑泽华,等.《劳动与垄断资本》25周年纪念版文献补译[J].马克思主义理论教学与研究,2021,1(3):100-118.

乎都是陌生的。[①]

构成本书研究理论基础的,主要涉及马克思经济学的相关理论,布雷弗曼、弗莱德曼和布洛维的劳动过程理论。

2.5.1 马克思经济学的相关理论

马克思经济学的相关理论主要包括劳动过程理论、价值增殖过程理论、劳资关系理论和资本有机构成理论。

2.5.1.1 马克思劳动过程理论

马克思论述了劳动过程的一般性质和资本主义劳动过程的特点。马克思劳动过程理论主要包含以下四点内容:

其一,马克思指出,劳动过程是创造使用价值的过程。劳动过程理论是《资本论》第一卷的核心理论。关于劳动过程,马克思指出,劳动首先是人和自然之间的物质变换过程,是人以自身的活动来引起、调整和控制人和自然之间的物质变换的过程。

其二,劳动过程的特点是资本家监督工人,工人替资本家劳动,产品归资本家所有。马克思在《资本论》第一卷第五章中指出:"工人在资本家的监督下劳动,他的劳动属于资本家。"[②]资本家为了生产更多的剩余价值,一则延长工作日,二则提高生产效率缩短必要的劳动时间,后者成为更主要的方式。充满资本主义的控制与剥削以及工人的反抗的劳动过程势必会发展成为猛烈的阶级对抗,并最终导致资产阶级的灭亡和无产阶级的胜利。同时,资本主义采取并不断改善各种方法来削弱和消除工人的抗争。

其三,劳动过程要抛开社会形式,社会制度不会改变劳动过程的性质。劳动过程的三要素包括"有目的的活动或劳动本身,劳动对象和劳动资料"[③]。"广义地说,除了那些把劳动的作用传达到劳动对象,因而以这种或

---

① Robert Heilbroner. Men at Work, Review of Labor and Monopoly Capital by Harry Braverman[M]. The New York Review of Books,1975:6.

② 马克思. 资本论(第一卷)[M]. 北京:人民出版社,1972:210.

③ 马克思. 资本论(第一卷)[M]. 北京:人民出版社,1972:202.

那种方式充当活动的传导体的物以外,劳动过程的进行所需要的一切物质条件都算作劳动过程的资料。它们不直接加入劳动过程,但是没有它们,劳动过程就不能进行,或者只能不完全地进行。"①

其四,劳动过程三要素之间有很多关联。同一种产品,既能当成生产资料,又能当作生活资料。当产品以生产资料投入生产过程时,它作为生产活动的物质因素起作用。虽然劳动资料、劳动对象是劳动过程中不能缺少的物质条件,但只有在人的参与下,劳动资料、劳动对象方可成为新的使用价值的要素。只有人类的劳动,才是将生产资料转变为新的使用价值的要素。

此外,劳动过程的组成要素方面,马克思将劳动过程分为劳动的物质过程和劳动的价值过程。物质过程是指劳动者通过消耗体力和使用工具材料来改变自然物质的过程,创造出有使用价值的产品。价值过程则是指劳动者在劳动过程中为商品增加劳动价值的过程。

劳动的社会化和协作性方面,马克思认为,在资本主义生产中,劳动过程变得高度社会化和协作性,各种劳动者在分工协作的生产过程中共同创造商品。然而,资本主义生产关系的特点是私人占有和资本家对劳动过程的控制,导致劳动者与他们所创造的商品的关系变成了异化和剥削的关系。

2.5.1.2 马克思价值增殖过程理论

马克思在《资本论》第一卷第五章中,通过对价值增殖过程的研究,探寻出价值生产的秘密。其理论研究成果主要有以下三个方面:

(1)剩余价值的生产是资本主义生产的目的。在价值增殖过程中也涉及马克思剩余价值理论:劳资关系中,关于研究资本与劳动的关系,涉及利润如何产生与利润如何分配,劳动过程中的剩余价值产生基础,都涉及剩余价值理论。在《资本论》第一卷中,马克思对剩余价值的概念做了详细阐述。他指出"剩余价值都只是来源于劳动在量上的剩余,来源于同一个劳动过程""在劳动过程中,劳动者为资本家创造的价值超过了他们的劳动力价值的部分而被资本家占有即是剩余价值,这成为资本积累的源泉"②"增殖额或

---

① 马克思.资本论(第一卷)[M].北京:人民出版社,1972:205.
② 马克思.资本论(第一卷)[M].北京:人民出版社,1972:223.

超过原价值的余额叫作剩余价值"①。马克思指出:"他不仅要生产使用价值,而且要生产商品,不仅要生产使用价值,而且要生产价值,不仅要生产价值,而且要生产剩余价值。"②这是资本主义生产方式的本质,是资本主义制度的基础。

资本增大剩余价值的方式主要有两种:以延长工作日为手段的绝对剩余价值生产和以提高劳动生产率、降低必要劳动时间为手段的相对剩余价值生产。首先,延长工人劳动时长是资本家最常用的手段。资本家会以一定的工资向工人购买他们的劳动力,并使工人在一定的时间内工作。然而,资本家通常会在工人的工作时间上加以控制和延长,让工人多工作几个小时,获得更多的剩余价值,这是绝对剩余价值。其次,资本家可通过提高劳动生产率来增加剩余价值。③ 在生产过程中,资本家可以采用更加先进的生产工艺和技术,通过超额剩余价值的竞争,最终降低劳动力再生产时间,在工作日不变的前提下,缩短了工作日中的必要劳动时间,使剩余劳动时间相对延长,从而使得资本家获得更多的剩余价值。这种方式被称为相对剩余价值生产。

马克思的剩余价值理论对数字经济下的技术进步的分析提供了重要的理论基础,也为研究当代数字化背景下,劳动力市场提供了重要理论支撑。相对剩余价值理论认为,技术进步可以提高生产力,缩短必要劳动时间,从而降低劳动力价值,提高剩余价值率。这为解释为什么数字化条件下技术进步成为资本获取更多剩余价值的手段提供了理论基础。

(2)马克思分析了价值增殖过程。马克思在《资本论》第一卷第五章中说道:"我们的资本家所关心的是下述两点。第一,他要生产具有交换价值的使用价值,要生产用来出售的物品、商品。第二,他要使生产出来的商品的价值,大于生产该商品所需要的各种商品即生产资料和劳动力。"④

价值增殖的秘密是劳动力商品的使用价值能够创造价值和剩余价值。

① 马克思.资本论(第一卷)[M].北京:人民出版社,1972:172.
② 马克思.资本论(第一卷)[M].北京:人民出版社,1972:211.
③ 梁倩倩.数字经济时代剩余价值生产新变化的研究[D].昆明:云南大学,2021.
④ 马克思.资本论(第一卷)[M].北京:人民出版社,1972:211.

"当资本家把货币变成商品,使商品充当新产品的物质形成要素或劳动过程的因素时,当他把活的劳动力同这些商品的死的物质合并在一起时,他就把价值,把过去的、物化的、死的劳动变为资本,变为自行增殖的价值。"①"劳动力的价值和劳动力在劳动过程中的价值增殖,是两个不同的量。资本家购买劳动力时,正是看中了这个价值差额。"②

(3)马克思指出资本主义的生产过程是劳动过程与价值增殖过程的统一。价值增殖过程是超过一定点而延长了的价值形成过程。劳动过程和价值形成过程的统一是商品生产过程,劳动过程和价值增殖过程的统一是资本主义生产过程。资本主义的生产过程,并不是单纯创造使用价值的劳动过程。资本主义的生产过程同样具备两重性:一方面是创造使用价值的劳动过程,另一方面又是价值形成和价值增殖过程。

2.5.1.3 马克思劳资关系理论

劳资关系理论是马克思的核心理论,它的发展历经了从探索到逐步成熟的过程。劳资关系是现代市场经济的核心关系,它是资本雇佣劳动所形成的利益关系,表现为双方围绕生产与分配间的利益博弈。马克思经典佳作中,探讨了资本主义劳资关系问题,为全球工人阶级的解放运动提供了科学的理论指导。马克思的《1844年经济学哲学手稿》《雇佣劳动和资本》和《哲学的贫困》等著作,恩格斯的《英国工人阶级的状况》与《政治经济学批判大纲》,都蕴含了丰富的马克思主义劳资关系理论。马克思在《资本论》(1867)第一卷中,全面系统地对资本主义的劳资关系做出阐述,这一里程碑式的著作标志着马克思主义劳资关系理论的成熟。在这本著作中,马克思深入剖析了资本主义经济体系的运作机制,揭示了资本家和工人之间不平等的劳动关系和生产关系,从而提出了劳动价值论、剩余价值论等重要理论。其思想深刻影响了现代经济学和社会学领域的研究,成为重要的劳资关系理论内容。正如恩格斯所说:"资本和劳动的关系,是我们全部现代社

---

① 马克思.资本论(第一卷)[M].北京:人民出版社,1972:221.

② 马克思.资本论(第一卷)[M].北京:人民出版社,1972:219.

会体系所围绕旋转的轴心,这种关系在这里第一次得到了科学的说明。"①

劳资矛盾加剧与劳资利益分配不均,来自资本主义生产方式的不断发展。资本家追求利润最大化的本性以及市场竞争的压力促使资本不断积累和扩大规模。这导致了资本有机构成不断提高,也使得机器取代人类工作的现象越来越普遍,造成大量工人失业和社会财富分配的不平等加剧。同时,资本主义生产方式也促进了生产资料的集中和劳动的社会化。

马克思劳资关系理论指出在资本主义社会中,资本家通过雇佣工人获得劳动力,从而控制生产资料和生产过程。这种劳资关系的存在是资本主义社会中阶级矛盾和斗争的重要表现形式。劳资关系的形成和发展源于资本主义生产方式的特殊性质,并导致阶级分化和社会不平等的加剧。劳资关系理论构成包括以下四个方面:

(1)马克思主义劳资关系的概念涵盖了阶级利益关系。在资本主义产生前,虽然流通领域中有高利贷与商业资本,但它们尚未成为资产阶级的剥削工具,因此并不存在劳资关系。在资本主义社会中,生产方式的核心特点为雇佣劳动,此时社会的主要矛盾变为劳资关系。在资本主义社会中,只有雇佣劳动被广泛运用,劳资关系才得以存在和发展。因此,劳资关系是资本主义社会中矛盾和阶级斗争的主要表现形式。

(2)劳资关系源于资本家雇佣工人。资本家利润来自无偿占有由工人劳动产生的剩余价值。这种剥削性导致资本家和雇佣工人之间存在着一种对立和冲突的关系。这种对立和冲突关系反映了资本主义制度下劳资关系的本质,即资本家凭借对生产资料的控制来占有工人创造的价值和剩余价值,这种占有是无偿的。因此,在资本主义制度下,劳资关系是一种基于剥削的对立和冲突关系。

(3)在资本主义经济中,资本对雇佣劳动的统治表现为劳动从属于资本。这是因为资本能够通过购买劳动力的使用价值来利用工人。资本与劳动间有形式隶属与实质隶属两种状态。在资本主义初期,劳动对资本是形

---

① 张雷声.再论《资本论》在马克思主义发展史上的地位[J].甘肃社会科学,2012
(5):1-6.

式隶属关系。随着相对剩余价值的生产,形成了局部工人,劳动对资本的隶属关系发展成为实质的隶属关系。

(4)马克思通过运用剩余价值理论在《工资、价格和利润》中,道出了剩余价值与工资的实质。他指出,由于资本家对利润的贪婪无止境,工人阶级不得不与资本家斗争,以使自身地位不再继续恶化。他们的斗争通过争取提高工资并缩短工作时间,以遏制资本主义的贪欲。马克思看到了单纯的经济斗争并不能从根本上改变状况,因此他还提出,工人阶级在经济斗争的同时政治斗争也要做起来。

在马克思主义政治经济学的理论框架下,劳资关系是资本主义制度下的一种生产关系,工人受雇于资本家并以创造剩余价值为目的开展生产是其基本形式。尽管看似是"平等"的劳资之间的交易关系,但实质则是剥削和被剥削、控制与被控制的关系。它是一种对抗关系,源自资本对剩余价值的占有权。经济权利源自资本主义私有制中资本家对生产资料的占有。

劳资对立与资方对劳方的控制,是马克思劳资关系理论中所特别强调的内容特征。其中既包含劳资关系一般性特征,也含有特殊性特征。所以,不能简单地将其套在中国劳资关系问题的研究中。[①] 但马克思主义揭示了劳资关系研究的重要性,为国内的劳资关系相关问题的研究,特别是在数字经济背景下的研究,提供了极其重要的理论基础。

2.5.1.4 马克思资本有机构成理论

马克思在《资本论》第一卷第二十三章中指出积累的一般规律,并研究了资本在量的积累导致的资本有机构成变化及其对工人阶级的影响。他指出:"从在生产过程中发挥作用的物质方面来看,每一个资本都分为生产资料和活的劳动力。"[②]他提出了资本构成概念,即资本包括价值构成与技术构成。"从在生产过程中发挥作用的物质方面来看,每一个资本都分为生产资料和活的劳动力;这种构成是由所使用的生产资料量和为使用这些生产资料而必需的劳动量之间的比率来决定的。我把前一种构成叫作资本的价值

---

① 张海霞.新中国劳资关系演进历史的政治经济学分析[D].济南:山东大学,2022.
② 马克思.资本论(第一卷)[M].北京:人民出版社,1972:672.

构成,把后一种构成叫作资本的技术构成。"①"由资本技术构成决定并且反映技术构成变化的资本价值构成,叫作资本的有机构成。"②

马克思在《资本论》中提出了不变资本与可变资本的概念。不变资本是指生产中用于购买生产资料(如机器设备)的资本,而可变资本则是购买劳动力方面的成本支出。资本有机构成强调了不变资本在生产中所占的比重,进而对利润率和剩余价值产生了影响。资本有机构成能反映一个企业在生产中使用的生产资料(如机器、设备等)与所雇佣的劳动力之间的比例关系,这在数字化条件下尤为重要,是从经济学考量企业劳动组织形式架构的一个重要指标。马克思在《资本论》中详细论述了资本有机构成,并分析了它对资本主义经济体系的重要性。他指出,资本在生产中所采用的一定比例的可变资本,与一定比例的不变资本,它们的总和就是生产资本。这个比例的大小,即资本的有机构成,随着生产的发展而不同,是有其一定规律的。

马克思认为,资本有机构成的提高意味着不变资本的比重增加,这将导致劳动力使用的减少,造成失业。资本用机器设备等不变资本,以替代人工劳动,从而提高生产效率。这种生产效率的提高,将使得生产出的商品价格下降,进而对利润率和剩余价值产生影响。

马克思在资本有机构成理论的基础上,提出了"利润率下降"的思想。当资本有机构成提高时,不变资本的投入将增加,使得利润率下降。资本有机构成理论对本研究意义重大,对分析数字化条件下,资本采用新的数字技术所产生的效果有重要意义。

2.5.2 布雷弗曼劳动过程理论

马克思主义研究者更多地将精力放在对所有权与私有制的批判方面,对劳动过程方面的研究被逐渐忽略。直至1974年哈里·布雷弗曼《劳动和垄断资本——二十世纪中劳动的退化》一书的出版,劳动过程理论方面的研

---

① 马克思.资本论(第一卷)[M].北京:人民出版社,1972:672.
② 马克思.资本论(第一卷)[M].北京:人民出版社,1972:672.

究才重新引起学者的关注。此书认为,资本主义劳动过程中存在着传统的工匠控制和现代的管理控制,控制是一切管理制度的中心思想。受该思想启发,本书在第 5 章中研究了数字化条件下的劳动过程,从劳动方式与生产组织形式的变化,找到数字化条件下资本控制劳动的方式,以及资本家对劳动过程的监督。布雷弗曼指出,资本主义的劳动过程就是资本积累的过程,资本主义的"科学管理"并不代表人类观点且缺乏人性,[1]它仅代表了资本家的意愿,其目的是完成对工人劳动过程的控制,免费获取最大量的工人创造的剩余价值。

有两种管理控制手段存在于具体的劳动过程,一是劳动分工,二是泰罗制科学管理。泰罗制科学管理的三大原则为劳动过程和工人的技能分离、构想和执行的分离、知识垄断。布雷弗曼指出劳动过程的协作分工的出现导致管理的出现。管理是资本家为了控制劳动过程而采用的手段。(该理论在第 3 章的研究中,例如在讨论数字化条件下劳动组织形式呈现分布式架构的地方:数字化使得工人的劳动场地分离、劳动技能分离、劳动过程分布式与劳动者分布式、劳动场地与劳动过程打破时间空间分离等方面均有体现)泰罗制理论的出现奠基了科学管理体系。资本家为了生产时间与生产效率,拒绝"磨洋工"。劳动过程的工序增多,分工协作增多,分工与管理合力也促使劳动技能退化,工人异化产生增多,工人"工具化"现象增多。泰罗制使得生产中具体劳动过程同劳动者技能剥离。资本家控制劳动过程,资本家依靠掌控劳动组织形式、劳动过程的控制和雇佣条件,并将这些方面变为常规经济范式,以此让工人全面适应资本主义生产方式。

布雷弗曼指出资本家采用"科学管理",采用科学方式对劳动展开控制,以使得工人在更强的劳动强度下工作。他强调资本家通过对劳动过程中全方位信息的掌控,进而全面掌控劳动过程,控制劳动过程。他指出,20 世纪的生产过程,对工人劳动技能的需求不是复杂而是更为简单。熟练劳动力比例呈现下降状态。

---

[1] 张东亮. 布雷弗曼管理思想及其当代启示[J]. 成都理工大学学报(社会科学版),2020,28(3):56-62.

布雷弗曼拒绝认同"技术决定论"与"机器专制主义",指出在办公自动化与生产自动化过程中,办公室白领工人与体力劳动中蓝领工人,在经济属性要素中并不存在本质区别,都是活劳动力,都属于工人阶级。尽管资本主义进入垄断资本主义阶段,劳动过程发生了变化,但是资本主义基本经济运行条件并未发生本质变化,即在新生产条件下,劳动过程理论、劳资关系理论都有新的变化,但是在理论研究时这些相关理论仍然适用。

布雷弗曼在研究视角上,对18世纪70年代机器大生产时期的生产条件,以马克思理论进行研究,为分析垄断资本主义提供了崭新的视角。他的研究在当时对经济学界的研究角度、研究方法和研究对象等方面提供了创新的思路,并提出了很多创新且有用的研究结论。他的研究理论在本书第3章与第4章的研究体系中多有潜移默化的运用。

2.5.3 弗莱德曼劳动过程理论

弗莱德曼1977年在《工业与劳动》中提出"责任自治"与"直接控制",分析资本主义生产方式如何回应其内部矛盾并适应工人抗争。直接控制采取强制性的威胁、严密监督、给予工人最少的责任;责任自治给予工人灵活性以鼓励他们采取利于公司的行动。管理者将工人分为核心工人和边缘工人,分而治之,并随时改变策略。但弗莱德曼并未在微观情景下讨论工人与管理者的互动。

弗雷德曼劳动过程理论指出,企业能灵活运用管理方式应对现实情况,因此针对两类极端的管理模式,工人也应相应地适应与应对,以此保障劳动组织的控制模式的顺利实施。当劳动过程随着企业从"竞争"过渡到"垄断"后,在生产过程与劳动组织中,"结构性控制"取代了"简单控制"。

2.5.4 布洛维劳动过程理论

在《制造认同:垄断资本主义下的劳动过程的变迁》一书里,布洛维探讨了垄断资本主义制造认同的机制:①推行计件工资制;②建立内部劳动力市场;③建立内部国家,导致个人主义增长,上下等级之间的冲突消散以及工人与管理者之间的利益的具体协调。资本主义的工厂体制(factory regime)

呈现出从市场专制体制向霸权体制再向霸权专制体制（hegemonic despotism）的发展趋势。①

布洛维继承马克思主义理论，将工人阶级的行动意识放于生产过程中进行研究，提出资本家的强制之所以可以实施，是因为劳动力对资本的全方面依赖。他指出，在垄断资本主义劳动过程中，工人自发接收工厂秩序，甘愿让资本家无偿占有他的劳动价值，甘愿生产源自"自愿性服从"。

布洛维提出"生产政治"与"工厂体制"概念，将生产外的国家干预与市场竞争同劳动过程中的工人主体联系。他指出，在垄断资本主义时期，霸权对工人抗争能力的削弱以及工人阶级的脆弱，使得工人无时无刻不处在"失业"与"被剥削"的两难困境中。工人对资本家"规则"的认同是被迫的无奈和唯一性选择。布洛维的理论框架如图2.3所示。

劳动过程
劳动力再生产的方式 ——→ 工厂体制
市场竞争
国家干预

经济
政治 ←——→ 工人斗争的利益与能力
意识形态

图 2.3 布洛维的理论框架

在布洛维的劳动过程理论中，资本主义劳动过程的本质是同一时间内获取剩余价值并掩盖剩余价值。资本主义的利润来自其隐蔽地对剩余价值的合法获取。资本主义劳动过程中，各种生产组织形式与合作框架形式，均是为了这一目的变着花样服务的。进而，他指出劳动过程中的生产包含经济、政治与意识形态，应当在劳动过程的研究中，将工人与资本家的抗争斗争纳入研究范畴中，要注重劳动过程中的生产政治与意识形态，需要在劳动过程中与具体的工厂生产中将上述内容纳入研究。

在《生产政治》中，布洛维主要研究生产方式与工厂部门生产架构间矛盾的产生，以及对工人反抗方式的作用。布洛维基于马克思上层建筑理论，

---

① 游正林.管理控制与工人抗争——资本主义劳动过程研究中的有关文献述评[J].社会学研究,2006(4):169-185,245.

创立"工厂体制"与"生产政治"的论点。[①] 它可以将宏观层面上的市场竞争、市场环境、劳动力存量以及调控政策,同劳动过程,从经济学上相关联起来。他在劳动过程理论中提出的文化"霸权"的生产是布洛维对劳动过程理论领域的重要贡献。他指出,在劳动关系发展中,霸权体制的产生仅仅是昙花一现,资本家对利润的最大追求并由此带来的资本流动直接使得工人集体脆弱,加之霸权体制对工人抵抗力的压制,使得工人阶级被迫处于一种新的专制体制下。

2.5.5 其他代表性学者的劳动过程理论

理查德·埃德沃兹区分了竞争资本主义阶段的简单控制与垄断资本主义阶段的结构控制。在 1979 年出版的《充满斗争的领域》一书中,研究资本家的控制系统是如何转型的,从简单控制(资本家亲自控制和等级控制)转为结构控制,结构控制将控制机制嵌入技术结构或组织结构之中(包含技术控制与官僚控制[②])。但埃德沃兹没有考虑非正式制度对工人行为的影响。

一些学者对布雷弗曼的劳动过程理论抱有不同的见解。如,Littler 与 Salaman 所提倡的劳动过程理论是,资本与劳动呈现依赖关联,资本需要劳动来积累,相互间的关系是合作而不是冲突,需要采纳同工人合作的策略并通过管理手段来巩固资本的应得利益。Penn 在劳动过程方面强调,工人技能的退化证据不足。他认为在劳动过程中,存在技能补偿,当直接生产部门变为技能退化的部门后,其他部门,如维修保养、自动化机器程序,会引起技能提高。Scarbrough 与 Corbett 的劳动过程理论,提倡脑力劳动与理论知识应当处于管理部门,并不认同技能下降的说法,强调劳动者的技能并未下降。Wood 与 Kelly 的劳动过程理论,认为管理部门获得的知识在自动向工人方向转移,认为在劳动过程中,管理部门与劳动力存在共享知识的可能。Elger 的劳动过程理论,强调专门的技术可能植入集体劳动的复杂结构中,技能包

---

① 李洁. 重返生产的核心——基于劳动过程理论的发展脉络阅读《生产政治》[J]. 社会学研究,2005(5):234-242,246.

② 游正林. 管理控制与工人抗争——资本主义劳动过程研究中的有关文献述评[J]. 社会学研究,2006(4):169-185,245.

含概念与执行两层面。Hyman 与 Streek 的劳动过程理论提出很多针对布雷弗曼劳动过程理论中的工人技能退化方面的检验,将研究重点放在检验引入新技术后的劳动过程中工人的技术层面。这些检验虽然在短期内可以看到有不同工人的技能水平提高,但从长期上考量,这种检验仍然会显示出工人技能退化的趋势。Cooley 的劳动过程理论强调当新技术的出现,取代了人掌握技能时,就会出现技能退化。技能有五个必要阶段:新手期、高级初学者期、有能力时期、熟练时期与专家时期,这五个阶段是由低到高的阶段。技术取代工人掌握的劳动技能,并催生工人技术退化的原因是资本通过消减工人的意志来强化控制劳动过程的能力。

此外,在 1980—1990 年,随着生产条件的转变与技术的革新,存在福特主义劳动过程向后福特主义劳动过程转变的阶段。此时诞生了多个主要的劳动过程理论流派,分别是:调节理论(代表人物为 Aglietta)、弹性专业化理论(代表人物为 Piore 和 Sabel)、弹性企业模型理论(代表人物为 Atkinson)。

(1)调节理论指出,福特主义的劳动过程体系在 1970 年代已到限制期。原因在于,在劳动过程中,任务分工体系遇到了技术刚性的限制,分工受限,导致新增生产任务成本愈加增高。生产需要固定成本投资带动,从而市场的扩大成为必要条件。福特制生产组织形式内部的限制,主要有由于生产线领域的生产不平衡导致的生产延误,以及增强的劳动强度给工人体力和脑力带来的消极影响,如工人明显的磨洋工、懈怠与旷工。这种结果使得旧的生产组织形式向新的劳动组织形式,即新福特主义转变。并指出,新福特主义劳动组织形式的组织原则集中在自动化与任务重构。

基于自动化技术,生产过程的全部阶段均能融合为一个单一过程,控制该过程的自动化工具,将这一过程实现并广泛应用于生产中。此种劳动组织形式促进了弹性,因为大量生产与批量生产均要使用这一过程。该过程也广泛适用于生产的长期与短期阶段。他指出,自动化对劳动过程影响巨大。首先,自动化简化复杂任务,工人对机器操作即可完成任务。其次,自动化使得工厂工序平均,将劳动力轮换得以实现。再次,设计领域工人被单独分离,生产中的概念与执行进一步分离。最后,自动化系统使得工人被资本控制的方式改变,控制来自生产过程中的集体约束。

（2）弹性专业化理论强调消费者需求样式的改变与创新。该理论核心为,无差异的商品已经不能更好地适应市场。多元化多样化的市场商品,使得市场不稳定与不确定。市场对弹性生产模式产生强烈需求。此种弹性由新的弹性制造技术带来,这种技术可以产出多种商品,且易于转换不同商品并实现新的弹性需求生产。

该理论还指出,如果需求稳定,且以泰罗制劳动组织形式实施,劳动过程中的任务将被分解为更多的小任务,且在大生产中,机器大范围替代人力劳动技能为主的人类劳动是具有效率的。但如果需求出现波动,企业通过弹性技术开展生产。采用细分市场目标后的弹性生产形式实现。任务重组、分化,重视恢复劳动力技能,是劳动组织形式的具体实施方略,①该理论强调:小规模创新型企业间也能依靠范围经济体带来的经济优势,快速发展。它们多采用基于新技术的横向一体化与协同合作。Kumar 在其劳动过程理论中,补充说明了弹性化不仅适用于小的生产单元,也适用于跨国公司。很多跨国公司的生产向更弹性化迈进。它们的附属工厂能生产越来越多的细分市场商品。由于弹性专业化的转变,不够弹性的泰罗制管理结构逐步瓦解。生产组织中,这种较有弹性的结构主要呈现扁平化构架的生产管理构架。劳动过程中,劳动也在发生变化。在具有弹性化的劳动组织形式中,执行与概念渐渐分离,工人相对的职责增多,工人的劳动力技能得以重建,如计算机催生了福特主义的技术模式的脱离,工人生产能力也被计算机技术所提升。这恢复了生产操作者对生产过程的控制。此时生产工具被操作工人控制,而不是工人从属于机器。

（3）弹性企业模型理论重视劳动组织与雇佣形式。该理论模型是三种关键理论的集大成者。首先,它是将劳动力划分为特定劳动市场类型的劳动市场分割理论。其次,基于劳动法理论,研究了特定工种的合同形式,如合同期限、雇佣权利与养老、福利、补助等方面。最后,结合劳动过程中管理层与工人的关系理论,强调两方面内容,即核心和边缘、弹性。

———————

① 谢富胜.企业网络:激进学者的分析范式[J].经济理论与经济管理,2006(7):25-30.

该理论主要强调劳动过程中需要企业主动采用弹性的工作与雇佣形式来实现生产的弹性。由于市场的弹性与消费者需求的弹性,导致的消费者个性化多元化需求,使得市场随之出现不确定性与不稳定性,由此导致了上述弹性生产组织形式与内容的产生。劳动过程的弹性,一方面使得核心劳动力具有弹性化,劳动力具备多技能,且能够在多任务间切换;另一方面促使边缘劳动力的数量呈现弹性化,这些劳动者技能相对较低,因此易被雇主解聘。这一群体数量也随之增多,包含半技能或全技能的全职劳动者、兼职劳动者、季节性劳动者、临时聘用人员以及签订灵活劳务合同的工人。

该理论强调核心与边缘。该理论一定程度上基于劳动市场分割理论,强调劳动力市场的划分,即一级与二级劳动力市场。在此框架理论模型下,劳动力被划分为两种:一种为具备高水平技能,具备获取高收入与稳定岗位的核心工人;一种为技能水平低、薪酬低、工作不稳定的边缘工人。该理论也在一定程度上基于马克思的产业后备军理论,同时核心-边缘理论也被认为代表了劳动过程中的显著发展。

该理论作用于企业方面主要体现在该模型框架提出的核心-边缘理论,解释了随着市场的不确定性与多样性,直接带来的弹性雇佣关系。该理论在劳动过程方面,认为全职的核心工人为企业的高功能弹性化的实现提供了基础,他们对劳动过程非常重要。另一方面,边缘工人则遭遇频繁被辞退的命运。边缘工人也获得相较福特制更少的养老金与获取相较以往更少的被雇用机会。

此外,美国学者威廉·拉左尼克(William Lazonick)《车间的竞争优势》一书,通过历史和比较的方法,分析了英国、美国和日本三个国家企业发展的车间横截面,并深入探讨了雇佣劳动制度与技术生产力之间的关系。①

劳动过程理论在 20 世纪 90 年代到 21 世纪初期间,有了极大的发展。如,Thompson P. 将劳动过程理论总结出四个核心要点,分别为:①研究劳动对资本积累的影响;②特别关注技能在劳动过程中的角色;③关注雇主对劳

① 拉左尼克.车间的竞争优势[M].徐华,黄虹,译.北京:中国人民大学出版社,2007.刘璐.数字劳动过程中的价值创造与分配研究[D].成都:西南财经大学,2022.

动过程的控制逻辑;④关注劳动者在劳动过程中的自治、同意和抵抗。劳动过程理论出现多元化趋势。近年来,种族歧视、性别差异、年龄问题等对劳动过程的影响的研究,逐渐成为研究劳动过程的主流方向。然而,这种趋势导致研究偏离了马克思劳动过程理论。国外学者阿德勒(Adler P. S.)呼吁重新回到马克思主义传统,对劳动过程理论进行研究。①

　　从 20 世纪末到近年来,学者关于最新的劳动过程理论研究热点主要聚焦于对工人岗位的监视方法与规训的研究。这一领域特殊的研究成果为新的劳动组织方法,如实时协作生产与团队协同劳作。Savage、Barlow 与 Fielding 在劳动过程理论的研究与总结方面,特别重视对技能退化、扁平化管理等方面的研究。

---

① Adler P S. The future of critical management studies: A paleo-Marxist critique of labour process theory[J]. Organization Studies,2007,28(9):1313-1345.

3 数字化条件下劳动过程的新变化

劳资关系贯穿于再生产总过程,但是劳资关系的核心主要体现在以劳动过程为基础的直接生产过程。本章着重研究数字化条件下产生劳动方式新变化的原因与形式对比。本章是对数字化条件应用与现实基础的研究,分析了为何产生数字化劳动方式,如何进行数字化劳动组织,并展开理论研究。本章前半部分较为详细地研究了数字化条件下资本与劳动的实现条件、应用场景与构架机理;本章后半部分重点研究了数字经济发展与数字劳动过程的特征和形式,以及劳动方式的改变与生产方式的改变。结合数字化条件下劳动组织的现实表现形式,提出了分布式劳动过程的理论观点。

在研究方法上,采用从一般性到特殊性的逻辑推演方法:①系统研究了工业社会与数字化条件下劳动方式、生产方式的变化及技术变化,并将传统社会的生产与数字化条件下的劳动生产的不同之处加以对比,较为详细地研究了数字化条件下资本与劳动的结合方式。②阐述了经济主体在数字化中的发展历程,生产组织的分布式构架形式(如物联网平台与云平台),数字化劳动组织形式的应用场景与构架机理。并基于这些方面,从政治经济学层面上,梳理研究对比传统社会与数字化条件下的社会,在生产的技术条件、物质条件、劳动组织形式、生产方式、劳动方式等方面的独特表现与特征。③最后做出相关研究总结。

3.1 数字化条件下生产方式与劳动过程的变化

数字化条件下的劳动过程,是数字经济时代下的具有新特征的劳动过程。互联网和数字设备已经广泛应用于生产、营销和管理等领域。发展速度较快的零工劳动与无固定劳动场所的劳动形式,不断增加着数字工人的数量,这显然对传统劳动过程产生了很大冲击与影响。

目前,对于数字化条件下的劳动过程是否开启了一个全新的劳动过程阶段还未有定论,但后福特主义的弹性化生产被数字技术进一步发展推进,形成新的数字经济体系和新业态已成定局。

在数字化条件下的数字劳动过程中,数字化的知识与数据是生产劳动的关键要素。它同其他生产资料一起,与劳动力完美结合,通过劳动形成实体或虚拟商品(商品或服务商品)。其间经历的劳动过程既花费了脑力劳动,也花费了体力劳动。在其具体的生产过程中,由于产出商品的区别,所以具体的劳动特征也在不同的劳动过程中被呈现。在生产有形或无形商品时,均需要进行抽象的劳动,也就是无差别的人类劳动,这也是劳动过程中的一种特征。

3.1.1 数字化劳动过程新方式(技术层面)

3.1.1.1 数字化技术下云平台生产的发展构架

数字化条件下的劳动过程中,采用扁平式、智能化、具有小批量生产能力的生产组织形式。云制造现实体现了这种劳动组织形式。了解数字化条件下的劳动组织形式的具体应用,可以从分析云平台的生产组织构架开始。这样将更易拨开表象,了解数字化智能化趋势下数据及商品生产阶段的深层联系、运行逻辑与原理。

现代数字化发展趋势正是在云制造、云计算、大数据的应用基础上才得以开花结果并不断发展融入企业之中。随着数字经济发展,网络经济与经济全球化使得商品制造环境发生了根本改变,互联网数字企业与制造业实体企业均迎来了市场、技术、人才等诸多方面的改变与挑战。市场的多样性、商品与服务产品的个性化、商品更快的更新速度等变化,使互联网软件企业、平台企业与制造业企业面临诸多的挑战。

数字化条件下云平台的生产组织形式,基于云计算,采用共享平台构架,能使用数字技术构架的共享制造资源,实现最大化的资源配置,并协同运作。① 它也被称为云制造。平台化云生产组织形式以数字化、智能化与平台化为特征,可以实现制造资源云端再配置。

1. 云平台的构架

最初的构架应用场景包括:单个体完成单阶段制造、多个体共同完成单阶段制造、多个体协作完成跨阶段制造、多个体资源共享和配置。云制造是中国航天团队基于航天装备全生命周期管理这一系统工程学科的外延。如图3.1所示,它主要依赖于智能制造、人工智能、数字信息化等技术。其中智能制造是云制造不断推进应用与发展的内核因素。

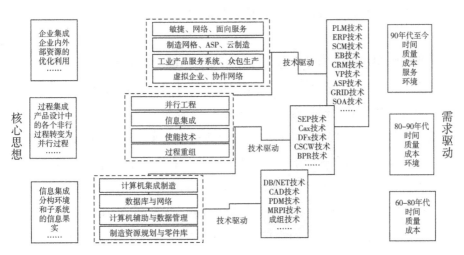

图3.1 云平台生产构架发展过程

2. 云制造+智能制造平台的发展现状

"互联网+智能制造"新模式:云制造服务平台。云制造是一种基于网络(如互联网、物联网、电信网、广电网、无线宽带网等)的,面向服务的智慧化制造新模式,就好像为传统制造业插上云翅膀。② 云制造是基于制造与信息

---

① 吴尚子,司国锦.大型企业集团"私有云"的制造服务系统研究[J].装备制造技术,2016(6):130-132.

② 李伯虎.云智慧云制造——"互联网+制造业"的一种智造模式和手段[J].中国人才,2015(19):32.

化的产品,利用了云计算的概念,提出了云制造的概念。① 智慧云基于泛在网络,以围绕劳动过程中的工人为目的,是一种利用智能化、数字化、分布式、并行式的生产组织构架的新的生产组织构架方式。该生产方式适用于智能制造、工业或各种服务领域,是一种借助数字化、网络化、智能化、信息化的深度协同融合数字技术的生产组织方式。②

在企业生产中,企业使用上述新的科技和方法,通过深度融合,将制造的物质资料与生产者结合,其中包含所有的生产资料及其在生产中的各种状态、生产工具、劳动者而构成的服务云,使得用户与云服务平台可以实时交互数据,实现对生产过程的持续监督与优化。

3. 实现小批量定制

当智能制造浪潮席卷全球之际,"云制造"早已从概念走向了实际,跨行业融合、资源融合互通、产业融合、定制化生产等,是云制造的几个特征。

分散在各处的软件资源、数据资源、计算资源、加工资源、检查资源等,被采用智能云制造生产方式的企业高效地集中起来,并且在逻辑上将它们集合在一个统一的平台化的资源整体中,极大地提升了企业生产过程中生产资料和各种软硬件生产设备的使用效率和利用率,可以实现多平台、多组织、多企业、多区域共同交叉与协作,能突破单一资源的能力极限。

智能云制造的构架运用到各种企业中,能促进产业融合。例如智能云制造能促进制造业与服务业的深度融合。它可以实现"互联网+"的各种功能。智能云制造依托数字技术与设施,有利于企业随时了解商品生产的具体状况和销售状态,随时跟进并完成商品的研发、升级、改造与个性化定制;能够实时根据数据和智能云制造平台通过运算得出的智能指令,及时调整商品的性能、尺寸与功能,不断有效地优化企业商品的竞争力。它不但能及时调整商品的尺寸大小,色泽外观,而且能升级商品的结构功能,能促进企业的生产与销售顺畅进行。

---

① 李伯虎. 智慧云制造是"互联网+制造业"的一种制造手段[J]. 智慧中国,2015(4):41–43.

② 李伯虎. 云智慧云制造——"互联网+制造业"的一种智造模式和手段[J]. 中国人才,2015(19):32.

智能云制造的构架可以实现小批量定制化生产,可以在生产大批量商品的同时,生产出小量的定制产品,不必再花钱买新的生产线,节省了宝贵的时间,避免了单独生产小批量产品耗时耗料的尴尬。它可以利用 C2B(消费者到企业)模式代替 B2C(企业到消费者)模式。它以大数据和平台化的数字网络化系统为基础,将柔性化生产作为依托,可以根据不同客户的要求,按需求随时生产出个性化定制商品。同时,发展智能云制造,有利于 4G、5G 这种移动网络基础设施的搭建升级,有利于平台化数字系统的产生和与各行业企业的融合与推进,推动网络应用从虚拟到实体,从生活到生产的跨越。

3.1.1.2 数字化与平台化的融合架构

1. 互联网企业生产面临的困难促使融合发生

由于互联网企业用户庞大,数据已成为数字服务中的重要生产要素,面对日益庞大的数据,传统的数据处理面临巨大困境。

第一,昂贵的小型机不能满足低成本的趋势。传统互联网企业的商业解决方案是使用"小型机+磁阵+商用数据库",每 TB 数据成本过万,PB 级数据处理的成本更高,需要低成本、高集成度的集群方案。由于数据成本高,而数据增长很快,持续积累数据量会越来越大,这极大地增加了企业的不变资本投入。

第二,海量数据的实时分析与决策趋势无法实现。依赖于数据仓库进行的 TB 级数据统计分析方式已经满足不了当前的生产过程的需要,并已逐步向海量流式数据的实时分析这种方式方法演进。

第三,在生产中,关系型结构化数据处理已不能够满足非结构化数据处理要求。如企业用户自发的上网行为产生的数据中,有大量非结构化数据,这是在生产资料里,劳动对象方面发生了改变;生产加工的对象,即非结构化数据这种劳动对象的体量大大增加,新的劳动对象发生变化,转变为非结构化数据,同时这些数字信息具有巨大价值。

第四,劳动对象的体量增大,现有生产工具无法满足此体量的数据运算与生产。Scale-up 伸缩性已到极限。传统关系数据库技术依靠硬件 Scale-up

提升处理性能,无法支撑100TB到PB级别的数据,而当今数据里,100TB的分析数据已经变得非常普遍,传统生产工具无法支撑。因此,在企业中,采用基于数字软件的大数据可以在不更新生产设备的基础上,达到生产目的,节省了企业的生产成本,节省了互联网企业的不变资本投资;同时,基于数字软件与数字云平台的大数据处理需扩展能力,已经远远超过硬件的性能扩展能力。因此智能云制造首先应用于互联网企业中,在数字经济中生根发芽并迅速扩展与成熟。

在市场发生大变化之际,迫切要求新的技术与生产方式进入,以破解此处阻碍生产力发展的困境。因此,在互联网企业中,率先在互联网特征的数字企业生产过程中融入了大数据。大数据依赖于云计算与平台化云计算系统,因此平台化云计算也理所应当地融入了互联网特征的企业和数字企业中。智能云制造率先融入了互联网特征的企业,即数字经济领域与虚拟经济领域的企业。

2. 数字化与平台化率先融入互联网企业

数字化与平台化发展率先从网络企业产生的原因是数字经济和数字服务及人工智能数字化分析,其基础是基于大数据分析的网络企业有这种先天性优势。但是无论是哪种当代数字化服务,具体应用都离不开以分布式计算、云端计算为基础的大数据计算。这种大数据服务具有节省成本、时效化快、定位准确等独特优势特征,易率先被互联网企业所应用。

这是从大数据运算的工作内容与底层构架开始的。大数据运算较以往数据索取的进步是涉及大量的非结构化数据和半结构化数据,这种数据都是实时从网络中获取的。这种数据常见于金融期货交易数据、网络购物平台实时交易数据、各种软件平台用户实时浏览数据、网络视频平台的播放量与热点分析数据、广告投放数据、购物类软件平台程序里用户的浏览习惯数据、购买得到的商用数据、用户实时购买欲望分析数据、用户画像数据等数据。需要强调的是传统的企业服务,通常获取的是结构化数据,即数据能够以二进制运算与语法表示的、计算机能读懂的数据。由此产生的技术变革,首先融入了数字经济中的互联网企业,技术带来的驱动融入互联网企业日常工作生产中。

大数据为生产带来的改变和影响,是在获取数据与分析发展趋势与做出准确预测的数字服务商品方面。接受数据的不精确性,接受混杂,不要纠结于因果关系,找到相关关系就是巨大的成就。互联网企业以数据为生,对数据依赖性大,互联网企业运行日程中常常接触数据与产生数据,因此,最先在互联网企业中产生。

3. 在互联网企业融合的原因

智能云制造首先应用于数字经济领域企业的原因,还需要从它的技术基础着手研究。智能云制造需要大体量数据分析、云计算与数字平台为基础。而普遍需要的大数据技术,是基于谷歌的三个研究与论文基础上,即大数据基于 MapReduce、BigTable 和 GFS。由于基于这三个技术创新,实现了由"单机式"向"分布式"趋势转变,实现了大型的分布式数据的处理,能将这种大型数据计算服务及计算实施在低价的大众硬件中。此项技术具备兼容性、扩展性和安全性,能够为大量客户提供总体性能较高的服务,进而解决了企业投资问题,降低了先进生产技术应用的资金投入,使得先进生产措施手段能应用于普通的公司中。

在谷歌的三个创新基础上,产生了现在全球普遍应用的大数据的基础,即 Hadoop 构架。其构架是所有数字经济领域内,如互联网企业软件平台中普遍选择应用的大数据构架。Hadoop 是有存储和计算功能的一个分布式的开源数字平台。它应用于企业后,在生产阶段同传统生产方式的革命性区别在于:①降低了企业的使用成本与投入,能用企业当前使用的 PC 机,而不需要企业重新购买价格高额的专业大型机器和专业存储设备,极大降低了企业的不变资本投入。②数字软件具有高容错性,有效减少故障停工,此功能能确保商品生产持续进行,数字平台在实际工作中非常值得信赖。③新的开源分布式构架使得数据交换异常便捷,提高了数据交换频率与交换的速度;使得数据的来源更广,时间维度与范围均得到提升。

当生产工具融合大数据这种新的技术时,生产设备发生了改变与革新,带来的转变是:①只需要自动上传数据,不用人工筛选,只需要全体数据即可,极大降低了人工劳动范围。②不需要数据的精确性,日常生产,如网站浏览、用户浏览内容、用户浏览停留时间、用户搜索关注内容等各种数据都可以作为指标实时上传,甚至有一些不完全的数据或者失败的错误数据也允许上传,接收数据混杂。这同样能节省很多人工劳动。因为后台大数据数字平台融合人工智能的深度学习与机器学习,能够自动提炼筛选数据,并且通过机器学习与深度学习数字平台分析数据的速度和准确度,会像人通过学习成绩越来越好一样,会越来越快,越来越精准。③不需要纠结数据各自的因果关系,智能数字平台会通过人工智能大数据分析,自动寻找相关关系。这些都会提升企业效率,缩小工人劳动范围。

在数字经济中,数据在每时、每分、每秒的巨大增量,使得数据已成为互联网企业的生产要素中的一环。这些新产生的庞大数据对互联网企业来说尤其重要。互联网企业面对这些数量巨大的数据,依赖传统数据处理方式处理这些数据时,显然遇到了天花板级的难度挑战。因而,也可以说是迫不得已,大数据在这些企业中快速地融合,即数字化、智能化、云化生产组织方式首先在数字经济领域和互联网企业内融合并发展。

3.1.2 数字化条件下劳动过程的新方式及应用构架机理

3.1.2.1 数字化条件下劳动过程的变化

数字化条件下的劳动过程变化,体现为资本与劳动在劳动过程中的结合形式改变。下面具体通过现实构架,系统研究当代资本与劳动在公司或企业结合的一些实施方法和构架形式。

数字化条件下的劳动组织形式,主要基于物联网、互联网、数字化、信息化、人工智能、人机交互、新型通信技术等技术,通过物联网端口采集生产过程中生产资料,自动获取生产要素在生产环节变化的各种数据,自动智能采集劳动者在生产中的状态的各种数据,通过将劳动者劳动时劳动的各项信息数据数字化,获得生产过程中生产资料的状态数据及劳动者的各个时段的劳动状况数据,通过生产数字化系统自动上传到具有云特征的生产网络数据库中,通过数字系统中的人工智能和新算法对商品生产起到指导作用的信息、数据、趋势预测和指令,再作用于企业商品生产中。

在生产阶段,基于智能云平台,在对商品生产过程中生产资料各状态的数据采集和对劳动者劳动动作和劳动状态的数据采集时,通过物联网端口设备和在这些设备上的软件系统获得,它们将物体和人的模拟信号转化为数字量化信息信号,传入计算机系统,在数字系统中进行人工智能运算加工,同时通过软件的运算,自动得出各种有用的数据。这些数据经过系统的自动加工、自动分析,变为指导生产、指导商品研发和升级的动力,也转化为直接作用于生产的各项指令,对企业商品的生产过程产生直接的影响。这些通过物联网终端采集并经由人工加工过的分析数据,也具有商品的特征。

　　数字化也在商品的流通领域起着作用。通过物联网和互联网及软件系统,获得了商品在售卖的各种时间、各种时期、各个场地的信息,同时通过网络获得了购买该商品消费者的各种信息(例如消费者对商品的重复购买率、对商品的评价信息等)。这些信息都转变为二进制的数字信号,被网络自动上传到云端系统中,通过系统和人工智能及各种软件的加工、计算得出商品趋势、消费者形态、商品的改进意见等指导信息和决策信息,作用于商品再生产的环节和商品的销售环节。现实世界的各种信息、实物、动作、状态等,变为二进制的数字信息和信号,这也为实现万物互联提供了基础。下文我们也将分析数字化构架和采集各种数据的方法。高速发展的计算机硬件同云计算技术结合,为全社会提供了规模大、普及且廉价的数字服务手段。

　　总之,上述诸多数字技术应用在各种公司或企业中,自动搜集商品生产阶段及销售流通阶段各个生产要素的各种数据,捕获商品生产阶段及销售流通阶段各个生产要素的各种数据,将模拟信号转变为数字信息,自动筛选出有用的数字信息,并加工处理,实时上传到具有数字化、智能化的设备或设施(称为智能数字平台,也可以简称为数字平台)。它能够处理企业商品在生产、分配、交换、消费等各阶段和状态下的模拟信息,实现了商品生产与再生产的数字化。

3.1.2.2　当代数字智能工厂劳动层级、场景与构架方式

　　数字化条件下,在不变资本中投入数字技术的公司,成为数字技术与数字平台的使用者。这些使用者包括:为数字化平台实时提供数字化插件的企业,为数字化平台提供技术支持的科技企业,为智能数字化平台开发新的

人工智能算法的企业,为智能数字化平台安全运作提供保障的企业等,它们共同构成了平台组织。这种平台组织囊括了众多行业企业,将科技和生产,将生产和人,将生产者和消费者密切联系了起来,促进了企业的生产,促进了高科技在企业的快速融合和应用,促进了人的物质生活的提高,改善了人的购买方式,为企业和人都带了很多积极影响。

这种新生的组织形态,不断演化发展,各种平台组织间也像企业一样,在市场经济体制下存在着合作和竞争的关系,它们在市场中不断竞争、吞并、发展,同时作用于各种企业的生产与再生产环节,对社会生产与再生产进行了基于数字化智能化逻辑的革命。

在数字化浪潮中,社会上各种行业企业,未来在数字化驱动下都将逐渐被融入平台化的洪流中,各产业与企业的生产组织和销售活动中都融入信息化、数字化和平台化特征的发展趋势,并与信息化、数字化和平台化共生重铸,形成有机促进的发展态势。平台经济就是在这种浪潮中孕育而生的。所谓平台经济,在这里我们通常指各种平台组织与运用具有智能制造云平台的各种企业,在生产和销售中、在生产与再生产中、在它们各自经济循环和周转中,与社会和经济中其他主体构成各种经济关联的总体。

平台经济赖以发展和延续的重要资源是各种企业生产和销售过程中采集的数据、通过物联网端口与智能软件结合捕获的数据、通过先进的传输方式上传到大数据平台的数据、通过云智能平台加工处理过的数据、通过数字系统或软件的强大计算功能筛选加工的数据。它们以智能云数字平台为载体、为核心,能够完美地融入各种企业、行业中,完美融入企业商品的生产过程、商品生产资料的获取阶段、商品生产中生产资料的加工阶段、商品的制作阶段、商品再生产领域的销售阶段;并能促进社会生产与再生产顺利进行,能完美地融入各种商品的生产、分配、交换、消费的各个阶段;同时优化了产业链,促进了产业链升级;完美地融入劳动者的购买商品、感受商品、再次购买商品、搜索商品的各个阶段。公司对数字技术的使用,对资本家、对企业、对劳动者、对工人都产生了很多新的影响。

公司主动采用数字技术,例如当公司或企业应用云计算构架后,云计算将为企业提供生产数据服务、为企业生产提供数字化解决方案、为企业商品升级提供数字化方案和支持;也能提供物联网化和网络化的硬件设施服务、为企业商品提供一般性的数字交易场所、为企业商品及服务提供网络化交易平台;也能为劳动者提供数字化媒介或社交媒介设施等。可谓包罗万象,悄无声息地融入我们的生产和生活当中。

以制造业为例,信息感知、信息获取、优化决策、执行控制等方面是智能制造的主要特征。[①] 企业智能化常通过智能制造云平台实施。其特征与实施方略为,信息感知利用数字化、物联网和数字化通信方式,标准地、高效地采集生产过程中商品和劳动者的各项数据特征,存储这些数据并分析、自动上传这些数据,通过平台化和大数据分析自动得出适应生产的指导措施,预测趋势,实现自动化智能化决策,优化决策,促进生产顺利高效安全进行。通过智能系统的自动学习功能,可以实现各环节的优化决策,机器学习和深度学习等人工智能中的技术能加速系统的反应时间,并且能不断进化优化算法,实现更快速更高效的提升,通过对各种数据的学习和运用,实现对商品全生命周期各生产状态海量数据信息及商品销售阶段各时期数据信息的自动获取,并依托数字技术平台将挖掘出的数据信息进行计算机数字化智能化分析、自动数字化决策,自动生成优化决策指令,优化生产流程。[②] 这能极大地提升商品生产的熟练程度,不断提高企业生产单个商品的生产时间,同时还兼具安全生产的作用,通过进化和机器学习、自动学习等方面实现不断升级,能更及时动态调整生产中的突发状况,降低品质低的次品率,实现商品生产的快速性和安全性。

1. 智能工厂劳动过程中的层级构架研究

我们从制造系统层级和产品生命周期两个维度分析传统制造向智能制造发展过程。从产业链角度和构架上,延伸到内部转变的趋势原因与原理上。

---

① 孟凡生,赵刚.传统制造向智能制造发展影响因素研究[J].科技进步与对策,2018,35(1):66-72.

② 孟凡生,赵刚.传统制造向智能制造发展影响因素研究[J].科技进步与对策,2018,35(1):66-72.

广义的智能云制造中，一般具备数字化与智能化特征，包含具有全部或部分以下层级构架特征。智能云制造具备全部的层级结构也可以具备其中的某些层级，包括但不限于以下层级结构，同时它们的结构都是不断发展的，新的构架也会不断加入。它们普遍使用数字化与信息化等相关技术，并将商品生产过程中的生产工具以某种形式与之匹配、连接，具有数字化、云化、平台化特征与构架，将传统生产设备与生产车间里的内容通过感知器或物联网终端进行数字化诠释。

（1）设备层。设备层是企业智能制造的基础，在商品生产环节中的生产设备、机械化设备首先具有智能化的功能，通过引入智能生产工具与设施更换传统生产工具与设施，使用关键研发更新现有生产工具与设施，通过创新与研发实现某些局部生产工具、设施或零件的智能化创新拓展，使当前的工具设备变为具备数、智、云、平（数字化、智能化、云化、平台化）等特征的生产工具设施。这些生产设备具有获取外接信息并分析处理信息的能力，通过物联网嵌入式装备，及在此基础上的数字化、云化、网络化特征的软件系统，实现智能生产活动。

（2）广义控制层。控制层和设备层关系比较密切。它主要包含数量庞大的数字化生产设备、数智装备、智能元器件等应用在数、智、云生产线中，构成的数、智、云特征的生产线。智能生产线可以按照智能云平台系统发出的指令，实时按需，优化生产出各种类型的商品，实现一条生产线生产出多种商品，达到企业商品生产中的智能化柔性生产目的。

（3）广义智能云制造的广义车间层。上述设备层和控制层包括数字化智能化生产设施及智能生产线，并且将各种数字化智能化生产工具、生产设施同数字化智能化生产线充分融合、分工；通过物联网接口与软件接口，及各软硬件接口连接、互通；通过企业数字软件或云端平台软件对生产中采集的各项生产要素数据进行计算，完成各个生产场地与生产部门里生产设备、数据实时协同联网，形成智能车间。智能生产车间既有服务于商品生产的数字化软硬件生产设备，也有物联网端口、物联网设备，还包含有工业云平台系统。

（4）广义智能云制造的广义企业层。在各智能生产场所的基础上，尤其是大型实体企业,有些生产场所位于不同的地域、不同的地区,这些智能车间通过网络、各生产地点间实时完成数据互通,并通过数字平台实现协作。能根据已有的数据,模拟建立虚拟工厂、虚拟运算推导未来趋势,如销售迹象与原材料情况,劳动力情况等数据,为企业制定可行战略,保障企业可持续发展。

(5)广义协同层。基于数、智、云特征的生产工具与设施在企业广泛应用之上,以数字化、物联网、智能化和数字平台为载体,将不同公司跨地域联结,在数字平台内以共享数据资源,并结合相匹配的实物生产资源,实现跨地域、时空的生产数、智、云化数据服务,商品生产阶段要素资源调配与商品研发、决策服务。

2. 智能工厂的生产阶段研究

当代普遍的智能工厂的生产阶段,在经济学与管理学研究里一般包括:

(1)商品设计阶段。普遍采用数字化智能设计,通过使用设计软件、虚拟设计软件和设备,实现模拟仿真的数字商品的设计,利用数据库、网络支持,在电脑等虚拟机环境中可以执行实现,这些虚拟的数字商品的功能和结构与真实商品完全一致,可以通过电脑或智能网络系统检测其耐久度,检测其缺陷性,方便对真实商品的优化,达到缩短商品开发周期,节省新商品设计成本,间接提高生产效率的目的。

(2)基于智能工厂的商品生产阶段。此阶段也可称为数字化智能生产阶段。该阶段指的是将数字化、智能化以及信息化模块融合数字科技后的新一代生产工具设备或技术与传统生产工具设备或技术相互结合,以实现物物之间、物人之间、数字系统之间、物与数字系统之间、人与数字系统之间的各环节的互联融合,实现万物互联的状态,形成相互响应的信息化、数字化、云化,实现生产过程的个性定制过程。

(3)管理阶段。在基于数字技术和平台技术的物联网系统下,生产过程中生产资料的消耗状态管理被实时掌控。实现商品生产过程中各个环节的管理,商品生产中劳动者的各个时段各个状态的数据整合与计算,并根据产业链上的企业实现生产过程的协同运作,使得各企业制造过程顺畅,达到降低商品生产阶段的生产资料物流消耗和物流成本,节省商品生产的制造成本,提升企业管理效率,提高企业商品的利润率的目的。

(4)服务阶段。智能服务常常指的是基于新一代信息化数字化技术的个性化、定制化、敏捷化、人性化与远程化的商品服务。

3.1.2.3 数字化构架改变劳动生产流程

1.数字平台化的生产流程同传统网络化生产流程的对比

数字平台化的生产方式将优化企业商品生产中的生产资料资源,云平台系统能精细化生产资料的消耗、节约生产资源、优化产业链、降低生产成本。在智能云数字平台上,数字化销售服务通过大数据能自动分析各种规格商品的销售状态与状况,商品的受欢迎程度和需要改良的环节都能从智能云平台上消费者的反馈中得出信息,并自动将这些信息转为智能云平台能识别的数字信号,通过智能云平台的智能运算和大数据云计算,自动分析决策,产生升级商品的执行意见,实时执行并反馈企业商品的生产过程。这能在很大程度上增进各种资源配置的效率。

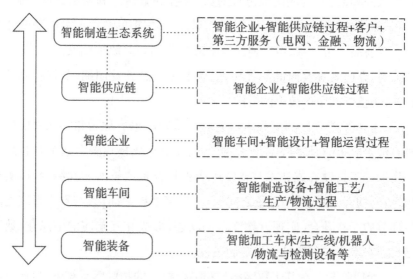

图3.2 智能制造系统层次分解

以具有数字化生产方式代表性特点的智能云制造生产构架方式为例,智能云制造能实现如图3.2所示层次的操作是因为,智能云制造是基于云计算和互联网数字软件平台及工业物联网数字化平台基础上的,具有自动获取、识别、加工、提取、计算、分析数字信息的数字化生产设备工具与数字化服务设施,它能协同并优化配置企业商品生产各个环节流程中的各个对象(包括生产对象物品方面与执行生产任务的对象,劳动者、工人方面)的各种状态数据信息,实现跨部门与组织的生产销售数字信息实时互通互联,并具有自动处理数字信息能力,做出适当反映与决策的智能化、数字化、网络化的平台数字制造模式。智能云制造能从商品的销售数据入手,实现实时性的以面向需求的服务生产分析。智能云制造生产方式融入企业后,能将生产者同消费者间的距离拉近,实现商品生命周期各阶段的设计、制造、销售环节跨时空地域性的融合。

数字化的生产方式同传统信息时代的生产方式不同。当代数字化生产方式的生产效率高于工业化时期的网络化生产方式。网络化制造是大工业划时代成熟的产物,数字化云制造是数字化时代的产物。两者区别主要有以下几点:①传统网络化制造具有较为一成不变的生产实施形式,但是云制造是动态生产实施模式,能根据需求变化。②网络化制造实现数据共享与业务集成,主要通过固定的企业数字软件实现。云制造获取数据共享与业务集成,不仅依靠固定的数字软件,还依靠商品生产过程的很多物联网组件,各种生产过程的制造数据、设备数据、设备状态数据。③任务驱动是传统网络化制造模式的主要运营模式。而云制造的运营模式既能是任务驱动模式也能是服务驱动模式。④网络化制造服务是一对一服务,云制造服务是多线程同时进行的多对多服务。⑤网络化多采用网络作为媒介和通信手段,没有形成系统。云制造不仅使用网络,而且基于数字平台,具有安全可靠的数字云平台系统,可以统一自动地获取和辨别有用信息与数据,而且很多软件与服务可以在云平台中安装而不用在终端机器或生产设备上安装,节省了资源,节约了时间。

2. 数字化条件下劳动过程的云制造构架体系

数字化条件下生产方式构架的云制造模型的具体研究,可以用云制造体系结构来进行分析。国内外研究人员从不同的角度,给出具有不一样的层次构架的智能云制造体系结构。如,李伯虎在2010年面向集团企业,提出了集团企业云制造体系,这套体系主要由物理资源层、虚拟资源层、核心资源层、应用程序接口层和应用层在内的云制造系统五层架构构成。

　　虽然在具体生产方式中,云制造面向的对象不同,应用的场景很多,应用的行业企业也各不相同,但是从实际案例的分析研究总结中还是能看到很多共性(如图3.3所示)。总结这些研究要点,得出它们都包含有资源层、资源虚拟化层、核心服务层和应用服务层。

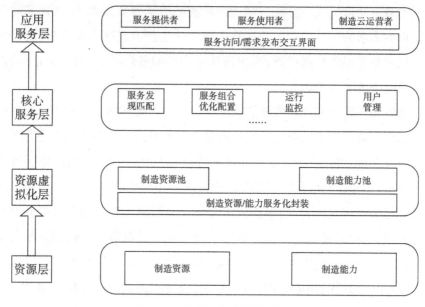

图3.3　云制造层级构架结构

　　资源层涉及商品生产的各种生产要素,包括设备、生产工具、生产设施,也包括诸如制造业企业生产中的商品制造的实体资源与虚拟资源等要素,如设备、生产工具、厂房仓库等要素。资源虚拟化层采用数字信息化技术,将实体生产要素转化为二进制数字,完成虚拟化;通过生产中的物联网摄像头与采集技术,将商品生产要素虚拟化,将商品生产过程中生产要素的状态由实际模拟信号转为数字信号,完成各种生产要素数字化演变,即使用数字化精准描述生产要素的实时生产状态。如通过物联网终端采集信号得出信息将生产资料物品的各状态信息数字化、平台化的特征。核心服务层与应用服务层有平台化特征。核心服务层基于用户的需求,优化生产中的资源配置,完成云生产与云服务的匹配。应用服务层主要通过平台软件实现企业、用户、使用者与平台系统的交互,实现人机交互与互动。企业和用户经由云制造平台中的软件实施各种操作,实现与智能云制造平台互动,实现人机交互,满足企业与用户的各种需求(如图3.4所示)。

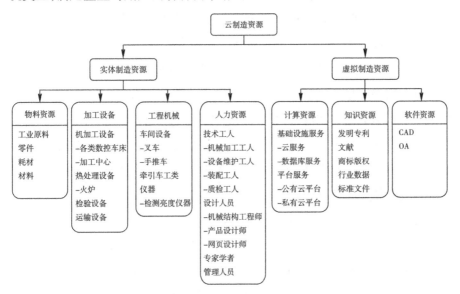

图3.4 制造资源分类

3.1.2.4 数字化条件下的数字智能化构架

1.智能组件在数字化条件下的生产组织中的应用

生产的智能化是一个较新的概念。进入信息社会后,随着数字化信息化趋势的到来,人们面临同以往社会所不同的局面。人们所接触的生产工具发生变化——在工业社会时期,人们并未接触到数字化信息化,也未接触到基于这种二进制算法的摸不到看不到的虚拟物体或数字软件。机器代替人思考,更是在那个时代被誉为天方夜谭的事情。但当代,企业逐渐实现生产设备数字化智能化,这是一种时代趋势,也是整套物联网顺利实施的前提。①

---

① 吕铁.物联网将如何推动我国的制造业变革[J].人民论坛·学术前沿,2016(17):28-37.

生产组织构架在实施中,总结起来有两大部分构成:①"智能组件"功能。这一功能是指在企业生产中通过生产过程和销售过程中设备的物联网模块,感知生产资料、劳动者、生产元素、商品的各个时期的动作位移、频率、大小状态、形状状态,将它们采集捕获并转成二进制数字信号,通过物联网端口的软硬件设备上传到智能云制造网络服务器中。②"联结组件"功能。这一功能是指支撑上述数字信息(包括物联网软硬件采集到的数据转换后的二进制数字信息,也包括通过云系统的软件智能运算处理后的带有指导性的数据指示信号,趋势决策数字信息,生产行动执行决策数字信息等加工过的数字信息),在人、机、设备与物之间实时互通互联、数据交互,实现这些数字信息在生产设备端、管理设备端、信息化数字化系统端、智能云端系统之间的实时传输与计算。①

智能组件组成的系统构架主要完成以下功能:

(1)智能监测:物联网将这些采集到的模拟状态信息转换为数字信息。在智能制造云平台中,借助基于物联网特征的设备,以射频识别设备、红外线识别设备、声波识别设备等技术手段的设备和通过传感器端口设备来实时监测企业商品生产过程中的各生产要素的各种状态(劳动者的状态、情绪状态、动作频率、注意力状态、劳动速率、生产资料的状态、生产资料的变化状态、商品的变化状态、生产工具的状态等),以及监测生产设备的运转状态、各阶段商品的产品状态,同时,监测生产车间和车间外部的诸如温度、湿度、气压等外部环境状态,并实时将这些通过物联网端口的软硬件设备采集到的模拟状态信息转换为二进制数字信息。

(2)智能控制:接入物联网端口设备或物联网云制造云端化软件平台,实时对上述采集的各种数字信息进行加工,并智能决策,实现对设备的智能实时控制,以达到对生产商品的控制,保障商品生产顺利且快速地进行。

(3)智能优化:智能优化多指对系统的诊断、维护、网络安全保障等方面

① 吕铁.物联网将如何推动我国的制造业变革[J].人民论坛·学术前沿,2016(17):28—37.

的监控,借助数字化算法和数字化应用及数字插件、脚本、数字插件软件等方式对智能系统的功能升级、功能维护,以便于更稳定、更高效地服务于企业商品的生产过程。

(4)智能自治:在上述三项功能的基础上,智能云平台系统自动实施并且自主与外部其他系统协作,实现软硬件设备的升级与自我强化,自动诊断与排除商品生产中与商品销售中各种缺陷与故障,恢复安全生产与安全销售,保障企业生产与再生产进行的过程。

实现企业商品生产过程的智能化和销售服务的智能化,完成数字化条件下生产和服务流程的智能化构架。企业在生产中利用智能制造云平台的物联网端口的软硬件设施,完成上述采集、监测、控制和自治功能,实现企业商品生产及商品销售的智能化升级。在企业生产车间中,普遍采用"智能+互联"且带有云化、平台化特征的生产方式。以物联网为底部驱动,云端为数字平台和相关软件系统,实现商品生产各环节的控制及生产过程的安全维护的自主化、智能化生产体系。由于实现了万物互联,以物联网为媒介,以物联网端口的软硬件采集商品各生产要素的状态信息,并将它们转换为数字信息上传到网络化、云化的智能化软件系统中,如生产中所需要的生产资料、原材料、半成品、成品以及生产工具和生产设备的各时段、各阶段的状态信息,都会被物联网终端收集、提取与加工,并转换为数字化形态,通过网络或新型通信方式(或通过上述的"联结组件")上传到智能管理系统中。最后通过智能软件的分析,在生产过程中云制造端的软件智能管理系统可以智能化地自动将生产材料实时精准送达需要加工的地点,并完成相应的生产任务。

智能构架在各种企业的各种商品生产活动中具有优势(包括互联网企业和实体经济企业,如互联网企业生产的是数字服务或数字产品。互联网企业中数据加工和数据服务,生产的数据和售出各项阶段产生的数据,更易被搜集和分析加工、合成、提炼)。这种生产方式,将慢慢渗透并融合各个企业或行业车间,且发挥作用。在企业的商品生产的工厂里,由于采用了这种生产方式,智能感知组件时刻采集并上传数据,商品生产过程中每个生产环节的状态信息都被数字化,并且这些数字信息都被实时提取、监测、记录、加工和上传,同时被智能化、云化、平台化的软件系统自动分析合成为新的、有用的数据或指令。这个过程可以帮助生产中的数字化云端系统及时发现生产工具和设备的运行状态,当有设备发生故障或操作不合常规时,系统都能自动加以干预和处理,极大地减少了因为操作不当或设备故障损耗导致的停工停产,节省了设备监测和维修时间,使得整个商品生产过程更流畅和安全。

一个企业也有可能加入好几个数字化、云化、智能化平台。例如,当企业在使用智能制造设备生产商品时,数据成为核心竞争资源。这些物联网传感器自动采集的生产中的数据,包括众多的生产设备的状态数据,也会自动将状态转化为二维数字信息,自动提取、加工并通过"联结组件"上传到该设备生产商的网络化、云化数据系统中。这些智能生产工具的生产商企业,在它们的云端系统软件中分析这些数据,也会通过分析并加工这些数据发现其真实表现与预想表现的差距,进而改良升级该智能生产工具,改进成品性能、新增功能以提升该生产工具的综合性能。有些智能生产工具的性能提高可以通过云化网络化,即通过智能云平台下载新功能的升级包,进行在线升级安装,便可拥有新的功能。这是企业在生产过程中加入智能云制造生产方式后被赋予的企业的新动能的表现。

智能生产工具的性能更新可通过智能制造云平台获取数据,一方面,提升了该生产工具生产商的竞争力,提升了该生产商企业的商品竞争力;另一方面,实打实作用于使用该智能生产工具的企业,自动在线升级后智能生产工具更高效、更稳定,使企业的生产效率得到了提升。同时,当物联网软硬件获取智能生产工具数据时,也会通过自己企业的网络化、云化数据库系统,通过自身企业的软件开发人才,通过分析该智能生产设备生产数据,开发出升级该智能设备的数字化插件或软件升级包,通过该企业自身的网络下载安装到该智能生产工具中,也可以实现该智能生产工具的性能提升,直接助力企业生产效率的提升。

2. 传统生产系统与数字化条件下智能生产系统运行逻辑的对比分析

在此轮数字化浪潮与新科技革命里,基于数字化大数据和其他新的数字技术的智能云制造生产方式,囊括和涉及实体经济领域企业中智能生产和生产系统的各个层面。这种基于大数据的生产的新特征为："通过分析大数据,抽象知识,再利用知识,分析解决问题。此过程可以自动进行,也是常说的智能制造流程。"①此过程已被众多公司在生产实践中应用。如西门子在早些年代的智能工厂中已成熟应用。仍以西门子公司为例,其企业生成过程被重塑,具体体现为:①利用数字化软件和智能平台,利用数据智能分析、数字化建模和数字化管理,提前发现生产与商品销售中的各种问题,提前预见与提前解决,确保生产安全顺畅进行,商品消费良性进行。②从生产与销售商品的各种数据与平台数据入手,通过数据挖掘,找出隐形问题,对不良问题与正向优势问题进行分析预测,在不良隐形问题变为显性问题前将之解决。同时能智能做出正向决策,对正向优势问题做出正确的未来趋势预见,供企业生产决策。③能利用反向工程,利用知识描述方式,采用数字化建模或数字化方式,对商品生产过程实施精准建模与数据模型分析,对商品的设计结构、构架、生产方法、制造手段、制造方法、制造设计等各环节,精准分析,避免在生产中会出现的各种人为或非人为的、主观的或客观的问题,形成优良性的商品生产过程。甚至采取数字化工厂,在虚拟新产品的生产过程与监测环节,提前从监测数据中找到弊端,提升设备使用消耗率,降低固定成本投入,提升企业反应能力与产品更新频率,提升企业附加值与利润。

例如在制造业企业里,从融入商品生产过程来说,以智能云制造的大数据一项精准分析为例:数字化生产信息与企业商品生产过程中的所有要素联系对应在一起,实现了数字化数据信息与现实世界模拟信息、现实物理世界的融合与一一对应,实现了将企业商品生产要素、生产过程的数字化映射。其过程将人肉眼看到的自然信号对应转换为数字化、数据化、二进制的数字信息。这也是本次技术革命与以往历次技术革命最突出的不同之处或最明显的区别特征。同时随着技术发展,弱人工智能时代必然将过渡到强人工智能时代。加之人工智能在数字智能领域深度学习、机器学习领域的不断发展,其特征在于"可自主学习,并避免犯同一种错误",并能不断提升自身能力。

---

① 刘伟杰.新科技革命背景下人与技术关系演进[D].南京:南京财经大学,2019.

智能云制造是以人为中心的,集互联网、云化、服务化、交互化、社会化于一体的新型模式和手段,它在企业商品生产和商品销售阶段都完美介入。目前一些企业只是在商品消费领域融入智能云数字平台,并没有做到协同到服务阶段的智能云制造平台制造服务商品,也没有在商品生产阶段运用智能云制造平台,因此它有巨大的应用前景。

智能云制造不单单在服务业平台化企业中应用,也将在制造业企业中茁壮成长。智能云制造是互联网时代的一种智能制造生产方式,是"中国制造2025"和"互联网+行动计划"在企业结合深耕并融合的一种商品生产制造模式和手段。它与工业信息化数字化深度融合,与各种企业和行业的结合方式也有不一样的特征。智能云制造是一种新的商品生产模式、数字商品服务模式与商品销售模式。它是基于大数据、云计算、互联网、智能制造和物联网等技术,运用于商品制造领域,并进一步向流通、消费等领域拓展的产物。智能云制造是工业化和信息化结合产生的,运用平台化促进商品生产方式和手段的升级,运用分布式、云化特征的、数字平台化手段,促进各种商品和服务的销售完成。智能云制造适用于商品制造领域,突破了制造领域的应用范围。它从制造、销售领域延伸到使用和服务等领域。它以互联化、云化、服务化、协同化、柔性化为特征,促进了企业升级、生产升级、销售升级、管理等升级的全面实现。它也是推进制造业转型升级,向绿色、低碳、高效、高端发展的体现。

3. 数字化条件下智能应用服务与构架场景的研究

智能云制造融入实体经济企业后,一些行业中的大型企业率先自发开发和应用云制造数字平台,建立行业准则与数字标准,吸纳小型企业加入云制造平台,完善产业链,逐渐形成行业平台数字垄断。这也是实体产业经历了虚拟数字经济后的另一进阶阶段。在云上专属一台虚拟机,能完成快速申请和释放、快速修改弹性云服务器的规格、监控弹性云服务器的相关指标(例如磁盘读写次数、网络连接数等)。基于云服务,小型企业加入云制造后,不需要购买数字服务和众多软件即可在云端直接使用很多数字软件服务与生产软件资源,节省了搭建时间,节省了设备和软件费用。同时,也享受到了大型行业云制造平台的供应链服务,节省了资源,提高了效率,减少了各项生产成本与浪费。

基于镜像服务(Image Management Service),提供镜像的生命周期管理能力,用户不但可以使用私有镜像、公共镜像与共享镜像,还可使用虚拟私有云服务(Virtual Private Cloud,简称VPC),此服务可以提升数据安全性。提供云硬盘服务(Elastic Volume Service,也可称为企业数字存储,简称EVS),能为企业提供数据和云上可控数据存储场地。

这些广义智能云制造特征的数字平台化服务在企业应用后,产生新的生产工具的特征,具有平台化、云化、数字化、智能化特征,应用于行业大型企业后,解决了企业数字化转型所面临的挑战(如图3.5),行业内小型企业也会逐渐加入,促进行业云制造平台形成,最终使得行业垄断平台形成。其趋势为:从个别行业扩展到所有实体经济行业(如图3.6、图3.7)。

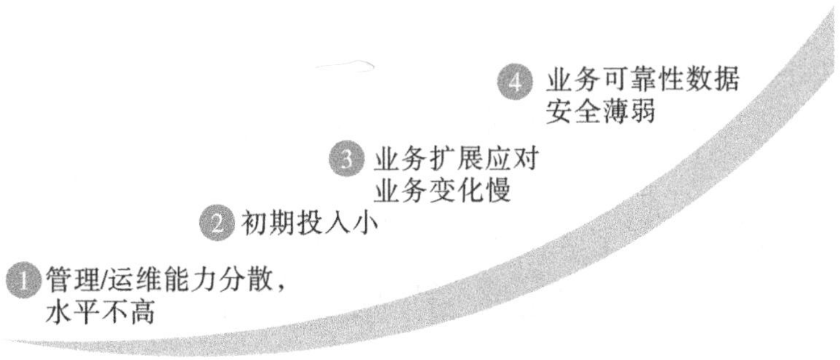

4 业务可靠性数据
安全薄弱

3 业务扩展应对
业务变化慢

2 初期投入小

1 管理/运维能力分散,
水平不高

图3.5 企业数字化面临的挑战

智能云制造基于高性能处理器等多元基础设施,涵盖裸机、虚机、容器等形态,具备多核高并发特点,非常适合 AI、大数据、HPC、云手机/云游戏等场景,适用于以制造业企业为代表的各种行业的实体经济企业及数字经济企业。

以当今制造业行业为例,如水泥行业,看到我们预测与论断的前瞻性与准确性。在几年前,这种趋势只是初步开始,如今一些行业已经形成了本研究提出和论证的现实与结果。从近些年一些行业的云制造平台实例中可以印证和论证本书的分析。也可看到在未来,智能云制造将更多地融入实体经济的生产中(如图3.8)。智能云服务于实体经济企业、数字经济和虚拟经济企业,为这些企业生产各种商品。同时,智能云制造生产方式将连接企业

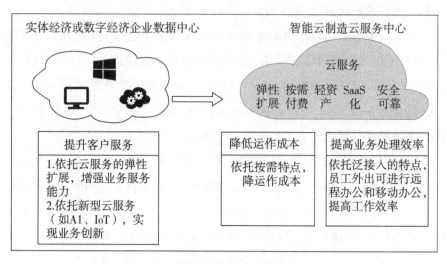

图3.6 智能云制造实体经济企业构架

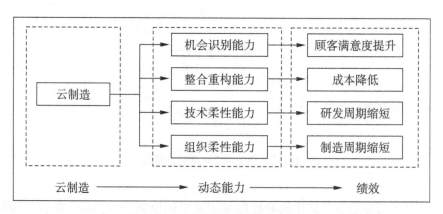

图3.7 云平台生产过程与组织构架

的生产与企业商品销售,获得各种生产资料数据、劳动者数据和商品数据,这些数据覆盖商品生产与销售阶段的数据,促进生产力的同时,对企业生产与企业劳动者也带来诸多影响。

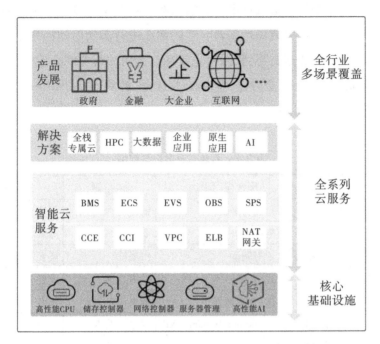

图 3.8 云制造对制造业集团企业动能能力及绩效的作用

3.1.3 数字化平台化的生产组织形式——物联网平台与云平台

3.1.3.1 新的劳动组织方式的内涵与特征

数字化条件下,新的生产方式往往采用平台化生产组织形式。数字化云平台是常用的生产构架形式。数字技术在各种企业中融合后,企业往往具有平台化的特征和表象。例如,企业在采用智能云制造构架后,基于数字化、信息化、智能化融入的加深,往往具有平台化的特征。这种平台化特征出现在企业商品的生产阶段、销售阶段和设计与服务阶段。往往一个企业有时候要涉及不同的平台。企业的平台化是指企业有时候会涉及一个平台,但是有的时候由于上述不同阶段,企业会出现多个平台的数字化网络化特征,这种云化特征也会逐渐普及化和泛化。

这种平台化具有多样性和多形态性,从平台化的开放特征来归纳,可将这种平台趋势分为开放型平台与封闭型平台。根据用户不同,可分为联络型平台、交易型平台和信息型平台。根据垄断和竞争程度可分为垄断性平台、竞争性平台与竞争瓶颈性平台。它们都在进行着实时的网络化的云化的数据交互传输、数据交易、数据信息互动。运用的行业和企业很多,其中智能制造业、软件行业、金融业、零售业、娱乐业、游戏行业、网络社交行业等行业运用得较早。

表3.1 平台企业类型与实例

平台类型	所属行业	平台应用举例	供给侧	需求侧
交易平台	金融行业	银行支付平台	银行	消费者
	电子商务	阿里巴巴	商家	商家、顾客
信息平台	传媒业	电子书阅读	出版社	读者
	出版业	万方、知网学术平台	学术期刊	读者
	信息产业	百度、谷歌搜索平台	网页信息	读者
软件平台	软件行业	IOS、Android、Windows XP	程序开发者	用户
	数媒游戏	视频、网络游戏	游戏开发商	玩家
社交平台	婚恋行业	非诚勿扰电视节目、相亲网站	单身男女	单身男女
	娱乐行业	QQ、虚拟论坛社区	社交需求的人群	社交需求的人群、广告商

表3.1为2015年申传泉对平台企业的分类标准,[1]但是只归纳了部分平台,还有很多平台没有被纳入该表的统计内,尤其是缺少了实体经济类的平台。

2020年新冠疫情肆虐全球,很多企业的员工在家通过网络实现远距离办公,远距离在家设计商品零件,发送到工厂进行生产。实行这种布局的生产过程,同样可以归属于数字化云平台特征的生产。一些从事软件设计工作的劳动者,居家办公,借助网络传输实现不同地点的员工通过网络协同设

① 张于喆.传统工业领域利用新一代信息技术向中高端迈进的路径和建议[J].中国经贸导刊,2018(31):51-54.

计开发软件。美国新冠疫情期间很多高科技公司都是采用这种方式生产,这也属于智能云制造的构架范畴。如美国 Facebook、推特、谷歌等公司,新冠疫情期间员工都是居家线上办公。

在研究采用数字技术,生产和销售中使用云平台生产方式的公司时,应发掘其扁平化构架的本质特征,即分布式特征。从这个特征入手,研究人和机器及人工智能机器,在智能虚拟生产、数字生产和制造业实体生产中,对生产、销售以及企业经济的具体影响。将平台这一手段、表象性的现象,深入具体的"细胞",即其特有的生产要素——生产者和生产工具。

3.1.3.2 数字化云平台下的劳动组织形式改变

数字化条件下的劳动过程中,采用扁平式的、智能化的、具有小批量生产能力的生产组织形式。云制造是这种劳动组织形式的现实体现。了解数字化条件下的劳动组织形式的具体应用,可以从分析云平台的生产组织构架开始,这样研究更能拨开表象,了解数字化智能化趋势下,数据及商品生产阶段的深层联系、运行逻辑与原理。

因为智能云制造是一个较为抽象且较为新的概念,要熟悉这个新事物的构架,需要首先将物联网的构架进行研究梳理。

1. 数字化云平台生产组织形式基于云计算与物联网,具有分布式特征

首先,云计算的主要目标是为多边用户提供个性化、定制化的专项服务,以互联网或内网实时地为用户和企业持续提供高效能、低成本、低能耗、按需供给的算力服务、数字计算服务、智能分析与数据分析服务。

云计算基于分布式数字环境,一方面具备平台化的特征,采用超大规模的数字汇聚与智能运算,通过集中的管理与调度为企业和用户提供数据分析与其他各项服务;另一方面采用按需收费的服务收费模式,服务费由平台收取,统一管理和运营,这也具备了平台化的特征。

其次,数字化云平台生产组织形式基于数字化、智能化的生产方式构架,往往也依托于数字化硬件和软件,以及物联网及新型网络通信方式等综合运用构架起来的。如制造业企业中,它的生产方式主要可以依托于物理系统(Cyber Physical Systems,CPS),即"工业物联网",联合物联网数据智能

采集端口,结合5G通信、大数据和云化数字软件终端,形成一系列生产中的解决方案。

数字化云平台生产组织形式通过物联网系统把物联网端口、数据采集端口、数据采集系统等设备与网络连接,将物联网采集的生产中各个单位、元素、生产要素的各项数据实时通过网络上传到生产服务器中,通过云计算、大数据、人工智能等技术和软件算法,实现远程、自动化、智能化控制等技术,达到提高企业商品生产效率和利润率的效果。它构建了一个人、机、生产资料等实打实的物体转变为数字化信息化数据的过程,实现了人、机、物的互联互通,实现了万物互联。达到了生产各元素、要素之间的状态数字信息化,实现了实时上传分析,自主运行,优化生产组织和任务的生产化物联网环境。生产设备的智能化和生产服务流程的智能化是其成熟的表现特征。它同样具有分布式特征。

2.数字化云平台生产组织形式节省生产过程中固定成本的支出

企业与用户通过网络以租赁形式对所需求的算力与计算服务实行平台系统申请,第三方云计算平台或云计算中心通过对这些需求审批、调配,分配给这些企业和用户所需的服务,企业与用户为这些数字服务缴付服务费用,这能很大程度上节省各企业在各自算力设备的大量不变资本投入,节省各企业大型计算机的不变资本投入与人力资本投入。

3.数字化云平台生产组织形式提升劳动资源利用效率

云制造基于云计算的思想与技术,以先进的制造理念与技术为基础的智能化、网络化、云化、平台化生产方式,满足了多边用户需求,合理配置分布式生产资源与生产过程,以云端配置各种服务与商品,提供安全不中断的服务与产品,能够及时按需提供生产资料或其他生产要素材料,提供质优价廉的各种生产要素和服务。云制造能为制造业转型升级提供有利途径。

总而言之,数字化云平台生产组织形式应用于实体企业中的时候,在构架中,先天具备数字化、平台化的特征,也具备了平台经济的特征,只是这些特征在早期不被学者重视。另外,在当今平台经济研究领域,一些学者通常研究互联网企业,如美团、淘宝、滴滴打车等企业和行业的生产特征、行业垄断特征、劳动者从业特征与定价特征,而忽视了实体行业中的平台经济特征。基于此,在本书后续部分将对虚拟经济与实体经济两方面的企业在数字化条件下的劳资关系变化做出研究。

3.1.3.3 数字化云平台生产组织形式带来的劳动资料的具体变化

1.生产资料的变化

在马克思政治经济学中,生产资料由劳动资料与劳动对象组成。现阶段,劳动资料发生改变,变为拥有智能云制造特征的数字化生产工具;劳动对象发生改变,由结构化数据分析变为非结构化数据分析与半结构化半非结构化数据分析。

正是由于劳动资料方面的变革造成生产方式的变革。① 劳动资料也可成为劳动手段,当主要的生产工具发生改变,加入了大数据方式方法,即加入后结合云计算、人工智能、数字化软件平台成为具有智能云制造特征的生产工具与生产设施设备。生产工具变化,生产方式随之变化。作为生产资料的数据的加工用途的生产工具,商用计算机设备由单地点单机,变为了分布式多地点集群式机群。

当传统数据运算时,单地点存放的商用计算机或商用计算机机群即可满足日常企业生产的服务要求与生产保障要求,能顺利实施企业生产。但是,当今,由于上述研究的生产资料有数字化数据生产资料的特征,在劳动过程中的逻辑、类型、体量与构成均发生了质的变化。因此,在此基础上生产工具和生产方式将在逻辑上随之发生更改,这种融入数字化或具有智能数字化的新的生产工具和生产方法,将在生产上适应当前的数据生产资料的特征,以确保企业生产顺利进行。此时分布式的集群化的机器群能同时处理多线程数据任务,能运算更多的数据信息,能将数据分批次同时运算。同时由于云计算、平台化和人工智能的融入,企业的数据生产资料便有了新的特点,如具备了迭代性、容错性、参数收敛的非均匀性等特点。这使得企业的生产工具也具备了分布式、集群化、平台化的特点。企业的生产方式也

---

① 哈里·布雷弗曼.劳动与垄断资本——二十世纪中劳动的退化[M].北京:商务印书馆,1978:150.

基于此而发生了深刻变化。

2. 劳动对象的变化

由传统的结构化数据分析转为非结构化数据分析以及半结构化半非结构化数据分析,这是与以往社会生产或生产形式所不同的,可以说互联网企业与数字经济体里,融入广义云制造的企业的劳动对象发生了变化。

3.2 数字化条件下劳动过程的基本要素特征分析

3.2.1 数字化条件下的劳动对象

3.2.1.1 数据成为劳动对象

企业逐步融入行业数字平台中,并且生产与销售中的各个环节都充分参与到平台中。平台充分发挥了媒介作用。此时,企业生产过程的各种生产要素状态,会以指标被提炼为数据,劳动者的劳动行为也会被各种指标量化,被提取进而变为有用的数据。例如,劳动时间、劳动者的单位时间生产率、劳动者的劳动习惯等数据。它们都将会自动被智能云制造中的物联网端口采集或收集,之后通过数字后台自动加工和通过人工智能软件或智能算法自动合成,经过数据采集和数据运算,得出具有标签性和加工性的数据,随后上传到云制造的云平台数据库中。

当这些企业每个产品的生产数据日积月累,形成一定量的时候便具有了数字资源价值,变为数字数据原料。这些数据具有使用价值。单从数据的使用价值看,单一、单个的零散个体数据并不具有实际使用价值,但泛在连接下形成的和积累的巨量数据具备使用价值。基于个人数据的大量数据具有使用价值,同时,个人数据是海量数据的逻辑起点。个人数据的基础作用在数字经济的发展中不能被忽视。[①]

同时,这些原始数据在经过第三产业平台企业(多应用于第三产业互联

---

① 戚聿东,刘欢欢. 数字经济下数据的生产要素属性及其市场化配置机制研究[J]. 经济纵横,2020(11):63-76.

网平台企业)或第二产业平台企业云制造云平台(多应用于第二产业实体经济领域企业)自动加工和筛选后,生成的衍生数据,反映了企业员工或劳动者的某些行为和特征的数据,反映了他们某些态势的数据,也具有使用价值。这些数据能被处理成为数据分析服务参与市场交易售卖,且现今普遍具有商业价值,并且可以在市场中自主买卖出售。数字化条件下企业的生产活动中的数据,更多的可以预测生产趋势与未来状态,并可以尽量避免生产成本浪费与消耗,达到节省不变资本的作用。

这些衍生数据再经过智能云平台或数字软件人为的或自动的加工后,可以形成功能各异的数字产品或服务。数字化条件下的云制造不仅服务于生产,还能产生其他经济效能,如生产的具有趋势化和决策化的衍生数据服务商品或付费分析服务。这些数字产品或服务,或应用于企业自身或其他关联企业的商品生产环节,可提升生产率,提高商品的功效,升级企业生产的商品质量,保障企业商品生产环节的安全有序进行。这些数字产品、服务或应用也能应用于企业销售平台端,能提升消费者对产品的体验感、能获得消费者对产品的认可度、获得消费者对商品的反馈、获得消费者是否重复购买这一商品等方面的数据指标,进而更好地优化商品销售的过程,最终促进商品产销循环顺利进行。①

3.2.1.2　数字化条件下数据的可交易化与商品化

价值无法被数据孤立地创造出,②价值生成过程必须加入劳动,即通过"数据—劳动—有价值的数据"这一过程。例如在淘宝、饿了么、美团、滴滴、抖音等平台企业中,数据成为平台被交易对象的情况已较为普遍。

在数字化背景下,数字技术广义云制造也融入了第二产业实体经济行业,如当 ABCDI 数字技术融入制造业企业后,数据作为生产要素,可以被交

---

① 王兆成.数字经济背景下商品生产和价值实现的政治经济学分析[J].成功营销,2021(12):71-82.

② OECD.数据驱动创新:经济增长和社会福利中的大数据[M].北京:电子工业出版社,2017:113.

易和买卖。① 平台型企业或加入平台的公司,基于数字技术的双边市场服务平台日臻成熟,②受平台的益处而带来消费者数量与关注度的提升。平台快速发展的同时,同资本盈利弱出现对比。在发展中,资本逐渐发现在日积月累中形成的繁冗数据,除可满足云平台的日常服务和生产升级外,本身还是一座"金山",这些数据中蕴含着巨大的商业价值,并且这些商业价值在大数据与云化、智能化的背景下不断被开发出新的利用点。③ 正是由于这种独特吸引力,资本对数据的追逐越发变得执着。借助资本的力量,ABCDI 技术促使智能云平台、物联网云平台等平台化架构的发展异常迅速,并不断推陈出新。与数据整合、数据分析相关的数字化商品服务交易,呈现繁荣情形。④

3.2.1.3 数字化条件下公司数据的垄断性

数据具有要素收益递增性这种生产要素的属性,它无可避免地会被资本贪婪获取。各种平台企业中,各大互联网应用平台,从电脑端和手机端形成平台优势,大鱼吃小鱼。在各个领域,如购物领域的淘宝与京东,外卖领域的美团与饿了么,打车领域的滴滴与快滴等,都依靠资本力量,实现了双寡头或垄断市场。资本利用平台,抢占了各种行业市场,从最初的互联网市场,到后来与近期的实体领域行业市场。实体经济中的智能制造生产领域是较早融入 ABCDI 技术,较早开展云制造、云平台的行业,成为数字化企业,实现了智能云平台生产的生产线和管理系统的应用,同时呈现出垄断化的态势,也逃脱不了最终趋向垄断化的命运。它们依靠平台的各种算法和人工智能系统,利用 ABCDI 技术,将大众的各种数据自动囊括其中,牢牢地把

---

① 戚聿东,刘欢欢.数字经济下数据的生产要素属性及其市场化配置机制研究[J].经济纵横,2020(11):63–76.

② 黄再胜.数据的资本化与当代资本主义价值运动新特点[J].马克思主义研究,2020(6):124–135.

③ 张映婧.基于大数据时代背景的财会行业发展与演化研究[J].信息系统工程,2020(3):15–16.

④ 黄再胜.数据的资本化与当代资本主义价值运动新特点[J].马克思主义研究,2020(6):124–135.

显示巨大算法生产力的数字机器掌控在自己手中。[①]

资本凌驾于劳动之上的趋势越来越明显,资本垄断与平台化,加速了这种趋势,使得资本具有了比以往更大的破坏力和统治力。平台经济使垄断组织资本积累灵活,对劳动剥削加剧,全球范围内催生了大量产业后备军。凭借平台对数字市场的垄断,强迫劳动者付出更长的劳动时间,平台劳动者获得相对更低的回报。[②] 互联网的全球化,使得劳动成本方面产生了国际竞争趋势。正是由于数据的这一深层次垄断性特征,使数字经济下生产关系与劳资关系发生了改变,劳资关系灵活,资本对工人的剥削加剧,资本对工人的控制加深,这也是下一章节我们将研究问题的起因。

3.2.1.4 数据在劳动与生产中的要素地位

近年来,我国各省以 ABCDI 技术为代表的数字技术发展速度增快。[③]表3.2 中排名第一的广东省,格外重视数字技术,重视数据在生产中的作用。2012—2020 年数字发展平均指数方面,广东始终排名第一,平均指数为55.81,位于前五位的还有北京、江苏、浙江、上海。其中,2020 年广东数字发展指数为82.90,位列全国第一。广东相继出台政策鼓励发展数字经济,如颁布的《广东省数字经济发展规划(2018—2025 年)》(2018),《广东省建设国家数字经济创新发展试验区工作方案的通知》(2020),不仅重视数字经济顶层设计,也重视对数字核心技术的政策支持。

①　Cohen J E. The Biopolitical Public Domain:the Legal Construction of the Surveillance Economy[J]. Philosophy & Technology,2017(31):2.

②　谢富胜,吴越,王生升.平台经济全球化的政治经济学分析[J].中国社会科学,2019(12):16-26.

③　都超飞,袁健红.资本关系的重塑及其再生产:人工智能的社会内涵和历史意义[J].江海学刊,2019(6):125-132.

表3.2　2012—2020年全国各省、自治区、直辖市数字经济指数发展状况与排名

排名1	省(自治区、直辖市)名称1	2012—2020年数字发展平均指数	排名2	省(自治区、直辖市)名称2	2020年数字发展指数
1	广东	55.81	1	广东	82.90
2	北京	41.18	2	北京	58.45
3	江苏	32.79	3	江苏	45.78
4	浙江	28.76	4	浙江	39.08
5	上海	22.72	5	上海	31.71
6	山东	21.07	6	山东	26.09
7	福建	18.37	7	福建	24.54
8	四川	15.51	8	四川	23.77
9	河南	13.65	9	河南	20.00
10	安徽	12.51	10	安徽	19.46
11	湖北	12.31	11	湖北	18.33
12	湖南	11.92	12	河北	17.85
13	河北	11.75	13	湖南	15.96
14	陕西	10.00	14	辽宁	14.89
15	辽宁	9.85	15	陕西	13.97
16	江西	9.01	16	天津	12.80
17	广西	8.41	17	重庆	12.39
18	重庆	8.09	18	江西	12.17
19	云南	8.05	19	广西	11.28
20	天津	7.38	20	黑龙江	11.10
21	山西	7.20	21	云南	10.25
22	黑龙江	6.82	22	吉林	8.99
23	贵州	6.63	23	山西	8.81
24	甘肃	6.02	24	内蒙古	7.57
25	新疆	5.82	25	贵州	7.46
26	内蒙古	5.62	26	新疆	6.98
27	吉林	4.84	27	甘肃	6.79

续表3.2

排名 1	省(自治区、直辖市)名称 1	2012—2020 年数字发展平均指数	排名 2	省(自治区、直辖市)名称 2	2020 年数字发展指数
28	海南	4.59	28	海南	6.03
29	宁夏	3.60	29	宁夏	4.32
30	青海	3.25	30	青海	4.25
31	西藏	2.53	31	西藏	3.17

2017 年,《广东省人民政府办公厅关于印发广东省战略性新兴产业发展"十三五"规划的通知》,提出推进绿色、互联、智能的"数字广东"建设。2018年,《广东省数字经济发展规划(2018—2025 年)》强调融合数字动能与政府数字化。2020 年,《广东省建设国家数字经济创新发展试验区工作方案的通知》提出大力促进人工智能、大数据、云计算、区块链等数字技术的深度融合,以加快各领域的数字化转型。

从以上政策的内容和实施的效果可看到数据在当代经济生产中的地位越来越重要。广东在数字化进程中领跑全国。具体来说与政府对数据和数字技术的重视有关。政府和企业在实践中发现并证实了数据的作用,进而重视数据在生产要素中的地位,广东实现数字化领域的全国领先状态,在数字经济板块近几年稳居全国第一,这也从实践中直接证明了数据的重要性。

3.2.2 数字化条件下的劳动资料

3.2.2.1 数据成为数字化条件下的劳动资料的重要组成部分

《资本论》揭示了生产关系必须适应生产力的发展要求,并在一定条件下能够促进生产力发展,对生产条件即生产资料的占有决定生产和再生产的社会性质以及劳动过程的社会性质,并决定对生产结果的占有,即分配关系,从事生产活动的人只是社会生产关系的主体承担者。① 党的十九届四中全会通过的《中共中央关于坚持和完善中国特色社会主义制度推进国家治理体系和治理能力现代化若干重大问题的决定》明确指出:"健全劳动、资本、土地、知识、技术、管理、数据等生产要素由市场评价贡献、按贡献决定报酬的机制。"②在国家战略层面提出了将数据纳入生产要素、推动数据要素市场化配置。③

在数字化条件下,出现资本与数据有机结合新特点,使数据成为一种不可或缺的、极其重要的劳动资料。在数字化条件下,数据也成为生产要素,变为生产资料,被资本家无偿占有,这是数字化条件下生产资料方面的一大变化,同时数据变为数字化条件下市场主体中的重要生产资料。数据成为生产资料的一部分,这是以往社会形态所不具备的。④ 数据不但成为生产资料的一部分,数据也可以成为劳动对象,变成生产过程中被加工的劳动对象⑤。数据成为生产要素,数据成为生产资料并被资本无偿占有,这也是数字化条件下企业劳资关系变化的最初起点。

3.2.2.2 数字化条件下生产方式与劳资关系变化以劳动资料数字化为起点

数据变为生产要素。数字化条件下劳资关系的各种特征与变化,归根到底,是从数据变为劳动资料开始的。马克思指出,生产方式的变革,在工

---

① 张衔.坚持《资本论》原理,开拓当代中国马克思主义政治经济学新境界[J].当代经济研究,2021(2):11-13.咸事东,丁述磊,刘翠花.数字经济时代新职业促进专业化发展和经济增长的机理研究——基于社会分工视角[J].北京师范大学学报(社会科学版),2021(3):58-69.中共中央,国务院:数据作为新型生产要素写入文件[J].中国信息安全,2020(4):1.

② 徐翔,赵墨非.数据资本与经济增长路径[J].经济研究,2020,55(10):38-54.

③ 黄再胜.数据的资本化与当代资本主义价值运动新特点[J].马克思主义研究,2020(6):124-135.咸事东,刘欢欢.数字经济下数据的生产要素属性及其市场化配置机制研究[J].经济纵横,2020(11):63-76.

④ 吕铁.传统产业数字化转型的趋向与路径[J].人民论坛·学术前沿,2019(18):13-19.

⑤ 王兆成.数字经济背景下商品生产和价值实现的政治经济学分析[J].成功营销,2021(12):71-82.

场手工业中以劳动力为起点,在大工业中以劳动资料为起点。① 新科技在数字平台中融合,生产方式变化体现在二进制的数据变为生产要素,以生产资料的形式被资本家占有。② 资本通过云制造数字平台,占有商品生产过程里绝大多数的数据这种生产资料,直接维系并导致了新的数字经济时代的劳资关系的表现。③

劳动资料中起决定作用的是生产工具。④ 劳动者在劳动过程中使用或影响劳动对象的物质资料或物质条件是劳动资料的定义。⑤ 生产资料是劳动资料和劳动对象的总和。⑥

在当今世界中,数据发挥着越来越重要的作用,数据成为重要的生产要素,资本能与数据融合,一些数据更是在企业平台中变成了商品,在平台内企业中相互交易。诸如平台中的生产指标数据、商品销售速率数据、生产中的成品率数据、生产速度数据、生产量数据;或是购买的消费者的购买速度数据、购买量数据;或评价数据、客户的活跃数据等,都自动通过 ABCDI 技术,以大数据形式在生产的整个过程中发挥着越来越重要的作用⑦。数据已成为生产力中的重要部分(见表3.3)。

表3.3　四种生产力的组织方式⑧

类别	劳动工具	劳动对象	劳动产品	经济形态
农业生产力	身体、脑、手工工具	自然	基本产品	生物经济
工业生产力	身体、脑、机械机器	工业产品	工业产品	物理化学经济

---

① 马克思恩格斯文集(第5卷)[M].北京:人民出版社,2009:427.

② 许崇正.马克思主义政治经济学原理[M].安徽大学出版社,2003:97.

③ 王兆成.数字经济背景下商品生产和价值实现的政治经济学分析[J].成功营销,2021(12):71-82.

④ 毛育民.政治经济学[M].北京:中国财政经济出版社,1997:17.

⑤ 张清勇,刘守英.宅基地的生产资料属性及其政策意义——兼论宅基地制度变迁的过程和逻辑[J].中国农村经济,2021(8):2-23.

⑥ 朱坚强,王晨.马克思主义哲学原理习题集[M].上海:立信会计出版社,2002:122.

⑦ 朱江涛.大数据对社会变革的影响[D].武汉:武汉理工大学,2016.

⑧ 李晓华.人工智能的马克思主义解读[J].人民论坛,2019(21):98-99.

续表3.3

类别	劳动工具	劳动对象	劳动产品	经济形态
信息生产力	身体、脑、计算机	经验与思想	信息产品	信息经济
数据生产力	身体、脑、数字机器	数据	数据产品	数字经济

数据已成为生产要素的一部分。[①] 虽然企业家的才能有待商榷,但是在资本与数据的逻辑关系上,还是呈现明显的逻辑与递归层次的。资本与数据的关系愈发紧密。同时,作者秉承马克思理论指引的马克思主义中国化的经济理论,对表3.3中第三栏信息生产力类别方面,并不完全同意表3.3中所述的劳动对象为"经验与思想",并认为在信息经济中劳动对象同样为部分数据。但表3.3中学者的研究成果足以说明劳动对象发展历程的不断变化。

在早期,由于受当时社会条件和科技条件所限,企业生产过程中以及流通过程中的数据,未被采集、归纳整理和利用。销售生产数据处于相对脱节的状态。在生产中、生产资料获取中,所有的数据都未被收集、加工和利用。公司生产和社会生产处于"小数据"阶段。

在当代市场和未来十年的市场中,由于 ABCDI 数字技术协力融合到市场中公司的生产与销售中,新的生产方式与生产手段逐渐进入了生产阶段、生产资料搜集获取阶段、生产资料加工阶段、商品生产阶段、商品更新开发阶段、商品各级销售阶段、再生产阶段等商品生产与销售的各个重要环节与阶段。并且在这些阶段都产生了改变与新发展,且呈现出了新的特征。资本占有数据,并不断通过多种方式无偿占有数据资源。[②] 当今随着各种数字技术与数字环境的应用与搭建,以及云计算大数据和数字平台化企业发展进程的加快,数据商品与服务市场不断扩大,数据商品与数据服务已成为大型公司追逐的猎物。此时,数据也已成为垄断企业与垄断资本所追逐的要素。

---

① 朱江涛.大数据对社会变革的影响[D].武汉:武汉理工大学,2016.

② Zhaocheng Wang. Value Finance Theory[J]. Journal of Economic Science Research, 2022(10):1-7.

3.2.3　数字化条件下的劳动者

数字化条件下,劳动者的整体体量变大。社会中闲散劳动力扩充到劳动人口中。传统的核心与边缘劳动者的数量差距扩大。在数字化条件下,数字技术中的人工智能具备普通人力劳动者的脑力劳动能力。从长期来看,核心劳动者中的管理与研发的脑力劳动者,逐渐将被智能生产工具替代,这使得核心劳动者数量减少。数字技术的替代作用逐步增强。

数字化条件下的数字技术的应用,带来生产组织形式趋向分布式与网络化变化。资本对劳动者的劳动要求发生改变,对劳动者的技能要求也发生改变。岗位对劳动者的脑力劳动的技能类型与体力劳动的技能类型的需求与要求,与以往工业社会相比较,都发生了很大变化。

3.3　数字化条件下劳动过程中的劳动

3.3.1　传统工业化的劳动

传统工业化的劳动是指随着机械化和自动化技术的发展而出现的一种新型劳动方式。它主要依赖机器和先进的生产技术,大大提高了生产效率,同时也使劳动者的劳动条件得到了改善。在工业化的劳动方式下,机器和设备取代了人力,人们通过对生产流程的规划和监控,使生产过程更加高效和精确。这种劳动方式不仅大大提高了生产效率,而且也使生产过程更加安全,降低了工伤事故的发生率。

同时,随着工业化的发展,新型的职业也随之出现,如工程师、技术人员、管理人员等,这些人才不仅能够推动生产技术的进步,还能够为企业提供更好的管理和组织,从而促进经济的发展。虽然在20世纪末,后福特制生产组织形式、生产组织结构平行化,生产架构网络化,但是在生产中并未出现大规模的人工智能生产工具,生产工具多是由工人操控。分布式生产形式并未彻底实现繁荣,而多是由工人操控机器完成多批次协同生产。

然而,工业化的劳动方式也存在一些问题,例如过度依赖机器和技术,人力因此被削弱,一些传统技能可能会失传。此外,机械化和自动化的生产方式可能导致一些劳动者失业,主要表现为体力劳动者被机械化设备所替代。

首先,以生产力和劳动力的关系来分析:生产力和劳动力是互相作用、互相制约的。工业化的劳动方式依靠机械化和自动化技术,使得生产力得以大幅提高。同时,也意味着劳动力在生产过程中的地位发生了变化。传统的体力劳动转变为技术劳动,人力被机器取代。这种生产方式对劳动力的要求更高,需要劳动力不断地学习和提升自己的技术水平,以适应生产方式的变化。

其次,以生产关系的变化为基础来分析:在马克思主义政治经济学中,生产关系是生产力发展的结果,是生产力和劳动力的调和产物。工业化的劳动方式使得生产关系也发生了变化。这种生产方式更加依赖机器和自动化技术,也更加依赖资本的投入。资本家通过投资和控制生产资料,掌握了对生产过程的控制权,而工人只是作为雇佣者出现在生产过程中。这种生产关系的变化,也给工人带来了更多的安全隐患和就业不稳定性。

最后,以生产方式的历史演变为基础来分析:工业化的劳动方式是人类生产方式的一种新阶段。从政治经济学的角度来看,它是生产方式从农业社会向工业社会转型的重要标志。通过机器和技术的发展,劳动力的地位也发生了变化,由传统的手工劳动转向技术劳动。在这个新的生产方式中,人类开始更加注重生产效率和产品质量,这也为经济的发展提供了更大的动力。

综上所述,传统工业化的劳动方式在政治经济学的研究中是一个重要的课题。它的出现是生产力发展的结果,同时也反过来推动着生产力的进一步发展。

3.3.2 数字化条件下的劳动与类型

马克思在《资本论》中提到,劳动具有两种形式,即具体劳动和抽象劳动。具体劳动是指实际的、有形的劳动,而劳动本身则是劳动过程中的一个组成部分。具体劳动"只是当作无差别的人类劳动的表现","这种具体劳动就成为抽象人类劳动的表现"①。作为劳动过程要素之一的劳动本身是马克思所讲的具体劳动。在劳动过程中,劳动本身是首要的要素。它扮演着发起者、控制者和调节者的角色,使得整个劳动过程得以顺利进行。

数字化条件下的劳动是数字经济时代的一种重要劳动形式,具有创造性和活力。数字技术直接减少了体力劳动与脑力劳动的量,相较于体力劳动,脑力劳动此时更具备竞争力,这也导致劳动力层级在数字化条件下的劳动过程中出现。具备先进数字技术和知识的劳动者(如数据分析师、人工智能程序开发者、深度学习算法设计者等),在劳动过程中起着至关重要的作用,成为数字劳动过程中的核心劳动力圈层。

数字化条件下的劳动可以大致分为两类。一类是生产过程中的劳动,即运用数字化生产设备和平台化生产工具进行的体力劳动和脑力劳动;另一类是为维护和升级数字平台生产设备和生产工具而进行的劳动。这种维护和升级数字化生产工具和媒介的劳动需要进行研发,并且需要投入人力维护网络安全,以确保数字化生产系统和设备的稳定和安全使用。② 这些都是传统企业所不具备的,且在生产中必须进行的劳动。

3.3.2.1 数字化条件下生产过程中加工数据的劳动

在数字技术的应用下,中小型公司和大型平台企业的生产过程被进一步分工。专业的工人负责处理数据加工工作,例如将互联网平台企业获得的用户数据进行提取和加工,然后进行数据商品化交易。这些工人可以通过平台提供的在线工具进行视频编辑等操作,以获取收益。同时,平台利用工人和云计算、人工智能及软件工具的结合,自动搜集平台用户的上网习惯,精准投放广告以获取推广费。平台企业还通过搜集用户上网时长、活跃度等数据,投放时段广告费高的广告。例如,西瓜视频签约用户(相当于平台工人)便利用平台提供的在线视频编辑软件工具,通过加工后的视频获取

---

① 马克思. 资本论(第一卷)[M]. 北京:人民出版社,1972:73.

② Zhaocheng Wang. Supply and Demand, Tax, Income, Profit and Proof of Goldbach's Conjecture——Logic is the Basis of Correct Mathematical Measurement [J]. Journal of Economic Science Research,2022(10):22-33.

播放收益。这些数字化劳动的加工与推广，成为数字化条件下平台企业生产过程中重要的劳动形式。

在数字化条件下，工人需要进行人力劳动来完成数据的加工、搜集和提取，这种生成再加工数据的过程是一种典型的人力劳动。数据采集工作需要加入企业员工的劳动（因为处于弱人工智能时代，一些工作仍需要人力完成），之后这些数据上传到基于数字技术的数字平台或云平台中。因此，在日常采集时庞大的数据都有部分人工劳动的痕迹在其中，不能忽视劳动的耗费。经过二次加工的数据凝结了公司或企业员工的劳动，为各种平台数据的准确和升华提供了坚实的支持。在数字化条件下，以制造业为例，企业通过数字技术手段在生产过程中获得工人生产过程的数据。这些数据包括工人的工作效率数据、工人劳动状态偏好数据、单位时间某零件的生产时间数据、错品率数据等，实时自动被平台系统记录。数字平台对工人的劳动进行了无形的自动监控，这些数据一方面被人工智能自动收集和粗加工，另一方面还需要人力来进一步地加工和处理。这些工作消耗了工人的体力劳动和脑力劳动，构成了不可忽视的数字领域的劳动耗费。工人以智能云平台生产系统为生产设施，对数据进行了耗费体力与脑力的工作，产生了劳动。从经济学角度来看，数字化条件下工人在生产过程中的劳动可以被视为一种成本，这种成本需要被企业纳入其生产成本中进行考虑。因为在数字化生产中，工人不仅需要进行物质生产过程中的劳动，同时还需要进行数据的加工和处理。这种劳动成本，可以通过薪酬和福利等形式进行回报。

此外，数字化技术的快速发展也导致了一些新的经济问题的出现。例如，在数字化生产过程中，数据的隐私和安全问题也成为一项重要的成本。因此，企业需要投入大量的人力和财力来确保数据的安全性和隐私性，这也是一种劳动成本。此外，数字化生产也可能会导致一些就业机会的消失，因此需要采取一些措施来帮助被数字化取代的工人实现转型升级。总之，数字化生产虽然带来了高效、智能化的生产方式，但同时也需要考虑到其中的劳动成本。只有在更全面、更深入的考虑下，才能更好地实现数字化生产和劳动的有机结合。

3.3.2.2 数字化条件下企业生产过程中生产设备维护中的劳动

在垄断资本主义时期,不变资本智能化过程中数字机器的出现,是生产力发展的一个明显标志。以第二产业中采用数字技术的制造业企业为例,当这些企业使用数字技术与数字平台后,以 ABCDI 数字技术为基础的各种类型的云平台或数字平台系统,通过对企业生产中的数据进行深度采集和加工,形成种类繁多的数字产品和数字服务,提升企业的生产流程,改善企业的生产环境和生产状态,并推动人工智能工业云平台在企业生产厂房中的深度应用。从资本构成角度观察,数字化机器平台设备是数据商品生产的不变资本,需要资本家或企业主先期投入购买。这些数字化设备脱胎于数字化时代人类"一般智力"的生产力转化和普遍利用。其价值的形成源于数字劳动的物化。

在数字化条件下,企业的数字平台软件开发、测试和安全保障服务都需要专业人员投入劳动力。"开发人工智能系统是当代最需要创造力和最复杂的人类劳动之一。"①与传统的软件开发不同,人工智能系统的研发需要大量的数据支撑,同时还需要海量数据进行机器的增强学习。在这个过程中,数据获取需要人来协助,这也涉及人的劳动。另外,在智能算法开发中,导入的数据需要专业人员筛选和导入系统,以提升人工智能的水平。此外,在机器深度学习过程中的监管也需要人来手动完成一些软件操作,如指标的选择、升级和控制人工智能深度学习的操作,这些也需要人的劳动。因此,数字化条件下企业的数字平台软件开发和应用,需要大量的人力投入。

3.3.3 数字化条件下劳动过程中的分布式劳动与组织形式

3.3.3.1 数字化条件下企业生产组织形式、用人及分工方式

布雷弗曼曾指出:"生产中的分工,是从劳动过程的分解开始的,这就是说,把生产劳动划分为各个组成部分。但这种划分不是局部工人造成的。

---

① 李晓华.人工智能的马克思主义解读[J].人民论坛,2019(Z1):98-99.

实际上这种分解或划分就是工人为适应自身需要而组织的每个劳动过程的特征。"[1]数字化条件下的分工与生产过程发生巨大变化,生产组织形式与构架形式及生产方式的部分变化:平台成为中介形式并嵌套于多种经济模式中,通过组织、匹配交易资源的方式,将不同目标群体协同起来。提供诸如生产、服务、咨询等多方面的经济用途。[2]

首先,在生产过程中,劳动者与劳动工具之间的构架,从"人—机器"转变为"人—数字化智能工具—机器"。数字化智能工具是利用数字技术的数字化软件平台或结合数字技术的实体设备,广义来说可以包括数字平台[3]这种数字中介化生产工具。企业购买数字化生产工具的使用权或租用其使用权。企业的不变资本发生变化,增加了数字化智能工具使用或购买费用。相当于每一件商品,除了生产商品的企业外,还加入了一个相当于中介的企业,参与瓜分该商品的剩余价值。数字化智能生产工具的所有者与受益者,同该商品生产的资本方不是同一个。相当于商品最后价值中,需要让渡一部分给数字智能机器的资本方。过去商品剩余价值由该商品的资本方瓜分,现在需要自动再加入一个来瓜分。这是以往任何时代生产所不具备的。

数字化智能工具的加入,会瓜分剩余价值,间接对生产过程与生产组织产生影响。数字化智能工具的形式,不是一次性购买,而是采用年费购买,或者使用一次结算一次的方式,导致每次商品剩余价值中,都要让渡一部分给数字智能机器的资本方。

数字化智能工具、智能化劳动工具和设备,都将大范围替代人类劳动力,解放劳动力,像早期机器大制造时期替代手工工场一样,大幅提高生产

---

① 哈里·布雷弗曼.劳动与垄断资本——二十世纪中劳动的退化[M].北京:商务印书馆,1978:69.

② 王彬彬,李晓燕.互联网平台组织的源起、本质、缺陷与制度重构[J].马克思主义研究,2018(12):65-73.

③ 广义上指无实体化的以网络为载体的数字软件、数字平台等数字工具。

效率,成为推动社会发展和经济增长的重要组成。① 物与物、人与物、人与人之间的相互关系发生微妙变化,各种交互和融合加剧,②它在替代劳动者劳动的同时,如劳动者的体力劳动、脑力劳动,甚至智力劳动,③都将会被智能化生产工具逐渐替代,从而使生产力产生巨大变化。

当今社会正处于从弱人工智能时代向强人工智能时代过渡的背景,融入数字化智能化的生产工具发展较快,科技日新月异,④它的智能感知、认知能力、分析能力、判断能力与计算能力,都会随着通信传输速度变快、云计算算力增强、云平台优化增强、新的智能软件开发等方面而变得能力更强。智能生产工具和设施的主动思考、判断与分析能力,已经不再是出现在科幻片中的场景,而是实打实地出现在了生产线上。随着时代推进,劳动者也势必将与数字化条件下的智能生产工具或智能机器进行实时交流互动,以适应新的生产组织结构和社会结构。

其次,近年来数字科技发展迅猛,以制造业为例,数字化条件下数字技术在生产中融合深入,将促进生产组织构架、新型组织结构的形成。它通过技术带来的生产组织形式变化,使生产和销售各业务流程向自动化、管理扁平化、数据搜集高效化分散化、市场预测精准化等方向发展。整个生产和销售过程中的组织结构都在发生变革。它通过影响企业组织结构、生产构架和企业行为,对经济产生影响。它尽量使用最少的人力资本,投入最少的劳动力来维持商品的生产和销售,促使生产组织结构向智能化、管理结构灵活化分散化、领导团队扁平化发展,⑤减少了传统组织结构中垂直的、自上而下的、效率较为低下的管理方式。

生产组织中劳动力的选择更偏向复合型、多元型、技能型的劳动者。例

---

① 周孝,冯中越,张耘.京津冀晋蒙地区生产性服务业发展与制造业升级[J].北京工商大学学报(社会科学版),2013(4):16-23.

② 梁鑫鹏.基于物联网技术的电子商务精准营销研究[J].商场现代化,2017(15):69-70.

③ 李重华.话说劳动与价值[M].北京:国防大学出版社,2004:17.

④ 高子平.新型科技人才呼之欲出[J].国际人才交流,2019(12):20-21.

⑤ 姚建峰.企业管理发展的两大趋势[J].云南财贸学院学报(经济管理版),2002(2):65-67.

如,灵活处理能力、创造性思维、知识多样性、学习能力强等特征的劳动者,会更加受欢迎。岗位的设置更灵活、开放和机动化,智能云制造促进和优化了生产组织运行的流畅度,"零工经济""一次性员工"和"无固定雇主型劳动者"等形式出现。新型的生产组织形式层出不穷,商业组织模式和运转过程也向更多更新的形式发展。

3.3.3.2 数字化条件下生产组织发生变化

1. 数字化条件下劳动从属性变化

在智能制造业的劳动过程里,通过配备智能机器人可以完成指定的操作,生产的产品将在机器人平台上,根据生产需要在它们间移动。因此,该系统将由小型、高度灵活的生产单元组成。[①] 相比之下,亨利·福特生产方式主导的生产线,产出的产品本身或多或少是被动的。而在智能制造业中,情况会有所不同。正在制造的产品将充当一个智能实体[②]与环境通信并组织处理——确定操作和计划它们。所有生产设施和服务物流机器人将相互通信,并实时以最佳和高效的方式遵循产品的最佳方法。[③] 因此,在一个智能工厂中,不需要寻找生产线。今天我们所处的情况是算法正在改进。这意味着包括神经网络在内的机器学习在持续不断的发展。它们正逐渐被完善,并受到人脑的启发。[④] 神经网络在人工智能中是特殊的,因为它是可以训练的,特别是它类似于人。[⑤] 神经系统网络可以根据以前提供的数据预测

---

① 不单局限于第二产业,第三产业与第一产业在逻辑上与此相同,此处以第二产业制造业为例分析是因为近期第二产业制造业企业发展较为迅速。

② 胡磊.平台经济下劳动过程控制权和劳动从属性的演化与制度因应[J].经济纵横,2020(2):36-44.

③ 胡磊.马克思劳动从属于资本理论及其现实意义[J].观察与思考,2020(4):13-23.

④ Horan H. Will the growth of uber increase economic welfare[J]. Transportation law journal,2017,44(1):33-105.

⑤ Farrell D,Greig F. Paychecks,paydays,and the online platform economy:big data on income volatility[J]. Social science electronic publishing,2016(2):2-40.

未来的发展。①

数字化条件下企业使用数字平台与数字技术,可以采用不同于传统的新型生产组织方式。在生产和销售中,将不同的用户,包括劳动者和消费者统统聚集起来,搜集他们在生产过程中和消费选择过程中的各种指标和数据及动作变量数据,将从他们得到的数字数据信息通过大数据汇总,并通过智能算法计算加工,二次加工得出来对生产和商品设计及销售有指导意义的数据,再作用于生产和商品销售中去。数字化条件下公司或企业能通过采取或利用具有平台特征的数字化网络平台或平台软件,将不同的劳动者和消费者集合在生产平台或销售平台下,利用生产活动和消费活动中的类似于中介的基础平台设施,实现生产力的提升与生产效率的提高。

数字化条件下早期资本主义的很多组织方式,在数字时代都有了新的表现。复活了早期资本主义时期的劳动方式与生产组织形式,且工人在数字化条件下的劳动中,产生了新的特征,出现"一种基于外部供应商和顾客之间的价值创造互动的商业模式"②,或是"一种将两个或者更多个相互独立的团体以供应的方式联通起来的商业模式"③。平台生产工具具备双边市场特征。④ 能利用新一代信息技术云化平台,将个人闲置未充分利用的技能、劳动、劳动化服务商品、数据商品、数据服务商品等资源,以较低的价格较及时地应用于劳动者或企业正在进行的生产中,提供了一种新的生产资源配置方式和生产方式。⑤ 其囊括了"共享经济""零工经济""平台经济""数字

① Wood A J, Graham M, Lehdonvirta V, Hjorth I. Networked but commodified: The (Dis) embeddedness of digital labour in the gig economy[J]. Sociology, 2019, 53(5): 931-950.

② 杰奥夫雷·G. 帕克, 桑基特·保罗·邱达利. 平台革命: 改变世界的商业模式[M]. 志鹏, 译. 北京: 机械工业出版社, 2017: 6.

③ 亚历克斯·莫塞德, 尼古拉斯·L. 约翰逊. 平台垄断: 主导 21 世纪经济的力量[M]. 杨菲, 译. 北京: 机械工业出版社, 2017: Ⅺ.

④ 李晓华. 数字经济新特征与数字经济新动能的形成机制[J]. 改革, 2019(11): 40-51. 李丹. 基于双边市场理论的社区服务平台定价机制研究[D]. 南京: 南京理工大学. 2015.

⑤ Zhaocheng Wang. Value Finance Theory[J]. Journal of Economic Science Research, 2022(10): 1-7.

经济"等热门板块中的特征。① 广义智能云制造在企业中的应用潜力巨大，它能达到更高的生产效率，降低生产错误率，实现更便宜的生产。

2. 分布式生产组织形式、分布式劳动过程

哈里·布雷弗曼曾指出，工人阶级只有在资本主义生产方式征服并破坏了所有其他劳动组织形式，从而劳动人民别无其他选择时，将屈服于资本主义生产方式及其相继采取的各种形式。② 在数字化条件下，分布式生产方式打破了传统社会劳动组织形式的时间和空间维度的限制，达到了时间分布、劳动场所地区分布。而且在资本的驱动下，工人没有其他生产劳动组织形式选择。

数字化条件下呈现出劳动场地分布式、劳动时间分散式的特征。数字化条件下生产中，分布式生产组织形式特征凸显。数字化分布式崛起于流通领域而不只在流通领域。数字经济背景下，ABCDI 技术相互融合，这些技术融入生产与销售中，数字智能技术的成熟，促使了生产和流通环节更加专业，随之而来的是相对分离且更趋于成熟的分离。流通领域产生了数字网络平台化的网络云交易平台。

数字化条件下企业借助流通端平台，在生产组织上发生变化，各类生产组织根据消费者的需求，将销售商品分类，便于消费者搜索与购买。依靠数字化、信息化、网络化、云化的方式，便于消费者远距离购买。数字化条件下不仅跨区域，甚至可以跨越国家购买，突破了空间、时间限制。此时数字化嵌入资本基本构架在不同层级中，同时囊括物流运输、仓储、商业资讯、金融服务等载体或服务型组织，为再生产与扩大再生产的顺利进行保驾护航。

由于数字化条件下企业的生产端分散，所以平台劳动者的劳动场所分散。数字化企业普遍可以在数字化和智能化基础下，囊括通信、物联网和数字人工智能、数字工业化等基础，参与生产的原料、生产、产品品控、商品设计、商品评价等全环节，通过生产大数据与人工智能可达到环节的自动升级

---

① 杨滨伊,孟泉.多样选择与灵活的两面性：零工经济研究中的争论与悖论[J].中国人力资源开发,2020(3):102—114.

② 哈里·布雷弗曼.劳动与垄断资本——二十世纪中劳动的退化[M].北京:商务印书馆,1978:134.

和自动完成,减少了错品率与人力资本的消耗量,也间接降低了原先生产方式必要的人力成本开支,提高企业利润。

资本家降低可变资本投入,本质是机器替代人,即替代了过去生产方式时期所必不可少的人力劳动,即过去需要人思考和加工的企业生产过程总的生产环节由人工智能数字机械完成,并可以由分布式智能数字化机器生产工具所替代。

在数字化条件下,生产过程中生产和服务外包模糊了组织和边界,其呈现出散布化、微型化、非组织化等特征和趋势,但是可以完美实现企业生产过程的内外部协同作业。在物联网与企业智能云平台的成熟介入下,甚至可以个人劳动者与个体间、个人企业员工生产者与组织间,以及组织与组织间,依托智能云平台与物联网互联网或5G通信网,达到生产点对点无缝连接。此时,企业员工劳动者不直接进入车间,不直接通过固定地点的生产组织,而直接参与劳动,参与商品的价值生产过程。平台直接提供了技术条件与技术支持。数字经济催生出多种灵活的用工个体,如采用多种劳动结合形式的零工劳动者。这使得劳动过程中的分工发生变化,产生了新型的中间阶层的数字化云化网络化分工体系——社群分工。①

开始的时候,是在数字化条件下生产过程中提取生产中产品的数据、生产的数据以及各种生产过程中的数字参数等数据。之后,随着云化和新通信模式,工业物联网和5G互联网的广泛应用,随着资本进入和垄断组织介入,随着这些垄断组织对资本积累与数字市场竞争的需求,逐渐积累了大量的在企业生产中的和企业销售中的数字信息资源,并拥有了大量数字生产资料加工、搜集整理、批量处理和整合的新能力,使这些数字原料和数字生产资料发挥了更大的作用。原先的单个企业较为"碎片化"的数字生产状态,被数字化企业的智能数字平台和销售端的软件平台所囊括。这些平台可以将企业生产与销售时的各种数据,批量搜集加工,呈现"大数据"态势。与此同时,同社会化大生产相匹配,数字信息数据得到了更空前的广阔的再

---

① 王彬彬,李晓燕.互联网平台组织的源起、本质、缺陷与制度重构[J].马克思主义研究,2018(12):65–73.

生产和社会化应用。这些掌握了各个企业的生产过程数据的平台,通过数字技术,实现生产过程优化,并自动将分工达到最优化的效果。① 优化工人单一商品的生产时间,达到平台自身利益最大化。

3. 分布式劳动时间

数字化条件下分布式劳动时间与分布式劳动过程方面,一方面数字化条件下工人的劳动时间相对灵活,工人劳动场所也相对灵活,呈现分布式特征。数字化条件下通过计件工资或任务形式,让工人完成固定目标,并实现自动考核。平台工人劳动的时间灵活且不固定,何时完成任务全凭工人自由支配。另一方面,基于此数字化条件下对劳动过程实施着"软控制"。借助对平台数据的分析,对网约工进行数据分析,进而更细致化地对个人采取相应的管理措施。如奖惩机制、派单机制,增加对工人劳动过程的控制,让工人不自觉地超量劳动。通过"大棒+萝卜"方式,实现对劳动过程"软控制"。

数字化条件下企业用工人数中,网约工或临时合同工占比提升。此外,值得注意的是,数字化条件下利用分布式劳动时间基础上的分布式生产过程,使得工人无法通过传统见面劳动协作产生合作纽带,间接提升了资本对工人的直接控制。

数字化条件下分布式生产、分布式销售去中心化。分布式是新的生产组织形式与销售组织形式。其中,分布式生产主要指在生产中,通过数字平台和网络技术,可以实现商品不同区域的生产与设计,最后快速完成商品的生产过程。分布式销售指销售地点相比于传统市场中的中间商实体,这些销售端可以部署在数字平台的不同服务器上,遍布全球,在一个数字平台软件中,不同地区的销售网点可以实现商品的买与卖。同时,近年来在区块链技术加持之下,去中心化更成了数字平台发展的趋势。

以往工业大生产阶段的工人,集中化生产,工人生产场地集中。因此,便于集合,可以通过工会,在生产场所实施集结,罢工或者集体争取个人的合法利益,与资本家展开劳资谈判。但在当今,尤其是在数字化技术下,在

---

① 王彬彬,李晓燕.互联网平台组织的源起、本质、缺陷与制度重构[J].马克思主义研究,2018(12):65-73.

ABCDI 技术的合力下,企业数字化并采用数字科技愈发成熟,众多企业正在或已经加入了平台,成为平台一分子。数字化条件下,工人生产场地分散,有大量临时工,通过平台网上招募的社会游离状态的劳动力加入,一次性劳动者与临时劳动者通过平台可以很快填补由于原先工人拒绝劳动或其他原因没有劳动而空下来的岗位,通过平台的联网性与实时性,可将原先工人因为各种原因而闲置的工作岗位及时地找到接替人选。数字化企业原先雇佣的工人与企业劳资关系变得松散。一方面,企业更加强势;另一方面,工人由于失去了话语权进而随时可被替代,变得很少为自身争取既得利益。

进一步来看,由于数字化条件下企业生产组织形式的分布式,使工人工作的场地发生变化。通过平台软件,工人可以在家、在机场等地完成各种工作。此外,通过数字平台,数字化条件下企业的生产线变得更细化,产业链更加精准,一些商品的生产由不同地域(生产成本低或劳动成本低的地区)的工人生产,也呈现着分布式。一些工作任务,可以通过数字平台寻找到效率高且低廉的方式实现。例如,通过平台将一些商品生产中的环节外包给另一个部门、公司,或外包给临时合同承包商,以这种方式实现生产成本的最低化。以上都是生产劳动分布式的具体实现形式。

因此,基于上述生产的实现形式,数字化条件下企业工人的劳动不是唯一或不可替代的,随时可以被平台中的其他相类似的工人或临时劳动者所替代。工人由于数字化条件下企业的分布式生产组织形式,而被变得更为弱势。工人的弱势,使得数字化条件下劳资关系继续失衡。资本占据强势地位,工人地位变得更弱势。

3.3.3.3　数字化条件下劳动过程中的技术基础变化

数字化条件下的技术进步促使劳动过程发生改变。在手工工场里,局部工人相组合的生产方式,往往是自发和工人主观的组成生产组织进行劳动生产。当前社会正处于第三次工业革命的后半段,[①]ABCDI 等数字技术

---

① 陈抗,郁明琴.从中国制造到中国创造:第三次工业革命的因应之道[J].江海学刊,2013(6):91-96.

应用逐渐增多,①使数智化特征的劳动资料参与到企业产品的生产过程中,②它也会转变成最基础、最关键的生产资料。生产过程中的各种数字化数据也会变成关键的劳动资料。此时,数字化智能数据搜集平台,大数据智能搜索分析软件、3D 打印、智能机床等,已经融入了各种物质商品和虚拟数字商品服务的生产过程。企业生产的商品也拓展到了不只是物质商品,也包括数据商品、数据服务商品、虚拟商品、虚拟数字服务商品等,以及光纤、信息高速公路、智能电网、4G/5G 信号基站等属于智能云制造中"联结组件"的基础设施,都在飞速被企业和政府投资构建,这些数字技术基础设施建设,也均在合力拓展劳动资料范畴。近年来,国家在大力扶持建设新基建,也正在大力开展着这些设施的建设。

"阿里云"数据平台(阿里巴巴集团所属)便通过获取数据并加工数据、出售数据为企业提供各类服务型商品。此外,各种大型数字企业如百度、腾讯、美团等,都推出了以公司冠名的云服务智能数据平台。例如百度智能云、腾讯智能云、美图智能云等,旨在处理大数据和平台中的众多数据,通过数字软件和人工智能算法软件,获取数据分析数据并提炼数据,得出各种数据商品、数据指令、数据措施、数据预测等,有预测、指导和使用价值的数字化服务商品。

此外,在钢铁、化工与装备制造业行业,多采用物联网技术和4G、5G 技术,甚至正在筹备 6G 通信技术,达到万物互联的效果,生产资料中的劳动资料与劳动对象,在企业生产过程中的各项状态都被数字化信息化地采集出来,通过云端数据整合,配合智能制造云系统,达到高效的企业生产,提升企业的生产力。例如:个性化多元化定制平台 RCMTM 系统(红领西服)、i5 智能平台(沈阳机床厂)、海尔集团智能云平台制造车间等,也都是基于数字技术的制造业数字平台构架的应用案例。

劳动过程的技术变化间接带来劳动者就业变化。例如从手工业时期到

---

① 张于喆.传统工业领域利用新一代信息技术向中高端迈进的路径和建议[J].中国经贸导刊,2018(31);51-54.

② 王松.新科技革命下我国新就业形态研究[D].南京:南京财经大学,2018.

工业大生产阶段,劳动者的就业形态往往由分工所塑造。马克思指出:"工场手工业本身大体上为机器体系对生产过程的划分和组织提供了一个自然基础。"①"机器生产发展到一定程度,就必定推翻这个最初是现成地遇到的、后来又在其旧形式中进一步发展了的基础本身,建立起与它自身的生产方式相适应的新基础。"②技术进步促使劳动分工的产生与发展,劳动分工不断促使劳动技能与生产工具的专业化。在机器大生产阶段,机器生产体系的客观需要,促进了劳动分工和岗位设置的变化。

智能化是数字化应用的一部分内容。一系列适应数字信息技术基础的新就业形态涌现出来,在数字化应用后,平台化的数字空间里,平台中的工人具有双重身份,既有生产者的价值贡献又有消费者的身份。平台不断获取工人生产中与生活中产生的各种数据。平台中的各种就业劳动者、创业者层出不穷,他们如同信息接口和数据生产资料接口,源源不断地向数字平台提供着各种数据。平台所能采集到的数据涉及生产、交易、运输、商旅、服务等众多领域。资本依靠各种数字智能云化平台提供的各种虚拟化数字化商品,吸引"一次性员工"和"无固定雇主型劳动者"等各种劳动者个体参与,扩大了可参与劳动者的范围。后台和数据分析领域的就业者与创业者则对云平台智能自动搜集到的各种数字信息资源进行开发利用,提供信息应用产品、数字服务商品、虚拟数字商品等。

本部分通过对数字化条件下企业劳动过程的研究,以马克思主义政治经济学理论为基点,以马克思主义理论方法,分析研究数字化条件下的多行业企业在新时代数字经济理论方面的最新运用与趋势发展。研究发现,上述内容是数字化条件下企业生产关系劳资关系变化的内因,也是资本剥削加剧的内因。

由此可见,新的技术同劳动的结合,带来劳动组织形式的改变,也进而

---

① 王峰明.《资本论》第1卷导读(下册)[M].北京:中国民主法制出版社,2012:185–186.

② 王峰明.《资本论》第1卷导读(下册)[M].北京:中国民主法制出版社,2012:116–117.

引起就业形式变化。这种变化表现为将劳动力精准分配至各类就业岗位中,将技术更优化地应用到剩余价值生产中。就业形态转变的起因是技术发展。深层的原因是社会生产力发展(由技术进步推动),生产工具和生产器械升级扩大了生产对象范围,扩大商品生产的范围,直接给商品生产过程带来根本性的变革。在生产过程中,劳动过程被分解和重构。这都源自劳动分工、生产工具的变化。

3.4 数字化生产方式同传统生产方式的对比分析

生产方式是指人类社会在特定历史阶段中进行物质生产和社会再生产的方式和形式。它由生产力与生产关系两方面组成,涉及生产资料的所有制、劳动组织形式、劳动过程和产品分配等方面。不同的生产方式反映了社会生产力的水平、社会组织形式和社会关系的特点。以下是几种常见的生产方式:

(1)原始共产主义:原始共产主义是人类社会最早的生产方式,存在于原始社会阶段。在原始共产主义中,人们以采集、狩猎和渔猎为主要生产方式,生产资料没有私人所有制,资源和产品共享,劳动力分工相对简单。

(2)奴隶制:奴隶制是古代社会的一种生产方式,以奴隶为劳动力,奴隶主拥有生产资料和奴隶的所有权。在奴隶制中,奴隶受到剥削和压迫,劳动产品归奴隶主所有。

(3)封建制:封建制是中世纪欧洲的主要生产方式,以封建领主与农奴之间的关系为特征。封建制中,封建领主拥有土地和生产资料的所有权,农奴以劳动力形式服役,为领主提供劳动。

(4)资本主义:资本主义是现代工业社会的主要生产方式。[①] 在资本主义中,生产资料归私人所有,市场经济和货币交换成为主要的经济活动形式。雇佣劳动成为主要的劳动组织形式,劳动者为资本家出售劳动力,从而实现利润的追求。

---

① 王峰明.马克思"生产方式"范畴考释——以《资本论》及其手稿为语境[J].马克思主义与现实,2014(4):25-33.

(5)社会主义:社会主义是资本主义的对立面,以公有制和计划经济为特征。在社会主义中,生产资料归社会所有,劳动力和生产资源由国家统一调配,追求社会平等和共同富裕。

这些生产方式反映了人类社会发展的历史进程和社会经济形态的演变。不同的生产方式塑造了社会的结构和关系,并对社会经济发展、阶级关系和社会变革产生重要影响(见表3.4)。

表3.4 技术革命演进中的劳动工具变迁表

技术演进阶段	代表性工具	工具的智能自主性	工具可替代性	对人的影响
手工工具系统	石器、铜器、铁器、弓箭等	对肢体体力劳动的替代	完成对人类外部肢体劳动的替代	体力劳动被部分解放
蒸汽机系统	发动机、传动机构和工具机结合的离散型机器体系	利用无限强劲的动力取代了人类有限的体力,机器对体力的模仿和增强,可称为"人工体能",核心技术是蒸汽机	替代人类体力劳动	人的体力被强劲的动力极大地解放出来
电气机器系统	工作机、传动装置和电动机组成一体化的电气机器	自动机器高效解决生产过程中某一环节的工作,无自主性	作为人的手、腿,特别是大脑的延伸,实现了人体感觉与神经系统的劳动功能向工具的部分转移	人的感觉和神经系统被模仿
数字化条件下智能机器系统	计算机、智能机器、互联网构成人类完整立体的智能拼图	生产以人机协作方式占主导,超级智能机器增强了自主性	替代人的脑力,智能机器的融合性(人机融合、脑体融合),部分完成对脑力的超越,可称为"机器智能",核心技术是数字化技术与芯片	数字化智能机器部分地模拟和替代了人脑的功能

可见,工业革命之前,人类经历了石器时代、金属工具时代以及手工作坊时代。之后,随着工业革命,人类进入了工业化时代。在研究上,主要研究数字化时代与工业化时代的生产方式与区别。因为,数字时代之前的是工业时代。另外,在石器时代,金属工具时代以及手工作坊时代,并未形成较为完备的市场。因此,在生产方式的对比上,将比较成熟的工业时代作为数字化时代的对比研究对象。

3.4.1 工业化生产方式

3.4.1.1 第一次工业革命时期的生产方式

在工业时代,工厂替代了手工作坊,机器替代了手工劳动,创造了巨大的生产力,机器生产替代了生产力低下的家庭式男耕女织手工生产方式。第一次工业革命,也称为工业 1.0,发生在 1770 年前后的英国,生产方式上,采用煤炭与蒸汽机为生产动力。蒸汽机用在火车与船运中,利用河道资源将生产资料运输到全国各地的工厂。以煤炭为能源,推动蒸汽机开展生产,替代了人力。利用蒸汽机驱动的织布机,机械化替代了人力,提升了生产效率。

具体来说,第一次工业革命时期的生产方式在政治经济学理论中被称为资本主义生产方式。这一时期是从 18 世纪末到 19 世纪中叶,且第一次工业革命主要在英国展开。下面将通过政治经济学理论来分析第一次工业革命时期的生产方式,并举例说明其特点。

(1)所有权与私人资本积累:资本主义生产方式的核心是生产资料的私有制和私人资本的积累。在第一次工业革命时期,工厂和生产设备由私人资本家拥有,并通过资本积累来扩大生产规模。例如,英国的纺织工业家通过投资纺织机械设备,建立了大规模的纺织工厂,实现了资本的积累和扩张。

(2)市场经济与商品生产:资本主义生产方式以市场经济为基础,商品生产成为主导形式。在第一次工业革命时期,大规模的工厂生产商品,通过市场交换来实现利润。例如,英国的钢铁工业通过大规模生产钢材,以市场价格出售,并获得利润。

(3)剩余价值和劳动的雇佣:资本主义生产方式依赖雇佣劳动。工人受雇于资本家,依靠出卖自身劳动获得报酬,而资本家通过剥削工人创造的剩余价值来获取利润。在第一次工业革命时期,工人被迫进入工厂,接受长时间的劳动,以换取工资。资本家通过控制工人的劳动时间和生产过程来获取更多的剩余价值。

(4)技术进步与生产效率:第一次工业革命时期的资本主义生产方式伴随着技术进步和生产效率的提高。例如,蒸汽机的发明和运用使得生产过程更加机械化和自动化,大大提高了生产效率和产量。

(5)社会分工与劳动力流动:资本主义生产方式下,社会分工的加深和劳动力的流动成为特点。工人从农村迁徙到城市,成为工厂劳动者,而资本家则集中掌握着生产资料和资源。这种社会分工和劳动力流动加速了城市化和工业化的进程。

(6)劳动力再组织与工厂制度:第一次工业革命时期,出现了工厂制度。工人被迫离开家庭作坊和农村手工业,进入工厂进行劳动。工厂通过规模化组织和分工,实现了更高的生产效率。例如,英国的丝绸工业中出现了庞大的丝绸工厂,工人在工厂中按照各自的工序进行劳动。

(7)资本的投资和风险承担:第一次工业革命时期,资本家通过投资资本来建立工厂、购买机器和原材料,承担着经济风险。他们通过资本的投入和组织生产来追求利润。例如,英国的煤矿业发展需要大量的投资和风险承担,资本家在煤矿业中积累了巨额财富。

(8)市场竞争与价格形成:资本主义生产方式下的市场竞争是驱动力之一。在第一次工业革命时期,由于大规模生产和技术进步,商品供应量增加,市场竞争日趋激烈。价格在市场上形成,供求关系决定了商品的价格。例如,英国棉纺织工业的垄断组织力量较小,市场上的竞争激烈,导致价格下降。

(9)劳资关系与阶级矛盾:资本主义生产方式带来了劳资关系的重构和阶级矛盾的加剧。工人阶级由于被剥削和压迫,开始组织工会和进行工人运动,争取自身权益和福利改善。这导致了劳资之间的冲突和社会不稳定。

例如,英国的劳工运动在第一次工业革命时期崛起,工人争取更好的工资、工时和工作条件。

(10)资本主义逻辑与利润追求:第一次工业革命时期,资本主义生产方式强调利润追求和市场竞争的逻辑。生产过程中的技术进步和劳动力组织的变革都是为了实现更高的利润。例如,工业企业家在追求利润最大化的逻辑下,投资于研发和生产技术,以提高产品质量和生产效率。

通过以上例证和特点,我们可以看出第一次工业革命时期的生产方式具有明显的资本主义特征。资本家通过私人资本积累、雇佣劳动和市场交换来追求利润。同时,劳动力的再组织、工厂制度的出现以及劳资关系的形成也是该时期生产方式的显著特征。总结来说,第一次工业革命时期的生产方式是资本主义生产方式的典型表现。私人资本积累、市场经济、雇佣劳动、技术创新和利润追求都是其核心特征。这一时期的生产方式推动了经济的现代化和社会变革,对世界范围内的经济发展产生了深远的影响。

3.4.1.2　第二次工业革命时期的生产方式

第二次工业革命源自辛辛那提屠宰场的流水线发明与福特 T 型车流水线生产。在此基础上,加上了泰勒科学管理理论为指导思想,将大批量生产变为现实。生产方式上,采用固定生产线大批量生产同一类商品。由于规模效应,生产资料价格降低,进而降低了单位商品的生产成本,产生成本优势。通过将复杂商品的众多工序变为若干小工序,每一个工序做好,那么整个商品就能做好的逻辑,生产资料沿着生产线的皮带,按照工序依次进行加工。大批量生产可以缩短单位商品的生产时间,降低成本,但是缺点是生产的商品千篇一律,无法及时地根据消费者需求或者市场反应而做出生产调节。

具体来说,第二次工业革命也被称为技术革命,涵盖了 19 世纪末到 20 世纪初的一段时间。在这一时期,新的技术和创新催生了一系列重大的生产方式变革。让我们通过政治经济学理论分析并举例说明第二次工业革命时期的生产方式。

(1)资本集中与垄断:在第二次工业革命时期,由于技术进步和生产规模的扩大,资本开始向大型企业集中。这种资本集中导致了垄断现象的出现,少数大企业在市场上占据主导地位。这些垄断企业通过控制市场供应、价格操纵和竞争排斥,实现了利润最大化。例如,美国的标准石油公司(Standard Oil)在石油行业形成了垄断地位,控制了大部分市场份额。

(2)科学管理与劳动组织:第二次工业革命时期,出现了科学管理的理论和实践,对劳动力的组织和管理方式产生了重要影响。科学管理旨在通过科学分析和优化劳动过程,提高生产效率和工人的劳动生产力。例如,弗雷德里克·泰勒提出的科学管理理论,通过细致的工作分解和任务分配,提高了生产效率。

(3)跨国公司与全球化生产:第二次工业革命时期,跨国公司的兴起和全球化生产的发展成为生产方式的重要特征。大型企业开始在全球范围内建立生产基地和供应链,实现资源的跨境配置和生产的全球化整合。例如,汽车制造商福特(Ford)在20世纪初建立了全球化的生产网络,将生产分散到不同国家的工厂,实现了成本降低和市场覆盖的优势。

(4)技术创新与自动化生产:第二次工业革命时期,技术创新推动了生产方式的进一步转变。新的发明和创新催生了自动化生产设备和机械化工具,大大提高了生产效率和产品质量。例如,在美国,亨利·福特引入了流水线生产制度,大规模应用汽车装配线技术,实现了批量生产和成本降低。

(5)工人抗议:在第二次工业革命时期,工人抗议也是一个重要的现象。随着工业化的加速和生产方式的变革,工人们面临着新的劳动条件和社会问题,导致了一系列的工人运动和抗议活动。以下是一些例子:

1)芝加哥工人大罢工:在美国,1886年的芝加哥工人大罢工是工人抗议的一个重要事件。工人们要求实行每天工作8小时的工时制度,并举行了大规模的示威和罢工。尽管这次大罢工最终以暴力事件收场,但它在劳工运动史上留下了深远的影响。

2)英国拉德克里夫事件:在英国,20世纪初的拉德克里夫事件是一个具有象征意义的工人抗议事件。工人们在拉德克里夫煤矿发起了抗议,要求改善工作条件和提高工资。这场抗议最终导致了激烈的冲突,多名工人死亡。该事件引发了全国范围的工人抗议浪潮,加速了工会运动的兴起。

3)1905 年俄国革命:在俄国,第二次工业革命时期的 1905 年革命中,工人阶级起到了重要的推动作用。工人们举行了大规模的罢工和示威,要求改善工作条件、增加工资和实现政治自由。这场革命最终导致了沙皇制度的动摇和政治改革的推进。

这些工人抗议的例子反映了第二次工业革命时期生产方式转变的社会影响和不平等问题。工人们通过集体行动和组织抗争,追求更好的工作条件和生活质量,为后来的劳工权益保护和社会改革奠定了基础。这些抗议活动也对劳资关系和生产方式的发展产生了深远的影响。

3.4.2 数字化条件下的生产方式

自 1969 年以来,出现了第三次工业革命,产生了计算机与自动化。到 1980 年,不同行业涌现出许多企业,开始大规模定制 MCP 生产。到 2000 年前后,大规模个性化生产 MPP 的出现,以及在 2014 年前后,ABCDI 技术等重要的新兴数字技术的涌现。这些数字技术作用于生产,并催生出新的生产方式。

在 1980 年到 2000 年前后,产生了第三次工业革命(工业 3.0),微电子技术、机电一体化和计算机技术使生产中出现了数控、运动控制器、变频器、PLC 与机器人,进而演变出柔性生产系统;结合信息化技术产生了 ERP、PLM、MES 等高级生产管理信息化系统。这些生产方式的出现,使得大规模定制成为可能。在此阶段,严格意义上也可以算作是数字化条件的萌芽阶段。因为此阶段的计算机与人工智能技术尚处在研发阶段,应用范围不够广,因而对生产产生的影响不够广泛。

第四次工业革命(工业 4.0)是进入 2000 年之后,尤其是在 2014 年以人工智能为首的 ABCDI 技术突破硬件技术壁垒之后日臻成熟,使得各种小规模、小批量定制成为可能。多品种、小批量与个性化成为工业 4.0 下的主要生产模式。消费者可以参与到商品的开发与设计阶段,个性化定制生产逐步取代了流水线生产。除了制造业,在数字化互联网平台与各种平台软件出现下,数字化服务、数字商品等新的商品与服务形式出现。以数字平台为生产工具媒介的生产方式也悄然出现。

3.4.2.1 伴随着第三、第四次工业革命产生的数字化条件下的生产方式

第三、第四次工业革命时期的生产方式呈现出了一些新的特征,其中数字化技术和信息通信技术的快速发展是一个关键因素。以下通过政治经济学理论分析数字化条件下的生产方式,并举例说明一些重要特点。

(1)数字化生产方式:第三、第四次工业革命时期,数字化技术的广泛应用改变了生产方式。生产过程中的许多环节开始数字化,包括设计、生产计划、供应链管理等。数字化技术提供了更高效、更灵活的生产方式,通过自动化和智能化的工具和系统,加快了生产速度和精确度,提高了生产效率。3D打印技术的广泛应用是数字化生产方式的一个例证。通过数字化设计和控制,3D打印技术可以直接将数字模型转化为实体产品,减少了传统生产过程中的许多环节,这使得生产过程更加灵活、快速,并且可以根据需求进行定制化生产。

(2)网络化劳动组织:第三、第四次工业革命时期,信息通信技术的迅猛发展改变了劳动组织形式。通过互联网和通信网络,企业和工人之间的协作和沟通变得更加便捷和全球化。远程办公、虚拟团队和在线协作工具成为日常工作的常态。远程工作平台如 Upwork 和 Freelancer 提供了在线协作和雇佣的机会。通过这些平台,企业可以在全球范围内雇佣自由职业者,进行远程工作。工人通过在线平台找到工作机会,与雇主协商项目要求和报酬,实现远程协作和灵活工作。

(3)共享经济:第三、第四次工业革命时期,共享经济模式兴起,通过数字平台连接供需双方,实现资源的共享,推动了资源的有效利用和社会经济的重组。共享出行平台 Uber 是共享经济的一个典型案例。通过 Uber 平台,车主可以将自己的车辆共享给需要乘车的人,实现车辆资源的充分利用。乘客通过应用程序预约车辆,享受便捷的出行服务。

(4)自动化和智能化:第三、第四次工业革命时期,自动化和智能化技术的广泛应用改变了生产方式。机器人技术的发展使得许多生产环节可以实现自动化操作,减少了人力投入和人为错误。智能化技术的运用,如人工智

能和大数据分析,使得生产过程更加智能化、高效化,并提供了更好的决策支持。工业机器人的应用是自动化和智能化的一个典型例子。工业机器人可以执行复杂的生产任务,如装配、焊接和包装等,取代了人工劳动。这样可以提高生产效率、降低劳动力成本,并提高产品质量。

(5)网络化供应链:第三、第四次工业革命时期,供应链管理也发生了变革。通过信息技术和物流系统的整合,供应链上下游的企业和供应商之间形成了更加紧密和高效的协作网络。实时数据共享、智能物流和预测性供应链管理成为可能,加快了产品流通速度,降低了库存成本,并提高了供应链的灵活性和适应能力。亚马逊的供应链管理是一个典型案例。亚马逊利用先进的信息系统和物流网络,实现了高效的订单处理、库存管理和配送服务。供应商和合作伙伴可以通过亚马逊的平台实时跟踪库存、处理订单,并实现快速的产品交付。

总的来说,第三、第四次工业革命时期的生产方式呈现出数字化、网络化、自动化和智能化的特点。其特点是通过改变生产组织形式、提高生产效率、促进资源共享和优化供应链管理,对社会经济产生了深远的影响。

3.4.2.2　对数字化条件下生产方式研究

1.数字化条件下生产中的过程控制降低了信息不对称

数字化条件下的生产降低生产时间的同时降低了生产过剩带来的成本消耗。数字化条件下具有数、智、云、平化的生产设备可以按照集成在生产设备中的软件自动自主进行生产,并且可以自动与自主做出一些判断与反映。传统的"人—机器",变为了"人—数字智能软件或数字智能平台软件—智能生产设备",生产过程的构架基础发生改变。依靠数字通信技术、物联网技术、大数据与云计算等技术加持,使得这些数、智、云、平化的生产设备能够高效、有序、安全地进行有条不紊并具备预见性的安全生产。它们能对生产过程中出现的各种问题,如生产安全问题、生产间歇、更换零部件、保养机械等问题,自主决策并保证整个生产高效进展。将生产过程中的各个环节数字化,将各个生产要素状态数据化,甚至可以通过软件,将这些采集到的生产过程中的各项数据通过软件图形化、图表化或可视化,便于智能机器

（或软件）自动分析或人工直观观察分析，做出合理高效的反映与正确决策。

工人（智力劳动或管理方面的工人）能通过图表或数据，直观地获取整个商品生产过程的生产阶段、物流阶段与销售阶段的状态，实现精细化掌控，控制生产、加工与销售的各个阶段。这能促进商品生产顺畅，即时调整生产与销售关系，避免资源浪费，实现精细化生产，有利于供给侧改革的具体落地实施，使企业生产和再生产能更有序地进行。在此基础上，通过获取各种生产要素数据与分析，减少了生产、销售与物流等各环节中的信息不对称，且数、智、云、平化特征的生产设备可以自主做出分析决定，减少了反应时间（后文从研究上也印证新品研发时间与生产时间对企业带来的利润影响）。生产阶段各种生产要素的配置比例、生产资源调度、生产工艺、市场反应、产品研发优化、新产品的生产等方面，由于信息不对称的降低，生产与再生产过程更加顺畅。

2. 数字化条件下生产组织具有分布式特征和网络化效应

网络化打通跨国资本环节，打通生产销售价值链，节省了流通环节损耗成本。数字化条件下生产组织具有分布式特征，并具有网络化效应。纵观历史，在人类社会生产发展长河中，生产方式的变革、生产组织的演化，迄今为止，主要总结为三个时代①：①手工业生产时代。在资本主义萌芽时期，家庭作为生产组织。随后随着市场的扩大，简单协作的手工工场演化为专业分工的手工工场。②机器大生产时代。工业革命下，消费与生产持续扩张。工厂制度的出现使资本代替劳动者掌握了对生产过程的控制，从而在 19 世纪末产生了劳动与管理相分离的泰勒制生产组织。② "二战"后，日本依据本国资源不足的状况，制定了即时生产的丰田制"精益生产"组织。这与供给导向的大规模标准化福特制有很大不同。丰田制提倡小批量生产。③ ③数

---

① 王彬彬，李晓燕.互联网平台组织的源起、本质、缺陷与制度重构[J].马克思主义研究，2018（12）：65-73.

② 许光伟.资本主义生产组织演变的整体性解读与反思[J].马克思主义研究，2009（6）：63-80.

③ 刘爱文，王碧英.资本主义生产组织模式的演进与创新[J].当代经济研究，2015（7）：36-52.

字信息化时代。电脑的发明、数字化软件的应用、新型网络通信技术、物联网、人工智能的发展与其广泛的生活化、工业化应用,促使企业生产发生巨大变化。

后福特制生产组织形式(1990年左右出现),是基于信息技术,将丰田制"精益生产"与信息技术结合,演变为大规模定制与网络化构架为特征的生产组织形式。生产过程中出现模块化生产。资本可以在不同地域间生产配置所需的零件。网络化与模块化出现,能调配生产资源,实现协作网络生产。[①]

这种生产方式催生了经济全球化趋势。跨国生产、网络化、全球化生产促成了新的企业生产的国际分工体系。21世纪初,信息化带来数据原料的增多,数据要素成为资本增值环节所必需的新的生产要素。数据要素推动数字信息产业蓬勃发展。它们加快了生产组织形式演变,促进了生产流通的计划性和安全性,促使企业生产组织内部的生产部门与流通部门的专业化分工加剧和职能分离,加速了企业生产组织的信息化、网络化、扁平化。[②]

当代数字化条件下,随着数字科技与基于数字化的智能云制造融入企业生产,企业生产过程中的生产资料方面,数字产品变为了商品,加入平台型企业商品的生产过程中,变为了劳动资料。马克思指出,生产方式是在物质资料的生产过程中形成的人与自然以及人与人之间的相互关系的体系,其中,生产力是生产方式的物质内容,[③]生产关系是生产方式的社会形式,[④]通过劳动方式使二者在物质资料生产过程中实现能动统一。[⑤] 在当今数字化条件下,企业运用数字技术基于云制造的融入,由于平台化原因,生产效应特征表现在直接网络效应、间接网络效应和双边网络效应三方面。平台

---

① 陈硕颖.当代资本主义新型生产组织形式——模块化生产网络研究[J].当代经济研究,2011(4):20-28.

② 任巧巧.论管理信息化与企业组织变革[J].理论界,2006(6):219-220.

③ 申利娜.马克思生产方式理论及其当代价值[D].北京:北京交通大学,2019.

④ 晋利珍.社会主义经济关系中的劳动关系研究——基于社会主义生产方式的视角[J].经济问题探索,2006(10):118-122.

⑤ 马晓辉.生产方式的内涵和几个相关问题[J].商业研究,2005(22):38-41.

常三种特征同时存在,网络外部性的三种特征常常兼具。

直接网络效应指的是当一种产品或服务量多了之后,该产品或服务对用户价值大。[①] 例如电话,当很多人都装了电话线买了电话后,电话才具有价值。当只有一个人拥有电话的时候,电话发挥不出使用价值。同理,平台企业也具备此类特征。

间接网络效应指某种产品或服务的互补品多了后,该产品或服务的价值增大。[②] 例如电脑操作系统、手机系统、平板系统等,这些系统本身的受关注程度和使用价值,是由这一系统中应用的丰富程度以及应用的数量直接决定的。电脑系统本身并不能发挥很大的使用价值,它需要通过应用软件实现其功能。应用软件丰富后,带来功能的增多,人们才会选择使用此种电脑系统。同理,还有手机系统里的软件应用商城或 App 商城,当手机应用软件数量多了以后,人们才会选择这种手机系统并为之买单。同样,云平台也是如此,具备此类特征。以制造业企业为例,企业智能制造云平台里有各种智能物联网接口,可以扩展和连接各种生产端的物品和机械,实现万物互联。加入物联网组件的有智能化功能,能自动搜集生产数据、整理生产数据并自动处理生产数据,实时扩展生产车间的新型功能,提升企业物联网车间生产能力和生产效率。同时,智能云平台的开放性可以供生产者和技术员工开发和加入很多智能数字应用,自动数字软件可以扩展硬件设备的功能,为企业生产赋能。当上述这些方面增多了之后,平台才会更具有价值。这便是它具备的网络间接效应。

双边网络效应指平台一侧用户的价值取决于另一侧用户数量,[③]一侧用户越多那么带给另一侧的用户的价值越大。[④] 数字化条件下,智能制造云平

① 宁立志,王少南.双边市场条件下相关市场界定的困境和出路[J].政法论丛,2016(6):121-132.

② 冷柏军,吴锦今.微软垄断案的法律与经济分析[J].对外经贸实务,2005(9):40-42.

③ 唐要家,唐春晖.数字平台反垄断相关市场界定[J].财经问题研究,2021(2):33-41.

④ 王乐.移动互联背景下的双边市场商业模式的运作机理研究[D].南京:南京财经大学,2016.

台企业用户越来越多,意味着更多的需求,更多的需求将会吸引更多供给。例如该行业的高级技能从业者,更多的高级从业者的加入,使得智能制造云平台覆盖的地理区域更广泛,使用基数更大,数据获取和加工更便捷,从而使生产过程中企业产品的生产加工更高效和快速,各种生产技术问题和生产难题能迅速得以攻克,生产更顺畅;高级从业者、企业外员工、企业劳动一线工人在生产时更顺畅,劳动价格成本更出色,这会进一步吸引更多的企业和企业内、企业外的各种生产劳动者使用。

企业智能制造云平台经常同时具备这三种效应。企业使用数字科技并采用数字平台后,基于云制造数字智能云平台形成机制。同时平台是一种双边市场,如图3.9所示,分布式的网络效应会促进企业产生新的动能。

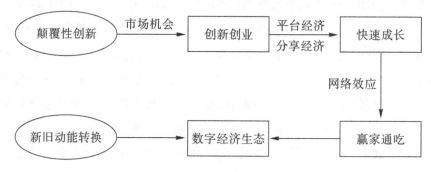

图3.9 分布式网络效应与新动能形成机制

3.4.3 传统生产方式与数字化生产方式的对比分析

在数字技术时代,信息和数据成为最宝贵的资源,生产方式和生产组织形式都发生了重大变革。数字化技术不仅催生了新的生产方式,也改变了传统的生产方式,从而推动了生产效率和产业结构的升级。数字技术还改变了劳资关系,提高了劳动生产率,改变了工作场所和工作内容,也催生了新的职业和就业机会。

首先,数字技术催生了新的生产方式。数字技术的出现推动了生产方式的智能化、自动化、集成化和服务化,催生了新的生产方式。例如,工业物联网技术可以实现对生产过程全面的数字化、网络化、自动化和智能化控制,实现全程自动化生产和智能化管理。3D 打印技术可以将数字化的设计图转化为物理产品,实现快速成型和定制化生产。虚拟现实技术可以将现实场景数字化,使得人们可以在虚拟环境中进行实验和训练。这些新的生产方式的出现,大大提高了生产效率和质量,促进了产业结构的升级。

其次,数字技术改变了传统的生产方式。数字技术的广泛应用,使得传统生产方式得以优化和改进。例如,传统的生产线需要很多人力资源,但是数字技术可以实现自动化控制,使得生产线不需要太多的人力资源。数字技术还可以实现定制化生产,不同的客户可以根据自己的需要进行个性化定制,而传统生产方式无法满足这种需求。此外,数字技术还可以实现实时监控和调整生产过程,大大提高了生产效率和产品质量。

最后,数字技术改变了劳资关系。数字技术的广泛应用,使得劳动力需求发生了变化。例如,自动化生产线需要的工人更少,而需要的技能更高。这导致一些工人的传统技能无法适应数字化时代的需求,从而面临失业风险。但是数字化时代也催生了新的职业,如数据分析师、算法设计师、人工智能程序设计开发者等,这些都成为数字化时代的热门职业。

总之,数字技术催生了新的生产方式和生产组织形式,改变了传统的生产方式和劳资关系。

3.5 数字化条件下劳动过程中技术的变化

3.5.1 工业化技术

3.5.1.1 第一次工业革命时期的技术

第一次工业革命发生于 18 世纪 60 年代至 19 世纪中期,其间出现了许多重要的技术和发明。以下是第一次工业革命时期出现的一些重要技术和发明:

(1)蒸汽机:由詹姆斯·瓦特在 1769 年发明的蒸汽机是第一次工业革命的关键技术之一。使用蒸汽产生动力,推动了纺织、采矿、交通等行业的发展。

(2)纺织机械:约瑟夫·马瑟斯在1764年发明的纺织机械,如纺纱机和织布机,实现了纺织业的机械化生产,大大提高了生产效率。

(3)钢铁冶炼技术:亨利·贝塞莫尔和威廉·肯布里奇等人的技术创新,改进了钢铁冶炼过程,使得大规模钢铁生产成为可能,为工业化提供了强有力的支持。

(4)轨道交通技术:第一次工业革命见证了铁路的兴起。乔治·斯蒂芬森的蒸汽火车"火箭号"(Rocket)在1829年首次成功运行,标志着现代铁路时代的开始。

(5)化学工业的发展:化学工业在第一次工业革命中发挥了重要作用,尤其是约瑟夫·普利斯特利的硫酸制造工艺和尼古拉·勒布朗的氯气制造工艺,推动了化学工业的迅速发展。

(6)农业机械化:农业领域也出现了一些重要的技术创新,如约翰·德尔的钢制犁和塞缪尔·莫尔斯的耕地机,使农业生产更加高效和规模化。

(7)石油工业:石油的开采和加工技术的发展,为能源产业带来了巨大的变革。爱德沃德·德雷克在1859年成功钻取了美国宾夕法尼亚州的第一口石油井,标志着现代石油工业的开始。

综上所述,第一次工业革命的主要技术包括蒸汽动力和纺织机械技术,这些技术的革新推动了经济向工业化方向发展。这些技术的发明和革新极大地提高了生产效率和纺织业的生产率,并使英国成为18世纪的工业强国。第一次工业革命推动了工业生产的现代化和机械化,对社会经济的发展产生了深远影响。

3.5.1.2　第二次工业革命时期的技术

第二次工业革命使人类进入"电气时代"。电力技术的广泛运用是它的特征。第二次工业革命在规模、深度和影响上都远远超过了第一次工业革命。第二次工业革命的技术创新集群建立在热力学、电磁学、化学等科学领域的突破和创新基础上。以下是第二次工业革命时期的一些关键技术。

(1)电力和电气化:尼古拉·特斯拉、托马斯·爱迪生和乔治·西门子等人的贡献推动了电力的发展。发电机、电灯和电动机等关键设备的发明,促进了电力系统的建设和城市的电气化。

(2)内燃机:德国发动机工程师尼古拉斯·奥托在1876年发明了第一个四冲程内燃机,标志着内燃机的诞生。内燃机的广泛应用推动了汽车、飞机和其他交通工具的发展。

(3)钢铁和冶金技术的进步:在第二次工业革命中,钢铁产量大幅增加。贝塞莫尔工艺的改进使得大规模钢铁生产成为可能,同时新的冶炼技术和合金的应用提高了钢铁质量。

(4)石油和化学工业的发展:石油和化学工业在第二次工业革命中得到了进一步的发展。石油化工产业的兴起推动了塑料、合成纤维和化学肥料等产品的生产。

(5)通信技术的革新:电报和电话的发明推动了通信技术的革新。亚历山大·贝尔的电话和塞缪尔·莫尔斯的电报机改进了信息传递的效率和速度。

(6)精密机械制造:精密机械制造技术的进步使得制造业能够生产更精确、更复杂的机械设备。精密机床的发展和自动化工艺的引入提高了生产效率。

(7)化学工业的创新:化学工业在第二次工业革命中取得了重大突破,例如合成橡胶、染料和药物等方面的研究取得了重要成果。

这些技术的发明和应用都建立在科学的基础上,表明科学技术对于工业生产具有极为重要的意义。这些技术的发明和应用推动了工业化的进一步发展,加速了生产力的提高和社会的变革。第二次工业革命为现代工业社会奠定了基础,并对人类生活产生了深远影响。

3.5.1.3 第三次工业革命时期的技术

第三次工业革命是指20世纪后半叶至21世纪初的科技和工业发展阶段,以下是第三次工业革命时期的一些代表性技术。

(1)计算机技术:计算机技术的发展是第三次工业革命的核心驱动力之

一。随着计算机硬件的不断进步和计算能力的提高,计算机在数据处理、信息存储和通信方面发挥着重要作用。个人计算机、服务器、超级计算机等不断涌现。

(2)互联网和通信技术:互联网的普及和快速发展是第三次工业革命的重要标志。互联网使得人们能够在全球范围内实现信息共享、电子商务、远程协作等。此外,移动通信技术的进步,如无线网络和智能手机的普及,也推动了信息和通信的快速传播。

(3)生物技术和基因工程:生物技术的发展使得对生物体的研究和应用更加深入和精确。基因工程技术的出现使得基因组的修改和调控成为可能,给医学、农业和生物制药等领域带来了革命性的变化。

(4)新能源技术:由于对传统能源的依赖性问题日益凸显,推动了新能源技术的发展。太阳能、风能、生物质能等可再生能源的应用逐渐增加,以减少对传统化石燃料的依赖,减少环境污染和温室气体排放。

(5)纳米技术与新材料技术:纳米技术的发展使得人们能够控制和操纵物质的微观结构和性质。纳米技术在材料科学、电子器件、生物医学等领域具有广泛的应用,带来了许多新材料、新器件和新技术。

(6)光电子技术:光电子技术的发展在信息和通信领域发挥着重要作用。光纤通信技术的普及和高速光网络的建立大大提高了数据传输的速度和容量。此外,光电子器件在显示技术、光存储、激光技术等方面也取得了重要突破。

(7)人工智能和机器学习:第三次工业革命时期,人工智能(AI)和机器学习技术开始迅速发展。这些技术使得机器能够模仿和执行人类智能任务,如语音识别、图像处理、自动驾驶等。AI在各个领域的应用日益广泛,包括金融、医疗、制造业等。

(8)新型材料和先进制造技术:新型材料的开发和先进的制造技术对第三次工业革命的推动起着重要作用。例如,高强度、轻量化的材料在航空航天、汽车制造和能源领域得到广泛应用。同时,3D打印技术的发展使得快速原型制作和定制制造成为可能。

(9)大数据和数据分析:第三次工业革命时期,数据的规模和复杂性迅速增加。大数据技术和数据分析能力的提升使得人们能够从庞大的数据集中提取有价值的信息和洞见,支持决策制定和业务优化。

(10)可持续发展技术:在面临环境和资源挑战的背景下,可持续发展技术成为第三次工业革命的重要方向。这包括能源效率改进技术、环境保护技术、清洁能源技术等,以减少对环境的影响和资源的消耗。

(11)虚拟现实和增强现实:虚拟现实(VR)和增强现实(AR)技术在第三次工业革命时期取得了突破。VR 技术能够创建一种沉浸式的虚拟环境,而 AR 技术则将虚拟元素与现实世界结合起来,为用户提供丰富的交互体验和应用场景。

这些技术的发展和应用在第三次工业革命中发挥了重要作用,推动了工业、经济和社会的变革,使得生产和交流更加高效、智能化,也给人们的生活带来了巨大的便利和创新。

3.5.2 数字化技术

数字技术时代主要指当代科技的最新发展与应用阶段,当然也囊括了当今第四次工业革命的技术与应用内容。数字技术时代的技术还包括人工智能和机器学习技术。人工智能是一种能够模拟人类智能的技术,包括语音识别、图像识别、自然语言处理等领域,可以在各种应用中自动化决策、分析和处理。机器学习是一种通过计算机算法和模型来分析和提取数据模式的技术,可以用于各种任务,如分类、预测、聚类等。人工智能和机器学习技术的应用已经涵盖了各个领域,如医疗、金融、零售等,带来了许多新的商业模式和服务。

数字技术时代还涉及区块链技术,它是一种去中心化的分布式数据库技术,可以用于跨组织的数据交换和交易。区块链技术可以在数字货币、智能合约、数据安全等领域发挥作用,可以提高交易的透明度和安全性,减少中间人的作用,降低交易成本。

在数字技术时代出现了第四次工业革命。第四次工业革命是当代科技和工业发展的新阶段,以下是第四次工业革命的一些代表技术领域。

(1)人工智能和机器学习:人工智能和机器学习技术迅猛发展,包括深度学习、自然语言处理、计算机视觉等领域。人工智能和机器学习技术在各个行业中的广泛应用,如智能助理、自动驾驶、智能制造等,改变了人们的工作方式和社会生活。

(2)物联网和传感器技术:物联网(IoT)通过将物理设备连接到互联网,实现设备之间的互联互通。传感器技术的快速发展使得大量的设备和物体能够收集、传输和共享数据,实现智能化和自动化控制。

(3)新一代5G通信技术:第四次工业革命时期,5G通信技术的广泛应用将带来更快的数据传输速度、更低的延迟和更大的网络容量。这将推动更多的互联设备和应用的发展,支持智能城市、远程医疗、智能交通等领域的创新。

(4)区块链技术:区块链是一种去中心化的分布式账本技术,通过密码学和共识算法确保数据的安全性和可信性。它在金融、供应链管理、数字货币等领域具有广泛的应用前景,改变了传统的交易和合作模式。

(5)基因编辑和生物技术:第四次工业革命时期,基因编辑技术如CRISPR-Cas9的发展使得对生物基因组的修改变得更加精确和可行。生物技术的应用范围扩大,包括基因治疗、农业改良、生物制药等,对医学和生态领域有重要影响。

(6)可再生能源和能源存储技术:随着对可持续发展和环境保护的需求增加,可再生能源技术如太阳能和风能得到广泛应用。同时,能源存储技术的进步,如电池技术和储能系统,有助于解决能源的可靠供应和管理。

(7)云计算和边缘计算:云计算和边缘计算的兴起为第四次工业革命提供了强大的计算和存储能力。云计算使得数据和应用程序能够以高效、灵活的方式进行存储和处理,边缘计算则将计算能力推向设备和传感器的边缘,满足实时响应和低延迟的需求。

综上所述,数字技术时代的技术涉及云计算、大数据、物联网、人工智能、机器学习、区块链等多个领域。这些技术已经对生产方式、生产组织形式和劳资关系等方面产生了广泛影响,带来了许多新的商业模式和服务,同时也带来了新的挑战和机遇。

数字技术时代的技术包括了许多不同的领域和应用,从计算机科学到生物科技、机器人技术、人工智能等。以下将从生产方式、生产组织形式和劳资关系的角度来分析数字技术时代的新技术带来的变化与影响。

(1)生产方式方面,数字技术时代的技术正在推动着生产方式的变革。数字化、自动化、智能化等技术正在加速工业生产的转型升级。数字化生产、工业互联网、物联网等技术正在让生产过程更加智能化、精细化和高效化,实现了生产过程的全面数字化。生产过程的灵活性和适应性也在不断提高。另外,数字技术也推动着传统产业向数字化转型,形成新的数字产业,这些数字产业的特点是高效、灵活、创新性强,能够为经济增长提供新的动力。

(2)生产组织形式方面,数字技术时代的技术正在推动着生产组织形式的变革。数字化、自动化、智能化等技术正在改变着传统的生产组织方式,实现了从传统的大规模生产向小批量定制、个性化生产的转变。数字技术使得生产组织更加灵活,能够更好地适应市场的变化和消费者需求的变化。数字技术也正在推动着生产组织的全球化,通过数字技术,企业可以实现全球供应链的管理和控制,提高供应链的效率和透明度。

(3)劳资关系方面,数字技术时代的技术正在推动着劳资关系的变革。数字化、自动化、智能化等技术正在改变着劳动力市场的需求和供给,传统的劳动力市场正在向数字化、智能化方向转型。数字技术也使得工作更加灵活,越来越多的人选择自由职业、远程办公等工作方式。数字技术也带来了一些新的问题,例如机器替代人力,会带来一些失业风险,同时也会对劳动力市场的结构造成一定影响。因此,数字技术时代的技术在劳资关系方面,需要采取适当的政策和措施,以确保劳动力市场的稳定和可持续发展。

3.5.3 数字化技术同工业化技术的对比

数字化技术同前三次工业化技术有着很大的不同,主要体现在生产方式、生产组织形式和劳资关系方面,以下将详细分析其不同之处。

(1)生产方式方面。前三次工业化主要使用机械化和自动化技术来生产商品,而数字化技术则是通过互联网、计算机、传感器等数字技术来生产商品。机械化和自动化技术需要大量的物理劳动,而数字化技术则更多地依赖于智力劳动和数据分析。在前几次工业化时期,生产线上的工人需要完成一系列重复性的任务,这导致了工人们的劳动效率低下,以及由于机械化和自动化技术的使用而导致的失业。而数字化技术则通过减少烦琐的重复性任务来提高生产效率,并为工人们提供了更多的机会去开发和实现更高级别的任务。

(2)生产组织形式方面。前三次工业化时期,生产组织形式是基于传统的制造业模式,如大型制造业公司、工厂和企业等。这些公司通常由大量的工人组成,这些工人需要在一个地方集中生产商品。而数字化技术则使得分散式的生产成为可能,因为通过互联网和数字化技术,公司可以将生产任务分配给全球各地的供应商和生产商。这种模式被称为全球化生产,它使得生产和供应链更加灵活和高效。

(3)劳资关系方面。在前三次工业化时期,劳资关系往往是由雇主和工人之间的直接关系来定义的,雇主通常控制着工人的工作和工资。而数字化技术则使得劳资关系变得更加复杂。因为数字化技术的发展,大量的劳动力被自动化,这意味着工人需要重新定位自己的职业和技能。另外,数字化技术也使得人工智能和机器人技术成为现实,这使得劳资关系进一步复杂化。

总之,数字化技术与前三次工业化技术有很大的不同,这些不同主要体现在生产方式、生产组织形式和劳资关系方面。数字化技术通过数字化、智能化和自动化的特点提高了生产效率,同时也使得生产组织更加分散和灵活。在前三次工业革命中,机械化生产方式在生产过程中占据了主导地位,生产组织形式逐渐由手工生产向流水线生产转变。这种生产方式的优点是能够大量生产标准化产品,从而降低成本和提高效率。但是,由于生产过程较为刻板,对于生产过程中的变化和灵活性的需求很难适应,而且对于产品的个性化和定制化需求,机械化生产方式也很难胜任。相比之下,数字技术时代的技术更加灵活和适应性强,能够更好地适应变化和定制化的需求。数字技术时代的生产方式,基于数据和信息的处理和传输,使得生产过程更加智能化和高效化。同时,数字化条件下的生产组织形式也更加灵活,可以根据需求调整生产流程和组织结构,提高生产效率和灵活性。在劳资关系方面,数字技术时代的技术也发挥了重要作用。数字技术使得工人和管理者能够更好地进行沟通和协作,同时也使得工人的工作更加轻松和自主。例如,在数字化制造工厂中,机器人和人工智能技术能够协同工作,使得生产效率大大提高,同时也减轻了工人的劳动强度。此外,数字技术也使得工人的技能和知识更加重要,能够更好地适应数字化制造环境的需求。数字技术时代的技术相比前三次工业革命的技术,具有更高的灵活性、更高的效率和更好的适应性,能够更好地满足个性化和定制化的需求,同时也能够提高生产效率和降低成本。在劳资关系方面,数字技术劳资关系发生了很大的变化,将在后续章节中详细分析。

4 数字化条件下资本对劳动过程的监督与控制

数字化条件下,企业生产过程呈现出生产组织形式扁平化、生产资料分布式,劳资关系弹性化等新特征。本章运用马克思劳动过程理论与布雷弗曼劳动过程理论,对数字化条件下资本对劳动过程的监督与控制,进行了较深入的分析研究,进一步分析了资本如何对劳动过程实行监督与控制,也回答了资本主体如何实行监督,并如何通过数字化技术手段强化"软监督"。

第4、第5章,研究并构架了数字化条件下劳资关系变化与影响的理论框架。其中第4章主要基于劳动过程理论、劳资关系理论与资本监督理论,研究了劳动过程中的劳动组织形式变化与劳资关系的弹性。从劳动过程理论入手,对数字化带来的生产组织形式变化与劳资关系进行分析。研究发现,当代数字技术融入生产后,数据变为生产资料,具备了分布式特点。生产组织形式扁平化,且也具有分布式特征。数字技术打破了传统生产组织的时间与空间壁垒,将时间与空间概念纳入研究系统。研究在劳动过程中数字化条件下的监督形式,并同传统的雇佣关系、监督方式对比。并进一步分析了在数字化条件下的监督对劳动与劳动过程所产生的具体影响,拓展了数字化条件下劳动过程中劳动组织形式与监督方式的研究内容。沿着此路径进一步研究发现,使用数字技术后,资本在劳动过程中的监督效果更强。通过展开研究得出,数字化条件强化了监督,使监督更严密,新的监督影响了劳动与劳动过程。

4.1 资本为何及如何在劳动过程中实行监督

在《资本论》第一卷第五章"劳动过程和价值增殖过程"中,马克思提到了资本家对于劳动过程的监督和控制。资本家通过占有生产资料和劳动者的劳动力,可以控制劳动过程,实现价值的增殖。并指出:在劳动过程中,劳动者将生产资料与劳动力结合起来,创造出新的产品或增加产品的价值。"工人在资本家的监督下劳动,他的劳动属于资本家。资本家进行监视,使劳动正常进行,使生产资料用得合乎目的,即原料不浪费,劳动工具受到爱惜,也就是使劳动工具的损坏只限于劳动使用上必要的程度。"① 然而,在资本主义社会中,资本家不仅占有生产资料,而且占有劳动力,从而可以通过组织劳动过程,控制和监督劳动者的劳动行为,以获取利润最大化。此外,布雷弗曼也曾强调:"对资本家来说,对劳动过程的控制权从工人手里转移到自己手里,是非常必要的。这种过渡在历史上表现为生产过程的进步性转让——从工人那里转让给资本家。"② 由此出现资本家对劳动过程的管理与监督问题。③ 泰罗也曾提出:在工人方面,达到这个标准的最大障碍是他们所采取的慢速度,或是工作懒散或所谓磨洋工,挨钟点。④ 布雷弗曼指出,工人和资本家双方受到最大祸害是故意的磨洋工,它在一般的管理制度下几乎是普遍存在的,它是由于工人们对于他们认为最能增进他们利益的事情做了仔细研究而造成的。⑤

在生产劳动过程中,资本家监督工人是否"偷工减料",从而确保资本家能够获得最大的利润。马克思在《资本论》中明确提出:资本家必须对生产过程进行控制和监督,以确保生产出的商品符合预期标准。在工业化生产中,生产过程必须严格遵循预定的程序,从而确保生产出的商品的质量和数量。为了达到这个目的,资本家需要监督和控制工人的工作,确保工人在规定时间内完成所需的任务,并确保他们的工作符合质量要求。如果工人违反了这些规定,他们就可能被解雇或面临其他惩罚。此外,资本家还需要监

---

① 马克思.资本论(第一卷)[M].北京:人民出版社,1972:210.

② 哈里·布雷弗曼.劳动与垄断资本——二十世纪中劳动的退化[M].北京:商务印书馆,1978:54.

③ 哈里·布雷弗曼.劳动与垄断资本——二十世纪中劳动的退化[M].北京:商务印书馆,1978:56.

④ 弗雷德里克·W.泰罗.科学的管理原则[M].上海:上海译文出版社,2019:13-14.

⑤ 哈里·布雷弗曼.劳动与垄断资本——二十世纪中劳动的退化[M].北京:商务印书馆,1978:90.

督生产过程中使用的原材料和工具。他们必须确保原材料的质量符合标准,并且工具和设备保持良好的状态。如果生产过程中的任何一环出现问题,都可能导致生产线停工,造成生产线的效率和效益下降。

总之,资本家必须监督整个生产过程,以确保生产线的效率和效益最大化。为此,他们必须采取各种措施,包括监督和控制工人、原材料和工具的使用,以及确保生产过程严格遵循预定的程序。通过生产过程中的这种监督,资本家觉得自身能获取最大的利润。

马克思认为,资本家的监督和控制主要表现在以下几个方面:第一,资本家通过工厂系统和分工制度来组织劳动过程,将劳动过程分割成不同的工序和岗位,使得劳动者的劳动变得高度专业化和机械化,从而提高了劳动效率。第二,资本家通过工作时间的管理和激励机制来控制劳动者的劳动行为。他们通过规定工作时间、加班费和奖惩制度等手段来激励或惩罚劳动者,使他们服从于资本家的管理。第三,资本家还通过监督和控制劳动者的劳动过程来保证生产的质量和产品的标准化。他们采用现代管理和技术手段,如流程管理、质量管理和标准化生产等,来确保产品的质量和市场竞争力。

综上所述,马克思认为资本家通过控制和监督劳动过程来实现自身的利益,而劳动者则成为资本家的工具和附属品,他们的劳动不再是自由的和创造性的,而是变成了受控制的和被剥削的。

4.1.1 监督是资本对劳动过程管理的一大职能

马克思认为,资本家在资本主义生产过程中的职能不仅仅是提供资本,还涉及生产过程的监督和管理。在数字化条件下资本家仍然会通过控制与监督劳动过程,实现雇主们对劳动过程的掌控。资本家监督劳动过程的方式隐蔽,目的是达到对劳动过程的完全掌控,[①]即实现资本家对劳动过程的

---

① 哈里·布雷弗曼.劳动与垄断资本——二十一世纪中劳动的退化[M].北京:商务印书馆,1978:153.

完全控制。① 如在 19 世纪 90 年代,美国钢铁行业雇主通过使用机器替代人力,带来生产方式变革。② 此时资本家对劳动过程的监督与控制所采取的措施有:工资激励计划、新的晋升制度和发展的职业阶梯、福利政策。③

资本家为实现生产过程中的主导者地位,主动实施监督职能,常体现在以下几方面:

首先,资本家需要监督和控制劳动力的使用。资本家通过生产组织和技术的安排,控制着工人的工作时间、工作强度和生产质量,以保证最大化地利用劳动力,从而获得最大化的利润。同时,资本家也通过一系列的规章制度和管理措施,对工人的行为进行监督和管理,确保工人服从其命令,遵守生产纪律。

其次,资本家需要对生产过程中的各个环节进行监督和管理。资本家需要对原材料、生产设备和生产环境等进行管理,确保生产过程的顺利进行。资本家还需要对生产流程进行优化和改进,以提高生产效率和降低成本。这些都需要资本家对生产过程的各个环节进行监督和管理。

最后,资本家需要对生产出来的产品进行监督和管理。需要对产品的质量、数量和价格等进行管理,以满足市场需求,并获得最大化的利润。资本家还需要进行市场营销和销售,以扩大市场份额和提高销售额。

总而言之,资本家在资本主义生产过程中的监督职能是为了实现其最大化的利润追求。在这个过程中,资本家通过各种手段对生产过程和生产要素进行控制和管理,以达到利润最大化的目的。但是,这种利润追求的盲目性和剥削性也导致了工人的被剥削和社会的不稳定。因此,当今在数字化条件下,监督控制是资本主体在生产过程中的重要职能之一。

---

① 谢富胜.控制和效率——资本主义劳动过程理论与当代实践[M].北京:中国环境科学出版社,2012:54.

② 哈里·布雷弗曼.劳动与垄断资本——二十一世纪中劳动的退化[M].北京:商务印书馆,1979:176.

③ 谢富胜.控制和效率——资本主义劳动过程理论与当代实践[M].北京:中国环境科学出版社,2012:56.

4.1.2　资本对劳动过程监督控制的实质

马克思在《资本论》中指出,资本家的监督是为了控制劳动过程中的技能、速度、力量和恒常性,以确保劳动力的使用效率最大化,从而实现资本的价值增殖。也就是说,资本家在劳动过程中的监督,实质上是为了控制劳动过程,从而保证生产过程的顺利进行,以达到最大程度的利润增长。

在劳动过程中,资本家通过各种手段进行过程的监督与控制。一方面,资本家通过引进更加先进的生产技术和机器,以提高生产效率和质量,同时降低劳动力的使用成本。另一方面,资本家对工人进行监督和管理,以确保他们按照预定标准完成生产任务。这种监督和管理可能通过分工、计时工资、监督工具、惩罚和奖励等形式进行。

但是,资本家对劳动过程的监督与控制,不仅仅是为了提高生产效率,还可以达到其他目的。例如,资本家可以通过监督和管理来控制工人的行为,从而避免他们的"意外行为"或抵制行为,确保劳动力的稳定性。此外,资本家还可以通过对劳动过程的监督和管理来收集有关工人行为、生产流程和产品质量的信息,从而更好地控制和管理整个生产过程。总之,资本家对劳动过程的监督和控制旨在最大程度地利用和榨取劳动力的潜质,从而实现资本的价值增殖。

然而,当今在数字化条件下,运用马克思劳动过程理论与布雷弗曼劳动过程理论,我们可以理解为:资本主体在劳动过程中监督控制的实质是,通过新一代数字化先进技术、资本投入与运用,以提高生产效率和质量;采用过程监控管理、绩效评估等系统,对劳动者进行实时监督与管理,以确保他们按照预定标准完成生产任务;以确保劳动力的使用效率最大化,降低使用成本,同时提高生产效率,从而更好地控制和管理整个生产过程,实现资本的价值增殖之目的,而决不能像过去的资本家那样,单纯地去贪婪追求剩余价值的最大化。另外,还要为提高企业发展奠定经济基础,不断提高员工的工资及福利待遇,以确保他们自身发展利益和社会稳定。

4.2　传统的雇佣关系与监督方式

　　马克思认为,随着资本家使用越来越多的机器和大量的劳动者,资本家必须对生产过程进行更细致的管理和监督,以确保工人的劳动不会浪费或不必要地延误。马克思在《资本论》第一卷第九章中指出:"在生产过程中,资本发展成为对劳动,即对发挥作用的劳动力或工人本身的指挥权。人格化的资本即资本家,监督工人有规则地并以应有的强度工作。"[①]在《资本论》第三卷第二十三章中,马克思指出:"凡是建立在作为直接生产者的劳动者和生产资料所有者之间的对立上的生产方式中,都必然会产生这种监督劳动。这种对立越严重,这种监督劳动所起的作用也就越大。"[②]资本主义的生产方式,在技术上,已经使监督和管理变得必需,而劳动过程的本质特征却是直接生产商品,而不是进行管理和监督。这导致了传统雇佣关系的崩溃,取而代之的是更加精细和严格的管理和监督方式。

　　马克思在《资本论》第一卷第五章中指出:"工人在资本家的监督下劳动,他的劳动属于资本家。资本家进行监视,使劳动正常进行。"[③]传统的雇佣关系和监督方式是建立在劳动力商品化基础之上的,资本家购买工人的劳动力,并对工人进行监督,以确保他们按照预定的方式完成工作。这种监督方式通常是基于时间和任务的,即工人必须按照规定的时间完成特定的任务,以便资本家能够获得足够的利润。

　　在传统生产中,主要的监督类型包括技术监督和直接管理。技术监督是指雇主对劳动过程的技术方面进行监督和控制,例如对生产流程、机器和设备的控制等。直接管理则是指雇主通过对工人的直接管理和监督来保证生产过程的顺利进行,例如通过劳动纪律、工资激励、工作时间等方式来对工人进行控制。

---

① 马克思.资本论(第一卷)[M].北京:人民出版社,1972:343.
② 马克思.资本论(第三卷)[M].北京:人民出版社,1975:431.
③ 马克思.资本论(第一卷)[M].北京:人民出版社,1972:210.

在传统生产中,劳动力通常是以时间为单位出售的,因此劳动力的数量和劳动时间是资本家获得利润的重要因素。为了确保工人的生产效率,资本家通常会采用严格的纪律和管理方式,例如对迟到早退的工人进行惩罚,对劳动强度低下的工人进行处罚。

此外,在传统生产中,资本家通常会通过劳动分工和专业化来提高生产效率。例如,在生产汽车时,资本家会将生产过程划分为多个不同的阶段,每个阶段由不同的工人负责完成。这种劳动分工和专业化使得每个工人可以专注于某个领域,提高了生产效率,但也使得工人的劳动变得单调乏味。

总之,在传统生产中,资本家通过技术监督、直接管理、劳动分工和专业化等方式来对工人进行监督和管理,以保证生产过程的顺利进行和利润的最大化。这种监督和管理方式通常是强制性的,会使工人失去自主性和自由选择的权利。

4.2.1 工头类监督方式

在《资本论》中,马克思提到了一种传统生产中的监督类型,即工头类监督。这种监督方式是在手工业时代发展起来的,由于手工业生产过程相对简单,因此工头可以通过直接监督工人来掌控生产过程。

工头类监督的特点在于,监督者和被监督者之间存在着一种强烈的威权关系。工头对工人的监督和指导可以是直接的,也可以通过下属的领班或班组长等中间人进行。无论是哪种方式,工头都拥有对工人的控制和命令权力。同时,工头类监督通常不需要复杂的管理体系和技术手段,只需要依靠监督者的经验和权威来实现。

然而,工头类监督也有其局限性。首先,这种监督方式通常只适用于规模较小、生产工艺相对简单的手工业生产过程,无法适应机械化、自动化生产的需求。其次,工头类监督容易导致劳动生产率低下,因为监督者的时间和精力往往需要分散到监督和指导多个工人上,无法充分利用监督者的工作效率。最后,工头类监督容易导致劳动关系紧张,因为被监督者可能会对监督者的权威和干涉产生反感和不满。

4.2.2 计件工资类监督方式

在传统生产中,另一种常见的监督方式是计件工资类监督。在《资本论》第一卷中,马克思提到了计件工资制度的存在,这种制度在一定程度上也被视为一种形式的监督。马克思在《资本论》第一卷第十九章中指出:"在实行计件工资的情况下,乍一看来,似乎工人出卖的使用价值不是他的劳动力的职能即活的劳动,而是已经物化在产品中的劳动,似乎这种劳动的价格不是像计时工资那样,由劳动力的日价值/一定小时数的工作日这个分数来决定,而是由生产者的工作效率来决定的。"①如果工资按照产品的数量计算,那么劳动过程就只是加速了。每件产品的制造需要的劳动量,就变得无关紧要,而工人每日一定要生产的产品量,变成了资本家监督工人的尺度。

这种监督方式是通过给工人付费来监督和激励他们的工作表现,即根据工人的工作量来支付工资。"计件工资无非是计时工资的转化形式,正如计时工资是劳动力的价值或价格的转化形式一样。"②这种监督方式在工业资本主义的早期阶段尤其普遍,尤其是在纺织工业、矿业和工程等领域中得到了广泛应用。计件工资制度下,工人的报酬与他们生产的数量成正比。因此,工人需要尽可能地快速生产更多的产品,以获得更高的工资。此时,资本家通过工人完成的商品数量监督工人,并确保工人在规定的时间内完成任务。

马克思在《资本论》中写道:"计件工资的形式同计时工资的形式一样是不合理的。"③"在实行计时工资的情况下,劳动由劳动的直接的持续时间来计量;在实行计件工资的情况下,则由在一定时间内劳动所凝结成的产品的数量来计量。劳动时间本身的价格最终决定于这个等式:日劳动价值=劳动力的日价值。因此,计件工资只是计时工资的转化形式。"④计件工资制的一

① 马克思.资本论(第一卷)[M].北京:人民出版社,1972:603.
② 马克思.资本论(第一卷)[M].北京:人民出版社,1972:603.
③ 马克思.资本论(第一卷)[M].北京:人民出版社,1972:605.
④ 马克思.资本论(第一卷)[M].北京:人民出版社,1972:605.

种非常普遍的形式,就是规定一定数目的活儿必须在一定时间内完成。一名工人的工资就取决于他能否完成这一任务。他们被迫加班加点,以完成规定的任务。由此,计件工资制引入了一种强制性的劳动时间的标准。计件工资类监督在实践中的效果取决于其实施方式。在某些情况下,这种监督方式可以提高工人的生产力和效率。然而,在另一些情况下,它可能会导致工人过度劳累和剥削。"计件工资成了延长劳动时间和降低工资的手段。"[1]"计件工资是克扣工资和进行资本主义欺诈的最丰富的源泉。"[2]因此,许多工会和劳工组织反对计件工资类监督,认为它对工人的身体和心理健康造成负面影响。虽然计件工资制度为工人提供了更高的激励,但它也可能导致过度劳动和工作压力。此外,由于工人在一定程度上是相互竞争的,他们可能会以牺牲安全和质量为代价来完成任务。因此,这种监督形式也有其局限性和缺陷。

4.2.3　契约类监督方式

在资本主义生产方式中,契约类监督是一种常见的监督方式。马克思在《资本论》第一卷第二十五章中指出:"在宗主国,可以花言巧语地把这种绝对的从属关系描绘成买者和卖者之间的自由契约关系,描绘成同样独立的商品所有者即资本商品所有者和劳动商品所有者之间的自由契约关系。"[3]他强调,资本主义社会的生产关系不是基于人们的个人意志和行动,而是基于资本家与雇佣工人之间的契约关系,这种契约关系使得雇佣工人在劳动力市场上成为商品。因此,契约是资本主义生产中一个重要的管理工具,能够约束和监督工人的行为。

在契约类监督下,劳动者和雇主之间的关系是以一份劳动合同为基础的。在这个合同中,雇主和劳动者在法律上达成了一致,规定了工作时间、工作内容、工作质量、工资和福利等方面的内容。由于雇主在契约中约定了

① 马克思.资本论(第一卷)[M].北京:人民出版社,1972:609.
② 马克思.资本论(第一卷)[M].北京:人民出版社,1972:605.
③ 马克思.资本论(第一卷)[M].北京:人民出版社,1972:838.

工资的付款方式和额度,因此他会对劳动者的工作进行监督,以确保劳动者按照合同履行工作职责,从而确保自己的利益。

马克思在《资本论》中指出,契约类监督的本质是在资本主义生产方式下,劳动力被当作商品出售,资本家与劳动力之间建立了一种形式上的平等关系,但实际上,资本家通过掌控工作条件和工资报酬等手段来进行控制和监督。这种监督方式下,资本家对于工人的工作时间、工作质量和工作进度等方面进行掌控和监督,以确保工人的工作能够符合资本家的利益。

然而,在契约类监督中,由于合同缺乏平等性和公正性,以及雇佣关系的不对等性,劳动者往往处于被动和不利的地位。资本家通过占据制定合同的优势地位,会将劳动者的工资压得非常低,或者迫使劳动者在合同期限内无法得到合理的休息和福利。此外,资本家还可以根据自身的利益随时更改合同条款,导致劳动者失去合同保障和收入来源。

综上所述,契约类监督虽然在一定程度上能够对工人进行约束和监督,但由于劳动者处于不利地位,容易被剥削和压榨。资本主义生产过程,就是一种将工人劳动力置于某种已知的或者假定的法律支配之下的生产过程。工人在这种监督方式下更加容易被剥削和压迫,因为他们没有足够的话语权来影响合同的内容和工资的制定。而资本家则可以通过调整工作内容和工资,最大程度地利用工人的劳动力来实现最大利润。

4.3 数字化条件下资本监督的作用与影响

4.3.1 资本监督被数字化技术加强

数字化条件下资本监督与控制范围增大:数字化条件下资本主体的监管与控制的范围前所未有,且不断强化。这主要体现在资本可以监督控制工人劳动者、劳动过程、生产资料等诸多方面,且不受时空、地域、环境的任何限制。例如,企业采用平台监控与管理系统软件可以监控工人劳动过程,实现对其工作状态的全方位监控;采用绩效评估系统,可以评价他们的工作表现与业绩,决定他们的晋升与未来。

数字化条件下的企业,资本控制生产资料,包括生产工具,也包括控制劳动对象。通过物联网端口、摄像头等数字设备采集信息,利用数字化平台来监控劳动对象的生产过程中的劳动行为等 。如一些平台公司开发的平台应用监督软件,可实现对企业工人工作状态实时监控,监控数据提取后对工人状态自动生产评估报告。可直接通过平台软件自动做出的智能化分析图,以及数据合成的各种专业图表,分析某个工人的工作状态、心理特征、性格特征、职业特征等。近些年,学者关于此类相关研究也逐渐增多,对于这种资本的控制或劳动监督,有很多分歧。

可以说,数字化条件下资本利用平台控制的程度达到了前所未有的情况,控制范围增大、控制力度加强,也使劳动者产生了新的压力。例如,低端劳动者不得不主动申请加班,主动放弃应该拥有和应该争取的休息权利,主动申请承担更繁重繁冗的重复劳动和高强度劳作。他们主动选择延长工作时间和采取更强烈的自我剥削的同时,面临更不稳定的合同契约、更不稳定的工作与休息日程、更不稳定的社会保障。当前,面临双向制约机制缺失的问题,导致企业的生产经营风险和成本都将被轻易地转移给劳动者,巨大的财富集中汇聚到平台的所有者手中。因此,双向制约机制必须引起政府各相关监管部门的高度重视。

数字化条件下资本控制的范围空前加大:数字化条件下资本可以控制方方面面,可以控制工人、控制劳动过程、控制生产资料。例如,企业采用平台软件监控工人劳动,监控软件生产厂商(如深信服科技股份有限公司)出品的监控系统软件,可以实现对工人工作状态的全方位监控。数字化条件下的企业,资本控制生产资料,包括牢固控制生产工具,也包括控制劳动对象。资本通过数字平台控制劳动者,通过数字平台、物联网端口、摄像头等数字设备,控制劳动生产过程、监控劳动过程等方面。

甚至有的企业通过软件监控工人工作时候浏览网页的时长与监控工人对电脑的各项操作,包括工人浏览了哪些网页、执行了哪些鼠标操作、在哪些操作上停留了多少时长等。(如深信服公司开发的平台软件,可实现对企业工人工作状态及电脑浏览的数据监控提取数据,之后对工人状态自动生产评估报告。)而且可以以图标方式,直接通过平台软件自动做出智能化分析图,以数据合成的各种专业图表、分析图来分析这个工人的工作状态、心理特征、职业特征等。

资本家对工人行为采取自动智能化隐蔽式数据提取并进行监督与控制,其技术框架与过程为:将工人的物理动作数字化映射为数据,之后通过数据分析,从平台软件自动得出的各项参数分析图表,这些图表含有各种监控指标参数的状态,侧面上能较为准确地分析出工人的工作状态、心理状态、习惯偏好、性格特征等方面的表现。这种在生产过程中无形的资本监督与控制,对工人工作的隐蔽监控,在很多企业中都在应用,近年来在国内外一些企业的曝光中也都有提到(近些年国内外有这方面的专门报道与研究,在此不再展开讨论。这种情况在近年来有普遍发展的趋势,篇幅有限不再展开研究。可以网上搜相关文献,近些年学者关于此类相关研究也逐渐增多)。这种资本的控制或监督劳动,资本利用平台实现的资本控制或监督,不但出现在大企业中,也出现在中小型企业中。有专门制作监控的数字软件,通过售卖监控数字软件,将此类产品卖给各类企业,企业安装后,将工人的数据自动采集后发给监控软件,监控软件通过云平台自动智能分析出结果后,将分析数据传输给企业,企业得到数据后即得知自己员工的状态。

公司购买数字平台监控软件,并通过平台软件监控实现对工人劳动过程的监督。这种监控常常具有隐蔽性。监控平台可以分析工人工作状态,将消极怠工的工人自动筛选出来,并将这些工人打上标签,或放入待解雇员工范畴中。有的企业在筛选待解雇员工的同时,在网上或平台上发布招聘通告,储备公司的劳动力后备军,随时顶替这些通过监控软件发现的"消极"工人。

可以说,数字化条件下资本利用平台,资本的控制达到了前所未有的情况。数字化条件下资本的控制范围增大,产生新压力。资本利用平台得到的控制,也产生了新压力。

4.3.2 资本的数字化监督更严密

数字化条件下资本的软监督控制问题,在上节已有涉及,现主要对软监督控制更严密的具体表现进行较详细的研究。

数字化条件下在劳动过程中资本实现"软控制"。凭借数字平台中针对工人的工作状态设计的评分体系开发的评估系统,通过得到的工人工作状态等数据自动评分计算,实现对工人的自动量化评价,并将奖励惩罚条例与评价等次挂钩,以实现对工人劳动过程的监督。如在平台软件中的智能派单环节,设置派单与等级报酬标准,量化评分高的工人将获得高收益。此时,平台工人将付出全力以获取高评分。跑单量、满意度、信誉度、好评率等指标可被放入平台的自动量化评分体系中,自动由平台智能软件系统生成评分。平台工人的满意度指标与信誉度数据,也将自动由平台实时更新。资本家采用"蜜糖+大棒"方式,实现对数字化条件下劳动过程的控制。①

资本实现"软监控"的全面性体现在通过智能物联网监控劳动者和商品在生产过程中各阶段的各项数据,进行智能且有效的安全监控,同时进行自动实时搜集数据。与传统的生产相比,它可以无任何死角地监控生产过程,降低产品的次品率或不良率,以保障生产的安全有序进行。

有学者提出,资本投资生产领域,依靠技术外溢减少边际效用递减规律,驱动企业生产力的发展。② 数字平台借助了工业物联网技术、人工智能技术、互联网技术、云技术及新型通信技术等,是实物形态的创新,它所能带来的冲击也将大大超过非物化的创新。智能制造云平台在各种实体化企业的生产和产品销售环节中有很大的应用空间,③它带来比固定资产投资与研发投资更为高效的生产率提升效果。④

此外,专门开发数字监控软件的企业生产并出售数字监控平台软件,帮助其他资本主体监控工人的生产工作状态。数字软件监控生产和销售各环节。数字化条件下企业的生产和销售过程中,在"生产—销售—服务"的每一个环节都实现监控,自动搜集各个环节数字化的数据,全面整合整个生产与再生产环节。人工智能、物联网、互联网、新型 5G 通信和平台技术等技

---

① 胡磊.平台经济下劳动过程控制权和劳动从属性的演化与制度因应[J].经济纵横,2020(2):36-44.

② 师博.人工智能助推经济高质量发展的机理诠释[J].改革,2020(1):30-38.

③ 师博.人工智能助推经济高质量发展的机理诠释[J].改革,2020(1):30-38.

④ Ceccagnoli M, Forman C, Huang P, et al. Digital platforms: when is participation valuable? [J]. Communications of the Acm,2014,57(2):38-39.

术,以及数据收取和数据挖掘技术,催生了生产创新、员工创新①及员工"创客"等新变化的出现。

数字化条件下资本主体依靠数字技术的联合使用,可以监控企业生产的每个环节,能达到原先所无法达到的精准匹配,能根据生产和销售中的大数据智能分析生产资料的走向趋势,以及商品的销售趋势,最大程度地降低库存,有效控制库存,有效控制生产资料的获取和使用,甚至达到"零库存"水平,②非常有效地控制了企业的成本。企业采取智能制造云平台进行生产,能在生产中搜集海量数据,运用机器学习技术和人工智能的算法,对通过智能物联网端口获取的生产各个阶段中的海量数据信息进行加工、计算,实时搜集上传、分析、存储;实时向劳动者、企业生产管理者、资本主体发送对生产关联的信息。其信息能促进企业生产的高效运行,同时在监控商品销售的时候,也搜集和智能计算相关的各项销售与评价数据信息,通过再加工产生与生产相关联的信息,发送给上述各个群体,如向企业劳动者、企业生产管理者、企业资本家发送这些关联信息。这些关联信息也会对企业的有序生产起到积极的推动作用③,解决了柔性生产的"最后一公里"问题。

4.3.3　资本监督对数字化劳动过程的作用与影响

4.3.3.1　资本对劳动隐蔽性监督与控制增多

资本对生产关系的隐秘性控制,也表现在各种松散劳资关系的控制上,外包与"产销者"的出现,也是这种隐匿性劳资关系的体现。数字化条件下企业常基于数字信息化平台化的社会生产和再生产新组织形式,它缩短了商品生产的社会必要劳动时间,促进了商品价值的实现,加快了企业商品周转的速度,变相加速了市场货币资本流通的速度,对劳资双方产生了影响,

---

① 郭莉莉,孟祥丽,马丽娜,等.加快沈阳人工智能产业链建设的对策研究[J].大科技,2020(35):205-206.

② Annabele Gawer. Bridging Difering Perspectives on the Technological Platform:Toward anIntegrative Framework [J]. Research Policy,2014:1239-1249.

③ 乔龙宝.企业长寿战略:基于系统能力的企业生命周期研究[M].北京:中国财政经济出版社,2004:128.

智能化生产替代并且分流了部分低端劳动力。因此,使各产业后备军的数量逐渐庞大。智能云平台生产和销售中,将搜集不同的用户(包括劳动者和消费者)在生产过程中和消费选择过程中的各种指标和数据及动作变量数据,将得到的数字数据或信息,通过大数据汇总、智能算法计算与二次加工,得出对生产和商品设计及销售有指导意义的数据,作用于生产和商品销售,将劳动过程优化重组;同时将知识劳动、传统劳动和新纳入的社会劳动对资本的形式隶属,逐渐往实际隶属转变。其形式隶属的表征之一,是逐渐有加深就业不稳定的趋势。[①]

随着数字化条件下"产销者"一体化的发展,新纳入的社会劳动对资本的形式隶属影响日益加深,资本对劳动隐蔽性监督、对劳动者的工资收入将产生很大的影响。

4.3.3.2 数字条件下企业资本隐秘的生产过程控制使得矛盾转移

劳资矛盾转移,由劳动者和资本主体的矛盾向劳动者和消费者矛盾巧妙转移。工人群体中出现高低技能分化,工人阶级内部分化增大,薪酬矛盾增多。但是,消费者与平台工人的双向评分制约体系并不完善。出于某些目的,消费者对平台工人的声誉影响是单边的,平台工人无法完成对消费者的评价。即此阶段只可以消费者评价平台工人,平台工人无法评价消费者[②]。另外平台可以通过资本操纵、刷单、刷好评等方式制造各种假象[③],蒙蔽员工与消费者,使得员工与消费者产生矛盾并内耗,变相达到控制员工与消费者的目的。

数字化条件下,消费者对劳动过程的控制作用变相增强。表面上看,劳资矛盾从平台工人与资本主体的矛盾转移了一部分,呈现为消费者与工人

---

① 胡磊.马克思劳动从属于资本理论及其现实意义[J].马克思主义研究,2020(4):13-23.

② 胡磊.平台经济下劳动过程控制权和劳动从属性的演化与制度因应[J].经济纵横,2020(2):36-44.

③ 李晓菁,刘爱玉.资本控制与个体自主——对国内空姐情感劳动的实证研究[J].妇女研究论丛,2017(5):24-36.

的矛盾。① 数字化条件下,传统的合同工人往往被网约工或数字平台注册用户与合约注册协议工人所替代,同时,由于人工智能和数字技术带来的"替代效应",大量工人被替代,劳动力市场供大于求,平台工人间的竞争关系加剧(此时工人为争夺较少的工作岗位展开竞争),平台工人间矛盾深化,间接减少了平台工人与资本主体间的矛盾。此消彼长,导致资本主体在劳资关系中的控制力增强。

4.3.3.3 数字化条件下劳动过程中从属与控制权变化

数字化条件下劳动过程控制权发生改变,劳动从属性也发生变化。这种变化也直接使劳资关系发生微妙变化。

网约工和非合同工人数量增多,尤其是在数字化企业中。现阶段互联网企业中,很多工人是采用了电子合同或无合同状态的工人,有的工人仅仅是点击了注册软件的用户,即成为"合同"的工人,这种现象主要表现在网约工数量的不断膨胀上。同时网约工不仅仅在网络化特点平台企业中出现,一些实体企业里,也因为数字平台的使用,出现了网约工,即定点来完成某项工作和劳动的工人;网约工的出现由虚拟经济领域的互联网平台企业向实体经济的平台特点的企业发展,如广义应用云制造的企业中,即由虚向实慢慢演化拓展范围。这种网约工可以控制自身的劳动时间,即在何时参与商品劳动与商品价值的生产过程,同时,网约工可以自主决定劳动的地点与时间。因此网约工的人身从属性与组织从属性,也由于上述原因而较之前的工人有所弱化。

同时,另一种趋势是,物质资本所有权对劳动的控制,逐步演化为数据资本所有权对劳动的控制。② 平台企业中,数据成为生产要素,并发展成为重要的生产要素资源,用资金购买数据成为现实,此时数据的占有量在企业生产中的作用逐渐胜过了资本的数量在生产中的作用。物质资本所有权被弱化,劳动过程控制权逐步向其中更重要的数据所有权倾斜。

---

① 胡磊.平台经济下劳动过程控制权和劳动从属性的演化与制度因应[J].经济纵横,2020(2):36-44.

② 班峰伟.单向性劳动研究[D].南京:南京农业大学,2020.

借助数字技术,依托数字平台,企业将招工范围向外部劳动力市场延展,获取了更多的弹性化资本积累。各种劳动者,包括参与企业数字平台的网络协议约定下的工人,无法掌控由资本与平台才能掌控的大规模数据生产要素。这使得平台工人虽然人数多,但是由于没有占据数据生产资料,其可替代性增强,工人不断被以人工智能为代表的数字化生产工具所替代。迫于资本与平台的控制和监督,平台工人不得不超额劳动,个人自由时间也被迫受到支配,自愿降低获得或争取个人应得利益的机会,接受加班底薪的待遇,工资待遇与生活质量也随之降低。

4.3.3.4 数字化监督与自动评分体系给劳动者带来压力

数字化条件监督的计件型自动评分体系加剧了劳动者的压力:数字化条件下资本家采取的计件型评价监督方式增大了劳动者的压力。由于数字化条件下的生产过程中资本家往往采取"计件工资"或"按件数收费"等形式,同时依赖大量社会性的潜在的、具有对当前员工有竞争派势的"一次性员工"和"无固定雇主型劳动者",随时准备取代当前员工,这对员工产生了无形压力和社会劳力的无形竞争力。数字化条件下,企业普遍通过生产设备自动采集劳动者状态的方法,获得劳动者劳动状态的数据,变相监控与控制劳动者的工作时间和工作报酬,以此达到对工人的软控制或监控。以制造业中采用数字技术的企业为例,采用数字技术的物联网工业平台在生产中大量使用,劳动者在生产商品的过程中的生产状态,劳动者的生产单位商品的时长,生产者在每个生产环节的操作劳动时长,劳动者的错品率,劳动者在劳动时上厕所或休息的时间,都自动被智能系统记录,自动生成数据,自动智能评分并且自动保存上传到平台中。智能平台对每一个企业生产劳动者或员工,会自动通过人工智能和软件自动产生各类指标数据和生产评价数据。不仅劳动者每天的劳作都被平台记录,而且这种自动状态记录数字化也呈现出更细致的态势。如劳动者的动作,也会通过智能云平台中的物联网摄像头,将劳动者的手部、头部、脚部等关节自动进行运动轨迹的采集。根据其轨迹的数字信息(被采集的其轨迹的数字信息)中,轨迹路径长度与路径重复率等参数的智能分析,得出此劳动者是否处于焦虑状态、或是否处在熟练劳动状态、或是否处在熬时间的状态、或是否处在怠慢工作的状态、或是否处在假性忙碌工作状态、或判断劳动者在商品此生产环节中处于何种级别的熟练状态等。诸如上述这些描述只是冰山一角。具体的劳动者状态指标和每个劳动者特点，智能制造云平台都能自动分析出来。之后，智能平台将对企业劳动者自动给予数字评断和评级，或者通俗地说是：自动打出此劳动者的好评等级和对评分进行分数量化。

上述我们分析的是生产中的智能云平台会自动给劳动者评级与跟踪其在企业生产中的劳动状态。同理，销售云平台与生产云平台一样，它们也会对销售阶段的企业员工打分，评价其劳动过程的状态。此外，在销售云平台中，现实生活中的人会登录网络化销售平台中，给企业商品销售劳动者和服务根据消费者满意度进行评分。在销售平台中，平台经常会通过评分给消费者优惠、积分、返现等鼓励措施，引导消费者在平台中写评价或打评分。

上述两类表现在生产端——企业智能制造云平台和销售端——云化、网络化销售平台中，评分机制和评价评论机制的加入，对企业劳动者来说增加了劳动者的劳动精神压力，使得企业对劳动者的掌控增强，使企业对劳动者的监管与控制加剧。平台的自动智能评分体系，采用算法自动获取数据并评分，对劳动者的劳动效果实现实时、全面控制与监督，使得平台劳动者长期处在相对高强度的工作状态下。①

---

① 谢富胜,吴越.零工经济是一种劳资双赢的新型用工关系吗[J].经济学家,2019(6):5-12.

5 数字化条件下的资本利润和劳动工资

本章对数字化条件下劳动过程变化带来的劳资关系变化进行研究。在布雷弗曼认为的"控制与监督构成了劳动过程的主要动力"外,[①]科亨更认为资本家对经济效益的选择更多地同价值增殖、利润与剩余价值生产相联系。这与本章对劳动过程变化展开研究的内容,即将数字化条件下劳动过程变化及其带来的劳资关系变化所构建的研究分析框架一致。科亨认为,资本家对劳动过程的监督与管理的作用,在工人方面体现为工人对工资与劳动强度的反馈。[②] 对劳动过程的展开研究,应将理论研究点放在工资、劳动时间和劳动量上[③],即回归于资本利用劳动实现价值增殖上来。

本章基于马克思劳动价值理论、资本有机构成理论与剩余价值理论,通过逻辑推演研究得出逻辑模型。探究了数字化条件下,采用数字技术的公司的资本循环速度增快,资本有机构成提高,剩余价值增多,利润率增高的理论原因。最后,基于总结研究成果构架了计量经济学模型雏形。通过关键概念映射建立以数字资本投入、企业利润和工资为变量的经济学回归模型。本章为第 6 章采用现实案例验证,以及第 7 章用计量经济学回归实证方式证明研究结论的正确性提供了基础。

---

① 谢富胜. 控制和效率——资本主义劳动过程理论与当代实践[M]. 北京:中国环境科学出版社,2012:73.

② Sheila Cohen. A Labour Process to Nowhere[J]. New Left Review,1987:164.

③ Sheila Cohen. A Labour Process to Nowhere[J]. New Left Review,1987:165.

5.1 数字化条件下资本的利润源于剩余价值生产

5.1.1 利润与剩余价值生产的关系

5.1.1.1 利润与剩余价值理论

利润与剩余价值具有密切联系。马克思指出,利润是由剩余价值转化成的,在资本主义生产方式中,利润的产生是以剩余价值的创造为前提的。因此,马克思将剩余价值与利润联系在一起,强调了剩余价值对于资本主义经济体系的重要性和基础性。这在数字化条件下的劳动过程中、剩余价值生产过程中,以及利润的产生方面,同样适用。

在《资本论》第一卷中,马克思对剩余价值的生产进行了详细阐述。马克思剩余价值理论对于理解资本主义经济体系内部的利润形成的本质有着重要意义,为研究数字化条件下经济体内部利润形成提供了有力的指导研究工具,这也为经济学的发展提供了重要的理论基础。

5.1.1.2 资本增加剩余价值的方式带来利润提升

在《资本论》第一卷中,马克思对资本增加剩余价值的方式进行了详细的阐述。首先,他在第三篇中提到,资本家可以通过延长工人的劳动时间来增加剩余价值。[①] 他写道:"因为工作日借以表现的价值产品随着工作日的延长而增加,所以劳动力的价格和剩余价值可以同时等量地或不等量地增长。这种同时增长可以发生在下述两种场合:工作日绝对延长,或者工作日没有绝对延长,但是劳动强度增加了。"[②]如果我们把这种扩大价值的方法抽象出来,那么就是工作日的延长。其次,马克思在《资本论》第一卷第十五章中指出:"劳动生产率的提高会降低劳动力的价值,从而提高剩余价值。"[③]他

---

① 孙志艳. 开拓和推进中国式现代化的《资本论》方案[J]. 当代经济研究,2023(3):26-39.

② 马克思. 资本论(第一卷)[M]. 北京:人民出版社,1972:375.

③ 马克思. 资本论(第一卷)[M]. 北京:人民出版社,1972:569.

指出,提高劳动生产率是资本家增加剩余价值的方法,资本家对于一定时间内的总工作日所取得的剩余价值,取决于在这段时间内所付的变动资本量,以及每小时所付的劳动的价值,但在生产力不同的不同行业中,这个剩余价值的大小是不同的。

马克思在整个《资本论》中都对这两种方式进行了详细的探讨和分析,同时也指出了这两种方式之间的联系和相互作用。他认为,资本家为了获得更多的剩余价值,不仅可以延长工人的工作时间,还可以通过提高生产效率来缩短必要劳动时间,从而达到更高的剩余价值率。

资本家会以一定的工资向工人购买他们的劳动力,并使工人在一定的时间内工作。然而,资本家通常会在工人的工作时间上加以控制和延长,让工人多工作几个小时,以便获得更多的剩余价值。这种方式被称为绝对剩余价值。同时,资本家还可以通过提高劳动生产率来增加剩余价值。在生产过程中,资本家可以采用更加先进的生产工艺和技术,通过超额剩余价值的竞争,使再生产劳动力的必要劳动时间缩短,从而在工作日长度不变的前提下,相对延长剩余劳动时间,在相同的劳动时间内使得资本家获得更多的剩余价值。这种方式被称为相对剩余价值。

总之,马克思对资本增加剩余价值的方式进行了深入的分析和探讨,指出了资本家为了获取更多利润所采取的各种手段,包括绝对剩余价值和相对剩余价值的获取方式以及投资不变资本的影响等。这些理论对于揭示资本主义经济体系的运作机制有着重要的启示作用。同时这些理论也都适用于研究数字化条件下经济体系的运作机制。

5.1.1.3　剩余价值的本质

剩余价值的本质在数字化条件下的生产中同样适用。马克思认为,资本主义生产方式的本质是在生产过程中通过剥削工人来获取剩余价值,并将其转化为资本的增殖。马克思指出,剩余价值是资本主义生产方式的基本原则,是它的灵魂。剩余价值制度是生产资料变成资本的历史条件和基础,是资本主义制度的基础。

马克思进一步指出,剩余价值是在剥削劳动力的过程中所产生的,它是劳动力价值和劳动力创造的全部价值之间的差额。(资本家)资本里需要包括他的必要劳动的价值,使他能够按照社会规定的劳动时间购买到那么多的劳动力,以便在劳动时间内,再生产等价物……他的资本里还必须有超过他的必要劳动所代表的那部分的价值,这部分价值才是由剥削劳动力所得到的剩余价值。马克思的剩余价值理论,揭示了资本主义生产方式中剥削和压榨工人的本质。

5.1.2 非数字化条件下的剩余价值生产

5.1.2.1 传统非工业化社会的剩余生产

需要说明的是,马克思所著的《资本论》是在 19 世纪中期,资本主义已经形成并开始崛起的时期写成的,他所描述的是资本主义生产关系下的剩余价值生产。而"传统非工业社会生产"这个概念,通常是指在资本主义之前的生产方式,如手工业和农业等。马克思在《资本论》中提到了前资本主义时期的生产方式中的剩余生产。在奴隶制或农奴制等形式下,生产的剩余产品是由统治阶级剥削劳动者而得到的,统治阶级通过占有和支配社会资源和生产资料,控制着社会的剩余生产。

从马克思的理论中可以看出,无论是在资本主义社会还是在前资本主义社会,剩余生产都是存在的,只是表现的形式不相同。

5.1.2.2 工业化社会的剩余价值生产

在工业资本主义社会中,资本家通过控制生产资料和组织劳动过程,从工人劳动中榨取相对剩余价值和绝对剩余价值。

相对剩余价值以技术进步、机器化、自动化等手段,缩短必要劳动时间,提高生产率的方式,变相增加剩余劳动时间。资本家用此手法无偿占有更多剩余价值。马克思在《资本论》第一卷第十章"相对剩余价值的概念"中提道:"相对剩余价值与劳动生产力成正比。它随着生产力的提高而提高,随着生产力的降低而降低。"①"相对剩余价值的增加和劳动生产力的发展成正比。"②他在《资本论》第一卷第十四章中指出:"相对剩余价值的生产以特殊的资本主义的生产方式为前提。"③因此,资本在用机器和大量劳动相结合的方式下,可以利用相同的劳动时间生产出更多的商品,由此创造出更多的价值和剩余价值。"相对剩余价值的生产使劳动的技术过程和社会组织发生根本的革命。"④

关于绝对剩余价值生产,马克思在《资本论》第一卷第十四章中指出:"对于绝对剩余价值的生产来说,只要劳动在形式上隶属于资本就够了。"⑤绝对剩余价值是通过加班、延长工作时间等手段来延长工人的劳动时间,"绝对剩余价值的生产只同工作日的长度有关"⑥。马克思在《资本论》第一卷第八章"劳动日"中写道:"资本的目的是创造剩余价值,所以在可能的情况下它要尽可能地延长工作日,从而延长剩余劳动时间。"⑦

此外,压低工人工资、剥削女性和儿童劳动力等方式,也是资本家在工业资本主义中进一步增加剩余价值的方式。这些手段都是为了从工人身上获取更多的剩余价值,提升利润,实现资本积累。

5.1.2.3 利润与绝对剩余价值生产过程

绝对剩余价值生产是指通过延长工人的工作时间来创造剩余价值的一种方式。资本家通常会采用这种方式来获取更多的剩余价值,从而提高利润。一个典型的例子是19世纪英国的纺织工业。当时,资本家们通常会在工厂内设置长达12~16小时的工作制度,使工人们每天工作超过10小时,有时甚至要工作到夜里。这种剥削行为使得工人的生活水平下降,健康状况也遭到了极大破坏。同时,资本家们通过这种方式创造了大量绝对剩余

① 马克思.资本论(第一卷)[M].北京:人民出版社,1972:355.
② 马克思.资本论(第一卷)[M].北京:人民出版社,1972:356.
③ 马克思.资本论(第一卷)[M].北京:人民出版社,1972:557.
④ 马克思.资本论(第一卷)[M].北京:人民出版社,1972:557.
⑤ 马克思.资本论(第一卷)[M].北京:人民出版社,1972:558.
⑥ 班峰伟.单向性劳动研究[D].南京:南京农业大学,2020.
⑦ 马克思.资本论(第一卷)[M].北京:人民出版社,1972:557.

价值,从而获得了高额的利润。

在西方现代工业生产中,绝对剩余价值生产仍然存在。例如,在某些低技术含量的制造业领域中,资本家们可能会采用类似 19 世纪纺织工业的工作制度,强迫工人们长时间工作,从而创造更多的剩余价值。而这种剥削行为也同样导致工人生活水平下降、健康状况恶化等问题。随着工人阶级的斗争和政府干预,资本家们不得不考虑工人的健康和生产安全,采取弹性工作制、灵活工作时间等方式,逐步降低工人的劳动强度和减少工作时间。

5.1.2.4 利润与相对剩余价值生产过程

相对剩余价值生产的一个经典例子是 18 世纪末期英国的纺织工业。当时,英国的纺织工业家为了增加生产效率,引进了一种新的纺纱机——珍妮机(Spinning Jenny)。这种机器可以同时处理多个纱锭,使得纺纱的效率大大提高,同时也降低了生产成本,提高了利润。而使用这种机器后,随着每件纱线包含的必要劳动时间缩减,剩余劳动时间就变相增多了,此时便创造出更多相对剩余价值。[①]

此外,随着科技的不断进步,各个工业领域中的生产方式也在不断更新换代。例如,现代汽车生产线上,通过采用机器人和自动化设备,可以使同一时间内生产出更多的汽车,从而提高生产效率,缩短生产周期。这也是相对剩余价值生产的一种具体体现。

需要注意的是,相对剩余价值生产不仅仅是通过技术手段来提高生产效率,还可以通过管理手段、组织方式等多种方式来实现。但无论采用何种方式,相对剩余价值生产都是以提高生产效率和缩短生产周期为手段,从而实现剩余价值增加的目的。

5.1.2.5 同时采用绝对剩余价值和相对剩余价值的生产过程

同时采用绝对剩余价值和相对剩余价值的生产过程,可以以一个生产 T 恤的工厂为例。该工厂通过引进机器、改良生产工艺、提高管理效率等方

---

① 肖靖然,刘建涛.经济·生态·人本:马克思科技思想的三重审度[J].辽宁工业大学学报(社会科学版),2022,24(6):13-16.

式,获得相对剩余价值。同时,工厂的经理也可以通过强制工人加班等方式,延长工人的劳动时间,从而在同样的生产时间内生产出更多的 T 恤,创造更多的剩余价值。这就是绝对剩余价值的产生过程。此外,工厂也可以采用降低工人工资、压缩福利待遇等方式,进一步压缩必要劳动的成本,增加剩余价值。这就是压缩必要劳动的过程。

这些方法都是资本家在工业资本主义社会中获取剩余价值的常用手段。然而,这些手段往往会导致工人生活质量的下降,剥削和压迫的加剧,使得工人的利益与资本家的利益产生严重的冲突和矛盾。

5.1.3　数字化条件下资本利润的本质仍然是剩余价值

5.1.3.1　数字化条件下的绝对剩余价值生产

在当代数字化生产中,技术的更新换代速度更快,资本主体需要更频繁地投入资本,这使相对剩余价值生产更为普遍。绝对剩余价值生产也存在,但是相对较少。以互联网平台为例,平台可以通过改变劳动力市场的供需关系,以低廉的价格吸引更多的工作者,从而实现对工作者的剥削,获得绝对剩余价值。马克思在《资本论》中指出:“对于绝对剩余价值的生产来说,只要劳动在形式上隶属于资本就够了。”[1]“绝对剩余价值的生产只同工作日的长度有关。”[2]绝对剩余劳动量是相对剩余劳动量的条件和前提。

在数字化条件下,绝对剩余价值的生产也在不断增加。数字技术的广泛应用,使得企业能够更加精确地对劳动过程进行控制和管理,对工人的监督和管理也变得更加便捷。马克思在《资本论》中指出,绝对剩余价值的生产过程不是通过缩短必要劳动时间,或者说工人必要的劳动时间的那部分所对应的时间,而是通过把这部分劳动时间缩短之外的剩余劳动时间延长来完成的。这也反映了绝对剩余价值的生产本质,即通过延长工人的工作时间来获得更多的剩余价值。数字化技术的应用,也使得资本能够更好地进行营销,通过精准的市场分析,对市场需求进行更好的预测,更好地满足

---

① 马克思.资本论(第一卷)[M].北京:人民出版社,1972:558.
② 班峰伟.单向性劳动研究[D].南京:南京农业大学,2020.

市场需求,从而提高市场份额和利润。这种通过数字化技术的精细管理和营销,使得资本能够更好地掌控市场,从而获得更多的利润,这正是绝对剩余价值的生产。

以电商行业为例,数字化技术的应用使得电商平台能够更好地对商品信息和库存进行管理,通过平台上的数据分析和预测,能够更加精确地掌握市场需求和趋势,从而在市场上保持竞争优势。与此同时,电商平台还能够对销售和营销过程进行精细化的管理和监控,通过提高销售效率和营销精度,获得更多的利润。

5.1.3.2 数字化条件下的相对剩余价值生产

在数字化条件下相对剩余价值生产更加普遍。这是因为数字化技术的采用,增加了相对剩余价值。马克思在《资本论》中详细讨论了相对剩余价值的生产,特别是对机器的运用和对劳动时间的控制进行了深入阐述。马克思指出:"相对剩余价值的增加和劳动生产力的发展成正比。"[①]"一般地说,生产相对剩余价值的方法是:提高劳动生产力,使工人能够在同样的时间内以同样的劳动消耗生产出更多的东西。"[②]"相对剩余价值的生产以特殊的资本主义的生产方式为前提。"[③]

数字化条件下,企业采用数字技术,提升劳动生产率。这将带来更多剩余价值的产生。而且根据马克思资本积累理论与资本循环理论,这也将带来资本积累增多并利于扩大再生产的进行。随着数字技术中的不变资本投入增多,智能数字技术设备与数字平台的应用场景增多,生产效率也将不断提升,这也意味着劳动过程中的单位商品的生产时间降低。这种现象不仅将导致企业雇佣工人数量减少,也降低了工人生产单位商品的时长。在社会必要劳动时间不变的前提下,采用数字技术的企业缩短了工人的必要劳动时间,从而相对地延长了工人的剩余劳动时长。这使得采用数字技术的企业获取了更多的相对剩余价值。而且,在资本积累率固定的情形下,相对

① 马克思.资本论(第一卷)[M].北京:人民出版社,1972:356.
② 马克思.资本论(第一卷)[M].北京:人民出版社,1972:449.
③ 马克思.资本论(第一卷)[M].北京:人民出版社,1972:557.

剩余价值的增加将增大资本积累,并将进一步满足扩大再生产,周而复始使得企业获取更多剩余价值。

以数字化条件下的电商平台为例,平台采用了数字化技术进行生产,自动化地处理大量订单和货物的流转,降低了生产成本和运营成本。这样,电商平台能够在短时间内完成大量的订单销售,此时单位商品从生产到销售的循环时间缩短,数字技术一方面在提升商品生产阶段的劳动生产率的同时,另一方面使得单位商品从生产到销售的时间缩短,即单位商品从生产到再生产循环的时间缩短。这均直接使得生产阶段与销售阶段的必要劳动时间同社会必要劳动时间相对减少,由此创造出了更多的剩余劳动时间,进而使得相对剩余价值的生产增多。

结合上述章节研究内容,在数字化条件下,劳资关系变化,生产过程中的主要生产要素发生了巨大的变化,劳动过程发生改变,生产的智能化程度不断提高。相对剩余价值的生产在数字化生产中依然存在,但是随着生产自动化的加速,劳动力成为一个越来越小的生产要素。数字化技术的应用使得资本能够更好地控制生产流程,提高了生产效率,使得劳动时间的缩短成为可能,这也就使得相对剩余价值的生产得以延续。

5.1.3.3 数字化条件下资本利润源自剩余价值获取的实例研究

对数字化条件下的计时工资与计件工资进行研究,能充分反映数字化条件下公司利润的来源。数字化条件下公司利润的来源是对剩余价值劳动的占有。

1. 数字化条件下利用计时工资增加对工人剩余价值的占有

这也可看作是,数字化条件下工资的特点与对凯里谬论的批判。在计时工资方面,数字化条件下企业常在平台内发布类似目标,此目标范例通常需要付出较长的工作时长才可完成。工人为完成此项目标,则需要自发地延长劳动时间,相当于变相延长工作日,进而降低了劳动价格。否则平台会对工人冠以消极劳动等评价,对工人进行评分。

此时,平台企业实现了通过延长工时,使劳动价格下降,剩余价值量增多。同时,此类情况下,由于人工智能的发展,低技能劳动力的劳动力市场在长期来看有供大于求的趋势,依托于低技能劳动力的平台企业,剩余价值率增高,剥削增强。平台企业通过延长劳动时间,加深劳动力供大于求的矛盾和劳动者之间的竞争,使日工资或周工资下降。平台企业为了加强自己的竞争能力,常常采取上述方式,以压低工资的办法,降低商品或服务商品价格,扩大平台规模,扩大商品或服务商品销售市场。

同时,压低工人工资的方法是采用临时合同与电子合同。此类合同对公司来讲,没有福利保障、工伤保险、休假福利等一系列支出,从支出端降低了支付给工人的报酬,变相地降低了企业的支出,也减少了工人工资中理应享有的福利与待遇工资。

2. 数字化条件下采用计件工资获得更多剩余价值劳动

数字化条件下的计件工资的特征变为,对劳动的监督采用计件工资的形式进行控制,数字化条件下企业借助数字平台顺利推行包工制、工头制、合作伙伴制、战略合作伙伴制、外包制等劳动组织形式;利用平台软件也可以让工人实现远距离劳动,如居家劳动。

数字化条件下的计件工资相较于计时工资,更能提高劳动强度,延长工作时间,增加剩余价值。数字化条件下工人的工资收入差距扩大,促进工人内部相互竞争,通俗来说即内卷更加严重,将内部个别工人工资收入提高到平均水平之上的同时又将这个普遍收入水平均值本身降低。例如,短视频数字平台"抖音",认证注册的视频创作者平台用户,是注册用户中具有创作活力的用户。抖音通过认证创作者平台用户与这些创作者签署电子认证,相当于一种"合同",认证创作者可以根据视频播放量与热度获取收益。此类认证创作者变相成为抖音短视频商品的工人。抖音设置排行榜,一些认证的创作者(相当于传统企业的合同工人)收益高,且远高于同类型其他创作者的收入水平。创作者创作的视频商品,在创作时间上花费很多劳动。这些视频在普通传统市场交易中的价值,远高于平台最后通过播放收益发放给认证创作者的计件结算工资。通俗来说,原先制作一个类似的视频商品,工人花费劳动时间制作后,完成售出,可得到100元。但通过平台,同样的劳动与同样的视频,通过签约平台企业以平台播放量和热度获得计件工资收益,最后仅仅得到2~3元。同样的例子,在长视频平台企业西瓜视频内,也是如此。工人通过认证获得视频创作者计划西瓜视频达人认证,以这种称号变相签订电子合同,创作者花费大量劳动时间创作的视频,往往通过平台的流量播放收益收获了与其投入劳动量不相符的计件工资收益。

数字化条件下计件工资的例子,当今多体现在使用此类数字科技与数字工具的企业中,在此不再赘述。

3. 数字化条件下计件工资的运动规律

数字化条件下计件工资的运动规律:数字化条件下计件工资的下降同劳动力的提高呈反相关。数字条件下计件工资的下降同单位产品价值量的下降呈正相关。数字条件下劳资双方围绕着计件工资标准展开的斗争,以数字条件下资本的绝对控制与绝对话语权而终止。此时工人对自身工资标准与利益争取的斗争难上加难。

资产阶级经济学家亨·凯里,曾发表过关于工资问题的谬论。凯里的谬论是为了证明,随着资本主义发展,工人同资本家均得到好处。凯里认为,各国工资与本国的劳动生产率成正比,工资总额随劳动生产率而升降。经过上述研究内容分析,以数字化条件下劳资关系与工资分析来看,凯里关于工资问题的描述,显然是错的。因为从经济学理论研究的推演中可以发现,只有工人的工资随劳动生产力提高而相对甚至绝对下降,资本家包括数字化企业资本家的剩余价值则可随劳动生产力正比例变化。明显看到,随着当今资本主义发展,资本家剩余价值获得量提高,剩余价值率提高;工人被剥削更严重,工人工资报酬相对而言减少,工人地位相对更低下,话语权更微弱。

5.2 数字化条件下新的劳资关系带来的利润变化

5.2.1 资本结合数据使生产要素与劳动过程呈分布式且节省成本

数字化条件下,凭借数字平台与智能设备的使用,劳动过程中要素的损耗可有效减少。其他条件不变的情况下,劳动要素成本的降低,同样可以变相地提高利润。基于马克思资本循环和周转理论,数字化设备一次投入多次使用且可以租用,能避免大规模更换固定成本造成的生产停滞与成本支出。这极大降低了固定成本的投入力度。马克思在《资本论》中指出,生产过程中的所有要素,以资本、劳动力和原料的形式从生产要素的所有者那里购买来,以劳动工具的形式从制造商那里购买来。

在数字化条件下,资本和数据的结合对生产要素产生了深远的影响,从而改变了劳动过程和生产效率。数据作为一种新的生产要素,被广泛运用于各个生产环节中,从而提高了生产效率和生产力。与此同时,数字技术的广泛应用使得生产过程更加智能化和自动化,大大减少了人力成本和劳动强度,从而进一步提高了生产效率和生产力。正如马克思所说,资本的发展,就是资本对于劳动过程的支配程度不断提高的过程。

数字化条件下,采用分布式劳动时间作为基础的分布式生产过程,使得工人之间缺乏传统的见面劳动协作所产生的合作纽带。这进一步加强了资本对工人的直接控制,因为工人变得更加分散,不易组织起来,从而难以发起集体行动来争取自身权益。这种情况也符合马克思经济学中关于资本主义工人阶级无产化趋势的分析。在数字化条件下,工人更容易被视为"可替代的零件",而不是有组织、有权利的集体。这进一步增加了工人的不稳定性和不确定性,使他们更加隶属于资本。

数字化条件下的分布式生产和销售,是新的生产和销售组织形式。其中,分布式生产利用数字平台和网络技术,可以实现商品在不同区域的生产和设计,最终快速完成商品的生产过程。分布式销售则指销售地点可以分散在数字平台的不同服务器上,遍布全球,不同地区的销售网点可以在一个数字平台软件中实现商品的交易。近年来,随着区块链技术的加持,去中心化也成为数字平台的趋势。

数字化条件下的分布式生产过程和分布式劳动时间基础,导致工人无法通过传统的面对面劳动协作建立合作纽带,间接提高了资本对工人的直接控制。同时,数字化条件下的企业生产组织形式发生了变化,工人的工作场所也随之改变,工人可以在家、在办公室、在机场等地完成各种工作。数字平台也让企业的生产线更加细化,产业链更加精准,一些商品的生产分散在不同地域的工人手中。数字平台也可以让企业将生产中的某些环节外包给另一个部门、公司或者临时合同承包商,实现生产成本的最低化。

(1)数字化条件下可变成本降低。在数字化条件下,企业可变成本降低,因为它们能够使用更多的网约工和临时合同工。网约工已经成为数字化条件下企业用工人数的多数,平台工人的工资收益受消费者评价影响,这使得平台工人无时无刻不想着尽量提升劳动效果以获取消费者满足。[1] 但是,这也使得消费者与平台工人(网约工)在一定情形中被塑造成能直接完成交易的双方,使得劳动属性隐蔽。这种情况导致网约工的劳动变得更像商品交易,[2]而不是劳动者和资本家之间的劳资关系。这使得网约工更加容易被占有剩余价值,网约工的应得报酬更易被忽视,劳资关系的失衡仍然存在。这种资本基于平台的监督行为也导致了可变成本的下降。

(2)数字化条件下不变资本与固定成本降低。在数字化条件下,生产工具的分布变得更为分散。由于采用数字技术的生产设备可以通过在线升级实现更新和替换,无须进行不变资本的成本支出,因此数字化条件下的生产设备更新成本降低。几乎是一次资金投入之后,可以通过数字平台网络瞬间完成生产软件的版本升级,实现生产功能升级。这节省了生产设备升级所需要停工的时间,而且节省了固定成本升级所要花费的公司成本支出。

数字智能机器对生产力的解放有助于实现柔性化生产,采用数字科技的企业中的工人与机器弹性合作,实现了产品的柔性化生产。相比传统的机器大批量生产,基于数字技术的制造业采用智能云制造等新技术可实现生产线在大批量生产和小批量生产之间实时任意切换,从而具备小批量、定制化的柔性化特质。这种直接在线更新设备的形式,使得企业的不变资本降低。随着这些劳动密集型、大批量生产、低成本的制造业企业的衰退,柔性化生产的生产方式逐渐兴起。总之,在数字化条件下,生产工具的更新成本降低,柔性化生产成为一种新的趋势。

(3)数字化条件下的分布式生产工具设备可更新而无须不变资本的更

① 胡磊.平台经济下劳动过程控制权和劳动从属性的演化与制度因应[J].经济纵横,2020(2):36-44.

② 周敏芬.网络平台与网约工的法律关系认定[J].福建茶叶,2019(7):76.

换。数字化条件下的生产工具设备采用分布式的形式,可以实现更新而无须不变资本的更换。这点也不同于传统劳动过程中的生产工具。基于数字技术的生产设备在更新升级或更替时,可通过在线升级完成,从而避免固定成本的支出。此升级过程有时候是完全免费的,有时候是支付象征性的少量升级费用,但相对于传统的生产设备更新所花费的金额,是非常小的升级支出。数字化条件下的分布式生产设备虽然处在不同地点,但平台可对生产设备的功能进行瞬时提升,这有助于数字智能机器对生产力的提升,也有利于实现柔性化生产。很多情况下,数字化条件下的生产工具会呈分布式,位于不同地域不同场景中,但通过数字平台可以实现同步生产。传统机器大生产的背景下,一旦某一生产线固定,某种商品只能按照某一规格成批量地生产出来,难以变换。但是,基于数字技术的智能云平台可以通过平台软件的控制,实现个性化、小批量定制生产与大规模生产间的随时切换。展望未来,劳动密集型制造业企业的衰微之势愈加明显,取而代之的具有小批量、定制化的柔性化特质的生产却方兴未艾,势头强劲。一方面,从马克思主义经济学的角度来看,这种生产方式可能会进一步加剧资本主义劳资关系中的矛盾。另一方面,这种形式不同于以往任何社会阶段的生产工具,因为它具有分布式特征,它的改变使劳动过程跨越了时间与空间维度,分布式生产工具能直接更新而无须更换设备,也使得企业的不变资本降低。

5.2.2 数字化条件下生产效率提升

数字化条件下的生产过程在数字技术加持下,劳动生产率得到显著提升。不仅生产效率提高,在商品的销售端的销售效率也得到提升。生产与销售效率都得到提高,公司的商品总生产效率得到提升。

如利用数字平台,消费者可以通过虚拟现实实现物品的远距离体验,例如利用数字技术在电脑或手机上直观地看到自己穿上新衣服的立体外观效果,这种虚拟体验可以直接提高消费者购买欲望并促使交易的产生。智能工业化、智能物联网、人机交互能力的不断提升以及人机融合技术的深入推进促进了数字化条件下生产和销售的效率提升。例如,在 2020 年新冠疫情期间,美国很多大型公司如 Facebook 采用了远距离办公的方式,通过数字化技术保证企业生产,使其不但没有停下,反而效率有所提高。①

数字化条件下的生产力发展受到数据的推动。数据成为生产资料和劳动对象,数字化企业采用数字技术后,工人使用的生产工具发生了巨大的变化,劳动者的能力也被迫发生变化以适应数字化劳动工具的要求。这些因素合力推动了数字化条件下生产力的变化,从而大幅提升了生产力水平。数字化条件下,生产工人的生产和社会购买活动完全被数字量化,通过物联网、互联网、大数据、网络云平台等手段,将人的生产、生活消费各环节产生的信息量化,大大削弱了信息的不对称性。同时出现了新的契约形式,如"零工经济""一次性员工"和"无固定雇主型劳动者",极大地开拓了市场空间,原材料市场和各种生产资料不仅地区、地域扩展,甚至全球扩展。数字化条件下,在平台智能化算法技术和生产区域扩展提供支撑下,智能物联网生产云平台、销售平台、数字化人工智能和虚拟现实及增强现实的结合,使得数字化企业生产中的一些生产难题可以通过远距离在线化网络操作得以实现。②

具体而言,通过 ABCDI 数字技术的综合运用,海量数据可以转化为有效的"交易决策",③这是数据推动数字化企业生产力发展的具体表现。在生产过程中,数据变成最基本的劳动对象,具有数智能力的数字机器或数字化生产工具是最具当代时代特征的劳动资料。④ 在企业生产过程中,生产数据不断被采集并通过云制造、智能云平台进行加工,以提高效率。通过人工智能技术,企业可以优化突发情况的解决方案,使生产过程更加智能化、自动化和安全化。这些变化使得企业的生产过程更加顺畅,更快速和平稳地解决问题,从而进一步提高了生产力水平。

① Doorn N, A Badger. Platform capitalism's hidden abode:producing data assets in the gig economy[J]. Antipode,2020,52(5):1475-1495.

② Bughin, et al. Skill Shift:Automation and the Future of the Workforce[R]. McKinsey Global Institute. McKinsey & Company,2018.

③ 维克托·迈尔-舍恩伯格,托马斯·拉姆什.数据资本时代[M].李晓霞,周涛,译.北京:中信出版社,2018:63.

④ 黄再胜.数据的资本化与当代资本主义价值运动新特点[J].马克思主义研究,2020(6):124-135.

马克思曾指出："各种经济时代的区别,不在于生产什么,而在于怎样生产,用什么劳动资料生产。"①在企业网络信息平台中,首先消费者的购买行为和消费心理都被数字系统记录并处理,接着平台自动推送新的符合消费者需求的商品。② 平台促进消费和再生产的顺利进行。这种数字化、大数据化、云化、智能化和平台化的形式,无疑成为推动生产力发展的一种新动力。在数字化企业中,数字和数据成为企业运转所必需的养分和养料,数字化设备需要数字数据的支持,而数字经济的数据又成为推动数字化设备和生产设备运转的重要动力燃料。这种数字机器所带来的好处在于,它们可以自动采集生产状态并上传到云制造平台,实现数字化生产,同时还可以通过网络实时升级最新的功能,拥有新能力、新功能和新技能。如此一来,数字机器和数字化生产设备就成为生产力发展的新引擎。

这些生产数据在数字化技术与企业智能云平台的支持下,具有可复制、可共享、大数据化、互联化、可进化的特征。这些特征意味着生产数据不再像以往那样局限于特定的生产环境,而可以被广泛复制和分享,促进了不同企业之间的合作和知识共享(如图5.1)。此外,这些生产数据的大规模积累和高度互联,为企业提供了更多的信息和洞见,从而使企业能够更准确地预测市场需求和制订更有效的生产计划。最后,这些生产数据的可进化特征,也使得它们能够随着时代和技术的变化而不断更新和改进,保持其在数字化条件下对生产力发展的支持作用。"数据有虚拟性、共享性、传输性、复制性等相对于传统生产要素来说所不具备的特殊特性。正是由于这些特性,它打破传统要素对劳动过程中供给方面的制约。随着人工智能技术的进一步发展,数据在劳动过程中呈现要素收益递增的趋势。"③

---

① 中共中央马克思恩格斯列宁斯大林著作编译局.马克思恩格斯选集(第2卷)[M].北京:人民出版社,2012:172.

② 高海建.基于大数据视角的电子商务产业研究[D].北京:首都经济贸易大学,2015.

③ 黄再胜.数据的资本化与当代资本主义价值运动新特点[J].马克思主义研究,2020(6):124-135. Posner E A, Weyl E G. Radical Markets:Uprooting Capitalism and Democracy for a Just Society[M]. Princeton:Princeton University Press,2018:164.

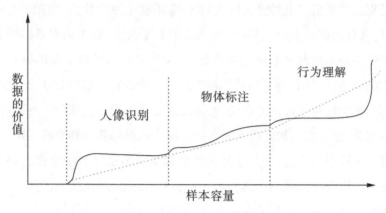

图 5.1　数据的要素收益递增

　　数字化技术带来的生产效率提升,正在对企业的生产方式和生产力产生深刻的影响。企业作为市场经济的基本单位,正在逐步向数字化企业转型,在数字化生产条件下,如在智能云平台中,数据成为数字机器或数字化生产设备、设施的养分和养料,就像机械时代的石油和电能一样。数字机器可以自动采集生产状态并上传到云制造平台,通过网络升级最新的功能,而员工、流程、产品、服务和客户的数据则成为推动数字化生产的动力燃料。因此,数字化技术在当前和未来的生产中将扮演越来越重要的角色,是企业生产力不可或缺的组成部分。

　　舍恩伯格和拉姆什所说的"新技术的产生似乎带来某种动力加强版的指挥与控制系统"[1]也反映了数字化技术对生产方式的影响。数字化技术使企业能够更好地管理和控制劳动过程,并推动生产力的提高和劳动过程的变革。

5.2.3　数字化条件下的规模效应带来利润提高

5.2.3.1　数字化条件下的规模效应降低固定成本

　　数字化条件下的规模效应是指随着数字技术的发展,企业规模扩大所

---

　　① 维克托·迈尔-舍恩伯格,托马斯·拉姆什. 数据资本时代[M]. 李晓霞,周涛,译. 北京:中信出版社,2018:88.

带来的效益增加。马克思在《资本论》第一卷第二十二章中提到了规模,他指出,"在劳动力的剥削程度已定的情况下,剩余价值量就取决于同时被剥削的工人人数,而工人人数和资本的量是相适应的,虽然它们的比例是变动着的""所以,资本由于连续的积累而增加得越多"①。这与生产规模增大而带来的规模效应相关。"最后,生产的规模越是随着预付资本量一同扩大,生产的全部发条也就越是开动得有力。"②这表明,在资本主义生产方式下,资本家会不断扩大生产规模,以获得更多的剩余价值量。

在数字化条件下,规模效应的表现和作用更加明显。由于数字技术的高度集成和可编程性,使得企业可以通过自动化、智能化和信息化等手段,进一步提高生产效率和经济效益,从而实现规模的扩大和生产成本的降低。例如,大规模数字化生产线可以完成劳动过程的智能化,③降低雇佣活劳动方面的可变成本,降低单位商品的生产时间,提升生产效率与生产安全运行时长。然而,在数字化条件下的规模效应也会带来一些负面影响。随着规模的扩大,企业也面临着更加复杂的管理和监控问题,包括生产调度、质量控制、供应链管理等方面的挑战。

在《资本论》中,马克思也曾提到过规模效应的作用。资本的贬值,或者说不变资本的相对物化,只有当它们能够扩大生产规模、提高生产力并促进新的积累时,才算作资本价值的增殖。这一观点表明,规模的扩大和生产效率的提高,是资本家进行积累和增殖资本的关键。但是,马克思也强调了规模扩大所带来的问题。在生产过程中采用的某些手段(例如一般的机器化)越来越多地要求规模大的生产,这就使它们与独立的小企业越来越不能兼容。这是规模效应的问题。这一观点表明,规模扩大会对小企业产生挤压和排斥作用,从而影响市场竞争和资源配置的公平性。

随着数字化技术的进一步发展,规模效应在数字化企业中更加显著。

---

① 马克思.资本论(第一卷)[M].北京:人民出版社,1972:668.
② 马克思.资本论(第一卷)[M].北京:人民出版社,1972:668.
③ 康启来.印刷企业向绿色生产工艺转变之我见[J].印刷质量与标准化,2012(6):8-11.

数字化技术能够降低企业的固定成本,例如机器设备、人力资源等方面,这使得企业规模的扩大变得更加容易。此外,结合数字化技术的大规模平台化生产工具还使得单位劳工的生产效率提高,这促使生产规模扩大带来的效益更加显著。但是,规模效应也存在一些限制因素。随着生产规模的扩大,企业管理和组织变得更加困难,可能会导致管理效率下降、成本上升等问题。此外,随着市场竞争的加剧,规模效应可能会逐渐减弱,因为其他企业也会利用数字化技术提高自己的生产效率。

总的来说,数字化条件下的规模效应是一个复杂的现象,虽然数字化技术的发展为企业扩大规模提供了更多的机会,但企业也需要认真考虑规模扩大所带来的风险和限制因素,并采取相应的管理策略,以实现长期的可持续发展。

5.2.3.2　数字化条件下规模效应的驱动力来源

规模效应主要体现在生产力的提高和生产成本的降低上。马克思指出,社会化的生产使得劳动过程的组织和劳动条件的规模化成为可能。这意味着,在社会化的生产中,劳动过程得以更好地组织和规模化,从而提高了生产效率。此外,规模效应还会影响资本积累的速度和规模。在资本增大和生产力发展的过程中,其单个构成部分的价值相对地减少,而资本的总量增加。这也就是说,随着资本的增大和生产力的提高,规模效应会更加明显。

在数字化条件下,规模效应的产生对企业来说具有重要的意义,可以通过规模化经营,使得生产效率提升的同时,降低各项成本,提升经济效益。在数字化条件下,规模效应产生的驱动力来自以下几点:

(1)技术进步带来的产能增长:数字化技术的发展,使得生产的自动化、智能化程度不断提高,生产效率也随之提高,从而实现了产能的增长。随着产能的增长,企业在生产中的成本相对降低,从而提高了企业的经济效益。

(2)网络效应的作用:随着数字化技术的发展,人们的交流、交易等活动越来越依赖于数字化平台,形成了一定的网络效应。具有规模的数字化平台,能够更好地吸引用户、提供更好的服务、降低交易成本等,因此规模越大的数字化平台,其优势也越明显。

(3)数据驱动的商业模式:数字化技术的发展,大量的数据被采集和积累,并且通过数据挖掘和分析,可以更好地了解消费者的需求和喜好,为企业提供更好的产品和服务。这种数据驱动的商业模式可以为规模较大的企业带来更好的竞争优势。

5.2.3.3 数字化条件下规模效应与垄断超额利润的实例

数字化条件下产生了平台企业与平台型企业。平台企业和平台型企业都属于数字化领域的企业类型。平台企业指的是通过数字平台或者互联网平台提供交易、服务等的企业,如阿里巴巴、京东等;而平台型企业则指的是把互联网作为服务、生产和管理平台,重点在于连接和整合各方资源,提高资源利用效率,如滴滴、美团、物联网云平台、水泥行业的云平台等。

数字化平台的规模效应体现在多个方面:首先,数字化平台企业可以通过网络和数据技术来加强资源整合,实现效率的提升。例如,平台型企业可以通过在平台上统一管理大量的服务提供者和用户,从而降低交易成本,提高资源的利用率。这种效应越来越强大,随着平台规模的不断扩大,平台的竞争优势也会越来越明显。其次,数字化平台企业[1]可以利用大数据技术来提高服务的质量和效率。通过对海量数据的分析和挖掘,平台企业可以更好地了解用户需求,提供更加精准的服务和产品。这种效应同样也会随着平台规模的扩大而不断增强。最后,数字化平台企业还可以利用网络和数据技术来扩大市场规模,进一步提高市场份额和竞争优势。通过在全国甚至全球范围内的数字平台上提供服务和产品,平台企业可以跨越地理和时间的限制,扩大市场规模,进一步提高效率和竞争优势。

马克思在《资本论》中揭示了规模效应可以通过提高劳动生产率、节约劳动时间和生产成本等方式来实现,从而使得企业可以更好地扩大规模,进一步提高利润。从马克思主义经济学的角度来看,首先,数字化平台企业可以实现规模经济,即生产规模扩大会带来成本下降和效率提高。其次,数字

---

[1] 此处所述的数字化平台企业是指广义的包含上述所说的数字化平台企业与数字化平台型企业。

化平台企业还可以通过市场垄断获得超额利润,进一步扩大企业规模和竞争优势。如在制造业大型行业中,一些大型企业或龙头企业已经自发地建立和开发自己的云制造平台,制定行业标准,吸纳小企业加入云制造产业链,提高生产效率,对环保和资源节约也有益处。这些行业的云制造平台已经初具规模,并形成了行业垄断的趋势。

5.3 数字化条件下劳动质量变化带来剩余价值生产增多

5.3.1 数字化条件下劳动的质量与范围改变

数字化条件下劳动质量与范围发生改变,假定其他条件不变,这导致了劳动过程中剩余价值生产的增多,进而使得此时获得的利润增多。数字化市场中的企业劳资关系变化受多种内因影响,这些内因包括劳动过程、劳动变化、生产方式、组织形式等方面。深入研究这些方面,可全面理解数字化市场中生产主体生产力的发展以及企业如何不可避免地融入数字化,成为数字化企业。数字化技术的应用对企业的劳动变化和活劳动直接与可变成本挂钩,因此,未来在劳动过程方面的研究也应该从资本、劳动和可变成本方面入手。数字化市场的生产方式和组织形式的变化,会对劳资关系产生影响,企业需要重新调整其劳动力的数量、结构和技能,以适应市场的需求。在数字化市场中,企业在劳资关系中的地位和权利也会受到数字化技术的影响,包括数字化技术对劳动力需求的变化、劳动力生产率的提高等。

5.3.1.1 数字化条件下的劳动复杂程度

在数字化市场中,企业所需的"同一劳动"变得更加复杂,这是由技术、生产率和劳动力结构变化所引起的。企业必须适应这些变化,以保持竞争优势。数字化技术为企业提供了更加灵活的生产组织形式和管理方式,例如基于平台的模式,使得企业能够更加高效地利用资源和劳动力,提高生产效率和质量。然而,数字化技术的应用也会对企业的劳动力和可变成本产生影响。由于数字技术的引入,企业内部的劳动力结构和职业分工也将发生变化,而这些变化将直接影响到可变成本的水平。因此,未来需要深入探讨数字化技术对资本、劳动和可变成本的影响,以更好地理解数字化市场中企业的发展和变革。在经济学理论中,如果在相同的劳动时间内,有效劳动越多,那么单位劳动者创造的价值和使用价值就越多,①从而提高时间有效利用率。

5.3.1.2　早期机械化大生产时期的劳动质量

在早期机械化大生产时代的劳动条件下,生产力的提升并没有改变劳动的质量和复杂度。这是因为在商品生产中,社会必要劳动时间决定商品价值。② 劳动过程中也有非有效劳动时间,③如机械耗损、工序转换、生产暂停、商品抽检为残次品、生产设备事故、生产设备中断生产等原因,这些将必然产生非有效劳动时间。在总劳动时长中,应尽量减少非有效劳动时间的占比,④如果其占比大,那么劳动过程创造的价值将减少。⑤

5.3.1.3　数字化条件下的劳动质量提升进而创造更多价值

在平台企业中,以制造业平台企业为例(其他平台同理),当制造业平台企业融入智能云制造生产方式后,带动了劳动者技能的长期提升,提高了劳动复杂程度和劳动质量。同时,采用数字平台技术的企业,通过提供更灵活的生产组织形式和管理方式,例如基于平台的模式,使得企业能够更高效地利用资源和劳动力,提高生产效率和质量。此外,平台企业⑥也促进了劳动者技能的转变,尤其是互动、交互和"认知"能力的增长。因此劳动者技能在长期中是持续提升的趋势。这些变化将在一定程度上改变早期机械化大生产时代的论断,使得在数字化市场中,企业可以不断适应技术变革和生产力

---

①　张华盛.政治经济学常识 社会主义部分[M].北京:中国财政经济出版社,1987:176.

②　逄锦聚.政治经济学[M].北京:高等教育出版社,2003:26.

③　何玉长,王伟.数据要素市场化的理论阐释[J].当代经济研究,2021(4):33-44.

④　周天骥.社会主义市场经济理论[M].大连:大连理工大学出版社,2002:157.

⑤　汤龙.劳动价值论再认识——基于人工智能的视角[D].合肥:安徽大学,2019.

⑥　此处指广义的平台企业,包含加入平台的企业、主导平台的企业、采用数字平台的企业。后文出现的平台企业,如没有特殊说明也指这一类型。

的提升,以保持自身竞争优势,并创造更多的价值。

智能化生产器械和平台化系统的使用加强了劳动者的能力和技能,使得以前人力难以胜任的工作得以完成。同时,这些系统也给予劳动者计算、判断和获取信息的能力,强化了劳动者的脑力和智力,从而大大提高了劳动生产率。这种趋势也对现有劳动者提出了更高的要求,对企业劳动力的素质和自身技能发展提出了新的要求。通过培训和训练,工人的劳动技能不断提高,工人与生产资料的适应程度也随之增强,这促进了生产率的提升。这些方面共同推动了生产要素的质量变化,提高了企业员工的劳动质量,使得同样的劳动时间内可以创造比原先更多的价值。

5.3.2　数字化条件下劳动过程中劳动有效性的变化

数字化条件下劳动过程中劳动有效性发生变化,工人有效劳动时间比重增大,在其他条件不变的情况下,使得获得的利润增多。在数字化制造业企业中,由于生产过程中使用了更多的智能化生产器械和软件平台化系统,工人的有效劳动时间比重得到了提高。"同质劳动在劳动过程中产生不同的价值量,这是由生产效率与有效劳动在劳动中的占比决定的。"[①]劳动中的有效劳动创造价值。有效劳动的衡量尺度是劳动过程中工人有效劳动的劳动时长。[②] "有效劳动受劳动过程中的技术条件、工人水平、生产条件等要素影响下,生产符合要求的商品而耗费的劳动。"[③]

但是,在实际生产过程中,还存在生产残次品、生产工具损耗或故障、劳动者状态下滑等原因导致的停工、停产,以及生产反映差的商品等现象,这些都被归结为"劳动时间浪费",会降低劳动时间里真正创造价值的时间比重。因此,在数字化条件下,同质的劳动也会因生产效率和有效劳动比重的不同而导致单位时间内创造不同价值量的商品。而这种劳动时间的变化和

---

① 蔡铃.政治经济学教科书[M].长春:吉林大学出版社,1994:20. 汤龙.劳动价值论再认识——基于人工智能的视角[D].合肥:安徽大学,2019.

② 何干强.也谈劳动生产率同价值创造的关系[J].教学与研究,2011(7):46-53.

③ 逄锦聚.政治经济学[M].北京:高等教育出版社,2003:63. 汤龙.劳动价值论再认识——基于人工智能的视角[D].合肥:安徽大学,2019.

劳动浪费的减少,对企业生产率的提高、员工劳动质量的提升以及价值的创造都具有积极的影响。

数字化条件下企业实现了智能云制造,通过物联网技术实时感知周围环境,自主调整生产过程,保障生产有序进行。数字化物联网设备采集生产过程中的各项数据指标,并将其上传到平台系统中,通过智能软件和平台系统的智能分析,判断设备状态和劳动者状态,识别设备故障隐患和异常劳动者,以及针对这些问题制定应对措施,保证商品生产持续有序进行。[①] 在这个过程中,数字化技术实现了对生产要素的智能化监测和分析,使得生产过程更加高效、智能、自动化。同时,数字化技术也带来了一些新的挑战和问题,如如何保护数字化数据的安全性、如何解决数字化技术带来的职业转型问题等。这些问题需要政治经济学和马克思经济学等理论视角的研究和思考。

上述公司的数字化劳动过程中,通过数字化智能技术的运用,使得劳动生产的有效性得到了大幅提高。在数字化条件下,通过物联网端口获取周围环境的信息,智能控制和数字程序的自动化优化升级,以及人工智能等多种技术的融合,使得生产过程更加高效,生产要素之间更加配合协作,从而减少了小工序替换浪费的无效时长,把控了商品的合格率。这些措施有效地减少了无效劳动的比重,增加了有效劳动在生产中的时间,提高了"同一对象同等劳动时间"里劳动的质量和密度,使得劳动生产率与单位时间创造的价值量成正比。

5.3.3 脑力劳动在劳动力总体结构中的占比持续增长

数字化条件下,脑力劳动在当代劳动力总体结构里比重持续增长。在总劳动中,由于人工智能的替代作用,导致在总劳动中的活劳动减少,即人类劳动减少。在此基础上,在所有活劳动中,"脑力劳动占总劳动的比重"较之以往提高。在数字化条件下的人工智能时代,数字化编码和软件开发技

---

① Ceccagnoli M, Forman C, Huang P, et al. Digital platforms: when is participation valuable? [J]. Communications of the Acm,2014,57(2):38-39.

术、人工智能技术和数字技术的创新型、服务型劳动者成为主要的劳动力，他们依据生产资源与需求更合理地利用生产资料、生产设备，以充分释放人的创新性与适应性。技术的不断发展推动生产力不断提高，各种物质商品和虚拟商品层出不穷，满足了人们物质与精神需求。因此，脑力创新劳动者的重要性越来越大，他们的作用逐渐凸显。① 由于智能云制造和平台化的大幅发展，越来越多的劳动力从实物商品生产中被分离出来，很多技能劳动力工人被人工智能机械代替，很多较机械化的脑力劳动者也被人工智能程序和系统所替代，但此时，数字虚拟化商品异军突起，呈现出很大活力，却出现劳动力资源不足的状态。这种现象孕育了劳动者逐渐向精神虚拟商品和数字服务商品劳动者的转移趋势。

人类的劳动主要分为脑力劳动和体力劳动两种形式。其中，脑力劳动的主要特征是抽象劳动，其创新性、发明性、创造性、发现性等方面在劳动中占据主导地位，如设计新的机械、发明新的数字化算法、升级新的程序和发明新的增强化软件等。当前，我们正处在从弱人工智能时代向强人工智能时代的过渡期②，许多技术正在融合，人工智能化的生产设备能够替代传统行业的许多劳动力岗位，但是涉及设计、创造、人文、艺术等方面的脑力劳动在目前仍无法实现替代。此外，随着越来越多的体力劳动被机器软硬件设备所替代，脑力劳动在整个劳动中所占比重不断增加。

5.3.4　数字化条件下熟练劳动在劳动中占比增加

随着企业融入智能云制造生产方式，人工智能化的生产设备可以替代传统行业中的大部分劳动力岗位，但是与创造性相关的脑力劳动，如设计、创造、人文、艺术等方面的一些岗位，目前仍无法被替代。智能技术的广泛应用需要更高素质的劳动力供应③，因此，经过企业的再教育培训，企业员工

---

①　董小康,赵科科,郭晓蓓.当代资本主义生产力的变化及启示[J].科技展望, 2016(6):253.

②　刘俊祥.智能化时代中国政治学学科学术话语的创新[J].学术界,2020(3): 56-65.

③　张爱丹.人工智能时代就业问题的伦理思考[D].武汉:华中科技大学,2019.

可以提高在生产中的熟练度和反应与操作速度,并在生产过程中发挥重要作用。企业使用智能云制造生产方式推动低技能企业工人的能力提升。在总工人人数中,具有数字化背景或熟悉智能设备操作背景的熟练工人占比将上升,重复的分工劳动也会使得在岗工人愈发熟练。低技能和非熟练工人被迫分流下岗,只能通过再培训重新上岗。

随着智能云制造和平台化的发展以及各行业的融合,越来越多的劳动力从实物商品生产中被分离出来。很多技能劳动力工人被人工智能机械代替,很多较机械化、重复性的、低技能脑力劳动者也被人工智能程序和系统所替代,从而使得大量物质生产领域的劳动者被替代,物质化商品生产领域劳动力呈现冗余状态。因此,许多企业员工会自发自觉地利用休息时间参加培训以获得更熟练和更有效的劳动技能。这种趋势也将使熟练劳动在体力劳动中的占比大幅增加。

5.3.5　数字化条件下劳动力供求变化带来利润变化

数字化条件下市场中劳动力供求关系发生的变化带来企业利润的变化。随着劳动力数量、容量和范围的扩大,数字技术生产设备扩大了"总体工人"的范围。这种劳动力的变化改变了劳动力市场的供求关系,从而改变了可变成本的投入。企业中的职位也越来越独立化、精准化和精细化。[1] 监督和管理生产工作的劳动者在生产过程中执行职能的具体体现也发生了巨大变化。[2]

随着生产制造过程的分工逐渐模块化,生产环节的增多和生产场所的分布式趋势,加上网络化和云化趋势的推动,商品生产正呈现出社会化的趋势。这种趋势扩大了生产的范围,同时吸纳更多的工人和合同工人参与生

---

① 蒋上彬.一种零售企业营销大数据分析系统的设计与实现[D].郑州:郑州大学, 2019.

② 王献美.基于大数据的智慧云物流理论、方法及其应用研究[D].杭州:浙江理工大学,2015.

产①,进而扩大了"总体工人"的范围。个体生产者的独立商品正在被资本推动的平台化生产和销售所吞噬,成为平台型企业商品的一部分,这是一个趋势。

在生产过程中,数字技术的应用改变了生产力,包括:劳动者的技能和经验、劳动资料(以生产工具为主的资料)以及引入生产过程的劳动对象。②数字技术包括人工智能,不断演进的新技术促进了人工智能应用领域的深化。人工智能拥有多学科基础,基于统计学与逻辑学、决策学等方面的功能,③能实现自动决策和实施。它被广泛应用于设计、开发和生产制造全过程。④ 这些数字技术的综合应用促进了企业分工更加精细化,同时,随着云端化的出现,零工经济、一次性员工和无固定雇主型劳动者也可参与企业的商品生产和销售过程。⑤ 能胜任岗位劳动能力的劳动者越来越多,在一定程度上体现为带来更多的劳动力供给。增多的劳动力供给,使得市场中劳动力存量增高,资本家雇佣工人的成本降低,进而使得利润升高。

5.4 数据生产要素的分布式间接提升利润

数字经济的崛起使得生产过程中的劳动更具分布式,传统劳动过程中时间和地点的限制壁垒被打破。ABCDI 等技术重构了劳资双方的权责边界。数字经济和共享经济的表象背后反映了更深层次的经济学原理,需要用这些原理来解释和认识这些现象并分析其深层关系。这些现象的出现,部分是由于资本和生产力的"四分布式控制"(即分布式生产资料、分布式劳动者、分布式生产过程和分布式劳动)的影响,这带来了数字化条件下劳资

① 黄家良,谷斌.基于大数据的电子商务行业监管体系[J].中国科技论坛,2016(5):46-51.

② 李燕.论青海科技发展在丝绸之路经济带建设中的地位和作用[J].柴达木开发研究,2019(3):17-26.

③ 汤龙.劳动价值论再认识——基于人工智能的视角[D].合肥:安徽大学,2019.

④ 汤龙.劳动价值论再认识——基于人工智能的视角[D].合肥:安徽大学,2019.

⑤ 郑成武,张奎霞.异质退货背景下 C2B 电子商务供应链回购路径探索[J].商业经济研究,2017(24):77-79.

关系的新特征,同时也加剧了资本对劳动和剩余价值的获取量。同时,这种新的生产关系和生产方式必然会引起深刻的社会变革和阶级冲突。资本与数字结合并与生产资料结合使得效率提高——劳动要素变化呈现分布式。只有认识到这种现实,并研究表象背后的经济原理,才能正确引导和规制这种平台,实现劳资双赢。

5.4.1　数字化条件下劳动过程的分布式

5.4.1.1　分布式的定义

数字化条件下,劳动要素与劳动过程呈现分布式。数字化条件下的分布式劳动过程、分布式劳动对象与分布式劳动资料建立在分布式技术的基础上。在传统劳动过程中无法同时处理不同地点、不同进度、不同工序的劳动,然而分布式劳动可将不同地点、不同进度、不同工作时刻的劳动,自动智能优化并使其在设定的时间内完成。数字化分布式技术指的是将数字化技术和分布式技术相结合,实现数据共享和协同处理的一种技术。它包括以下几个方面的内容。

(1)数字化技术:数字化技术是将现实世界中的物理实体和信息转化为数字形式,通过计算机进行存储、处理、传输和显示的技术。数字化技术包括数字信号处理、计算机视觉、机器学习等。

(2)分布式技术:分布式技术是指将计算和存储任务分配到多个计算机或服务器上进行并行处理的一种技术。分布式技术包括分布式存储、分布式计算、分布式数据库等。

(3)数据共享:数字化分布式技术可以实现数据的共享和交换,不同系统之间可以共享数据,并且可以实现数据的实时同步,保证数据的一致性和准确性。

(4)节点协作:节点之间可以相互协作完成计算和存储任务,提高计算和存储效率。

数字化分布式技术的应用非常广泛,例如在区块链技术中,就采用了数字化分布式技术来实现分布式存储和共识算法,确保区块链数据的一致性和安全性;在大数据处理中,采用数字化分布式技术可以实现分布式存储和计算,提高数据处理效率;在云计算中,数字化分布式技术可以实现虚拟化和动态资源分配,提高资源利用率。

5.4.1.2 数字化条件下的分布式劳动过程降低时间成本

数字化条件下劳动过程与生产方式呈分布式,降低多种时间成本。数字化条件下的分布式劳动过程可以使劳动场地不再受地域限制,可以实现同一零件在不同地区的加工。数字化条件下的分布式劳动过程,能通过智能化技术与分布式技术,通过数字平台智能监控各个程序,实时调配生产进度或原料仓储状态,达到高效、节能、环保的效果。商品的已生产数量、待生产数量、生产进度、装配完成度、不同地区生产的进度等指标可以实时通过智能数字系统控制,实现了数字化条件的精细化、智能化、分布式的劳动过程。这不仅降低单位产品生产时间,还给采用数字技术的公司带来多种效益。节约时间即等同于节约资本的循环周期,因此,通过运输、沟通、零售及市场机构等方面的创新,使得资本获得积累,利润逐渐增加。数字化条件下的劳动过程的分布式,还能节省运输时间、新产品市场研发时间,延长不间断生产时长,缩减销售等诸多环节的时间。

在数字化条件下,采用分布式生产构架的公司可以节省时间成本并提高生产效率。数字化条件下企业的生产方式呈现分布式的突出特征,这也是数字化条件下劳资关系变化的初始原因之一。在传统的生产过程中,主要依靠物质生产力的提升来带动生产力提升,而在当代数字化条件下企业中,数字平台特征和趋势的生产设备大量出现并应用于生产中。例如,实体制造业智能数字化物联网云平台可以提升生产要素质量,控制生产过程流畅、安全、精准匹配、高效,间接提升生产力。

数字化条件下劳动时间发生了变化,缩短了必要劳动时间,增加了剩余劳动时间。数字化条件下的分布式劳动过程使得劳动时间变得更加灵活,工人可以随时根据需要调整自己的工作时间和场所。数字化条件下,通过计件工资或任务形式,工人可以完成固定目标并实现自动考核,工人的劳动时间和工作场所也具有分布式特征。通过数字化条件下的劳动时间的灵活性和自主性优势,工人可以更好地平衡工作和生活时间,更高效地完成工作任务,提高生产效率。

数字化条件下,连接全球工作者可以实现 24 小时的平台任务完成,工作者不再局限于固定的工作时间,这是计件工资特征的表现。这种生产方式变相延长了劳动时间,增加了剥削强度。生产过程中,机器的运行时间和监控范围都延长了,计时工资也向计件工资转化,工人的劳动时间也相应增长。数字化还能够延长生产时间,例如在数字化工业物联网的第二产业中,很多场景可以实现无人工厂,即 24 小时不间断生产。通过使用智能制造云平台,生产场所可以替代一部分低端劳动力,甚至替代一些高级劳动力,提高了自动化水平,节约了劳动力成本。[①] 这些变化进一步证明,数字化条件下的劳动过程呈现出分布式特征,进而改变了劳资关系。

5.4.2　数字平台的分布式特征兼具规模效应

数字平台具有的分布式特征便于规模效应的产生。进而,数字平台的分布式特征对生产方式和生产关系产生深远影响。分布式生产和云生产不仅仅包括数字化社交和交易平台,还包括企业工业生产与原材料生产的物联网生产平台以及提供相应配套服务的智能物联网数字服务平台。这些数字平台具有巨大的规模效应和网络效应,[②]可以通过分布式运算将闲散算力和硬件参与到生产中,降低资本家的不变资本,从而提高资本家的剩余价值。数字平台的规模效应和分布式特性超越了地域和时空的限制,[③]便于资本的积累和集中,使得资本流动性优势更加突出。

分布式是数字化条件下网络效应的新特征,分布式促使有需求方规模

---

①　刘湘丽.新常态时期中国工业劳动力的变化与原因分析[J].中国经贸导刊,2017(36):28-31.

②　龙俊.数字音乐版权独家授权的竞争风险及其规制方法[J].华中科技大学学报(社会科学版),2020(2):83-94.

③　谢富胜,吴越,王生升.平台经济全球化的政治经济学分析[J].中国社会科学,2019(12):62-80.

效应更容易出现。分布式的平台付费用户数量的增多随着平台用户的增多而增长。[①] 在数字化条件下,平台化可以使同一个软件适用于多个硬件,增加用户黏性,将原本分散的经济组织通过网络和数字平台黏合为一个新的组织,从而提高数字平台软件的商业价值和用户关注度,进一步增加数据资源和广告投入等,从而实现商业化的价值。但是,在数字平台垄断某一行业后,操控平台的资本家也可以借助数字平台获得超额利润,加剧了资本主义的集中化和垄断化趋势。

总之,数字平台的分布式兼具规模效应特点,能产生规模效应,并使得利润提高。数字平台的分布式特征对生产方式和生产关系的影响是深远的,既有提高生产效率和降低生产成本的积极作用,也有加剧阶级矛盾和剥削的消极作用。

5.4.3 数字化条件下分布式生产资料节省生产成本

5.4.3.1 分布式生产工具的变革与人机关系的改变

在数字化条件下,传统的重要物质资料在商品价值生产中的作用逐渐减弱,而数据生产资料在生产中逐渐增多。数据呈现分布式,随着以知识型、综合型、数字型为特征的脑力劳动的增多和地位的提升,具有数字平台特征的生产设备也变得普遍。这些设备具有数、智、云、平等特征,并通过物联网和互联网成为数字化条件下生产的主要工具。在互联网企业中,电脑、手机应用软件、电脑软件等数字化生产工具成为主要工具。这些工具与人的关系不同于传统构架,从"人—工具"的框架变为"人—数字智能软件或数字平台—智能数字工具"的框架。智能数字工具的使用,不但可减少人的介入,还可通过人工智能实现自主安全、高效率生产。这均是与以往社会生产过程的极大不同之处。无论从生产过程上、组织构架上、人机关系上、参与劳动比重上,还是从生产要素内容上,都与之前的人类社会生产大为不同。

---

① 杰奥夫雷·G.帕克,马歇尔·W.范·埃尔斯泰恩,桑基特·保罗·邱达利:平台革命:改变世界的商业模式[M].志鹏,译.北京:机械工业出版社,2017:12.

5.4.3.2 数字化条件下的分布式生产工具能节省成本与提升效率

1.分布式生产工具的影响及其在平台经济中的作用

随着机器代替人类从事体力劳动,如今越来越多的简单脑力劳动也被机器逐步取代,这是历史发展的趋势和必然,是人类社会不断迈向进步的表现。在制造业平台型企业中,物联网、云平台和数字智能软件成为控制机,与工具机、发动机和传动机相连接,一起运行于生产过程中。这些生产工具与过去的工业生产工具存在很大的区别。在企业的数字平台上,数字技术被融入生产过程中,并广泛应用于整个商品生产的劳动过程中。因此,数字平台已经对劳动者、工人、劳动工具和劳动对象产生了深远影响。研究认为,平台型企业具有平台化特征,它们主导平台或融入平台中,所使用的数字平台具有生产工具的属性和特征,应该被纳入当今数字经济背景下的生产工具范畴。[①]

2.数字化条件下选用的生产工具改变了劳动力和劳动工具的固有匹配方式

在数字化条件下,采用的生产工具常常呈现分布式并具有灵活性,能够与不同时空的劳动力进行匹配,这改变了劳动力和劳动工具匹配的固有方式。在 ABCDI 技术的作用下,生产工具也常常具有自主决策的智能特点,能够自主解决生产过程中常见的突发问题。

马克思曾经以劳动工具的形式划分经济时代,如以"手工磨"代表手工业生产的社会和以"蒸汽磨"代表机器大工业社会。它们所代表的社会时代已经过去了。在当今的数字化时代中,通过云制造、智能设备和智能程序的共同作用,数字化软硬件设施参与并控制的"智能磨"已继承了"手工磨"和"蒸汽磨"的优势,并延伸出了新的变化。智能制造不仅代替了传统劳动工具,代替了使用机械工具的体力劳动者,而且它还能参与商品生产中的决策过程,并替代部分人力劳动者。智能制造在商品生产中具有实时感应、判断、更新、决断、深度学习和机器学习等能力,能够从"物化生产设备"向模拟

---

① 谢富胜,吴越,王生升.平台经济全球化的政治经济学分析[J].中国社会科学,2019(12):62-80.

"类人"化逐步转换。先进的劳动工具释放了人类的双手,机械化工具代替了企业商品生产中的体力劳动,而数字化正在迅速地融入各行各业,并逐渐替代越来越多的脑力劳动者。数字化工具常伴有分布式特征,它不仅能够代替体力劳动,而且对脑力劳动者的替代具有划时代的革命意义。人力劳动力正在从过去的直接使用劳动工具劳动,到机器工业时期的监督和使用机器劳动,再到数字化条件下的云制造时期不需要人力劳动力,且生产工具可以实现自动化程序自动完成生产逐渐演化。

3. 数字化条件下智能化生产工具与工人匹配度高

在数字化条件下,分布式生产工具与工人之间的匹配度更高,这是因为数字化企业可以采用数字软件定制化工具的使用偏好。工人使用熟悉自身习惯的生产工具降低操作反应时间,提升生产效率。

数字化条件下,工人可以将自己的习惯和喜好定制到数字化智能化生产工具中,例如将常用按钮放在常用位置、调整触摸屏中按钮的颜色、大小和位置等。这样做可有效节省工人在生产中的操作反应时间,提高劳动效率。左右手熟练工也可以根据自己的习惯设置工具的左右手按钮位置。另外,智能化生产工具还可以根据工人的操作习惯定制一些自定义操作,并将数十个不同工序定制到一个按键上,实现一键操作。这减少了烦琐的工序,提高了工人的生产效率。总之,数字化条件下的生产工具与工人的匹配度更高,可以提高生产效率,减少不必要的繁冗操作,释放劳动者的生产力。

以制造业企业为例,随着数字技术的应用,生产工具变得数字化,劳动者可以通过网络和物联网端口在生产过程中充分搜集相关数据并进行分析,不断构架出最佳使用状态。如,通过数字化生产平台,工人可以套用别的熟练工自定义的操作模板,使用集成按钮完成复杂的工序作业。

数字化条件下生产工具与工人高匹配带来的效率提升也表现在如下方面:

首先,数字化条件下的生产中,劳动者可以通过自主调整交互方式或由平台根据数据分析及时调整生产工具参数,以匹配劳动者最佳的习惯,使其更舒适地使用工具,从而提高工作效率。这种数字化生产工具精确匹配工人的操作习惯方式,显著增加了生产工具与劳动者之间的默契程度,让工人可以更加愉悦地工作并增加体验感。

其次,数字智能生产工具的应用也能避免传统生产工具的统一性和毫无特点的缺点。在实施过程中,智能生产工具会融合于商品生产过程中,根据劳动者个人使用习惯和特征,定制个性化的智能生产工具和交互方式,使之与劳动者非常匹配,增加劳动者在商品生产中使用智能生产工具的使用效率和操作效率,节省操作时间。例如,人们在操作手机应用时,往往会将常用的应用放置在最容易找到的位置,以便尽快调用习惯的命令,从而节省操作时间。这种方式可以应用于智能生产工具的开发和定制。

最后,在企业商品生产中,即使生产商品的数目很低甚至只有一个,也无须单独购买和配置专用生产设备或生产线。只要通过软件升级或借助云服务,对现有生产设备进行更新和升级即可获得新的生产能力。此外,数字化生产设备还可以保留原有的工人使用习惯,不会因升级设备而导致工人技能降低。这样,工人无须重新适应新的设备,避免了时间浪费。只要生产设备或设施达到新的生产能力和标准,即可实现模块化、智能化和数字化特征的生产过程,而边际成本也不会急剧增加。

5.4.4 数字化条件下劳动与劳动对象的分布式带来益处

在数字化条件下,数据的分布式特点使得数据作为劳动对象的范围得以扩大,数据可以经由数字技术的自动加工提取,变为更有用的生产力要素。数字化条件下的企业云制造使得劳动对象的范围扩大,一些之前受技术、成本、算力水平、地域限制的要素资源也得以晋升为劳动对象。数字化条件下,智能云平台通过自动采集及记录人的各项动作、劳动状态和劳动时间等状况,通过数据挖掘和智能分析生产相关数字信息,可以预见未来情形,并能根据情形自主、自动地实现判断和正确决策。同时,数字技术可以根据市场要素数据提炼数据,根据模型自动分析出结论,给出建议,并得出对未来的预测数据。近年来,由数据和人工智能驱动的预测分析技术发展迅速,新的预测产品、数字服务产品和生产决策服务升级产品等正在变成一股席卷所有行业的浪潮。[①]

5.4.4.1　数字化条件下数据使劳动对象的范围扩大

　　基于数字技术的生产工具的范围更大,劳动对象的范围也更扩展。[②] 例如,在数字化条件下数据的分布式是分布式劳动对象的典型代表。数字化条件下,分布式特征的数据作为生产要素的晋升使得劳动对象的范围得到扩大。这些劳动对象有些本身就是智能化生产的商品产物,是劳动者通过使用智能化生产工具制造出来的劳动成果,[③]具有较高的性能和质量。[④] 数字技术,比如智能云制造,扩展了劳动对象的范围,不仅将之前受限于地域、空间、技术等方面的要素纳入劳动对象,也将之前无法纳入传统劳动范围的数字资源和数据等,都纳入劳动对象的范畴。

　　ABCDI 技术借助人工智能的新浪潮,实际上并没有带来智能,而是为智能的一个关键组成部分——预测提供了支持。[⑤] 在数字化条件下,智能云平台可以自动采集和记录企业中人的各项动作、劳动状态和劳动时间等状况,并通过数据挖掘和智能分析生产相关数字信息,从而预见未来情形并自主、自动地做出判断和正确决策。这正是新型生产工具和生产设施与以往社会生产工具的根本性区别。同时,在数字化条件下的企业中,销售平台可以自动采集销售速率、销售好评度、销售量等数据,并对这些数据进行自动分析加工。数字技术可以根据市场要素数据提炼数据,根据模型自动分析出结论,给出建议,并得出对未来的预测数据。数据商品的生产过程和具体形态参见表5.1。

---

　　① 可参见人工智能 ChatGPT。ChatGPT 的各种应用接口可以应用于生产、销售、教育、服务等各场景中,无缝链接,在当代各行业中都能潜移默化地应用。
　　② 李俊,张思扬,冒佩华.“互联网+”推动传统产业发展的政治经济学分析[J].教学与研究,2016(7):14-20.
　　③ 马远达.知识经济时代的先进生产力与知识分子的地位和作用[J].天府新论,2001(5):3-5.
　　④ 汤龙.劳动价值论再认识——基于人工智能的视角[D].合肥:安徽大学,2019.
　　⑤ 阿杰伊·阿格拉沃尔,乔舒亚·甘斯,阿维·戈德法布.AI 极简经济学[M].闾佳,译.长沙:湖南科学技术出版社,2018:2.

表 5.1 数据商品的生产过程和具体形态

价值化对象	数字劳动	数字机器	具体形态
行为或趋势预测	趋势分析	机器识别	预测产品
市场供需的匹配	用户画像	算法推荐	精准匹配
人机反应的变化	A/B 测试	算法优化	流程优化
交易集合的拓展	合约设计	算法管理	智能合约

此外,数字技术还可以基于深度学习和机器学习自动训练自身模型,并不断优化分析结果和熟练度。基于此,数字技术的 AI 分析结果将更加准确。

近年来,数据和人工智能驱动的预测分析技术得到了快速发展。这种发展推动了新的预测产品、数字服务产品以及升级版的生产决策服务等数字化产品的普及,其影响正在蔓延到各个行业。[①] 金融分析公司和咨询公司已经将数字技术作为其主要利润来源,主要通过采用大数据分析和基于深度学习的数据挖掘分析。此外,这些数字技术模块还被应用于商品生产过程的洞察、企业生产设备技术预警与预测分析、企业生产安全管理与网络保障、企业安全生产云监控数字平台、销售防欺诈自动识别系统等方面,也被越来越多的采用企业智能制造云平台生产手段的企业所应用。这些数字技术被广泛应用于企业生产的各个领域,如库存管理、生产资料采集和储纳、企业商品生产流程、信用评价、企业防盗刷监测、企业员工健康保险和企业生产综合管理等。

5.4.4.2 数字平台生成生产者的用户画像,提升生产效率

数字化条件下,通过对劳动过程的数据分析,生产工具平台可以自动生成劳动者的用户画像,锁定懒散工作者,进而提升有效劳动效率,最后促进生产效率的提升。企业员工画像或劳动者画像以及用户画像的精准匹配,是当今数据垄断资本主义阶段的一个重要表现。

---

① 翁万春.智能手机自动化测试系统的设计与实现[D].上海:上海交通大学,2015.

数字化条件下,用户画像服务也成为一些数字科技公司提供服务的商品。在基于分布式技术的工业智能物联网和数字化生产的背景下,通过识别企业员工或劳动者的劳动特征和偏好,并采用算法推荐等技术手段,可以大幅提升企业产品的准确性,提高生产自动化的灵活性,并实现多维度的生产过程匹配。这种精准匹配的做法,可以通过数据分析和算法挖掘,深入了解员工或劳动者的工作习惯、行为特征以及单位产品劳动时间等方面的信息,从而实现对生产过程的实时监控和管理。通过对员工或劳动者的生产数据进行标记化、抽象化和标签化处理,可以实现对员工或劳动者的画像构建和精准匹配,提高生产效率和生产质量。

企业员工画像或劳动者画像是指,在大数据、物联网和人工智能技术的背景下,将企业员工或劳动者的工作指标、动态、时间、偏好、习惯以及单位产品劳动时间等具体信息抽象成标签,从而形成一个具体的企业员工或劳动者的形象。[①] 这些标签可以用于识别和推荐具有相似劳动特征和劳动偏好的员工或劳动者,以促进企业的生产流程更加精准高效,提高企业产品的质量和生产过程的多维匹配度。基于劳动者画像的监控和调度可以有效地提高企业生产的效率和产品质量,同时也能保障工人的劳动权益和安全。然而,这种画像技术也存在一定的隐私和道德问题,需要在法律法规的框架下进行规范使用。

这种劳动者画像可以帮助企业更加准确地识别熟练工和新手工人,以及哪些工人可能有偷懒倾向或心不在焉的情况。例如,一些经常上厕所的工人可能存在偷懒倾向,而一些频繁扭头的工人可能是心不在焉。此外,通过对劳动者画像中单位时间生产产品数量的分析,可以较为准确地识别哪些工人存在较为懒散的倾向。对懒散劳动者的定位,可以有效减少懒散劳动的出现,进而提升生产率。

5.4.4.3 数字化条件下企业获得新的劳动对象

分布式构架使得数字化条件下的企业能获得各种数据,利用自动化数

字合约服务与数字自动化算法服务,获得新的劳动对象——数据商品,并以此服务增加盈利。

随着数字技术的深入发展,物联网在企业生产中的普及,工业物联网的成熟发展,以及工业数字化的深入推进,企业生产过程中的机械化生产逐渐向数字化和智能化转变。在这个数字化生产、智能化生产和机械化生产的结合中,人与机器、人与物品、人与生产工具之间通过物联网进行频繁的信息交互,生产运营流程基于 A/B 测试呈现更加动态化的趋势。① 这种趋势促进了企业生产过程的优化,提高了企业的生产效率和产品质量。企业智能制造云平台生产中的具体应用和改变,将进一步推动企业生产大数据数字信息的挖掘,包括对企业生产能耗的管控、智能减排、仓储管理和供应链协同运作等方面的优化,提高企业的竞争力和盈利能力。一些公司单独针对数据挖掘工作服务,将数据挖掘作为商品出售。这些方面也扩大了公司劳动对象的范围,进而增加了公司同时期的盈利。

5.4.5 分布式劳动者的"去技能化"降低用工成本

5.4.5.1 数字化条件下劳动过程的分布式与去技能化

数字化条件下,资本对劳动的控制更加隐蔽,"分布式"的劳动过程导致了劳动者技能的进一步退化。

ABCDI 技术的融合,使得公司的劳动过程模块化、分布化、平台化,并且劳动过程非常稳定。② 这也使得对劳动者的技能要求降低。③ 通过数字化、云化、智能化的广义云制造平台,资本可以更加灵活地控制劳动结果,遮蔽劳动控制行为。这种情况下,"众包"和"按需"情形越来越多,劳动者被迫重复做单一环节的单一劳动,长期下去会导致技能退化。尽管效率提高了,但

① 李雪军,辛庆正,石莉,何媛.天津市农业物联网标准体系研究[J].标准科学,2016(9):41-44.

② 王磊,谭清美.智能生产与服务网络条件下产业创新平台的利润分配机制——基于灰数运算的 Shapley 值模型[J].科技管理研究,2017(5):198-202.

③ 刘凤义,王媛媛."苹果—富士康"模式中的劳资关系问题[J].当代经济研究,2015(2):50-55.

面对范围的缩小,一旦失去工作岗位,缺乏竞争力,只能出卖劳动力。由于新技术更新很快,如果失业后不抽出时间和金钱进行新的学习,将很难再次获得工作。对于广泛的"产销者"和平台派单自由接收者,他们往往缺乏竞争力,只能接受数字平台的霸王条款和不公平待遇。这使得他们的被剥削化加剧。在狭小的工作领域内重复进行被数字化劳动过程分解的简单的枯燥劳动,劳动者的其他技能会逐渐退化,最终只能任由平台和资本剥削。鉴于此,基于政治经济学和马克思经济学的角度,可研究得出数字化条件下资本主义的剥削和压迫已变得更加隐蔽和高效。

工业革命时期机械化生产工具的出现,导致自然力在商品生产中起到了替代人力的作用。机械力量和自然科学的应用,替代了手工劳动者的经验技能,使得那些具有某项技能的手工劳动者变得多余。例如英国的纺织机械,在第一次工业革命中成功打败了当时具有极高纺织技术的印度,[①]以及众多具有灵活纺织技艺的纺织工,这一事实成为这种趋势的有力佐证。

从政治经济学和马克思主义经济学的角度来看,自手工作坊时期以来,纺织机械的出现,降低了对单位工人劳动技能的要求。[②] 但当时劳动处在形式隶属阶段,劳动生产率主要取决于熟练工人的技能。如今,随着人工智能技术融入机械生产工具中,加上数字化平台软件系统的支持,算力更加强大,它能够完成部分需要高级人力劳动完成的商品生产过程,并实现智能化、个性化定制的生产过程。这使得机器更高效、更智能化,并拥有快速升级的能力。这逐渐削弱工人的体力和脑力劳动技能的价值。加之资本家对劳动过程的介入,[③]使工人被安排在特定的岗位上从事特定的工作,且能在不同地域的场地进行分布式生产,这进一步导致他们技能的退化,使得工人技能的固化趋势越来越严重,逐渐失去竞争力。此外,社会培训技能的成本也很高,导致劳动者被替代的速度逐渐加快。复杂劳动被分解为更专业的

① 张连怀.从三次产业革命看高技术企业成长[J].经济问题探索,2004(5):16-19.

② 郭宇强.我国职业结构变迁研究[D].北京:首都经济贸易大学,2007.

③ 哈里·布雷弗曼.劳动与垄断资本——二十世纪中劳动的退化[M].方生,等译.北京:商务印书馆,1978:93.

简单劳动,企业中各种工种的劳动者也因为"去技能化"而失去了自己的技能。工人技能不知不觉中逐渐被固化和退化。企业逐渐通过资本来摧毁工人所掌握的所有技能。这也使得"匠人"逐渐被资本取代,资本主体在劳资关系中处于主导地位。① 这种趋势下,劳动对资本的形式隶属逐渐转变为实际隶属。

智能机械化生产工具的标准化生产流程和操作模式,利用智能化生产工具和智能云平台的感知、决策系统,使得企业员工不需要具备高文凭和高技能,只需进行简单的岗前实习训练即可上岗。一个劳动者只需按动一些"傻瓜型"按钮即可带动多台智能生产工具进行生产,并依托数字平台进行实时微调。② 这种生产方式能够吸纳大量低技能劳动者,但也会冲击高技能劳动者,③ 逐渐替代担当管理或脑力劳动的高技术劳动者。④ 商品生产领域的企业在融入数字化与平台化的智能云制造后,利用云制造技术与人工智能技术的融合,对传统行业造成了巨大影响。这使得低技能劳动者或企业员工"去技能化"与失业同步出现。然而,失业者可以通过相关培训或教育,从而掌握新技能并重新应聘上岗,体现了劳动者或企业员工的"去技能化"和"再技能化"在同一时间维度里同时发生。经过再次培训获取新技能的员工,其劳动效率肯定会提高,这也部分代表了更先进的生产力在企业中的应用。传统企业智能化生产方式的升级将逐步实现,这种趋势将持续发展。

5.4.5.2 数字化条件下的分布式劳动过程使工人技能要求被迫改变

随着时间的推移,低技能劳动者的需求逐渐减少,越来越多的工作需要劳动者具备复合型能力,如创造性、独立思考能力和联想能力等,这些能力

---

① Rochet J C, Tirole J. Two-Sided Markets: A Progress Report [J]. R & Journal of Economics, 2010, 37(3): 645-667.

② 汤龙. 劳动价值论再认识——基于人工智能的视角[D]. 合肥: 安徽大学, 2019.

③ 秦童. 限制低技能劳动者进城真的有利于城镇化吗[J]. 教学与研究, 2015(26): 91-92.

④ 王松. 新科技革命下我国新就业形态研究——基于马克思主义劳动过程理论的分析[D]. 南京: 南京财经大学, 2018.

成为核心竞争力。因此,工人所需要的技能要求也在逐步改变。低体力、低技能的劳动逐步被大量替代,这方面技能的工人数量逐年减少。云化、平台化和社会化的商品特征也在发生变化。在数字化和平台化的生产合作网络中,原本分散的小型企业和小型生产个体,其各种独立职能的劳动通过社会化特征成为商品生产过程的一部分。同样,在销售环节中,这些劳动也会通过数字化平台化的网络和系统被纳入商品销售环节,从而促进商品销售的顺畅进行。

在数字化条件下,企业搭建的数字平台具有分布式构架且被广泛应用于生产和销售的多个环节。这些环节包括企业工人的前、中、后劳动环节,工人的范围逐渐扩大,包括更广泛、更多样化、更独立、交互性更强、联系和合作更频繁的"局部工人"。通过平台系统联系更密切,这些"局部工人"实施同一的价值创造过程,虽然分散但本质上是一个整体。① 需要强调的是,我们所研究的工人仍然是自然人,不包括具有智能思考能力的智能机器人或智能生产工具。

总之,数字化条件下分布式生产过程的应用,能够充分利用数字、智能、云和平台化的生产设备,延伸和拓展工人的能力范围,并提升公司利润。这样,在有限的资源条件下,工人能够尽可能地发挥其能力,提高生产资料的利用率,缩短生产时间,并增加设备的使用频率,从而降低设备使用成本和提高资源利用效率。此外,数字化平台还可以快速应用新能源和新材料,实现智能云平台对生产过程的实时调控,降低商品生产对环境的污染。此时,工人执行商品生产过程时不再需要极高的技能、知识或体力,只需要按照流程化标准化的简单操作即可。因此,在传统工业社会中被排挤或替代的低技能、简单劳动者也可以自发地参与学习和培训,从而缩小与高生产率工人之间的差距。这种生产方式也会引起劳动力供给方面的变化,随着劳动力供给的提升,用工成本将下降,从而间接提高公司利润。

---

① 中共中央马克思恩格斯列宁斯大林著作编译局.马克思恩格斯文集(第八卷)[M].北京:人民出版社,2009:203.

5.5 数字化条件下的资本有机构成变化

5.5.1 单位设备配套的可变资本降低

利润与利润率同资本有机构成密切相关。数字化条件下的资本有机构成包括可变资本与不变资本。数字化条件下的智能化生产工具可以替代脑力劳动者,完成生产任务。且由于智能生产工具的供给量逐年增多,单位价格下降,公司更愿意选择固定成本低的生产工具,从微观来讲,这使得从单位生产量度上看,可变资本降低。因为公司在选取活劳动者(可变资本支出)完成同一项任务,与选取智能生产工具(不变资本支出)完成同一项任务时,更趋向于选择后者。因此资本主体因利益驱使,首先选择不变资本投入,而减少了可变资本支出。

替代作用使得可变资本降低。分布式生产设备"人造劳动者"对工人的替代使工人在劳资关系中处于较低地位。生产工具具有的智力思考引起对脑力劳动的替代。劳动者的工资收入水平变化与他的竞争者有必然联系,如制造业企业里,企业运用数字科技后,"人造劳动者"的水平逐渐提高,在观察工资变化趋势时和生产方式变化时,有必要研究"人造劳动者"这种生产设备对人类劳动者的替代与威胁。数字化智能化生产工具对活人类的替代,将使得可变资本降低,同时由于企业花费资本在不变资本的投入上,可变资本占总资本的比重降低。

马克思曾指出,在自然环境中或自然资本中没有任何机器、机械、铁路、电报、自动棉纺机等。[①] 生产方式中的生产工具从无到有,受科技的发展影响,起到辅助生产的作用。带有辅助作用的生产工具的发展历程、发展趋势呈现从简易到复杂、从机械化到自动化、从自动化到智能化的特征。从具体的动能发展表现来看,经历从手工、水利动力化、蒸汽动力化、电气动力化、

---

① 罗昌宏.马克思、恩格斯的科技观[J].武汉大学学报(社会科学版),2001(5):588–595.

石油动力化、新能源动力化,到人工智能动力化这一发展历程。

马克思将由人创造发明的可以替代人或者补充人的劳动的各种形式的生产过程中的机器、系统等称为"人造劳动者"。人的主观能动性的物化表现形式是它的实质。"人造劳动者"的设计初衷是代替人做需要培训时间长的、有危险性的工作。但是,如今,生产工具历经发展,发展到了人工智能动力这一阶段,对人类复杂脑力劳动与体力劳动的替代已成定局。

"人造劳动者"可以替代部分工人的脑力劳动或体力劳动。比如,企业或者工厂重复性的体力劳动或脑力劳动,都能被程序化智能机器工具所替代。这些自动化体系的设备都是常见的"人造劳动者"。"人造劳动者"虽然名称为劳动者,但是根据马克思政治经济学原理,"人造劳动者"是扮演劳动工具角色的工具。因此研究中也应将它放在劳动工具中研究。

当代数字化条件下的"人造劳动者"在人工智能实验中,已经可以通过深度学习和机器学习,创造出属于自身的语言。创造和使用语言曾经是人类区别于动物的一大显著标志。如今"人造劳动者"人工智能数字机器已经在现实中实现。如谷歌实验室人工智能实验中,联网的人工智能数字体通过不断的机器学习与深度学习,自发地开发出属于自己的语言,两台人工智能机器在不受人干扰下或监督下,自发地进行交流。这两台人工智能体开发出完全属于它们自己能看懂的语言,进行自主交流。旁边的监督人员和实验人员完全看不懂它们交流的语言。

"人造劳动者"严格意义上不属于劳动者范畴,更多的是类人化的劳动工具,但是"人造劳动者"这种叫法可以引起平台企业劳动者恐慌,进一步压缩了平台企业工人的岗位空间,造成平台工人心理压力。

"人造劳动者"的设计初衷是代替人工完成需要培训时间长的、有危险性的工作,以此来节省企业工人的劳动时间,增加员工的自由时间,使员工可以在精神文明方面对企业、对社会有所贡献。但是,随着"人造劳动者"应用领域的逐渐扩大,这些"人造劳动者"生产工具进入生产领域,完全被资本掌控,人类工作岗位被替代,一些工作岗位甚至会消失,这对劳动力市场也是一种冲击。^① 数字化条件下企业的"人造劳动者"可以分布式存在,并参与具体劳动任务。劳动过程中,呈现分工更细化的趋势。未来这种势头也将持续发展下去,平台工人将逐渐,甚至无法单独完成劳动过程中的工序,需要平台数字化生产工具的配合,才能顺利完成劳动任务。平台工人也将在资本控制的生产工具下,变为附属角色,^②数字条件下企业工人在劳资关系中的地位进一步变弱。

可见,数字信息化的人工智能时代,云制造生产方式对企业的影响是巨大的。"人造劳动者"能替代工人的脑力劳动与体力劳动。其中,对人类脑力劳动的替代,甚至复杂脑力劳动的替代场景,是以往社会所不具有的。"人造劳动者"随数字技术的发展,已深入人们生产生活中的方方面面,例如手机 App、软件、各种应用平台。^③ 当下热点是基于 ChatGPT 的人工智能应用机器人,即可代替脑力劳动者的很多工作,并且可以融入很多经济场景中。例如,替代软件工程师写代码、替代法律工作者处理法律问题与纠纷、替代老师教授知识等。它们能够胜任很多复杂的脑力劳动工作。它们还能够持续工作,不用休息,且能在复杂及多变的环境中,胜任各种指定的工作或任务。从长期看,未来智能生产工具(人造劳动者),不单可以在企业工厂执行特定任务,甚至可以在企业员工家中,帮企业员工做饭、打扫卫生、照顾小孩、粉刷房屋、洗衣服等。它们不但可以和人类劳动者一起工作,还能单独执行危险区域的工作,如核电站。随着数字技术发展,"人造劳动者"会向更智能方向迈进,这将是不可逆转的事实。

随着新兴技术如人工智能、物联网、数字化平台的发展,机器生产工具和各种生产设施,将逐渐朝着更加智能的方向发展。马克思指出,具有主观能动性和创造性是人类区别于其他非生物智能的特征。^④ 人类大脑对外界

① 刘凤义,王媛媛."苹果–富士康模式"中的劳资关系探究[C].全国高校社会主义经济,贵阳,2013.

② 刘九如."工业 4.0"中国版:两化深度融合[J].中国信息化,2014(15):5-7.

③ 胡秋艳.智能机器人应用中的伦理问题研究[D].武汉:武汉理工大学,2019.

④ 宋志明.马克思主义哲学原理[M].北京:中国统计出版社,2002:70.

客观事物的反映是积极与能动的反映,而非被动与消极的反映。① 相对于现在弱人工智能时代向强人工智能时代过渡时期的智能生产器械,在弱人工智能过渡到强人工智能时代后,智能器械会自动通过机器学习和增强学习自主从海量云数据和大数据系统中获取数据,自主升级,会更优化应用策略,具有一定自主性,届时也会具有一定的创造力。现今围棋赛里,AlphaGo(阿尔法围棋)战胜人类围棋世界冠军选手,就是在此方面的应用实例之一。AlphaGo 基于深度学习与机器学习,从海量数据中提取并不断通过大数据与计算机联网带来的高速算力的加持下,飞速提升自身的能力,模拟人类计算下棋步骤与思考方法,能在场上根据实时对局形式自主判断决策,最后超越人类棋手。可以从当代各种鲜活的场景实例中看到,上述的这种未来发展趋势,将是不可避免的。

人工智能的不断快速发展,已经逐步渡过弱人工智能发展阶段。现阶段的特征主要表现在,某些方面人工智能并不能完全取代人类智慧,现今只能替代部分体力和脑力劳动,②与人类劳动者的智慧水平还存在较大差距。但是,在强人工智能时期,"人造劳动者"甚至能广泛替代人类高智力脑力劳动。③ 那时,它们的应用势必会对生产、对工人劳动过程及经济社会生活带来更大的影响和冲击。

上述这种人工智能工具,一些基于平台可免费直接应用,另一些则是需要购买使用权,通常按月或按年缴纳使用费用。免费直接使用的部分则省去了单独购买硬件设备、租用服务器、购买软件的不变成本费用支出,以及节省了安装与调试软件的时间成本。这些智能生产工具直接可以使用,而且仅需要支付比传统生产设备低很多的费用。企业选择使用智能工具替代了活劳动,使得可变资本降低。

---

① 李文选,刘淑杰,高永芳.马克思主义原理简明教程[M].呼和浩特:内蒙古大学出版社,1994:43.
② 李敏.人工智能:技术、资本与人的发展[D].武汉:中南财经政法大学,2018.
③ 郭壬癸.认识论视域下人工智能著作权主体适格性分析[J].北京理工大学学报(社会科学版),2019(4):145-154.

5.5.2 不变资本总量上升

机器设备厂房虽然属于不变资本,但在数字化条件下它们具备智能性,且能发挥替代作用。它们是可以不断替代活人力劳动的生产工具,对劳动者来说产生了替代作用。对于同种任务资本家往往选用不变资本的投入。例如使用人工智能、云平台智能等数字化工具,替代对活劳动的选择与使用,进而导致一些活劳动被解聘。因为选用数字化生产工具,一方面,企业可以如期完成生产任务;另一方面,企业使用的数字化智能生产工具几乎可以不投入成本而无限升级,导致投入不变资本的总体花费与投入可变资本相比较低。由于资本是逐利性的,所以为了获得更多剩余价值,资本主体选择不变资本的投入。

此外,随着数字技术的发展,由于市场的竞争作用,价格越来越便宜,且数字化不变资本不会因为一些突发事件造成停工停产,避免资本循环理论中的劳动损耗时间的发生。因此,随着资本对数字化设备的购置增多,流动资本(原料、辅料)支出并未发生变化。且活劳动由于人数减少,资本家企业中支出的活劳动工资总量降低。因此,不变资本在总资本中的比例上升,不变资本总量也会上升。

5.5.3 不变资本与可变资本的变化使资本有机构成变化

在数字化条件下,可变资本变高,不变资本变低时,资本有机构成提升。一方面,数字化条件下,企业更愿意投入数字技术生产工具,不变资本比重增高;另一方面,分布式生产设备"人造劳动者"对工人的替代使工人在劳资关系中处在较低地位。数字智能工具对活劳动的替代,不断地使可变资本比重下降。

(1)数字化条件下生产设备与生产工具发生改变并呈现分布式特征,这种特征使得资本家将成本投入不变资本中。数字化条件下的大型数字公司,例如淘宝、饿了么、美团、滴滴、抖音等数字平台 App 与数字云平台中的各种数字软件都是生产工具。① 如在数字化条件下制造业企业的商品生产过程中,具备数字化、智能化,并能随时升级的生产设备(也被称为智能生产工具),成为各种生产场景中的主流生产工具,不断促进生产力突变的同时,极大解放了生产力,替代了活劳动,也对传统生产秩序带来了挑战。② 展望未来,我们可以得出以下理念,应从宏观和微观上推进企业员工和机器之间的人机协作,力求推动企业智能化快速发展,达到人机融合发展的新高度。

(2)数字化条件下,分布式智能生产工具大范围使用,其替代作用使得劳动中可变资本比例变低。当今,ABCDI 技术结合发展,数字化技术以工业云、智能云制造、物联网平台等数字技术手段或联合形式在各类公司中大量应用,③公司内部工人受到很大影响,扩大到另一维度来说,对劳动过程产生了不同于以往任何社会形态的影响。大量企业使用数字化生产方式大规模生产,提高了整个社会生产力的同时,势必会对企业工人或企业中的劳动者造成影响,④放大范围来说,即整个人类,简化表述,即"人",人与机器⑤之间的关系。在当代,马克思的人机关系应如何创新,也是需要深入研究的方向。⑥

(3)资本家对劳动过程的控制,采用数字技术使大量劳动者技能持续降低,以此降低可变资本的总量。数据成为生产资料,使得生产工具由传统手工工具变为电脑、智能系统、云计算终端等数字化生产工具。与此同时,数据使得劳动者的技能形态,由体力劳动(健壮四肢、强大的力量与耐力)转化

---

① 部分平台型 App 采用了云技术,但弱化了云技术的称呼,而通常只称呼为平台、数字平台或平台软件。

② 李建国,梅岚,王硕,等.2019 年终特刊:争鸣[J].中国社会科学,2019(12):70-77.

③ 李珂.从当代人工智能的发展看马克思的人机关系思想[J].自然辩证法研究,2019,35(4):71-75.

④ 李珂.从当代人工智能的发展看马克思的人机关系思想[J].自然辩证法研究,2019,35(4):71-75.

⑤ 此章节和本书所说的机器或智能机器,如果非特指,指只使用智能云制造生产方式的企业中的智能机器。

⑥ 李珂.从当代人工智能的发展看马克思的人机关系思想[J].自然辩证法研究,2019,35(4):71-75.

为智力型劳动,如数字化技能水平、学习能力、智力劳动熟练度、思维能力等。同时由于人工智能的出现,重复性低创造型脑力劳动,同样类似于低技能重复性劳动,可能由人工智能生产工具替代。

由此引发并带来资本主体投入的总资本中,不变资本占比增加(生产工具、生产设备等),而可变资本(人、工人、劳动者等)占比减少。这使得劳动者现阶段不能被替代的高级能力变得更为突出,如创造能力、批判能力、发现能力、创新思维能力、发散思维能力等开拓性脑力劳动能力,变得更加重要。[①]

由此可见,利润与利润率同资本有机构成密切相关。数字化条件下的资本有机构成仍是指由资本技术构成决定且可以映射技术构成改变的资本价值构成。不变资本(C)与可变资本(V)的比率也仍是其具体的表现。当可变资本(V)发生变化,或不变资本(C)发生变化时,均会导致数字化条件下资本有机构成发生变化。研究发现,在上述研究分析的时域条件中的数字化条件下,不可变资本(C)增多,可变资本(V)降低,资本有机构成提升。

5.6 数字化条件下的工资变化

5.6.1 传统劳资关系中的分配与工资

我们可以从以下几个方面来区分分配和工资:

(1)分配是资本家在生产过程中所占有的剩余价值的分配,而工资是劳动力价值的一部分。换言之,分配是从整个生产过程中获取剩余价值的过程,而工资则是在雇佣工人的过程中,支付给工人的劳动力价值。

(2)分配和工资的对象不同。分配的对象是资本家和投资者,工资的对象则是雇佣工人。在资本主义社会中,资本家通过剥削工人获得剩余价值,

---

① 上述劳动者与生产工具的变化的起点都是基于数据成为生产资料,也可以说,数据成为生产要素,成为重要生产资料,引起了数字化条件下生产力的变化,引起了数字化条件下劳动者与生产工具的变化,并进而最终引起资本有机构成变化。

然后再进行分配。

(3)分配是生产过程的结果,而工资是雇佣劳动的必要条件。生产过程中的分配是根据劳动过程所产生的社会总产品分配各种社会阶层的消费资料的比例,而工资则是在雇佣劳动力时的支付。

马克思在《资本论》第一卷中指出,"劳动力的唯一价值是它能为生产过程提供的劳动量"[①],这就是劳动力价值。而工资则是根据劳动力价值进行支付的报酬。因此,从马克思的分析可以看出,分配和工资是两个不同的概念。工资是劳动力价值的支付,而分配是从整个生产过程中获取剩余价值的过程。在资本主义社会中,资本家通过剥削工人获取剩余价值,并进行分配。

5.6.2 数字化条件下的工资

5.6.2.1 马克思主义政治经济学对工资的描述

马克思在《资本论》第一卷第十七章中指出:"劳动力的价值或价格转化为工资。"[②]工资是劳动力价值或价格的转化形式。"劳动的价值"是从资本主义生产关系里生成的,是资本的本质关系的表现形式。[③]

当代市场中的经济主体公司或企业在经过了长时间的发展后已经进入了成熟的阶段。传统的企业中,工资往往包括以下内容:计时工资、计件工资、定额工资、浮动工资、奖金和津贴等。其中计时工资和计件工资是最主要的工资形式,也是学者研究的主要对象。计时工资为根据工作时间和等级支付给工人的劳务费。计件工资一般是依照劳动者合格产品量或预定的计件单价支付的报酬。定额工资一般是指按照劳动定额完成的情况支付劳动报酬的工资形式。浮动工资是指劳动者劳动报酬随着企业经营优劣及劳动者贡献大小上下浮动的工资形式。奖金是指对超额劳动的补贴,以先进

---

① 马克思.资本论(第一卷)[M].北京:人民出版社,1972:586.
② 马克思.资本论(第一卷)[M].北京:人民出版社,1972:585.
③ 齐昊,李钟瑾.平台经济金融化的政治经济学分析[J].经济学家,2021(10):14-22.

方式给予的奖励。津贴主要指对劳动者在特殊条件下的额外劳动或额外费用支出给予的补偿工资形式。其中定额工资、浮动工资、奖金、津贴都是常见工资形式的小部分类别。

5.6.2.2 数字化条件下的工资

当代数字化条件下的工资构成基本与现代企业相同,但隐蔽性地减少了一些必要的劳动者保障。数字化条件下企业工资构成同样主要包括计时工资与计件工资。奖金、津贴形式也会在部分平台企业工资中出现。数字化条件下的企业不同于传统企业,数字化条件下企业的工资构成常常规避掉津贴、奖金部分,仅仅强调计件工资部分。同样,数字化条件下以计件工资和计时工资为主;但是在这两种工资构成中,尤其是以计件工资为主。这种构成变化来源于数字化条件下劳资关系合同方面的变化。

数字化条件下的工人工资,仍然表现为劳动力价值或价格的转化形式,但是在工资构成上、工资形式上,同之前社会生产力下传统的企业的表现有所不同。数字化条件下企业工资表现为劳动的价值或价格的必然性,仍然是从数字化条件下企业资本主义生产关系中产生出来的。数字化条件下企业的工人仍然是提供劳动后才可以获取工资。此时工资运动的表象更加隐蔽了其内在的本质关系,同时借助"共享经济""平台经济"等华丽词语为其粉饰,只有通过科学的分析才能揭示出存在于工资形式背后的本质关系。

5.6.3 数字化条件下获取工资的雇佣方式多样化

5.6.3.1 数字化条件下雇佣形式的多样性

数字化条件下基于 ABCDI 技术的广泛应用,"一次性员工""无固定雇主型劳动者""众包工人"等灵活用工形式相继出现,也催生出新的生产关系与劳资关系。数字科技的使用范围增大,企业数量增多,使得很多企业外部的劳动者通过新的雇佣形式涌入,如零工经济中的"一次性员工"和"无固定雇主型劳动者"在各种平台内的数量增多,资本主体和劳动者的生产关系出现了新的特征。这些新特征同之前时代和模式下的临时工作有着很大不同。过去劳动作坊时期,或机器大生产时代,零工劳动者常常由家庭、个人或者企业临时雇佣,组织异常松散随意,其规模在总劳动者数量占比中非常小。[①] 但是,当今,由于 ABCDI 数字技术的合力,新的资本家同工人的新生产关系与之前经济生产时代相比,有众多不同之处,此部分研究也将基于马克思经济学理论,深挖数字化条件下劳资关系变化与影响的深层经济学原因。

在近期与未来十年或更长时间的研究范围下,广泛的具有 AI 底层数字技术,具备自动搜集和匹配信息的数字软件与数字平台兴起后,数字化条件下企业在生产端和消费端均能借助智能数字技术,如各种层出不穷名称不一的数字平台进行大规模的及时匹配,自动高效地组织数量庞大的"独立承包商"进行零工劳动,促成了真正具有大规模的、高度严密组织化的经济形式。这是当代较之以往社会生产组织形式中所不具备的。[②] 通过大规模生产,以及行业平台产生的垄断,把握一个行业的生产链,由此获得行业巨大利润与垄断产生的超额利润。这促使了全球大量资本融入,同时产生了近年来层出不穷的大型跨地区、跨国的数字平台。[③]

具体来说,数字化条件下平台的开发者与平台主导者具有垄断天性与先天的垄断基因,垄断具备经济学规模效应,可以提升同期条件下公司的利润。数字化条件下的企业以平台为工具,借助规模效应,增加灵活用工的结合形式与使用频率。

据调研统计,美团和饿了么等企业,通过开发平台软件,将工人劳务合同签订与平台软件挂钩,与劳工签订合同多采用软件用户注册形式;美团骑手点击注册用户和签订了电子合同,即可成为外卖骑手。这种契约形式的外卖骑手,可以完成大量订单服务,一定程度上是美团与饿了么这种企业的"工人",被称为"众包工人"。众包工人骑手每一单业务,企业可以获得分

① 杨虎涛,冯鹏程.去技能化理论被证伪了吗? ——基于就业极化与技能溢价的考察[J].当代经济研究,2020(10):50-63.

② 刘皓琰.数据霸权与数字帝国资本主义的新型掠夺[J].当代经济研究,2021(2):25-32.

③ OECD.数据驱动创新:经济增长和社会福利中的大数据[M].北京:电子工业出版社,2017:113.

成,同时另一部分钱归众包工人骑手获得。这种众包工人占了大多数,并且,企业在中午与晚上订餐高峰期时段,增大了众包工人的接单数量,优先通过手机数字平台 App 软件或应用,将订单通过美团、饿了么的平台数字软件派送到众包工人手中,工人通过手机 App 平台软件查看并接单,一定程度上鼓励众包工人优先接到订单。同时,这些通过平台软件注册成为平台企业众包工人的工人,除了每单获得的分成外,并没有任何保险、福利、保障等传统企业劳资合同中所具备的保障。[①] 企业不会为此多承担任何劳资责任与员工福利。[②]

美团与饿了么也有另一种合同员工,这种合同员工也是骑手,与美团、饿了么签订的是纸质合同。招聘时,不同于众包送餐员工的网上直接签订电子合同,他们采用的是线下面试,之后签订纸质合同。这些工人被称为固定合同工,他们每单在平台扣除费用后,可以获得比众包电子合同工多 1 元到 2 元的收益。但是在中午以及晚上,美团、饿了么送餐高峰期,在平台数字软件 App 中可供他们接单的数量比众包工少。他们常常只能在 App 中等众包工抢单结束后,或者有盈余单的时候,才能从 App 数字软件中接到单。企业普遍优先派发给众包工,之后派单才发给固定合同工。而且固定合同工同样存在除了每单收益外,没有额外员工福利、保险、保障等现象。

以 Uber 中国平台网约司机为例,根据国家统计局 2015 年对北京、广州、深圳、杭州、武汉、成都 6 个城市"优步"创业平台吸纳就业情况的抽样调查,优步平台兼职司机占比达 80.7%,专职司机占比仅为 19.3%。[③]

5.6.3.2 数字化条件下的劳资合同

调查研究发现,很多大型平台型企业或数字平台的企业,在忙时承担任务的劳动力,主要为临时众包工或网约工。这同传统公司在价值生产中不

---

① 马蔷,李雪灵,刘京,等.数据资源对企业竞合战略选择的影响机理研究——基于平台理论的多案例研究[J].经济管理,2018(2):37-54.

② 程啸.论大数据时代的个人数据权利[J].中国社会科学,2018(3):102-122,207-208.

③ 优步中国代表在人社部劳动关系司和劳动科学研究所召开的新经济座谈会上的发言。

同。在数字化条件下公司的劳务合同中,与网约工或临时众包工签订的合约形式,常常为电子合约。如平台企业电子合约,通过平台企业的平台,劳动者注册相关信息,勾选同意即可签订,缺少一些审核机制,而且只需要勾选同意,当时即可生效。签订合同的工人,很快便可以接单工作。平台企业在这些合同中,多以计件工资为主,而且缺乏相关奖金与津贴的说明,也没有关于工人福利、保险等方面的说明。工资待遇说明仅仅是一单一结,当即结算。其他相关工人福利待遇在合同中一概略过,只字未提。这与传统企业的合同具有较大的区别。因此,在平台企业工资构成中,相对的奖金、津贴、福利、保险社保缴纳等方面均未涉及,因此在这方面企业支出也为零,可变资本投入大幅减少。

调研发现,在送餐平台企业的《骑手劳务雇佣合同》中,囊括内容少,篇幅很短,仅仅一页纸张内容。内容仅包括协议期限、双方责任业务与其他规定三项。在第一项协议期限中,期限也较短,多为半年,或更短的时间。在第二项责任约定中,强调骑手如未按照约定时间到达指定工作地点并履行工作,造成的经济损失需要骑手承担。骑手需要自行申报并缴纳由劳务费产生的所得税。因骑手过失给平台造成的负面影响或经济损失,或乙方违反约定管理制度,平台有权扣除骑手工资劳务报酬。在第三项双方其他约定中,合同未尽事宜,由双方协商解决。甲方平台为乙方骑手购买商业保险,乙方应保障所提供的资料为真实,否则由此导致的不获赔偿的相关责任由乙方骑手自行承担。鉴于甲方平台为乙方骑手购买此份保险的目的在于转移雇主风险,故乙方骑手同意就意味着,其从保险公司所获得的赔偿等款项直接予以抵扣平台就雇佣而产生的赔偿责任,如扣除保险公司赔付金额后,不足部分由骑手补足。

从这份合同中可以看到,平台企业将责任撇得一干二净,同时要求如果骑手不按时送餐,平台可以随时扣除骑手工资。而在假期、福利待遇、休假、奖金补偿等方面,则只字未提。经调研,不仅是这个行业的平台企业,很多行业的平台企业在合同与雇佣方式上,均与上述案例在本质上没有区别。数字化条件下的企业工人工资同传统企业相比,少了很多内容。这就为企业节省了大量可变资本方面的支出。

5.6.4 数字化条件下工资变化

5.6.4.1 数字化条件下的计时工资

马克思指出,劳动力总是按一定时期来出卖的,日价值、周价值等都表现为劳动力的转化形式,也就是计时工资的形式。① 另外,《资本论》第一卷中提到:"如果在劳动力总供给量不变的情况下,一人完成多人工作量,这就相当于变相的劳动供给增多。假设岗位数量不变,劳动力供给发生变化后,产生了工人间的竞争,这将导致资本家随意压低工人的劳动价格。被压低的劳动价格相当于工人无形中增多或延长了劳动时间。"②

马克思举例阐述:"例如,一个工厂工人如果拒绝像通常那样干较多的时数,他很快就会被任何一个不论干多长时间都愿意的工人所替代,这样他就会失业。"③数字化条件下,使用数字平台技术的公司或企业中,平台型企业利用了互联网、数字科技和平台技术,使生产、供求、买卖信息可以实时发布在平台中,当一个劳动者拒绝干这项任务或者工作的时候,平台中将可能有其他劳动者接收这份工作,能做到随时顶替掉那位拒绝的劳动者,由此而带来的像马克思《资本论》中曾描述的状况,即拒绝的工人会失业。同时,如果这位工人不拒绝,那么便会多劳而并未多得,即这位工人的劳动价格变相变低而且更加延长劳动时间,但此时工人应获得费用并未增加。用马克思经济学理论的内容来说,即此时工人劳动与报酬不符,工人多劳,但劳动报酬并未提高,变相使工人被剥削程度加深。

马克思指出:"资本的不变趋势的一方面是创造可以自由支配的时间,另一方面是把这些可以自由支配的时间变为剩余劳动。"④数字化条件下企业劳动时间灵活,常以计件工资为主,通常有总任务,此外一单一结,变相增

① 马克思.资本论(第一卷)[M].北京:人民出版社,1972:594.
② 马克思.资本论(第一卷)[M].北京:人民出版社,1972:594.
③ 马克思.资本论(第一卷)[M].北京:人民出版社,1972:596.
④ 黄再胜.平台权力、劳动隐化与数据分配正义——数据价值化的政治经济学分析[J].当代经济研究,2022(2):77-87.

长平台工人劳动时间,但是工人并未得到应该有的工资报酬。

数字化条件下,企业同样延续着传统的工资转化形式。如,数字化条件下的日价值、周价值等仍表现为计时工资形式,这也是数字化条件下计时工资形式的本质与底层逻辑。一些企业采取计时工资形式,但是可以利用平台软件随时发布新的招纳工人信息,如果现有工人拒绝这项任务,那么资本家将任务及时发布到平台软件中,社会上使用该平台软件的很多闲散劳动力、一次性工人、临时合同工人、零工主义者,可以接收此单业务,参与劳动,获取报酬,替代该企业中原先的工人,这都使得现有企业工人由于害怕被替代,而被迫接受一些工作任务。典型的例子如,加入平台的家政企业,一些保姆或保洁,由于不满平台的任务消极工作或者拒绝工作,平台可以在极短时间内通过平台软件从社会上找到接受这项工作的临时劳动者,通过平台的临时订单业务,同这些临时劳动者在平台软件内签署单一任务的电子合同,让这些新匹配到的临时劳动者顶替并继续这项工作。

5.6.4.2 数字化条件下的计件工资

马克思指出,"计件工资无非是计时工资的转化形式",在传统经济体和时代背景下,同一个企业或行业,两种工资形式可以同时存在。[①] 数字化条件下企业的计件工资形式,在本质上并未发生变化。当今数字化企业也多采用稍作变化形式的计件工资形式。数字化条件下企业的计件工资同样是计时工资的转化形式。

当代数字化条件下,企业会做类似于马克思在《资本论》第一卷中描述的伦敦机器制造业中惯用的诡计,"资本家挑选一名特别强壮和灵巧的人做一定数量工人的头头。每到一个季度或其他期限就付给他以追加工资,条件是他拼命地干,以促使他的那些只领取普通工资的同伴也跟着拼命地干……""很自然,工人的个人利益就会使他尽可能紧张地发挥自己的劳动力,而这又使资本家容易提高劳动强度的正常程度"。[②]

在数字化条件下企业也会在本平台内找一些"榜样"工人,将他们在平

① 马克思.资本论(第一卷)[M].北京:人民出版社,1972:603.
② 马克思.资本论(第一卷)[M].北京:人民出版社,1972:607.

台软件中的排行榜放在榜单中较为醒目的位置,通过平台软件的排行榜对这些"技能高超""能力强"的工人加以宣扬。同时,一周或定期向这些排行榜中的工人发放追加工资或额外金钱收入,并将这些榜样工人的额外收入通过平台软件或平台软件排行榜展现在所有工人面前,造成一种假象。这使其他工人看到后,也想变得跟这些榜样工人一样获得额外收入,使其他工人看到这些"收获"或吸引而加倍拼命干活。如长视频领域平台企业西瓜视频中,在创作者制作中心里,常常出现一些榜样创作达人晒收益。如短视频互联网平台企业抖音平台中,常出现一些粉丝数量大的认证大 V 晒变现收益(这些都相当于"榜样工人")。还有一些外卖平台企业中,有外卖送餐单日收益排行榜,单月收益排行榜。一些实体经济行业领域中,也有类似平台,依靠一些平台软件 App 应用中的榜单,将工人进货量、销售量、激励收入、奖励收入等放入榜单,达到刺激其他使用该平台的工人看到后产生加倍干、拼命干的目的。

上述具体的计时工资融合方式,虽然在本质上同以往社会时期企业的计时工资本质没有区别,但在具体实现方式上,数字化条件下的计时工资表现出上述的新特征与变化。数字化条件下使用数字技术的企业的计件工资表现出实时性,即可以一单一结,不会拖欠。在形式上常表现为,工人在与平台企业签订合同后,此时的合同可以是纸质合同也可以是平台软件上的电子合同,在接单的时候只需要勾选和点击确定即可签约,具有松散性。实时电子签约后,工人即可以每一单为单位,"一件"一结工资,全程通过平台型企业的软件平台自动化完成,无须人工加入。这一点,是与以往工业化社会的计件工资所不同的。每一件计件不会拖欠,同时是实时到账,即这一单完成后,立刻到账。

另外,数字化条件下工人获取计时工资的时间变短。工资结算的单位时间常为一日、一周、半月。以往的公司中,常常是一个月发一次工资。实行计件工资的公司中的工人,往往在 30 天左右的时间内,可以获得计件工资。但是一些平台企业,通过平台企业软件,实现实时电子合同签约,劳资关系松散,劳资合同对工人福利保障率低。工人签约后的计件工资,有的当完成一单之后即可获得。如送餐平台企业美团和饿了么,在众包网约工工人签约后,此工人每接一单,交易成功完成后,当时即可与平台分成,自己获取一单工资报酬。长视频平台企业西瓜视频,视频创作者在同平台签署创作者计划,认证为平台创作者后,①发布一条视频,即相当于完成一个订单。逻辑上与实质上,享有与计件工资工人一样的过程。当这一单完成后,第二天会获取播放量收益,但是提现则需要到第二周才可以完成,大致相当于 7 天完成一次结账工资,即相当于工人每次计件工资需要 7 天才能实现结账。上述案例,都是数字化条件下企业计件工资新的表现形式。

5.6.5　分布式对工资与劳动者的影响

5.6.5.1　数字化条件下工人工资差距扩大,工人分层现象更加严重

　　数字化条件下劳动者的分布式特征,使劳动过程分布式,带来数字化条件下工人工资差距扩大现象,工人分层现象更加严重。以分布式为特征的数字化条件下,资本对劳资关系隐蔽控制性更强,表现在数字化条件下生产关系中分层化较之以往更明显。被剥削的劳动者或工人的分布式,使得劳资关系更隐蔽。劳动者的工资收入水平变化也同其竞争者有必然联系。如制造业企业里,企业运用数字科技后,"人造劳动者"的水平逐渐飞速提高,在观察工资变化趋势和生产方式变化时,我们有必要持续探讨"人造劳动者"这种生产设备,从长期看,对人类劳动者将产生替代作用并构成威胁。公司使用数字技术搭建数字平台或数字平台软件 App,用于生产和销售的全程中,使得生产关系中分层化趋势加剧。具体实施与表现可参见上一节美团与饿了么的例子。

　　一方面,数字化条件下知识工人作为高端劳动力,能凭借个人技术优势获得一定的主动权。② 在数字科技、数字软件平台参与下,他们甚至可以同

---

① 相当于变相签约,而且没有任何合同。创作者在西瓜视频上不计报酬发原创视频,根据播放量获得收益报酬。签约的平台创作者后面称为工人,以工人代称。
② 秦国荣.网络用工与劳动法的理论革新及实践应对[J].南通大学学报(社会科学版),2018(4):54-61.杨文华,何翘楚.平台经济业态下去集体化劳动关系的生成及治理[J].改革与战略,2018,34(1):39-44.

时参与多个企业的生产,如生产设计环节和生产制作环节。[①] 在岗知识型工人可以在同一时间里获得多份报酬,[②]而且由于比较稀缺,所以在企业中话语权分量加重,可以为他们自己谋得更好的利益和工资报酬。在《2016 年离职与调薪调研报告》中(前程无忧网,2016),员工 2016 年主动离职率达16%,其中,高科技公司的研发与管理人员主动离职率竟高达 21.6%。[③]

另一方面,企业中知识技能较为匮乏的低端劳动者的状况每况愈下。由于数字平台及数字平台软件的大范围使用,很多企业外的劳动者能通过各种被搭建的数字平台 App,进入或参与企业内部劳动,无形中挤压了合同工的生存空间。

基于前文对零工经济的分析研究,"一次性员工"和"无固定雇主型劳动者"的增多和出现,给工人带来无形的压力和竞争。工人工作场地分散,呈现分布式,工人分层与工人联合困难。这都使得工人变得异常弱势,不但工资日益降低,在企业中也更加弱势,无法为自己争夺更好的权益。[④] 他们中的很多人劳动待遇和劳动条件都不甚理想,逐步沦为企业生产过程中的边缘劳动力,不仅随时可能被"一次性员工"和"无固定雇主型劳动者"取代,更有可能随时被企业智能制造云平台中的智能工业机器所替代。同时外包工人、产销者、外包包工头、优秀战略伙伴、平台认证达人等各种劳资形式的产生,也都是资本隐匿控制的现实表现形式。

5.6.5.2 赢家通吃或超级明星出现导致分配不均的扩大

数字化条件下,ABCDI 数字技术融入企业后,使得知识和信息复制、传递和扩散的成本大幅降低。数字经济和虚拟经济蓬勃发展,增幅显著。由

---

① 万文海,王新新.共创价值的两种范式及消费领域共创价值研究前沿述评[J].经济管理,2013(1):186-199.

② 有的在岗工人打了多份工。调查显示,当代同时兼职多份工作的工人数量持续增高。

③ 吴益仙.科技型中小企业人力资源开发与管理的伦理诉求[J].浙江科技学院学报,2017(4):260-265.

④ 邵婧婷.数字化、智能化技术对企业价值链的重塑研究[J].经济纵横,2019(9):95-102.

于信息经济中的买方规模效应,"赢家通吃"现象在很多行业相继出现,分配与资源占有差距拉大。具体表现在,占比极少如 0.01% 的企业或拥有较高技能的工人(包括体力工人、智力工人以及各种合同工人),能快速渗透到市场的大面积范围,变成市场主导者,如"明星"一样的存在。其他不够优异的企业或劳动者被挤出市场,资源极化现象加剧。占比少的少数人,获得了大比例的资源与收益。

这种"明星"现象,常常出现在劳动者和平台企业身上。它具体是指市场里的小部分人、小部分企业获得绝大部分报酬或利益,获得绝大部分市场份额。基于 ABCDI 技术,智能云制造融入各行各业,各种数字化平台的出现,平台企业兴起,数字信息技术的推进,平台的天然垄断性就是它的表现之一。在市场里,消费者极为愿意为最优生产者支付溢价。[①] 最优生产商能获得很多市场份额,次优生产商虽与最优生产商的商品和服务差别不大,但是次优生产商所获得的份额却与最优生产商相差甚远。例如微软 Windows 系统和开源操作系统 Linux,智能手机与平板安卓操作系统和苹果手机 IOS 系统,我国社交类软件微信、陌陌、探探等,购物平台淘宝、京东、拼多多等,支付平台支付宝、微信,短视频平台抖音、快手、微视等,外卖服务平台美团、饿了么,它们都占据了各自行业的绝大部分份额。它们也都是集 ABCDI 技术于一身的(智能化、数字化、信息化、云化、平台化),以数字虚拟制造化、数字商品生产与服务商和数字平台为特征的企业。也正是由于都是平台企业,在某一行业中优势突出,形成了行业垄断,均获取了行业内巨额利润。

数字化出现之前,很多行业都能凭借地域优势,在最优明星企业下,依靠地域、地区优势,占据当地此行业的一些市场份额。但是在上述基于 ABCDI 技术的数字平台软件融入各行业后,平台形成,网络连通世界各地,这些数字信息化技术将传统世界、模拟世界以二进制同步转换为数字信息二进制符号,通过网络瞬间映射到数字平台系统中,并通过平台系统传到解码的交互设备;输出设备将二进制数字符号还原成现实世界中的模拟影像;

---

① 刘宇翔. 消费者对有机粮食溢价支付行为分析——以河南省为例[J]. 农业技术经济,2013(12):43-53.

人们在世界各地甚至月球上,只要有通信设备,都能实时接收和享受到各种数字化服务商品。这种方式打破了时空限制。人们只需要付出非常少的成本即可享受到在优胜劣汰下所筛选出的高质量平台的顶级服务。总之,资本驱使着平台的扩张,平台占据市场,平台赢家企业通吃,垄断的现象丛生。

全球资本在追逐企业利润率的驱使下,以及对行业垄断获取的超额利润的贪婪追逐下,纷纷引入数字科技,将资本汇入平台,进而扩大了平台规模,优胜劣汰,形成行业平台垄断情形,进而资本获取到追寻的行业垄断带来的超额利润。例如,餐饮、物流、软件、影视都是以数字化形式传输图像、文本等信息,行业的平台化发展也日臻完善,寡头垄断或双寡头垄断、多寡头垄断态势逐渐出现,纷纷呈现赢家通吃的局面。在企业劳资分配方面,工人的"明星"现象或"赢家通吃"也很普遍。据调查,多数使用数字平台或引用数字科技的企业中的少数工人,获得大部分高额薪资,工资收入很高。而相比另外一些数量众多的工人仅能够领到维持最低生活保障的薪金。这种案例很多,例如在亚马逊平台里,部分高管和高技术工人获得了高额薪资,而数量众多的亚马逊一线工人却工资很低。他们在领取工资后,还需要领取政府最低生活保障金才能维持正常生活。这都体现了不平衡的劳动力市场,以及劳资分配不均的极化现象。它加剧了不同劳动者群体间收入工资的不平衡、不平等。这种影响即:平台在资本的控制下,受资本操控,也造成了数字化条件下工人间的矛盾与对立。

5.7 数字化条件下资本与劳动、利润与工资的模型构架

本节经过总结提炼上述理论研究分析内容,从数字化条件下劳动过程的改变带来的劳资关系变化,进一步研究分析其中经济要素的相互关系。

假定其他条件不变,通过对企业利润获取方式的分析,以及劳动过程中企业对工人的监督与控制方式,以及剩余价值获取量方面的研究发现:企业通过采用数字技术,改变了劳动过程,变更了劳动组织形式与方式,进而导致对最终获取的利润与剩余价值量发生变化。即对工人工资有直接关系的因素有:企业使用资本投入数字化的支出方面,企业采用数字技术控制与监

督劳动过程方面①（通过劳动过程改变引起的生产率变化方面研究），企业采用数字技术后对劳动过程改变之后，带来的影响方面②（通过对劳动时间、不变资本与可变资本与成本支出方面研究）。经研究设立如下模型：在岗工人工资因企业数字技术投入的变化而产生变化；在岗工人的工资受企业应用数字技术带来的不变资本的变化而产生变化。将变量工资同上述变量间建立联系，将工资与企业数字化投入设为被解释变量与解释变量，建立回归模型。

$$Salary_{i,t} = \beta_0 + \beta_1 Digit_{i,t} + \sum \varphi_i Controls_{i,t} + \mu_{industry} + \mu_{year} + \varepsilon_{i,t} \quad (5.1)$$

其中，被解释变量 $Salary$ 为在岗工人工资。核心解释变量 $Digit$ 是企业采用数字技术，提升企业数字化转型水平。研究发现：在岗工人的工资变化，同企业使用数字技术引起的劳动过程变化，同此时劳资关系的变化，有着密切关联。它也同公司采用数字化不变资本投入、商品生产过程中的生产效率、各项成本的支出、单位时间里资本周转时间、数字化科学化管理运筹等方面有关联。同时，在数字化条件下的劳资关系里，数字技术的应用所带来的替代效应，将引起工人的岗位被智能数字化生产工具所替代的结果。此时一部分在岗工人的工资上升，工人内部贫富进一步拉大。具体来说：

（1）从逻辑上推演的模型

假定其他因素不变的情况下，在一定短期社会生产率并未成熟且经常发生变化的时间尺度内，③资本所有者投入资本购买数字技术后，带来利润上升，同时，在岗工人工资提升。资本所有者投入资本用于生产的越多，生产效率越高，获得超额利润，资本有机构成越高，利润越高。资本所有者投入生产的资本与利润正相关。

---

① 生产率方面，通过研究同劳动过程条件下，单位时间的生产效率可以实现。

② 如公司对生产商品时间的降低，以及对生产资料成本的控制方面、对劳动力支出的控制方面、公司的运营方面。

③ 此时由于处在技术革命时期，新技术层出不穷，导致社会生产率并不稳定，因为不断有新技术加入各种公司的生产中，短期内社会生产率并未成熟且经常发生变化。

（2）基于经济学逻辑模型的劳资关系分析

基于上述经济学逻辑的推演与分析，运用马克思经济学理论、资本有机构成与剩余价值理论思想，为进一步分析研究数字化条件下劳资关系的变化，建立了资本、劳动、利润与工资四要素逻辑关系（见图5.2）。

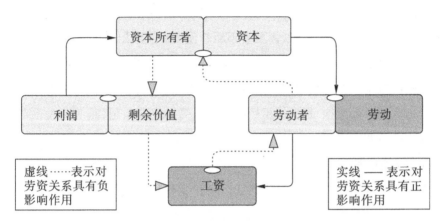

图5.2　基于资本—劳动—利润—工资的劳资逻辑关系

许多学者在劳资关系研究中，都意识到进入数字化时代，企业组织形式和雇佣模式发生了重大变化，指出，劳资关系在当今数字经济时代，较以往社会发生了巨大变化。在数字化条件下的企业劳资关系中，工资依然是资本所有者与劳动者进行利益博弈的核心。

从图5.2四要素经济学关系模型可以看出，在资本力量的控制下呈现出三层架构的逻辑关系，且工资与其他三要素不存在相同的层次关系。工资的高低将受其他三要素的影响与制约。虽然资本、利润与工资之间没有直接的逻辑关系，但会间接受到隐蔽性虚线的资本控制。在数字化条件下，工资是资本所有者与劳动者进行利益博弈的核心，但在获取工资报酬利益上完全由资本所有者所控制。在劳资关系上表现为少发了劳动力价值应得的报酬，而自己劳动的剩余价值不知不觉地被资本所有者所占有。

从图5.2还可以看出，资本所有者对剩余价值与劳动者的工资进行控制的隐蔽性（虚线箭头所示）。商品生产劳动获得的利润给了资本所有者，而处于强势地位的资本所有者可通过对剩余价值的隐蔽性控制，来少发工资，以实现剩余价值的最大化。如果出现利润中的剩余价值被资本所有者占有了,表现在资本所有者—工资—劳动者三要素之间的劳资逻辑关系中的即:资本所有者给劳动者的工资低,工人潜在不满情绪增大,将对劳资关系产生负面影响作用。按照马克思剩余价值理论,剩余价值不仅构成了利润的基础,也是资本家获取利润的源泉。如长期被无偿占有,也将严重损害劳动者的利益,导致劳资关系紧张,甚至会不断恶化而产生激烈的矛盾冲突。

综上所述,数字化条件下劳资关系的新变化,是由于资本与数字技术结合为新的数字资本与利润,对劳动过程的监控更缜密;而数字资本被资本所有者占有更具隐蔽性,且更易于控制与获取劳动剩余价值,是劳资关系产生新变化的重要原因。

(3)建立模型

基于上述的逻辑关联,可以建立短期计量验证方面的模型,也可以更进一步的基于计量经济学方法,建立此方面的经济学模型。

模型设定:根据之前分析的资本与劳动的关系,以及资本与劳动的逻辑模型,发现利润①与数字化投入、劳动过程变化引起的和生产过程变化带来的生产时间变化与生产效率提升,以及企业总营收、工人薪资等经济学要素密切相关,具有逻辑关系。

模型(5.1)中,下标 i 和下标 t 分别表示企业个体和年份;截距项 β_0,解释变量的回归系数用 β_1 表示,控制变量的回归系数 φ_i,其中:

1)被解释变量,数字化条件下在岗员工工资,以 Salary 表示。

2)核心解释变量,Digit。数字化条件下,企业为获取生产效率,采用数字技术,提升企业数字化转型水平,进而实现生产率提高。企业数字化转型的量度,在学术界或实际统计部门方面,都是一个前沿问题。此变量主要指公司采用数字技术,借此实现工人劳动过程和公司生产过程数字化,进而提升公司数字化水平。在企业采用数字技术时,主要应用 ABCDI 为代表的某一种或几种数字技术。基于数字技术的综合集成应用,企业实现数字化转

---

① 利润与剩余价值密切相关。同等条件下资本所有者获取的利润,可以从同等的条件下,剩余价值的获取入手研究。

型后,主要体现在平台化、智能化、数字化的生产组织形式与"生产—销售—服务—研发"各环节的应用。这层数字技术嵌入在企业的生产、管理、销售、研发等各个产业链环节,并潜移默化地作用于公司商品生产的劳动过程中。

3)$Control$:资本对劳动过程,与劳动效果的监督与控制的控制变量,部分效果,以$\sum \varphi_i Controls_{i,t}$表示。其中也纳入了一系列参考控制变量,如企业营收规模、企业资本结构、企业成长能力、经营净现金流比率等。[①]

4)$\mu_{industry}$ 和 μ_{year} 分别表示行业和年份层面上的固定效应。

5)$\varepsilon_{i,t}$ 为残差项。

在数字化条件下,数字技术的创新结合着生产本身的组织和技术安排改变使生产过程发生变化,使劳动过程内部分工改变并体现出劳动过程的变化。[②] 进而导致工资、价格与利润的变化。[③] 此时,企业采用数字技术导致了劳动者、生产工具和劳动对象的变化,从而引起劳动过程改变。

再根据马克思的生产力理论,可以分析数字技术的应用对劳动方式、劳动时间和劳动效率的具体影响,同时可展开分析生产力的变化状况。随后,根据马克思的资本积累理论,数字技术的使用促使商品流通时间减少。此外,在资本生产时间方面:在生产时间中,生产资料的储备时间、劳动时间、劳动过程的中断时间,这三方面都因为数字平台技术的使用,而产生时间的减少。从而产品生产的总时长减少。加之数字平台的规模效应,生产成本降低。在流通时间方面,购买时间与售卖时间也因为数字技术带来的网络效果作用而减少。资本循环速度、积累速度,都相应加快。

最后,基于剩余价值理论和资本有机构成理论,通过对劳动过程、生产要素及劳资关系的经济学要素拆分解析,聚焦资本与劳动的关系,结合马克

---

① 在研究数据验证,数字量化上,如企业营收规模,可用销售额 Sale,对数化处理。企业资本结构,在量化上可以用总负债除以总资产表示。企业成长能力(Growth)取值上,可以用(本年度营业总收入/上年营业总收入)-1 的值量化。经营净现金流比率(CFO)可使用经营净现金流除以总资产的值量化。

② Harvey David. The Limits to Capital[M]. Chicago:The University of Chicago Press,1982:25.

③ 谢富胜. 控制和效率——资本主义劳动过程理论与当代实践[M]. 北京:中国环境科学出版社,2012:8.

思经济理论①与西方经济学理论,②结合微观经济学的短期阶段视角思想,分析数字技术投入、生产效率、利润、利润率、资本有机构成、超额利润、剩余价值和工人工资方面的联系与影响,进而找到并证明,以这些要素变量的逻辑关系建立经济学框架模型的正确性。并进一步解释数字技术投入对生产效率、资本有机构成、超额利润和工人工资等方面作用与影响。

5.8 数字化条件下资本投入带来剩余价值变化

5.8.1 数字化条件下资本的数字化投入带来剩余价值增多

数字化条件下,企业加大不变资本的投入,将其用在搭建平台以及数字化设备在生产与销售中的投入方面,由此带来了剩余价值获取量的变化,进而也带来了利润的变化。③ 当企业投入成本,用于数字技术设备的购买与搭建后,企业实现了数字化条件的生产,并在商品生产与售卖过程中,不断融入数字化、智能化与平台化。

假设采用数字技术后,企业的劳动过程中使用数字平台与数字技术,其他相关因素不变。企业使用数字技术并融入数字平台中,其所采用数字化条件下的平台生产组织形式有利于提升企业的利润。各类数字平台尽管不直接参与商品价值的生产,但嵌入了各类劳动者所创造价值的实现过程。产业部门周转速度被提高,从而获取了对产业资本利润的索取权利和巨额

---

① 本章从马克思经济学理论中的劳动价值论、劳动过程理论、剩余价值理论、资本有机构成理论、资本积累理论等方面,构建经济分析逻辑模型框架。

② 5.8.2证明该模型的先前条件的正确性。在5.8.2中,使用西方经济学理论目的在于证明数字化条件下的市场中,公司采用数字化技术是必然的。

③ 5.8研究了数字化条件下,企业投入资本后获得的剩余价值量增多。此部分内容,5.8.1从政治经济学角度开展研究。后结合剩余价值与利润的联系,从另一角度展开研究。研究了垄断平台与多边平台下,企业在采用数字化技术后,所得的利润提升,进而映射出其所获剩余价值增多。并进一步附带研究了垄断平台与多边平台下,企业的利润。依照专家意见,此部分5.8的内容也可以省去,不影响本书的总体结构内容。5.8为本书的附属内容。尤其是本节的5.8.2与5.8.3,是从另一角度研究了利润及剩余价值,可以作为本书的附属,不作为核心内容。

的利润让渡收入。[①]

数字化条件下企业的资本循环在生产过程与流通过程,由于数字平台的加持,产生了诸多影响,使得资本循环的生产过程与流通过程均得到加速,从下列公式或逻辑模型中能清晰地研究出其加速的原因。在数字化条件下企业资本循环与商品循环仍遵循资本论原则。因此,平台企业的资本循环公式为:$G - W \cdots P \cdots W' - G'$。数字化条件下企业商品资本循环公式为:$W' - G' - W \cdots P \cdots W''$,[②] W'' 大于 W'。平台企业所持有的数据变为生产要素的部分,参与到了平台企业货币资本循环与商品资本循环中。

数字经济对传统经济模式带来的改变有两方面:一方面,信息商品的交易量明显增多;另一方面,它更为显著地发挥了作为流通工具的信息商品的功用,并使得资本循环的速度明显增快。[③]

在企业采用 ABCDI 数字技术之后,其利润获取量得到提升。当将研究对象扩大为全社会的所有产业的企业时(包括第三产业服务业企业,如互联网企业、数字服务业企业等),在所有企业的层面讨论数字条件下当企业应用数字科技后,企业的价值生产与价值分配以及利润提升。

马克思指出完整的产业资本循环经历 $G - W \cdots P \cdots W' - G'$,不仅包含商品交易与资本的成功收回,还包括资本形态转变所要经历的流通环节的时长,这均对产业资本年利润率与年周转次数带来影响。[④]

假设在一定时间内,单次周转利润率水平不变。此时,年周转次数多的产业资本将获得更多的价值增量与剩余价值量,从而该企业获取更多利润(互联网企业与制造业企业不同,它的商品多为数字商品,在运输领域不存在运输费用)。在数字化条件下的企业中,[⑤]包括实体企业(如制造业企业)

① 谢富胜,江楠,吴越.数字平台收入的来源与获取机制——基于马克思主义流通理论的分析[J].经济学家,2022(1):16-25.
② 马克思.资本论(第二卷)[M].北京:人民出版社,1972:101.
③ 刘皓琰.信息产品与平台经济中的非雇佣剥削[J].马克思主义研究,2019(3):67-75,160.
④ 谢富胜,江楠,吴越.数字平台收入的来源与获取机制——基于马克思主义流通理论的分析[J].经济学家,2022(1):16-25.
⑤ 此处也可以指数字化企业,指采用数字科技,使用数字平台等技术的企业。

和互联网企业。当中又普遍包含购买商品的消费者、平台内企业与数字平台这三种对象。

数字化条件下的企业通过应用数字技术,实现了数字平台的互联性、快捷性、实时匹配性等特性,这极大缩短了流通时间。相比实体企业流通环节的时间,互联网企业的商品的运达更为迅速。通过基于互联网数字平台,消费者(用户)任何时间所需要的商品,很快便能被平台内企业通过数字平台的网络化服务发送到消费者手中。甚至在平台内,企业能采用预售、预发售等形式,由用户先垫付定金或者预定款,更快速地获得这个服务商品或数字商品,完成此商品的价值循环过程(完成该商品的生产与销售过程),实现该商品的货币价值。这均能极大缩短商品由生产、发售到卖出,进而得到售出后的货币的时间。企业拿着售出商品获得的货币,投入再生产过程中,这也缩短了企业的生产与再生产时间。

进一步的,在互联网平台企业的数字平台中,一些属于服务类型的商品本身是提供数字化服务的商品,其不需要额外的仓储空间,也不需要库存进行存放。其仅需数字存储空间进行存储数据,相比几 GB 几 TB 的云存储空间(GB 和 TB 为存储单位,1024KB = 1MB,1024MB = 1GB,1024 GB = 1 TB),这些数字商品有些仅为 KB 体量。当它们被存储于几千 TB 的服务器存储空间里的时候,所占的存储空间几乎可以被忽略。

因而,这些数字服务商品在存储方面,几乎不需要仓储方面的成本支出。不用付出仓库的租赁、安保、维护、仓储商品变质等方面的额外成本支出。在这些环节中,节省了仓库的劳动人员的人力费用支出。这相较于传统商业资本,节省了流通费用。

基于马克思资本论的理论体系,产业资本实现 $G - W \cdots P \cdots W' - G'$,必须历经 $W' - G'$ 的阶段。进而研究在企业融入数字平台后,成为平台企业一分子情况下,数字平台形成规模,此时,资本周转情况是否会因为资本周转速度变快而使得平台企业产生更多利润呢?

假设商品 A 在市场上存在三种流通形式:①直接买卖双方当面交易的商品 A;②传统市场里中间商交易贩售的商品 A;③在数字平台里通过平台企业销售的商品 A。依次以下标 i($i = 0, 1, 2$)来代指。

商品在市场里的三种流通形式,在公式中以下标区分。例如,直接买卖双方当面交易的商品 A_i ($i=0$);传统市场中间商贩售的商品 A_i[①]($i=1$);假设企业融入数字平台后转换为平台企业,此时商品 A 在数字平台内流通售卖的形式以下标 A_i ($i=2$)表示。

除了直接交易 i_0,在第二、第三种流通形式中均加入了商业资本,所以企业所获的利润里需要让利出一小部分给商业资本。

假设企业融入数字平台后变为平台企业,在交易时可通过平台直接实现而省去了中间环节,因此交易时间缩短。此时在一定单位时间范围内,周转次数 $N_i > N_0$。虽然此时平台企业在交易中借助了商业资本,要让渡给商业资本部分利润(平台企业单次周转利润率降低,此时,$r_i < r_0$);但是,单次下降的利润率降低量可以被一定时间周转加快实现的利润增长相抵消。假定,WP 表示公司商品 A 的批发价格,RP 为零售价,K_c 为流通费用。将某商品的生产方与经营方归纳为一个单位考量。假定以一年为单位进行考量,那么相比于传统直接交易的方式,公司采用数字技术后采用的平台交易所获得利润增量 SP_i 为:

$$SP_i = N_i(RP_i - K_{p_i} - K_{ci}) - N_0 m \qquad (5.2)$$

当商品 W 由平台内的商品经营者转手售卖之际,W 商品的生产者与 W 商品的经营者均能获取利益。在此时,W 商品生产者让渡部分利润 SP_i^p 给商人,并自己保留部分利润 SP_i

$$SP_i^p = N_i r_i K_{p_i} - N_0 r_0 K_{p_0} > 0 \qquad (5.3)$$

$$SP_i^c = SP_i - SP_i^p > 0 \qquad (5.4)$$

马克思指出,在此环节中商人资本依靠中介作用,取得产业资本让渡的利润[②]。假设商人预付商品的成本为 $P_c = WP$,此时产业资本的利润在该商品 A 的商品生产者和经营者间的分配情况如下:

---

① 此时企业为初始状态,没有进入数字平台,而是在数字平台外的企业传统中间商贩售交易商品 A,流通形式以下标 i=1 表示。

② 马克思. 资本论(第三卷)[M]. 北京:人民出版社,1972:303-309.

$$SP_1 = SP_i^p + SP_i^c = [N_1(WP_1 - K_{P1}) - N_0 m] + N_1(RP_1 - WP_1 - K_{c1})$$

$$(5.5)$$

随着 ABCDI 技术的成熟,数字平台化使得很多传统中间商企业加入了数字平台,变为数字平台中的一员,成为运用平台技术的企业,这降低了该企业商品交易的速度,降低了资本周转难度,也使得利润分配随之转变。

依靠大数据技术,数字平台中利用云计算,将数字平台内商品 A 与潜在客户进行匹配,通过搜集潜在客户的上网习惯、浏览内容、浏览时长,利用人工智能技术自动进行潜在客户的客户消费者画像分析,并自动搜索后推送商品 A 的信息到潜在客户。通过该数字平台软件内的精准匹配,极大缩减了商品 A 售出的时间,节省了商品 A 的流通时间。

数字化条件下的企业使用数字科技、利用数字平台甚至可以率先获取消费者的消费需求,利用人工智能算法与软件从消费者数据中找到潜在消费趋势与消费需求,进而针对此展开产品研发、设计并生产出符合消费者需求的商品。这明显能更快地实现商品的成功售卖环节,节省了商品流通时间。

上述这两种方式,均能大幅缩减商品流通环节的时间并降低商品的库存量。年周转次数 $N_2 \geq N_1 \geq N_0$。

另外,数字化条件下的企业可通过平台企业搭设的平台软件网上商城,使消费者通过浏览平台网站完成购买流程,实现商品 A 的销售过程。假设消费者通过浏览平台企业的网站成功购得商品 A,那么此时节省了实体店铺的场地租赁费用、维护费用、销售人员的员工费用等成本。同时由于数字平台形成的规模效应,带来单次周转的流通费用大幅减少,因此 $K_{c2} \leq K_{c1}$。所以,平台企业在数字平台内,通过数字平台系统实现交易的形式相比于面对面的交易形式,每年可获取额外利润 SP_2;同时,与传统的市场里的中介式商业资本相比,$SP_2^p > SP_1^p$。

平台企业商业资本利润获取的方式常以交易平台佣金、每单交易抽成、每单交易平台推广费用等方式获取实现。以 B 表示平台商业资本利润,由于平台网络的遍布性,此种交易环境可使商品 A 的买、卖仅隔数秒便能完成,或它们几乎在同一瞬间完成。平台搭建了生产商与购买者间的渠道,充当了工具或媒介。商品 A 在交易环节时，可避免除平台外的其他第三方中介商的经手，减少了企业此方面的支出。在此时商品 A 的垫付成本 $P_{c2} = 0$。商品 A（A 代指所有种类的商品）零售价同批发价的差 $RP_2 - WP_2 = 0$，且 $RP_2 > RP_1$。平台企业此时的抽取利润为：

$$SP_2^c = N_2(B - K_{c2}) \tag{5.6}$$

因此，数字化条件下的企业在交易单个商品 A 时，同直接当面买卖交易与传统市场里存在中间商贩售的交易相比，商品 A 的加价环节明显减少。

最后，关于热销商品方面的研究。当商品 A 为热销商品时，可假设市场为卖方市场，在单位时间内商品没有滞销且均交易成功，研究在此单位时间内商品 A 的售卖情况。数字企业应用数字平台技术，相比直接当面买卖交易与传统市场里存在中间商贩售的交易，在数字化条件下企业的周转次数 N 提高，交易流通费用 Kc 降低，获取的总利润提升，得到的可分配的总剩余价值增多。

同理，关于非热销商品方面的研究。当商品 A 为非热销商品时，可假设完全竞争市场为经济相对低迷的买方市场，市场中 A 商品销量受阻并未完全实现顺畅交易。由于此时处在完全竞争的买方市场，商品供大于求，那么直接当面买卖交易与传统市场里存在中间商贩售的交易均受市场影响。此时使用数字平台为交易媒介的企业受市场相同程度的影响。但由于使用数字科技的企业在数字平台的网络型中省去中间环节，相较之另两种交易形式，其周转次数 N 同样高于直接当面买卖交易与传统市场里存在中间商贩售的交易的周转次数。使用数字科技的企业交易流通费用 K_c 也同样低于同期直接当面买卖交易与传统市场里存在中间商贩售的交易。在此种市场环境下，与另两种交易形式相比，同样是使用数字科技的企业获取的总利润较高，使用数字科技的企业得到的可分配的总剩余价值较多。

因此，当平台成为一个行业的垄断平台时，此时这个主导的平台、主导这个平台的企业或研发这个平台并将这个平台推广到整个行业的企业（包括单寡头垄断与双寡头垄断，均可以获取超额利润）均能借助数字平台实现行业垄断，达到垄断目的并获取此行业中的巨大超额利润。

也正是由于数字化条件下企业生产过程或生产组织形式变化，企业能获得更多利润,加之资本追求垄断并逐利的贪婪本质,使资本对平台大肆投资。现实中出现大量资金涌入某行业平台,促使了该行业中平台的诞生。进而,由一个行业推广到全社会多个行业,并由此引发多行业的数字平台垄断。此时少数平台企业垄断行业并获取超额利润的局面产生。上述研究的这些方面也均是导致平台企业劳资关系变化的深层内因与根本原因。

5.8.2　数字化条件下垄断平台对单个资本所带来的剩余价值提升

数字化条件下行业的平台化趋势显著。行业数字平台的发展伴有垄断性特征。当企业投入资本用于数字化设备的购买与数字生产的开展时,其所获的剩余价值将发生变化。

假设企业投入数字技术支出。当其投入某行业的数字平台后,构架此时的经济学模型与进行变量分析。经研究可选取变量为:单件商品的价格 p,每期商品为获销量或竞争力而必须更新或升级的次数 q,商品销售必须处理和接收订单并处理订单的时间 a,商品的运输时长 b,商品的生产成本 c,商品更新升级所花费的成本 d,转换设备的成本、升级商品所花费的设备升级成本或间接消耗的成本 e,生产一期商品所必需的设备数量 m,商品残次出现的概率 r,生产设备投入的成本 s,生产每批次商品时设备搭建的浪费或其他浪费成本 w,商品生产的数量 n。

拟设立模型中方程函数的关系里也涉及其他参数:单元残次品的边际成本 ρ,商品从生产至售出后的时间排程 τ,单位商品的库存成本 ι。此外,用 δ 表示商品生产交付推迟带来的需求缩减,$\delta=\delta(t,\tau)$,$t=a+\omega+b$。ω 表示企业商品订单从系统处理到商品交付的预期等待时长,$\omega=\omega(m,r,n)$。κ 表示投入的资本,$\kappa(a,b,c,d,e,r,s,w,\tau)$。$\mu$ 表示每种产品的基础需求,$\mu=\mu(p,q,n,\tau)$。δ 表示产品交付延迟所带来的需求量的缩减,$\delta=\delta(t,\tau)$,$t=a+\omega+b$。ω 表示订单处理到产品交付的预期等待时间,$\omega=\omega(m,r,n)$。而且,当数字化条件下的市场平台化建立后(如制造业企业数字平台化使用后),市场最初常面临的是垄断竞争市场,其常表现为垄断竞争市场的经济学特性。企业在加入后将面临向下倾斜的需求曲线。

自加入数字平台后,在订单接受处理(a)起,企业开始商品生产过程

(ω),经历运输时长(b),同时上述变量一齐作用于需求下降因数 δ,$t=a+\omega+b$ 经历的这部分时间能完成的需求为 $\mu(p,q,n,\tau)\delta(a+\omega+b,\tau)$。随着数字平台的深入发展,不断有公司采用人工智能与物联网技术,随着时间推移,这些因素将影响到变量 δ 和 μ[①]。因此,在数字化条件下企业利润均衡方程将更新为[②]:

$$\prod(p,q,m,a,b,c,d,e,r,s,w,\tau)$$
$$= (p-c-r\rho-\iota/m)n\mu(p,q,n,\tau) \times \delta[a+\omega(m,r,n)+b\tau] \quad (5.7)$$
$$- m(s+w) - nq(d+e)$$
$$- \kappa(a,b,c,d,e,r,s,w,\tau)$$

总利润 $\prod$ 是将 p(商品价格)去掉残次品消耗与返工成本、单位库存成本后,贩卖的能实现的需求 $n\mu\delta$ 获得的收益,减去购买生产设备、研发费与其他相关投入后的费用。在方程(5.7)里,$(p-c-r\rho-\iota/m)n\mu(p,q,n,\tau) \times \delta[a+\omega(m,r,n)+b\tau]$ 表示生产商的活动收益。商品完成售卖后,一方面企业获取了商品价格 p 的收益;另一方面,支付了商品的直接成本 c,预估重新加工返厂的成本 $r\rho$,以及商品仓储成本与运输成本 ι/m。此时,采用数字平台技术的企业进行日常生产与销售的仓储量同需求量和企业生产周期里产能量相挂钩。企业生产的每件商品的净利润为 $(p-c-r\rho-\iota/m)$,它与企业售出的商品数量 $n\mu\delta$ 相乘,结果为总的活动收益。商品价格、商品更新频率、

① 本书虽为政治经济学研究,但是在本节的附带研究中,对利润方面开展研究。本节 5.8.2 不属于本书核心内容,也可直接跳过。本节从一般性方面分析研究,吸纳了辩证唯物主义观点,对利润进行分析,可以采用此模型分析。该研究分析出的利润,虽然并不完全等同于剩余价值,但是与剩余价值的量也有一定的关联。可以从利润的变化趋势与变化量上,看到剩余价值的变化。本节模型采用 Milgrom & Roberts 设立的经济分析模型,在此模型基础上对数字平台化的影响变量做进一步的现代制造业状态描述设置与研究。

② 企业投入数字技术并进入行业数字平台后,生产设备投入、生产销售速度、库存存放成本等不变资本发生变化,进而带来利润变化。此模型能一定程度上反映此现实变化。虽然本书为政治经济学研究,但是面对单一企业所产生的剩余价值变化,我们可以将该公司的剩余价值与利润联系起来,面对此情形我们尝试用西方经济学手段,分析数字平台下单一企业的利润发生的变化。借此利润变化映射出剩余价值的变化。

商品供给数量和时间因数决定了市场基础需求——市场基础需求用 $\mu(p,q,n,\tau)$ 表示。$\delta[a+\omega(m,r,n)+b\tau]$ 代表商品需求量降低所带来的效果(此处表示由于商品交付时间延长带来的经济损失)。其构成包含:分析与操作订单花费的时间 a,商品生产时间 ω 和商品运输时间 b 以及时间因素。最后,设备量的程度、商品生产错误率、商品生产产量这几项因素决定了制造商品生产时间 ω。

模型的第二项 $m(s+w)$ 为制造商企业为了满足消费者不断变化的需求而升级改进设计商品所付出的设备成本。当中 m 为其中一时期内新增置的生产工具,s 为添置新生产工具所必备的生产成本,w 为每次调试这些生产工具所需损耗造成的成本,$nq(d+e)$ 为在一定时段中商品升级和设计所需的成本(包含局部对商品微调的额外成本)。其中 nq 为更新次数乘以每次更新的商品生产的数量,即表示为满足消费者不断提升的需求而重新升级、设计与更新的商品的总数。d 表示升级商品所要耗费的研发成本,e 表示投入新商品生产所必备的设备投入成本,κ 表示劳动过程中关于使用某项相关技术的研发或使用成本(如研发专利或使用专利的支出成本)。在时间因素 τ 下,a,b,c,d,e,r,s 和 w 相关的投资成本里,技术投资资金将直接影响企业数字平台和处理设备的处理速度,影响诸如每笔订单的操作时间,影响布局生产工具或生产线的投入成本,影响运输时间与生产成本。能从多角度体现出单个企业采用的生产路径不同时,所引起的不同结果。

5.8.2.1 引起利润变化或剩余价值变化

1. 供给、需求及价值链均发生变化

在扩大再生产阶段,企业需要将商品销售出去,之后拿商品售卖的货币购置新的设备与生产资料,付给劳动者工资,实现生产和再生产。不仅是生产环节,在马克思《资本论》第二卷第六章,讨论了流通费用问题。[①] 在第五章中,讨论了流通时间。马克思指出,"资本通过生产领域和流通领域两阶

---

① 刘瑞."双循环"新发展格局构想与企业应对之道[J].企业经济,2020,39(12):5–13.

段的活动,是按照时间的顺序进行的"[1],"资本完成它的循环的全部时间,等于生产时间和流通时间之和"[2]。从马克思《资本论》第二卷第四章循环过程的三个公式可以得出:资本家如何实现货币积累和扩大再生产的条件,以及其如何进行商品资本的循环。研究发现流通费用对企业利润有直接影响,其包括纯粹流通费用、保管费用、运输费用等。通过数字平台和企业融合后的制造业平台,可有效缩减上述各种流通费用。在供给与需求方面,如果需求能够被精准找到,那么商品的流通速度、买卖速度将会加快。与此同时带来生产与再生产循环的速度将会加快。最后带来资本周转速度的加快。

在传统企业中,制造业的价值链呈现线性。但由于价值链过长,面对快节奏的市场变化,未免出现商品更新和反应方面的不足。这将导致企业利润下降、商品销售挤压且无法满足消费者的需求。但是,在融入数字平台后,企业呈平台化趋势,在数字化技术助力下能重新构架成熟的生产体系。

从价值链上看,制造业云化、平台化使得制造业各个环节都成为平台系统里的节点,节点具备通畅的信息交互和信息开放特征。在这个制造业数字平台内,企业自身常常兼顾着生产者与需求者的双重身份,由于各个节点的打通,各种要素的供应对象与需求对象能被及时发现。同时,由于数字平台逐步成熟,很多企业的加入,使企业数量增多的同时生产资料种类也增多,使各种供应对象与需求对象数量不断增多。平台能够及时地获取节点信息,这使生产资料的存放、储藏与运输费在数字平台内得到大幅降低。同时,在数字平台融入制造业企业后,供给与需求的对象增多,线性价值链发生改变,其价值链中可连接节点的对象量显著增多。此时其增加了连接,网状节点和交叉节点呈现,原先线性不会有交集的节点出现了关联,像一张网,将传统线性价值链更新为网状价值链。由这种网状价值链引起了以下经济效益:

首先,企业融入数字平台后催生的网状价值链促进了规模经济的形成。

① 王旭东.恩格斯编辑《资本论》第 2 册的编辑原则考证[J].马克思主义研究,2020(1):80-88,163-164.

② 魏埙.中国经济学向何处去[J].当代经济研究,1997(6):34-48.

其常表现为供给规模经济与需求规模经济。传统单一线性价值链较长且存在着商品更新缓慢、消费滞销、囤货量多、产能过剩等问题。依靠基于云制造的数字平台,企业可实现精准生产、快速反映消费者需求、灵活升级商品、达到产能充分发挥。利用其规模效应还能使得各种生产成本与流通成本下降。

其次,价值流量与价值流向变化。在市场经济环境下,企业追求最大的利润。在数字平台的网状的价值链下,各个企业不断追逐最低的成本,导致价值流向不断朝向实施供给与需求规模经济最好的企业,使得它不断增加价值流量。不断增加的价值流量会进一步带来构架需求规模效应。这也侧面反映出平台的先天垄断属性:不断促进并最终带来垄断。

最后,网状价值链带来分工的改进。传统线性价值链使产业链过长,带来同质化竞争加剧,由此引发的被无限压低的成本导致原材料的质量堪忧。此时处在生产原料方面的企业常位于产业链下游,本身利润微薄,加之无限压低的价格竞争,使其为追逐低价格而铤而走险。企业面对压力与利润铤而走险,为了价格而牺牲原材料质量的情况时有发生。数字平台融入企业后,新的制造业平台化使得全新的网状价值链生成,企业可以不再为一个服务商提供原材料,当其价格没有优势时,可在平台中便捷地找到新的原材料使用企业,不用再被产业链上游的单一企业牵着鼻子走,具有了一定的抗冲击能力。企业可以通过网状价值链找到合适的对自身有益的方式,将自身商品以合适的方式成功售出。数字平台使得供给和需求全方面扩大,无效损耗大幅降低。例如,由于供给需求被改善,采用制造业数字平台的企业的收益和利润上升。

2. 成交变快

数字平台解决了信息不对称的问题,带来有效成交速度的增快。数字化条件下,市场中的公司采用数字技术。例如,使用云制造技术——云制造具有数字平台特征,数字平台在制造业企业中的应用就是使用数字技术的范例。将研究对象聚焦于微观层面下的单一制造业公司,当它投入并应用云制造数字技术后,其生产过程将发生变化。数字平台内网状产业链各节点间的数据可实现互通、协同运算,通过云计算和大数据分析,自动获得各种节点所需的数据。此时因信息不对称造成的制造成本耗费将大幅缩小。

通过平台、数字平台以及对制造业平台的定义,能清晰地看出平台在企业生产中扮演"中介"的角色,是一种工具。它使企业生产和销售效率提高,生产要素与各种资源能优化配置。这表现在:

首先,在制造业数字平台中,各种生产要素状态的判断的数字计量化更快速。各种要素资源的状态精确地被数字化量化描述,将状态信息转化为变量要素的数据进行计量量化,自动将对象按建立的量化模型中的要素提炼出实时要素数据,并且这些数字化状态数据通过物联网平台网络自动传输到制造业数字平台中,通过对这些劳动要素状态数据的监控与判断,及时安排生产计划,调度生产资源配置,使生产要素资源与其他各种有效资源能在平台内的企业里有效配置。这能保障生产不会因为各种因素中断,例如,发现效率低的劳动者并替换劳动者,发现将要坏的生产设备并替换设备。

在传统的市场经济里,市场通过价格达到资源合理配置。在数字平台内,不光从价格方面,从生产要素资源的成交量、成交速度或者各种要素资源的状态数据(如交易时间、成交量、关注次数等数据),也能体现出跟商品价格相类似的指导性数据。这些数据能为这种生产要素的未来走向做出预期。例如,一些生产要素,成交量增大、成交速度增快、关注度增多的数据已发生变化,但这些变化还未在市场中从价格方面反映出来。此时云制造数字平台能自动从这些数据中发现未来趋势,得到比市场价格的变化反映更早的预期趋势并制定效用最大的有效经济对策。因为有时通过市场,再通过价格来反映这些生产要素的需求,会产生更多的时间成本。

可见,基于数字技术的数字平台反映生产要素的需求、变化趋势更快。其优化了由于判断要素变化而引起的生产、销售信息不对称而产生的问题。

其次,解决了闲置生产要素的闲置性问题。基于数字技术的云制造数字平台内的企业间的各生产要素能被合理利用,网状价值链有助于各种要素与资源的合理使用,很多单一线性产业链中,由于环节受阻导致的闲置要素与资源能被数字平台内其他企业所使用。

最后,解决了由于信息不对称导致的生产要素成本价格与质量问题。单一产业链间由于恶性竞争导致的价格战,最后发展为成本战,有些发展为通过偷工减料降低成本,恶性竞争态势造成的这些原因,可以被云制造数字平台的网状产业链所消减。信息对称后,使得生产要素价格趋于稳定,数字平台内的企业由于自主权变大,不再被上游企业牵着鼻子走,质量优质的商品备受青睐,不会再在价格战里搏杀。

5.8.2.2 数字化条件下商品平台化对企业利润变化的影响分析

遵循从一般性到特殊性的方式进行研究,以常见的数字化条件下实体经济制造业企业为例进行一般性分析。基于上述模型,实施数字平台路径转型升级后,数字平台下的企业通过数字平台,实现了商品设计的云化互联,商品设计设备的云化共享,新的商品设计时间和消耗成本都大幅下降;生产设备通过数字云平台和数字平台,实现了商品生产的精细化,生产商品设计过程的设备投入可以云共享,利用数字平台内的云端,在各个企业里面可以不用购买高额的商品设计软件费用,节省了商品设计过程的软件投入与计算机设备投入,直接可以基于数字平台,使用云技术和数字平台里的软件软服务;使用数字平台里的算力,利用云计算实现硬件设备算力能力的提高,缩短商品接单处理时间,利用数字云平台里的算力,不但节省了企业每次投入的计算机相关算力设备投入,节省了单个公司或企业的大量固定成本支出,而且这种数字云平台的云计算的高速算力极大地突破了单个计算机组的算力,凭借高速的算力可以使得每次商品升级时设计商品的时间大幅缩减,订单反应速度时间大幅缩减。这将对制造业利润方程(5.7)产生量和质的变化。这种数字平台化路径使得制造业企业平台化后,可实现企业的数字平台化变革,促成一体化的新体系。

1. 单一厂商数字平台化转型后利润变化分析

企业加入具有垄断特征数字平台后,假如从事制造业,当企业融入制造业平台后,其可使用该数字平台中的云计算和云服务,运用数字云平台中的云计算获得设备算力上的提升。此时其不用再购买大量设备提升算力,而直接可使用数字平台中的云计算服务提升各种算力,实现商品设计和升级,以及商品下单等各种迅捷服务,相应地节省了上述各个环节的时间。

依靠数字平台中的云软件(例如,商品设计中的计算机辅助设计软件、

CAD、数字制图设计软件等,不需要安装,利用云端服务可以直接使用)不需要安装、调试、支付购买与维护费用,这大幅节省了商品设计开发环节的诸多费用。而且很多计算机辅助设计软件的搭建环境需要安装很多软件包与资源包,还需要安装众多软件包来搭建计算机辅助设计的软件环境。此时企业直接使用数字平台中的云服务,能避免安装搭建调试环节,节省了大量的商品设计环节的必备时间。

此外,平台中的云软件能跨地域使用。一些数字云平台可支持在手机端使用。在企业更新设计商品时,研发人员可在飞机上、高铁上等不同时域(时间与地域)中,都能用手机直接通过数字平台进行云端计算机辅助设计软件的直接登录,使用手机设计研发,及时更新研发升级商品。同时企业能通过数字云平台系统接收设计、开发人员对商品最新设计更新的数据,使用生产设备实现商品的升级生产,满足消费者的需求。此项过程,提升了上述模型公式中的 τ(商品从生产到消费者手中的时间)和 ω(订单处理到商品交付的预等待时长)等要素。更进一步的,有很多方面可以通过上述模型表现出来,如:

首先,企业商品生产中商品生产环节耗费的所需硬件设备设置的成本降低、生产商品所需软件使用成本降低、商品设计成本降低、商品升级时间缩短、商品经营成本降低。企业通过数字平台转型路径,获取了更为低廉的生产设备使用成本,降低了 m(包括生产商品的生产设备硬件升级更新成本和软件服务成本)。通过数字平台的智能云平台保障安全不间断生产,控制了各种突发中断生产的活动。例如,能通过物联网信号判断商品生产环节中哪些设备需要更换和保养;通过物联网和平台数据判断哪些设备生产效率不稳定,及时发现将要坏的生产设备,保障商品生产安全进行;避免了由于生产间断而停工导致的成本升高。这降低了(5.7)式里第三项的数值。

其次,数字平台搭建后,企业通过数字平台可及时更新设备功能。生产设备是联网状态,其连接在数字平台中并能通过平台内在线升级方式(这种方式是免费的或者费用很低廉)使生产设备更新生产功能,使筹备新生产设备的费用变低,购买筹备新设备过程中新建设备所消耗损失的成本也相应变低(使得公式里 w 变小)。例如,新建设备过程中的损耗、磨损、额外检查的耗时等,极大降低了(5.7)式里面的第三项数值。

再次,基于工业物联网技术,当数字平台融入制造业企业后能自主获取并分析生产、消费各阶段的要素数据,并能从这些数据里分析出消费趋势。不仅可以及时升级商品,获得新的商机,还能通过销售数据、消费者搜索数据、搜索频率、收藏喜好频率等,自动判断哪些趋势或喜好是消费者当前最急需的,并针对此设计出符合消费者需求的商品。这能极大缩短新商品从设计、更新到生产的时间,减少从新订单处理到商品交付的等待时间,降低了ω。研发与更新商品的生产加快了,变相降低了新产品从生产到消费者手上的经历时间(降低了 τ)。

最后,使用数字平台后,企业生产灵活性增强。基于前文的分析,能看到数字平台极大缩减了新生产设备投入量、减少了生产新商品而必须转移的生产工具的成本(e 减少),减少(5.7)式中的第四项数值。

2. 数字化条件下供应链平台化对企业利润产生的变化影响

遵循从特殊性到一般性的研究方略,为确保研究的严谨性,内容以制造业为例,研究的成果同样适用于其他行业,也通用于整个市场的普遍公司。数字化条件下的分工被扩大,这得益于制造业数字平台将企业内部的分工扩展到了数字平台里的各个企业间,并通过平台搭建的供应链实现。这种企业间的分工使平台内的生产资源、设备在多个企业间得到更优化的配置,提升了最终商品的生产效率,提高了总体利润。这进一步降低了各个制造业企业添置设备的成本、生产器械的升级成本、生产设备的损耗成本。此变化通过上述模型公式表述即:

第一,数字化条件下同一商品由数字平台内的多个企业生产。由于其生产组织形式变化,商品被分为多个部件,且每一部件均有单独的劳动过程。至此,通过数字平台实现生产零件批量采购、分配加工,即单独的部件被统一采购后分给平台内的不同企业加工,有助于平台内(在每次商品采购零件数量大的情况下)规模效应的实现与成本的降低。此时模型中的 m 为零,几乎完全省去了新建设备所需的成本支出(由于采用数字技术,生产工具不需要废弃,而能通过物联网平台实现软件升级将生产工具升级适配到最新的生产能力),这也是数字平台内的供应链平台能带来的最突出效果。

第二，由于多个企业生产同一商品中的同一种组件，所以当数字平台统一了各个生产企业的生产信息后，在其统一分析调配下，减少错误率（r 降低）的同时实施规模化的生产过程（n 上升），减少了由于生产故障导致的组件停止造成的整体商品生产交付延期的情况（降低了 ω），减少了新订单处理到商品交付的等待时间，增加了商品的需求量。

第三，平台能实现产业链里上、中、下游企业的合理协作，规划生产进度、仓储安排，极大降低了库存压力和库存仓储的成本（ι 降低）。

第四，实现制造业企业的专精化生产。由于企业在制造业数字平台中，常常集中力量生产一件或几件组件，这提升了企业的专精生产能力，使其在生产此组件时的熟练度提高，次品率相对下降（r 降低）。

第五，数字平台常具备云服务功能。云服务使用云处理器，这比单个企业购买的单机服务器的算力高很多，其计算速度和运行速度都比企业自己购买的计算机快，且不会出现卡顿、病毒死机或软件运行崩溃的局面，不仅减少了数字平台软件中订单处理的时长（a 减小），且保障了订单执行的安全性和稳定性，使企业生产和销售过程能顺畅进行。

在制造业数字平台的构架中，一件商品的生产过程往往能被分解为多个企业共同完成。此时，这些企业花费的成本将减去原先生产成本 c，再加上商品兼容不同企业的兼容成本 F_i。兼容成本 F_i 对数字平台中的不同企业可以是不同的。相对于过去的单一厂商只生产一种商品而言，数字平台中兼容、协作的生产过程则需要供应商和制造商间产生更频繁的联系，这也势必将产生更多的协调成本。但制造业数字平台集数字化、信息化、智能化、物联网、大数据、云计算等多技术于一身，可通过数字平台及时将数据互通，随时通过数字平台交流协作，能极大降低传统产业链中各企业的协调成本。引入方程 $\lambda(N, F, g, \tau)$，加入数字平台的企业数量 N，g 表示各企业分工协作（加入平台后的公司企业）所需成本。兼容成本会随时间 τ 的变化发生变化。

综上所述，经研究发现基于数字平台的供应链平台为制造业利润方程（5.7）带来了很大变化。

3. 数字化条件下平台的创新交互对利润产生的影响

数字化条件下制造业数字平台同短视频平台一样（如抖音、快手等短视频平台，其免费获取了平台注册用户花费大量时间和精力制作的视频，在平台播放，吸引用户，使平台获益）可以汇聚所有使用者的智力与创新。制造业数字平台里，企业用户在数字平台上，实现交互生产。他们劳动产生的生产数据、设计数据、创新数据等，在劳动过程中常常共享，并随劳动过程的发展而更新。例如，一个企业出现的技术难题，在另一个企业的云端已被攻克，随后这个企业能通过数字平台获得数据和方法，应用于自己的企业的技术难题攻克。

同理，在制造业数字平台中，劳动者的劳动过程通过平台实时共享。一个企业为了新的消费者需求更新的设计时的数据，可被另一个企业直接从数字平台内享用（基本免费享用，或根据条件低酬获得享用），稍加更改就能用于自身产品的研发、升级。这些方面，均是以往社会中企业在生产过程里所不具备的。

基于数字技术的大数据分析，采用人工智能自动分析生产消费数据，并自主采取生产过程的反应措施使生产优化进而实现利润增大。这些数字技术的合力，使数字平台下的制造业企业更能读懂消费者的意图，且能更快速地生产出满足这些需求的商品。其参量的变化也可通过上述模型体现出来：

第一，由于制造业数字平台的开放性和兼容性，很多外部企业加入了制造业数字平台，带来创新能力与生产力的活力。数字平台内部企业数量的增多和生产者人数的增多（生产者的增多也包括商品设计和研发人员的增多），客观增强了数字平台内部整体的研发能力，使得单位商品更新所必需的劳动时间缩短，间接使商品更新频率上升（即 q 上升）。

第二，数字平台内，大量制造业设计研发人员聚焦于数字平台内部实时的商品数据、销售数据与生产过程里各种要素的数据。他们通过研究数据得出一些趋势性建议，作用于生产与商品研发。比如材料工艺、材料材质方面的创新，这种措施持续发展势必会不断降低生产同等质量水平的成本 c，使得 c 下降。

第三,上述各种创新过程带来的结果,不会仅停留在单个变量里,还会进一步关联到方程 κ,随着时间 τ 的推移,多种相关成本也都将下降。

企业采用制造业数字平台也将迎合供给侧改革路线。在制造业数字平台的商品生产平台和供应链平台的合力下,制造业企业能实现大规模定制化商品的生产与销售。这种在供给侧发生的生产改革,极大地适应了供给侧改革政策。[1] 数字平台能不断地聚合需求端的个性化要求和消费者日益增长的各种需求,实现了供给侧和需求侧的协同匹配与良性互动发展。

这也为制造业企业供给侧改革提供了一条可行的途径。制造业应用数字技术实现数字平台化发展,是极为符合制造业企业供给侧改革的实施的有效路径。例如,制造业企业引入数字技术,进行数字平台建设,可实现制造业从大规模生产到大规模定制生产转型,助力突破各种瓶颈,实现制造业企业发展方面的重大突破。[2] 遵循由特殊性到一般性的原则,此结论也将普遍适用于全行业的企业。

可以说,当企业采用数字技术后,从形式到实质上均产生很大变化。在平台的协力下,平台中会出现体量较大的明星企业。在使用数字技术实现平台化后,其利润方程变为:

$$
\begin{aligned}
\prod & (p,q,m,a,b,c,d,e,r,N,F,g,\tau) \\
= & (p-c-r\rho-\iota)n\mu(p,q,n,\tau) \times \delta[a+\omega(m,r,n)+b\tau] \\
& -nq(d+e)-\lambda(N,F,g,\tau) \\
& -\kappa(a,b,c,d,e,r,\tau)
\end{aligned} \tag{5.8}
$$

5.8.2.3　数字化条件下企业利润增加结果分析

首先,企业应用数字平台技术后,商品生产中各项成本降低,方程(5.7)中的各项成本变量数值降低。

其次,由于企业采用了数字平台,实现了数字平台的智能云制造生产、

---

① 刘英团.供给侧结构性改革的困境与出路[J].时代金融(上旬),2017(4):70-71.

② 刘志亭.新工业革命背景下青岛制造业转型升级的路径探索[J].青岛科技大学学报(社会科学版),2016(1):55-59.

云服务和云计算,使得企业在进行商品生产时不用再购置相关新设备,新建设备所产生的各项费用 w 几乎消失。如生产新商品的新硬件生产设备搭建费、新设备费、软件购买费以及很多软件方面的开发费等,也几乎消失。

最后,借助制造业数字平台中的工业物联网,各种商品物流信息在制造业数字平台中无缝对接,物流和仓储实时更新,仓储方面费用也减少了购买新设备所需的成本支出,即节省了 $m(s+w)$。数字平台中各公司的兼容成本,纳入了新方程项 $\lambda(N, F, g, \tau)$ 中。此时,假如方程中各变量增减量之和大于其新纳入的兼容成本,那么数字平台外的企业就将会自愿加入此数字平台。

5.8.3 数字化条件下多边数字平台中资本获取剩余价值的变化

5.8.3.1 开放性与网络外部性带来运营成本降低

仍然以采用数字技术广义云制造的公司为研究对象,制造业中使用云制造数字平台的公司均具有开放创新特征,具备高价值的商品和服务能被孵化。云制造数字平台能便捷顺畅、具有时效性地、近乎免费地得到云制造平台内各个企业的创新技术与研发支持;由于相应的这些创新与研发的专利费用,在平台内部很低,降低了相关的使用成本。

此外,云制造数字平台具备平台网络的外部性特征。在互联网信息技术的助力下,数字技术带有更强烈的外部性。Network Externality(网络外部性)成为平台在当代经济学研究范畴中的重要研究方向之一。[1]

(1)边际效应优势。"新增一份生产资料或生产力所要支付的成本很小。"[2]在制造业数字平台的网状价值链下,信息不对称逐步消失,供给与需求都增大。企业、用户与个人通过数字平台,以很低的成本获取了各自所需的各种要素资源。

---

① 刘刚.人工智能创新应用与平台经济的新发展[J].上海师范大学学报(哲学社会科学版),2021,50(3):84-93.

② 蒋鑫.制造业平台化转型研究[D].北京:中国社会科学院研究生院,2020.

(2)实体经济中,云制造数字平台也具备快速增值的能力。在多边平台市场中,各方利益能实现互益,组织者之间可以以很小的成本推动平台的扩大。多边利益互补趋势明显,此外,由于数量大,集聚优势产生,由此产生的资本汇聚效应明显,规模效应显著。

5.8.3.2　数字化条件下多边市场平台中企业的利润变化

多边市场的双寡头市场,同上述模型分析的基本结构相同,采用数字平台的企业利润会增多。下面我们结合马克思的理论,分析在普遍的市场环境中,假设市场是安全有序的市场,平台企业的利润增长情况。以此分析在外部网络效应驱使下,社会上各种企业,包括实体企业与互联网企业的利润情况,以及上述平台中多企业协作的利润情形。

在多边平台市场里,如在一个行业里,有多个平台的市场中,双寡头垄断能使得社会资源配置达到最优,即一个行业市场中有两个较大型的数字平台达到双寡头垄断,周围有其他的较小数字平台。这一行业市场中,一些企业加入这两个大的数字平台,社会资源能达到最优配置。这个之前有学者研究证明过,并研究过其中的价格机制,属于垄断平台规制和平台经济价格机制方面的研究。我们在此不再做详细展开。

5.8.3.3　总结

大数据、云计算、物联网和人工智能及数字信息化技术的融合,带来了各行业企业生产方式的发展。企业融入数字平台为实体经济企业特别是制造业企业提供了数字化转型升级的具体路径。[①] 随着数字平台与企业的深度融合与发展,也将不断为企业结构转型升级赋能。

单个企业在融合了数字技术并使用数字平台后:

(1)商品生产设备的组建成本显著降低,其表达式转变为企业间互相兼容与协同合作的成本项。[②] 新的科技革命,如互联网、物联网、人工智能、云

---

① 向晓梅,吴伟萍.改革开放40年持续性产业升级的动力机制与路径——广东迈向高质量发展之路[J].南方经济,2018(7):1-18.

② 李二玲,李小建.企业集群的竞争优势研究[J].河南大学学报(社会科学版),2005(3):9-14.

计算和大数据结合数字平台技术,能实现商品生产信息收集、生产要素信息采集、平台系统传输。商品的生产、设计、更新、创新和物流等诸多环节的效率都被大幅提升。

(2)数字平台融入企业后,伴随着网络外部性,产销双方都可从网络外部性中获益,且双方收益同该数字平台的规模呈正相关性,即平台网络规模越大,获取的收益越大。此方面的研究,国内外学者已研究过,在此不再赘述。①

(3)数字平台融入企业后,数字平台能凭借平台化获得廉价创意信息和廉价的更新信息。通过加入者在加入数字平台时所必须勾选的选项,以类似霸王条款的方式,廉价获取各种加入者的劳动。例如,加入者的更新数据、新商品的创意升级改造方法等,这些都是需要付出高额成本才能获取的信息,但平台却都能以极低甚至免费的成本获取。通过这种方式,加入数字平台的企业的利润进一步上升。且随着平台的扩大,商品更新的质量和频率都将加快,此时商品消费者的满足感与体验感也将会上升。

综上所述,在各种市场环境里(假定市场环境不变且都为完全竞争市场),单位时间且商品 A 交易成功,那么在特定的单位时间 T 内,数字化条件下使用数字科技的企业通过数字平台,相较直接面对面交易与传统市场里存在中间商贩售交易而言,平台企业的周转次数 N 大幅提高;平台企业的交易流通费用 K_c 大幅降低。相比较下,数字平台企业获取的总利润提升,使用数字科技的企业此过程得到的可分配的总剩余价值增多。

企业投入资本使用数字技术,不仅提升了生产效率,而且为企业带来更多剩余价值。因此,企业自愿投入不变资本使用数字技术并进入数字平台,自发成为使用数字科技的公司或企业(不论实体经济类型企业、互联网商品、数字服务类商品的互联网企业,均符合上述推导公式)。可以看到同等条件下,加入数字平台的企业获取的总利润提升,获得的可分配的总剩余价值增多。

因为利润的增多最终使得全社会、全行业、全领域的企业都将逐步转化

① 王兆成.数字经济背景下商品生产和价值实现的政治经济学分析[J].成功营销,2021(12):71-82.

为使用数字科技的企业。由于对更多利益的追逐与对剩余价值的贪婪,及对垄断所产生超额利润的追求,未来全社会的资本也都将发展为使用数字科技的企业。

数字化条件下劳资关系变化的根本原因是对利润的无限追逐与对剩余价值增多的利益驱使。数字化条件下资本所有者强势、劳资关系松散、劳资结合形式灵活,工人话语权降低,工人被剥削程度加深。并预见性地指出,资本家对数字生产资料无偿占有的私有制导致工人在劳资关系中更弱势;数字化条件下的分布式生产组织形式使资本所有者在劳资关系中更强势;对占有行业数字平台获取垄断超额利润的追逐也使得劳资关系中工人更弱势。在下一章数字化条件下劳资关系的具体实例表现中,印证了本论点的正确。①

---

① 在5.8.2与5.8.3中,讨论了企业加入垄断数字平台或多边数字平台的情况。加入数字平台后,企业获得更多利润。5.8.2与5.8.3不论采用西方经济学理论,或采用政治经济学理论分析,其现实状况确实如此。在分析现实情形时,西方经济学分析手段与政治经济学分析手段均为研究问题的手段与方法,不影响对现实经济现象要素的研究分析。5.8.2与5.8.3不是本书的研究重点内容,只是作为附属,捎带研究。5.8.2与5.8.3也不作为本书研究体系的一部分。另外,研究实例以制造业为例,但是,由一般性到特殊性,研究结果也适用于所有行业平台中。

6 数字化条件下劳资关系变化的案例分析与特殊性分析

6.1 数字化条件下劳动过程与劳资关系的案例

在经济学研究中,由于一些数据的获取比较困难,研究对象较新,对此经济学中也通常采用案例实证方式,进行案例实证证明。本章节为案例实证环节,从数字化条件下生产过程与劳动组织方式的案例入手,以案例实证的方式,证明前章节的理论分析内容、逻辑框架模型的正确性。

数字化条件下,资本仍然为了追求利润,不放弃对劳动过程中的控制权。劳动过程的每一个既定的历史时期,都会有符合当前时期的劳动组织形式。数字化条件下,企业在生产中采用了数字技术,对劳动过程实施监督,以迫使劳动者在单位时间内进行着更多的劳动。数字化条件下资本在劳动过程中的监督非常隐蔽,且无形地藏匿在劳动组织的诸多方面中。但是这种生产组织方式的变革,促使工人的劳动时间被精准量化,从而为资本获取更多剩余价值所利用。本章通过对在数字平台和最新数字智能技术运行下的、国内外一些企业的现实案例的实证分析,研究了数字化条件下资本家在劳动过程中采用的生产组织形式,并用案例分析了企业通过使用数字化技术的监督手段,可以实现劳动过程中对工人劳动的实时监控,并获得一手劳动数据与记录。其通过对工人劳动过程的监督,降低工人消极怠工的时长,提高生产效率,降低生产成本。以下是从多角度例证企业通过采用数字化技术,进而实现在劳动过程中控制并监督工人的案例。

6.1.1 数字化条件下资本在劳动过程中的监督案例

泰罗曾在他的第一本书中写道:"在工人方面,达到这个标准的最大障碍是他们所采取的慢速度，或是工作懒散或所谓磨洋工，挨钟点。"①布雷弗曼指出，工人和资本家双方受到最大祸害是故意的磨洋工，它在一般的管理制度下几乎是普遍存在的，它是由于工人们对于他们认为最能增进他们利益的事情做了仔细研究而造成的。② 布雷弗曼强调："对资本家来说，对劳动过程的控制权从工人手里转移到自己手里，是非常必要的。这种过渡在历史上表现为生产过程的进步性转让——从工人那里转让给资本家。"③出现了资本家对劳动过程的管理与监督问题。④ 可见，在传统上，资本家监督劳动过程，并使生产过程获取的利润增高。

数字化条件下，资本仍然为了追求利润，不放弃对劳动过程中的控制权。数字化条件下，企业为了使利润增高，在劳动过程里借助数字技术，实现了资本对劳动过程的监督。

1. 亚马逊的数字化监督系统

亚马逊是一家在全球范围内运营的电子商务公司，其数字化监督系统被广泛应用于其仓库和物流中心。该系统可以自动跟踪工人的操作和效率，并生成实时的工作报告。这些报告可以帮助亚马逊管理人员实时监控仓库和物流中心的工作进展情况，从而优化生产流程，提高生产效率。亚马逊为追求利润，不放弃对劳动过程中的控制权，通过生产工作报告的结果，不断在劳动过程中监督工人的劳动状态，督促生产工作状态不如意的工人劳动。

2. 银行的数字化监督系统

银行是一个需要高度机密性和安全性的行业。数字化监督系统可以帮助银行监控员工的操作，以确保员工不会泄露敏感信息或从事违规行为。

---

① 弗雷德里克·W. 泰罗. 科学的管理原则[M]. 上海：上海译文出版社，2019：13-14.

② 哈里·布雷弗曼. 劳动与垄断资本——二十世纪中劳动的退化[M]. 北京：商务印书馆，1978：90.

③ 哈里·布雷弗曼. 劳动与垄断资本——二十世纪中劳动的退化[M]. 北京：商务印书馆，1978：54.

④ 哈里·布雷弗曼. 劳动与垄断资本——二十世纪中劳动的退化[M]. 北京：商务印书馆，1978：56.

数字化监督系统还可以记录员工的工作时间和行为,为银行管理人员提供员工表现的实时报告,以便他们能够及时对员工进行培训或奖励。通过将系统自动生成的数字报告的结果同工人业绩挂钩的方式,监督银行企业工人的劳动过程。

3. 餐饮业的数字化监督系统

餐饮业是一个需要高度协调和时间敏感性的行业。数字化监督系统可以帮助餐厅管理人员实时监控员工的工作进度和效率,以确保顾客能够在规定的时间内获得他们的食物。数字化监督系统还可以跟踪食材的库存情况,以便餐厅管理人员及时地补充库存,并避免浪费。

可见,通过数字化监督工人的方式可帮助企业优化生产流程,提高生产效率,并为企业节约时间和成本。然而,企业应该注意数字化监督工人的过度使用可能会对工人的身心健康和劳动权益产生负面影响。因此,企业应该在数字化监督工人的同时,注重工人的权益和健康,实现经济效益和社会责任的平衡。

6.1.2 数字化条件下的剩余劳动获取案例

剩余劳动获取是马克思主义政治经济学中的概念,指的是资本家利用工人的劳动创造出的价值中,超出支付给工人工资和购买生产资料所需的价值部分。这部分价值被资本家占有,并用于扩大资本积累和实现自身利润增长。

在数字化条件下剩余劳动获取方面,企业通常采用数字技术对工人进行严格的控制和监督,以确保工人的劳动时间和劳动强度都被最大化地利用。在这一过程中,工人往往需要承受过度劳动和剥削的压力。以下是当代企业常用的剩余劳动获取方式:

首先,延长工作时间。企业可以通过强制加班或削减工人的休息时间来延长工作时间,从而获取更多的剩余劳动。其次,提高劳动生产率。企业可以通过采用更先进的技术和设备,或者对工人进行更严格的管理和培训,来提高劳动生产率,从而获取更多的剩余劳动。再次,压低工资。企业可以通过压低工人的工资来减少劳动力成本,从而获取更多的剩余劳动。这种方式对工人的生活质量和生产积极性都有很大的影响。最后,削减福利待遇。企业可以通过削减工人的福利待遇(如健康保险、退休金等)来减少企业成本,从而获取更多的剩余劳动。

剩余劳动获取是资本主义生产方式的基本特征之一,它对工人的身体和心理健康都有不可忽视的影响。为了维护工人的权益和尊严,也急需通过立法和社会监督等手段来约束企业的行为。

在数字化条件下,企业可以通过对工人的数字化监督和控制来获取更多的剩余劳动。以下是一些数字化条件下的剩余劳动获取案例:

1. 网约车平台的剩余劳动获取

网约车平台(国外如优步,国内如滴滴、快滴、拼车等)通常会通过数字化监督和控制驾驶员的劳动过程等方式来获取更多的剩余劳动。平台通常会利用数字化监控系统,来跟踪驾驶员的工作时间和工作效率,并对驾驶员进行评分。如果驾驶员的评分不达标,平台则会降低其获取派单的工作任务机会或降低其工资。此外,平台通常会利用算法来优化车辆调度和行驶路线,从而使驾驶员更加高效地工作,为平台获取更多的剩余劳动。

2. 快递行业的剩余劳动获取

当代,快递行业是一个高度数字化的行业。快递公司通常会通过数字化监督和控制快递员来获取更多的剩余劳动。国内外很多大型快递公司(国外如联邦快递FedEx、德国邮政DHL,国内如申通快递、中通快递、圆通快递、顺丰快递等)都在数字化、信息化方面积极探索和发展,通过建设大数据中心、人工智能系统等技术手段,来提高运输效率和服务质量。这些快递公司,通常会利用数字化监控系统,来跟踪快递员的工作时间和工作效率,并对快递员进行评分。如果快递员的评分不达标,公司会降低其工作机会或降低其工资。此外,公司还会利用算法来优化快递员的路线和派件顺序,从而使快递员更加高效地工作,为公司获取更多的剩余劳动。

3. 线上办公平台的剩余劳动获取

随着越来越多的公司开始采用线上办公平台(国内如深信服办公软件平台),这些平台通常会通过数字化监督和控制员工,来获取更多的剩余劳动。企业选择购买安装软件后形成智能操作平台,平台通常会利用数字化监控系统,来跟踪员工的工作时间和工作效率,并对员工进行评分。如果员工的评分不达标,平台会降低其工作机会或降低其工资。此外,平台还会利用算法来优化工作分配和任务调度,从而使员工更加高效地工作,为平台获取更多的剩余劳动。

监督方式常为通过物联网设备或摄像头自动获取并分析数据,或者以监控平台软件自动获取等方式,观察员工的鼠标活动、离开工位的次数与频率、肢体动作等,平台软件智能分析出员工的状态,如分析出是积极工作,还是消极怠工,进而监督工人的劳动状态。

总之,数字化条件下的剩余劳动获取是一种比较普遍的现象。虽然数字化监督和控制可以帮助企业优化生产流程和提高生产效率,但企业应该注意工人的权益和健康,实现经济效益和社会责任的平衡。

6.1.3 数字化条件下的雇佣方式案例实证

数字化条件下的雇佣方式包括远程工作、自由职业者、平台雇佣等。企业通过利用数字化、平台化、分布式、智能化的数字技术,获得多样性的雇佣手段,达到对劳动过程的掌控,降低成本的同时,提升剩余价值的获取量。以下是一些具体的案例:

1. 远程工作

数字化条件下,数字化技术的普及使得远程工作成为可能,这种雇佣方式可以大大降低企业的人力成本,同时也方便了员工的工作安排。例如,全球最大的远程工作平台 Upwork 提供了超过 100 万名的自由职业者,这些自由职业者能够为企业提供各种服务,包括程序员、设计师、销售人员等。

Upwork 是全球最大的自由职业者平台之一,它为客户和自由职业者提供了一个数字化的平台,让客户可以方便地雇佣自由职业者来完成各种任务,而自由职业者可以在平台上寻找工作机会。以下是 Upwork 的数字化条件下的雇佣工作流程的详细讲解:

(1)注册和创建账户:客户需要在 Upwork 平台上注册并创建账户,填写相关信息,例如公司名字、工作类型和支付信息等。自由职业者也需要注册并创建账户,填写相关个人信息,例如工作类型、技能和付款方式等。

（2）发布任务：客户可以在 Upwork 上发布任务，包括任务描述、工作类型和预算等信息。任务发布后，自由职业者可以在 Upwork 上搜索和申请这些任务。

（3）选择自由职业者：自由职业者可以在 Upwork 上浏览并申请任务，客户也可以搜索并筛选自由职业者的信息和申请。一旦客户接受了自由职业者的申请，他们就可以开始合作了。

（4）进行工作：客户和自由职业者通过 Upwork 平台进行沟通和协作，例如讨论工作细节和提交工作成果。Upwork 还提供了一些协作工具，例如实时聊天和远程视频会议等，方便双方进行远程协作。

（5）支付和评价：一旦工作完成，客户可以通过 Upwork 平台支付自由职业者的报酬，并评价他们的工作。Upwork 会从中收取一定比例的佣金，作为平台的服务费用。

通过数字化条件下以数字平台为载体的分布式劳动过程，Upwork 让客户和自由职业者方便地进行远程劳动协作，实现了分布式劳动，提高了劳动的灵活性与劳动效率，同时也为劳动者提供了更多的工作机会。然而，这种方式也可能导致一些沟通和协作问题，需要双方加强沟通和协作，以确保工作的顺利进行。通过这种数字平台方式，达到了分布式劳动组织形式，将劳动的时间和空间维度彻底打开，降低了公司成本支出并提升了生产效率。

2. 自由职业者

数字化技术的普及也给自由职业者提供了更多的机会。例如，Freelancer 是一个全球性的自由职业者平台，提供各种类型的工作机会，如网站开发、设计、市场营销、写作等。自由职业者能够通过这种方式自由选择工作，同时也可以为企业提供更加灵活的劳动力。

Freelancer 是一个数字化的自由职业者平台，为雇主提供了一个方便快捷的方式，来雇佣自由职业者完成各种任务和项目。以下是 Freelancer 数字化条件下自由职业者的雇佣工作流程的详细讲解：

（1）注册和创建账户：自由职业者需要在 Freelancer 平台上注册并创建账户，填写相关信息，如专业领域、技能和个人信息等。雇主也需要注册并创建账户，填写相关信息，如公司名称、任务需求和支付信息等。

（2）发布任务和报价：雇主可以在 Freelancer 平台上发布任务和需求，并设定相应的时间和预算等要求。自由职业者可以浏览任务和报价，根据自己的技能和经验进行报价。

（3）筛选和沟通：雇主可以在 Freelancer 平台上筛选和挑选自由职业者，并进行沟通和协商。自由职业者也可以在平台上回复和交流，以便更好地理解雇主的需求和要求。

（4）支付和评价：自由职业者完成任务后，雇主可以在平台上进行评价和支付。Freelancer 会从中收取一定比例的佣金，作为平台的服务费用。

通过数字化平台的方式，Freelancer 为自由职业者和雇主提供了更加便捷的合作方式，也促进了自由职业者的发展和就业。然而，这种方式也存在一些沟通和协作问题，需要双方加强沟通和协作，以确保服务的顺利进行。同时，Freelancer 的自由职业者雇佣模式也需要自由职业者和雇主自行协商和处理，以避免出现一些不必要的纷争。

3. 平台雇佣

数字化技术也使得一些平台型企业采用了类似于雇佣的方式来管理他们的工作人员。例如，Uber 是一个运输服务的平台，通过招募司机来提供服务，并且这些司机被视为独立承包商，而不是传统意义上的雇员。同样的，Airbnb 也采用了类似的模式来管理平台的服务提供者。

Uber 是一家数字化平台，为顾客提供了快速、便捷的打车服务，同时也为司机提供了一个灵活的工作机会。以下是 Uber 数字化条件下雇佣工作流程的详细讲解：

（1）注册和创建账户：司机需要在 Uber 平台上注册并创建账户，填写相关信息，如车型、车牌和个人信息等。顾客也需要注册并创建账户，填写相关信息，如姓名、手机号和支付信息等。

（2）接单和服务：一旦顾客在 Uber 平台上下单，司机就可以接单并前往指定地点，接载顾客并完成服务。在服务期间，Uber 平台可以提供相关导航、交通信息和安全提示等辅助服务。

（3）评价和支付：顾客可以在服务完成后，通过 Uber 平台进行评价和支付。司机可以在平台上查看和管理订单，包括评价和支付情况等。Uber 会从中收取一定比例的佣金,作为平台的服务费用。

通过数字化平台的方式,Uber 实现了司机和顾客之间的便捷协作,提高了灵活性和效率,同时也提供了更多的工作机会。然而,这种方式也可能导致一些沟通和协作问题,需要双方加强沟通和协作,以确保服务的顺利进行。同时,Uber 的雇佣模式也引发了一些争议,例如司机的劳动权益和工作条件等问题,需要相关方面加强监管。

上述这些数字化雇佣方式的优势在于可以为企业提供更加灵活和高效的劳动力,同时也可以为员工提供更加灵活和自主的工作方式。然而,这些方式也可能导致一些不稳定的就业机会和缺乏社会保障等问题,需要进一步加强监管和保护员工的权益。

6.1.4 数字化条件下的分布式劳动组织形式案例

数字化条件下的劳动组织形式包括了远程协作、平台协作、虚拟协作等,这种分布式劳动方式使得劳动过程更加扁平化,降低了劳动过程中的工序,节省了生产过程中的反映时间,降低了生产过程耗时,提升了生产效率。基于分布式技术,产生了分布式劳动过程,使得劳动的时间限制与空间限制被打破,这有助于降低公司生产成本支出,提升利润。以下是一些具体的案例:

1. 远程协作

数字化技术的普及使得远程协作成为可能,这种协作方式可以提高劳动效率和降低成本,同时也方便了员工的工作安排。例如,很多软件公司可以通过远程协作的方式进行软件开发,员工可以通过网络和协作工具来完成任务。

数字化条件下,远程协作变得越来越普遍,许多公司和组织都采用了远程协作的方式,以提高效率和降低成本。以下是一些数字化条件下的远程协作的现实案例:

(1)GitHub。GitHub 是一个数字化的软件开发平台,为开发者提供了一个方便的方式来协作和开发软件。开发者可以在平台上共享代码、协作和审查代码,以确保代码的质量和可维护性。此外,GitHub 还提供了许多工具和功能,如问题跟踪、版本控制和集成等,以便更好地管理和协作。

（2）Zoom。Zoom 是一个数字化的视频会议平台，为远程团队提供了一个方便的方式来协作和沟通。团队成员可以通过 Zoom 进行视频会议、屏幕共享和文件共享，以便更好地交流和协作。Zoom 还提供了许多安全和隐私功能，如密码保护、会议等候室和安全加密等，以确保远程协作的安全性和隐私性。

（3）Trello。Trello 是一个数字化的协作平台，为团队提供了一个方便的方式来管理和协作项目。团队成员可以使用 Trello 创建任务、指派任务和跟踪任务的进度，以确保项目按时完成。Trello 还提供了许多工具和功能，如卡片、清单和面板等，以便更好地管理和协作。

这些数字化平台为远程协作提供了更加便捷和高效的方式，使得团队成员可以在任何时间和地点进行协作和交流。数字化条件下的远程协作不仅能够提高工作效率，还能够降低成本和减少时间的浪费。但是，数字化条件下的远程协作也存在一些挑战，例如沟通和协作问题、安全和隐私问题等，需要团队成员加强沟通和协作技能，以确保项目的顺利进行。

2. 平台协作

数字化技术也促进了平台型企业的出现，这种企业可以通过平台的方式来组织劳动力，例如，全球最大的平台型企业之一 Amazon 就采用了平台协作的方式来管理其物流服务，通过为卖家提供销售平台并管理物流服务，实现了整合供应链和降低成本的目的。

数字化条件下的平台协作是指通过在线平台将各个独立个体连接起来（通过平台对接服务提供者和需求方，实现合作），共同完成某项任务或达成某种目标的一种工作方式。这种工作方式一般涉及各种在线协作工具，例如在线文档编辑、视频会议、任务分配和项目管理工具等，这些工具可以让协作者们在不同的地点和时间进行协作。

以下是一些数字化条件下平台协作的案例：

（1）Google Docs。Google Docs 是一个在线文档编辑平台，它允许多个用户在同一个文档上进行实时协作。用户可以通过 Google Docs 创建各种类型的文档，包括文本书档、演示文稿和电子表格等。在文档编辑过程中，多个用户可以同时进行编辑和评论，而且每个用户所做的修改都会实时更新到

文档中,方便协作者之间的交流和合作。Google Docs 的协作工作流程如下:
①创建文档,用户可以在 Google Docs 中创建新的文档,选择不同的文档类型,例如文本书档、电子表格和演示文稿等。②分享文档,用户可以选择将文档分享给其他用户,通过链接或者电子邮件邀请其他用户加入文档的协作。在分享文档时,用户可以设置不同的权限,例如只读或者编辑权限等。③同时编辑,一旦有多个用户加入同一个文档,他们就可以同时编辑文档,实时看到彼此的修改。Google Docs 通过分配不同的颜色来标识每个用户的编辑内容,确保编辑过程中不会出现混淆和冲突。④实时通信,Google Docs 还提供了实时聊天功能,使得多个用户可以在文档编辑过程中进行实时通信,协调彼此的工作。⑤版本管理,在协作编辑的过程中,Google Docs 会自动保存不同的版本,用户可以轻松地查看不同版本的文档,以及恢复到任意版本。

通过 Google Docs 的平台协作模式,用户可以实现远程、异地、多人协作的工作流程。这种模式不仅提高了工作效率,同时也降低了沟通成本和时间成本。

(2)Airbnb。Airbnb 是一个在线短租平台,让用户可以在全球范围内租赁民宿。通过该平台,房东可以轻松地将他们的房屋列表并提供给潜在租客,而租客可以搜索并预订他们喜欢的房屋。Airbnb 通过收取佣金的方式从房东和租客的交易中获得收益。

(3)网易严选。网易严选是一个在线购物平台,提供高品质的商品和服务。该平台通过向用户提供多种商品和服务来赚钱,例如电商零售、品牌合作和物流服务等。

(4)美团。美团是一个在线购物和服务平台,用户可以在该平台上找到各种各样的商品和服务。除了提供在线购物服务外,美团还提供外卖、旅游和酒店预订等服务。该平台通过从商家那里收取佣金来赚钱。

这些平台都是通过数字化技术来协调服务提供者和需求方的合作关系,并在交易中收取佣金来赚钱的。这些平台的存在,使得服务的提供和消费更加高效、便捷和经济。同时,平台协作也改变了传统产业的竞争格局,推动了新经济和数字化经济的发展。

3.虚拟协作

虚拟协作是指利用互联网和数字技术等现代信息通信技术,将分散在不同地理位置的个人或团队组织在一起,共同完成任务或项目的合作方式。虚拟协作通常不受时间和空间的限制,可以让来自世界各地的人员相互合作,以实现更高效和更具创造力的工作。数字化技术的普及使得虚拟协作也成为可能,这种协作方式可以让员工在不同的地点和时区进行协作,提高劳动效率和降低成本。例如,很多跨国公司可以通过虚拟协作来实现全球范围内的产品研发和销售。虚拟协作的劳动组织形式主要有以下几种:

(1)线上会议和协作平台。通过视频会议、在线聊天室、协作平台等工具,协作团队可以实时交流和协作。例如 Microsoft Teams、Slack、腾讯会议等。

(2)分布式开发。在软件开发领域,开发人员可以在不同的地理位置上协作完成项目,使用版本控制系统和协作工具进行代码共享和集成测试。例如 GitHub、GitLab 等。

(3)虚拟团队。由于工作地点不同,虚拟团队的成员在某些情况下可能永远不会在现实中见面。团队成员之间的沟通和合作通过网络和数字化工具完成。例如基于任务的虚拟团队,每个成员都有自己的专业技能,通过虚拟平台进行协作,共同完成任务。

(4)云办公室。云办公室是指在虚拟空间中的办公室,员工可以在任何地方、任何时间登录,使用企业内部的资源、文档和协作工具完成工作。例如 Google Workspace、Office 365 等。

以下是一些虚拟协作的具体案例:

(1)远程医疗协作。数字化技术使医疗协作可以远程进行,医生和专家可以通过视频会议进行远程会诊和交流,从而为患者提供更好的医疗服务。例如,在新冠疫情期间,医生和专家可以通过远程医疗平台共享病例信息、分析数据和制定治疗方案。

(2)虚拟团队协作。许多公司已经开始通过数字化技术组建虚拟团队,这些团队由不同地理位置的人员组成,通过在线协作工具协作完成项目。这种方式可以减少团队成员之间的沟通成本和时间成本,并提高工作效率。

例如,国际公司 IBM 就使用虚拟协作工具,让员工在不同的地点协作完成项目。

(3)虚拟教育协作。数字化技术使得教育可以在虚拟环境下进行,教师和学生可以在不同地理位置同时进行远程教学和在线课程。例如,在新冠疫情期间,大多数学校转向了在线教育,并通过视频会议和在线协作工具来进行远程教学。

(4)虚拟会议协作。数字化技术使得会议可以在虚拟环境中进行,员工可以通过视频会议工具参加会议,而无须实际到场。这种方式可以节省时间和出行成本,并提高会议效率。例如,Zoom 是一种流行的视频会议工具,许多公司和组织已经开始使用它来进行虚拟会议。

(5)虚拟创意协作。数字化技术使得创意协作可以在虚拟环境中进行,创作者可以通过在线协作工具协作完成创意项目。这种方式可以让创作者在不同地理位置协作,从而在更广泛的范围内汇集创意。例如,Pixar 是一家数字动画公司,它使用虚拟协作工具来协作制作电影。

可见,虚拟协作是数字化时代劳动组织形式的一种重要方式,它可以减少地理限制,提高工作效率,但也需要注意协作中的沟通和合作问题。虚拟协作的劳动组织形式可以提高协作的效率和质量,降低工作成本,也可以更好地利用全球化的资源和人才。但虚拟协作也面临着沟通效率低、安全隐患、文化差异等问题,需要加强管理和规范。

综上所述,这些数字化劳动组织形式的优势在于可以提高劳动效率、降低成本和提高灵活性,同时也可以通过整合供应链和协作平台来实现更好的商业模式。然而,这些组织形式也可能导致一些协作难度和管理问题,需要进一步加强协作和管理工具的开发和应用,同时也需要加强员工的沟通和协作。

6.2　数字化条件下劳资关系的特殊性分析

6.2.1　数字化条件下冲突的难以发生性

（1）资本对生产资料的监控——资本无偿占有生产资料的私有制变得更牢固。数字化条件下的劳资关系不同于以往任何社会的劳资关系，其具有特殊性。平台使得新增加的数字生产资料被资本无偿占有，使私有制变得更牢不可摧，使工人在劳资关系中的地位更低。自从数据变为生产要素，成为生产资料后，便被平台企业无偿占有。通过对数据库的掌控，对 ABCDI 技术设施的掌控，通过数字软件，利用 A（人工智能）自动获取和提取海量数据，在 C（云计算服务器）中，利用 D（大数据计算和存储分析），获取互联网购买与贩售过程中有用的数据并提炼，得到众多不同指标与体系的数据（如单个消费者购买时间、购买黏性、消费者兴趣指数、消费者消费数据、消费者重复购买次数、消费者商品页面停留时长等众多数据），自动提取并匹配分析模型，得出提炼后的具有指导性功用的数据。资本对这些数据无偿占有。这些数据成为数字平台软件运行的原材料，是重要的生产过程中的生产要素、生产资料。可以说，没有这些数据，数字平台软件将没有"燃料"。没有"燃油"加油的"汽车"，便无法运行。企业通过将固有资本投入 ABCDI 等设施上，并将其占有。通过对固定资产，即 ABCDI 生产设施，如云服务器、数据库、大型智能计算机、超级计算机等数字平台或互联网软件的运营，霸占了数字平台中用户的数据资源。同时，这些数据需要通过上述 ABCDI 设施的不变资本的拥有权，并通过数字平台软件里众多 ABCDI 设备合力才能获取（个体工人无法凭借自身力量获取如此庞大的数字平台中的各种数据）。

数字化条件下的企业不断通过开发并运用平台，拓展平台内的新功能，推出各种优惠服务，逐步将平台发展为垄断性行业平台，通过垄断使自身获益。当平台成为垄断平台后,平台将更轻易地获取用户黏性,[1]这种用户黏性,对资本家来说更是有益。

数字化条件下平台中的"用户"常指:①加入并使用平台 App 的各种有生产能力的小微公司、中小型企业或独立经济体(提供产能)。主体为企业法人(成为用户需要平台认证)。②加入并使用平台 App 的个体户(提供产能)。主体为自然人(成为用户需要平台认证)。③使用平台 App 购买商品的平台用户(购买产品)直接注册成为用户,不需要平台认证。

(2)平台通过资本运作、优惠与新功能吸引等几大招数,吸引用户(包括中小型企业也包括自然人)加入,通过数字平台掌控这些用户的各种数据资源,实现"圈地",不断拓展并占有新的"领地"。英国经济学家 Standing (2016)在《资本主义的腐败》中提到,支撑数字平台的资本……源自小圈子,此圈子囊括共同基金、私募股权基金、对冲基金和主权财富基金等投资者。这是专门给精英和财阀保留的市场。[2] 例如,亚马逊等电商平台起初通过资本运作,成为大型平台企业,并不停拓展市场板块,将其市场延展到广告、消费电子终端、应用商店、云服务、物流仓储等业务板块。[3] 美国亚马逊平台企业高管享有高额薪资,但是很多平台企业的一线工人工资很低,甚至需要领取政府最低生活保障金才得以度日。事实表明此时工人处在更弱势地位和更低薪酬回报中。

(3)资本占有了数据,使得资本在数字化条件下的劳资关系中,占据了绝对的强势地位,同时占据了绝对的话语权。数字化条件下劳资关系变得向资本倾斜,工人丧失话语权,数字化条件下工人地位更加低微(原先社会的土地资源,单个工人或劳动者,可以通过集合人数的方式,通过某些手段获得土地;但在当今社会里,光依靠集合工人,就获得海量数据资源,这种方-

① Cohen J E. The Biopolitical Public Domain:the Legal Construction of the Surveillance Economy[J]. Philosophy & Technology,2017(31):2.

② Standing G. The corruption of capitalism:why rentiers thrive and work does not pay[M]. London:biteback publishing,2016.

③ 齐昊,李钟瑾.平台经济金融化的政治经济学分析[J].经济学家,2021(10):14-22.

法是不可行的,即无法通过集合海量工人,而获得需要通过 ABCDI 固定设施合力而得到的数据生产要素资源。所以说,当代数字化条件下,工人地位更卑微,无法取得生产要素——数据。失去这种资源,工人失去了与资本家谈判与对话的地位)。这是以往农业社会、工业社会、现代化大生产社会所不具有的。这也是平台企业劳资关系的独有特点。

(4)数字化条件下工人无法再获取并占有生产环节里必要的生产资料——数据(参考书中相关模型分析,数字化条件下企业利润上升与获取的可支配剩余价值量上升,使得企业纷纷采用数字技术加入平台)。工人无法靠拉拢工人人数,而掌控商品 A 销售阶段的控制权。同时在商品 A 生产阶段,由于 ABCDI 技术的应用,简易的体力劳动与简易重复的脑力劳动领域的劳动者都被人工智能和数字平台下数字化智能生产设备或者工业物联网智能设备的数字智能生产设备所替代。在生产端中,企业随时可以不需要工人,因此工人的罢工或联合工人抵制生产,在商品 A 的生产阶段也不复存在。即在商品 A 的生产阶段与商品 A 的销售阶段,工人均无法通过联合、罢工等抵制劳动的方式,阻止商品 A 的生产和销售,工人完全失去了话语权,失去了争取自身合法权益的手段与方法,彻底沦为了平台企业的廉价劳动力。这些是平台企业劳资关系变化的底层逻辑与根本逻辑。具体表现也证明了我们上述的论点。下一章的实证验证更证明了其深层逻辑与变化根源的正确性。在数字化条件下劳资关系里,劳资关系变得弹性化、模糊化,各种简易合同、电子合同以及平台里众多的霸王条款,工人在劳资关系里失去了大工业时代的各种福利保障、工伤保险、误工工资等。同时,工人在数字化条件下劳资关系里被剥削程度加剧,计时工资被计件工资替代,以至于计件工资的兴起。在数字化条件下,计件工资重回历史舞台并兴起,正如工人在美团、饿了么的每单的所得工资。

6.2.2 数字化与平台分布式下资本力量增大

6.2.2.1 资本与分布式数字化的联合充分占据了生产力要素

数字化条件下分布式生产资料与生产工具。"权利"的来源——数据垄断与数字圈地。

首先,数字化条件下企业背后的资本对数据生产资料无偿占有。资本借助数字平台,以及构架数字平台的基础数字化设施,例如服务器、工作站、云计算工作站、大数据工作站、超级计算机、人工智能计算机、通信设施、网络设施,无偿占有数字、数据等数字条件下商品生产中必不可少的数字生产资料。数字化条件下企业中的工人无法通过工会或罢工的方式一次性捣毁这些设施,因而无法阻断数字化条件下企业的生产进行。其次,数字化条件下企业资本家通过先进的人工智能化生产设备,获得生产的部分主导权。

其次,通过数字平台广泛招募社会剩余劳动力资源,随时通过数字平台形成产业后备军,以外包工人的形式,让他们参与具体商品生产流程,使得数字化条件下企业的商品生产成本降低。同时,这种灵活、松散、实时的劳资关系,使得数字化条件下企业中工人拒绝劳动或罢工的时候,企业可以通过平台实时找到新的外包工人顶替罢工工人的工作任务,使得商品生产过程不受工人罢工停产的影响。

最后,通过全球互联的金融市场,数字化条件下的企业可以迅速融资,背后的资本可以通过与其他资本的联合,迅速形成垄断。在全球同条件下,使用数字科技的企业具有利润上升与可支配剩余价值上升的特点,由于资本对利润的无限追求,全球资本将会快速汇聚起来,将一行业促成平台化,最后形成此行业的垄断平台,资本家支配垄断性平台并可从中获得超额利润。由此资本获取此行业的垄断超额利润。这种垄断常采取的方式是通过形成平台以数字平台方式,达到数据垄断与数字圈地。通过这种方式,达到资本完全控制此行业工人的目的,此时平台中的工人,更具体来说,此时垄断平台中的工人,话语权减少,收益降低,完全成为资本可控制的对象和资本剥削的对象。自然形成在平台企业里劳资分配不均,工人酬劳分配不均,工人完全得不到他们劳动所应得到的报酬。不仅平台企业,平台型企业或加入平台的小微公司,也受此作用,被数字平台剥削并无偿占有部分利润,并表现为分配不平衡的状态。小微公司或工人在平台中被拿走利润更多,且分配更不均衡。资本获得了更多的剥削利润。

6.2.2.2 分布式增大资本的力量

根据当今最新数字科技发展趋势,具备分布式特征的区块链融入经济与金融中,进而融入企业生产中。由于区块链的发展,基于区块链的分布式存储与安全性的独有特征,区块链分布式账本,可以实现数据的安全存放。这就更加保护了数据的安全。

当数字化条件下的企业占有数据后,在基于区块链技术的相关数字科技应用的加持下,数据更加安全(这基于区块链的分布式存储特性——基于区块链技术的数据不用担心被毁坏或被消除),这使得企业无偿占有的数据随时可以使用,且更安全。这就更加稳固了资本在生产中的强势地位,或变相加强了资本在劳动过程与分配阶段的支配作用(企业不会担心因为设施或生产资料被摧毁,而无法生产的现象发生)。

以往的社会,如马克思所处的年代,工人会联合采取暴力极端方式摧毁生产设施与生产资料,使得资本家生产中断,生产设备被毁,生产资料被毁也会造成经济损失。但是在数字化条件下资本家生产设备被分布在不同地区,生产资料数据由于区块链加持,根据区块链分布式特征,区块链有分布式账本,具备独特的安全性。数字信息或数据能通过区块链被存在全球各地的区块链分布式账本上,而不用担心数据被篡改和被销毁。即数据生产资料也不会因为被销毁而造成经济损失。数字经济下的平台企业较之以往社会生产形式下的企业而言,生产更加安全,其生产过程更不会由于工人的罢工或抵抗而被破坏。导致同以往任何社会时期的劳资关系相比(如工业化时期的劳资关系),资本家在数字化条件下的劳资关系中更无任何忌惮。他们不再担心生产工具或工厂设施潜在的会被工人罢工或工人运动暴力而摧毁(因为数字化条件下资本家的平台服务器多为租用的云服务器分布在全球各地)。资本家在数字化条件下的劳资关系里更占强势地位。同时,在数字化条件下,工人创造的剩余价值被资本家无偿占有的量更多,工人被剥削程度较之以往工业大生产的社会更大。

6.3 中国非公经济中劳资关系的一般与特殊

本研究课题是数字劳动过程,即在数字经济背景下,数字化的知识和信息被视为关键的生产资料,从而涉及数字生产劳动和数字非生产劳动的过程。在此背景下,探讨数字资本主义条件下劳资关系的变化及其影响。研究对象主要限定在资本主义国家和中国非公有制经济领域中数字化条件下的劳动过程,以及由劳动过程引起的劳资关系变化与影响。

本研究努力遵循从一般性到特殊性的唯物辩证的研究方法,从普遍的现象入手,研究归纳普遍特征,得出普遍结论,进而分析特殊对象。本书的分析对象是资本,即以雇佣劳动为制度基础的私有制企业,分析在数字化条件下资本与劳动、劳动过程、资本投入与利润产出之间的关系,以及工人劳动付出与工资间的关系。这些都是具有一般性的理论研究。由于中国是社会主义市场经济体制,并存着多种所有制经济成分,公有制企业与非公有企业同时并存。这使得研究背景有特殊性,在运用一般研究成果时,需要考虑这种特殊性。虽然企业的生产资料所有制不同,但是,这并不妨碍资金投入与利润产出、工人的劳动付出与工资以及资本对劳动过程的监督控制等所具有的一般性。

7 数字化条件下劳资关系变化的实证检验

本章在第6章研究了数字化条件下公司剩余价值增多的验证基础上,基于第5章内容,对数字化条件下剩余价值与工资决定的研究,得出的资本与劳动,利润与工资的关系,做出回归计量分析。在第6章案例实证的基础上,基于第5章对数字化条件下资本与劳动、利润与工资相互关系的研究,对数字化条件下剩余价值量的变化进行计量实证检验,证明了公司获取的剩余价值量增多了且在岗工人的工资收入升高了的结论。

7.1 数字化条件下的样本选取与模型构架

7.1.1 样本选取

数字化条件下实证案例的主体样本选取中国沪深 A 股上市公司中全部非公有制公司为初始研究样本(2007—2021 年),统计并建立年度面板数据,基于 Stata16 软件,进行计量分析研究。为了保证研究的科学严谨性,将数据按照如下统计学方法,进行统计学筛选。

(1)剔除金融行业样本数据。金融类公司在会计处理方式与准入方面不同于其他行业公司,以往文献在研究中普遍将金融行业公司从数据中剔除,因此,本研究中继承此步骤,将金融行业上市公司数据从所选数据库中去除。

(2)剔除 ST、SST、*ST 和 PT 公司的统计数据。由于该类公司有为了避免被退市而存在粉饰数据的可能,因此,为了更科学地分析结果,减少数据偏差,减少数据的非科学统计性,将此类数据删除。

（3）剔除相关变量存在缺失值和异常值的样本。另外，统计中所选取的为非公有制的私有公司数据。对数据核验，如有公有制方面的国有企业样本，由于所有制形式的区别，所统计的数据也需剔除。

最终通过统计筛选获取 35 559 个由"企业–年度"观测值构成的非平衡面板数据，数据体量大，确保计量结果的科学性与可信性。

7.1.2 数据来源

数据基于国泰安（CSMAR）数据库，通过统计技术科学获取。在实证分析前，对企业层面的所有连续型变量均进行了分年度的 1%—99% 范围外的缩尾处理（Winsorize），用以减缓离群值对回归结果可能产生的影响。基于 Stata16 软件，开展计量研究，进行数据分析，并得出科学的计量结果。

（1）被解释变量，员工工资 Salary。

（2）核心解释变量，Digit。数字化条件下，企业为获取生产效率，采用数字技术，提升企业数字化转型水平，进而实现生产率提高。企业数字化转型（DCG）的量度，在学术界或实际部门方面，都是一个前沿问题。它主要是公司采用数字技术，借此实现工人劳动过程和公司生产过程数字化，进而提升公司数字化水平。

在公司采用数字技术时，主要应用以 ABCDI 为代表的数字技术。基于数字技术，公司实现数字化转型后，主要体现在平台化、智能化、数字化的生产组织形式与"生产—销售—服务—研发"各环节的应用。具体来说，这层数字技术嵌入企业的生产、管理、销售、研发等各个产业链环节。要验证采用数字技术后公司的经济效果，首先应对公司采用数字技术进行指标量化与变量设置。如对是否进行数字化转型，采用以"0–1"虚拟变量来量度表示（何帆，刘红霞，2019）。采用此种方式，在估量数字化转型"强度"方面，此量化方式无法度量，并很有可能造成对数字化转型程度的估量错误。

本书创新性地从公司年报中提取关键词，因为数字化技术转型是当下企业高质量发展的要务，具有战略性，常出现在企业的年报中。年报可以清晰反映企业的具体经营状况和发展投资规划。类似的做法，如韩永辉等（2017）在产业政策强度的刻画指标提取中，通过关键词的筛查和匹配，统计各省、市、区对应的政策文件累计数的方式提取所研究的变量指标,对本书提取数据的研究方式起到了启发性影响。因此,本书从上市公司年报中"企业数字化转型"等要素的词频统计角度来刻画其转型程度,从年报中提取词频测度,用于考量公司数字化程度标准的实际代理指标。

从变量设计的技术实现角度看,基于数字技术,运用 Python 爬虫方式,从网上统计到上海、深圳交易 A 股上市企业中全部非公有制公司的年度报告,基于 Java PDFbox 库提取全部文本,构架数据池。之后从数据池中,执行特征词筛选操作统计。在企业投入成本采用数字技术,实现数字转型的程度的考量特征词的确定上,参考以数字化转型为主题的经典文献(戚聿东、肖旭,2020;刘洋、董久钰、魏江,2020;陈冬梅、王俐珍、陈安霓,2020;许恒、张一林、曹雨佳,2020;陈晓东、刘洋、周柯,2022),提炼关于数字技术应用与转型方面的特征关键词;以《关于推进"上云用数赋智"行动培育新经济发展实施方案》《国务院办公厅关于促进平台经济规范健康发展的指导意见》《2022 年数字化转型趋势报告》《国家数字经济创新发展试验区实施方案》以及近年各地市政府相关数字经济报告和政策汇编为蓝本,进一步扩充数字化转型的特征词库,并细化到两方面分类——"底层技术运用"与"技术实践应用",绘制数字化技术特征词图谱。基于上述技术,删除关键词中的否定表述,也剔除非本公司(包括公司的股东、客户、供应商、公司高管简介在内)的相关词语。最后,运用当代最先进的数字金融大数据分析方式,并基于 Python 软件,形成数据库与数据池。该数据库与数据池包含全部沪深 A 股上市私有制企业年报文本提取以及归纳出的数字化特征词,实现加总词频统计。通过科学统计、匹配词频并计数验证,构建数字化指标体系。因为此类型数据有典型"右偏性"特征,统计中需要对其执行数化处理,以得到显示企业数字化程度与效果的"数字化"的整体指标变量。

(3)控制变量。为保证研究的高精度,在模型中依据计量经济学方法进一步加入系列控制变量。如,企业年龄(Age)取值与定义:(统计日期–企业成立日期)/365。[①] 企业营收规模(Sale,对数化处理)。股权集中度(Top1,第一大股东的持股比例之和)。还包括企业规模(Size):总资产的自然对数值。企业资本结构(Lev):总负债/总资产。企业成长能力(Growth),定义与取值方式为:(本年度营业总收入/上年营业总收入)-1。经营净现金流比率(CFO):经营净现金流/总资产。年份(Year):年份的虚拟变量。

7.1.3 模型设定

根据之前分析的资本与劳动的关系,以及资本与劳动的逻辑推演模型,发现利润与数字化投入,劳动过程变化引起的和生产过程变化带来的生产时间变化与生产效率提升,以及企业总营收、工人薪资等经济学要素,具有逻辑关系。根据上述要素逻辑关系推导并使用此模型进行回归计量研究:

$$Salary_{i,t} = \beta_0 + \beta_1 \, Digit_{i,t} + \sum \varphi_i \, Controls_{i,t} + \mu_{industry} + \mu_{year} + \varepsilon_{i,t}$$

模型中,下标 i 和下标 t 分别表示企业个体和年份;截距项 β_0,解释变量的回归系数用 β_1 表示,控制变量的回归系数 φ_i;$\mu_{industry}$ 和 μ_{year} 分别表示行业和年份层面上的固定效应;$\varepsilon_{i,t}$ 为残差项。

7.2 实证模型检验研究

7.2.1 描述性统计

为了分析变量的特征,本小节基于 Stata16 计量软件,用计量统计学方式对各变量进行详细的描述分析。包含变量的样本量、均值、标准差、最小值、中位数及最大值等方面的详尽描述。

依据该描述性统计结果,能明显看到,各变量的各项统计特征均处于合理范围中,详见表7.1。

---

① 在 Stata 中的计算为:当年日期 = 年份+"-12-31",天数 = date(当年日期,"YMD")-date(成立日期,"YMD"),Age = ln(天数/365)。

表7.1　主要变量的描述性统计

变量	N 样本量	MEAN 均值	SD 标准差	MIN 最小值	MEDIAN 中位数	MAX 最大值
Salary① 工资	35559	0.3444	0.7240	-1.5805	0.1613	6.8165
Digit 数字化	35559	1.1948	1.3625	0.0000	0.6931	5.2983
SOE 资产类型	35559	0.3766	0.4845	0.0000	0.0000	1.0000
Size 规模	35559	22.1409	1.2913	19.4149	21.9545	26.4973
Lev 企业资本结构	35559	0.4340	0.2057	0.0330	0.4291	0.9246
Age 企业年龄	35559	2.8103	0.3779	1.0718	2.8627	3.5750
Growth 企业成长能力	35559	0.1812	0.4304	-0.6718	0.1156	4.3095
ROA 总资产报酬率	35559	0.0357	0.0681	-0.5451	0.0366	0.2204
Top1 第一大股东持股 比率	35559	0.3452	0.1492	0.0800	0.3233	0.7590
CFO 经营净现金流比率	35559	0.0467	0.0715	-0.2233	0.0460	0.2904

7.2.2　相关性分析

　　经由相关性分析后,证明了相关数据具备科学性、严谨性与合理性,具备统计学使用范畴。通过对数据池中数据的相关性分析,进一步观察变量间的相关程度,如果变量相关程度很高,则不能使用。因为相关度高的变量纳入分析体系中,必然会得出不准确的回归结果。因此,本节通过基于Stata16软件的计量检测,监测变量间多重共线性问题。基于Stata16,使用Pearson系数和Spearman系数对各变量进行相关性检测。结果如表7.2所示,其中左下角为Pearson相关系数的检验结果,右上角为采用Spearman相关系数的检验结果。

---

　　① 表中英文对应缩写:企业年龄(Age)取值与定义:(统计日期-企业成立日期)/365。企业营收规模(Sale,对数化处理)。股权集中度(Top1,第一大股东的持股比例之和)。还包括企业规模(Size):总资产的自然对数值。企业资本结构(Lev):总负债/总资产。企业成长能力(Growth),定义与取值方式为:(本年度营业总收入/上年营业总收入)-1。经营净现金流比率(CFO):经营净现金流/总资产。年份(Year):年份的虚拟变量。

表 7.2 变量间的相关性分析结果

变量	Salary 工资	Digit 数字化	SOE 资产类型	Size 规模	Lev 企业资本结构	Age 企业年龄	Growth 企业成长能力	ROA 总资产报酬率	Top1 第一大股东持股比率	CFO 经营净现金流比率
Salary 工资	1.0000	0.0884***	0.0487***	-0.0016	0.0165***	0.0215***	0.0309***	-0.0585***	-0.0076	0.0366***
Digit 数字化	0.0164	1.0000	-0.1808***	0.1082***	-0.0816***	0.1691***	0.0281***	0.0394***	-0.1111***	-0.0153***
SOE 资产类型	0.0748***	-0.1850***	1.0000	0.3066***	0.2834***	0.0747***	-0.0713***	-0.1410***	0.2416***	0.0204***
Size 规模	0.0064	0.0813***	0.3161*	1.0000	0.4700***	0.2240***	0.0419***	-0.0548***	0.1531***	0.0618***
Lev 企业资本结构	0.0800***	-0.0883***	0.2827***	0.4662***	1.0000	0.1191***	0.0027	-0.4271***	0.0491***	-0.1497***
Age 企业年龄	0.0301*	0.1487***	0.0738***	0.1986***	0.1347***	1.0000	-0.1111***	-0.1145***	-0.1296***	-0.0040
Growth 企业成长能力	-0.0409***	0.0154***	-0.0508***	0.0447***	0.0284***	-0.0595***	1.0000	0.3276***	0.0163***	0.0625***
ROA 总资产报酬率	-0.0344***	-0.0253***	-0.0554***	0.0167***	-0.3463***	-0.1026***	0.2212***	1.0000	0.1233***	0.4103***
Top1 第一大股东持股比率	-0.0146***	-0.1267***	0.2440***	0.1974***	0.0537***	-0.1387***	0.0205***	0.1425***	1.0000	0.0947***
CFO 经营净现金流比率	-0.0326***	-0.0197***	0.0178***	0.0611***	-0.1576***	0.0017	0.0285***	0.3551***	0.0885***	1.0000

注：*、**、***分别指（双尾检验）10%、5%、1%的显著性水平上显著。

通常,变量相关程度大,多重共线性严重的范围:当变量间的相关系数的绝对值大于0.75时,变量高度相关;处于0.5~0.75,变量中度相关;处于0.25~0.5,变量低相关;小于0.25时,变量极弱相关或不相关。

检验结果显示,值小于0.75,表明变量间不存在多重共线性问题。证明了本书采用的回归模型与数据是可靠、可信的。

7.2.3 回归分析与假设检验

上市公司的面板数据,采用固定行业和年份的双向固定效应模型的回归,可以得到准确的结果(见表7.3)。Salary代表在岗员工收入薪酬。在岗员工收入薪酬是在岗工人工资的核心构成。从一定意义上来说,工人薪酬就是工资。从固定行业和年份的双向固定效应模型的回归结果可以看出,本书的核心解释变量Digit会对Salary(核心解释变量"数字化"对变量"工资")产生正向影响,且相关性影响在5%的水平上显著,即在其他条件不变的同等条件下,数字化程度越高,员工薪酬占企业总净利润的比重越高。上市公司的面板数据,采用固定行业和年份的双向固定效应模型的回归,可以得到准确的结果。

表7.3 回归结果

变量	Salary 在岗员工收入薪酬
Digit 数字化	0.0085^{**}
	(2.33)
Size 企业规模	-0.0208^{***}
	(-5.50)
Lev 企业资本结构	0.4362^{***}
	(17.47)
Age 企业年龄	0.0823^{***}
	(6.68)
Growth 企业成长能力	-0.0732^{***}
	(-7.90)
ROA 总资产报酬率	0.3451^{***}
	(5.09)
Top1 第一大股东持股比率	-0.0152

续表7.3

变量	Salary 在岗员工收入薪酬
	(−0.56)
CFO 经营净现金流比率	−0.2947 ***
	(−4.97)
_cons	0.5374 ***
	(6.18)
Industry	Yes
Year	Yes
N	35559
R^2	0.025
adj. R^2	0.024
F	21.7866

注:t值(t检测值)括号中显示;∗、∗∗、∗∗∗分别指(双尾检验)10%、5%、1%的显著性水平上显著。

7.3 异质性与稳健性实证检测检验

7.3.1 异质性检验与进一步分析

对回归结果进行异质性检验分析,表7.4为行业的异质性回归检验与分组回归结果。

表7.4 行业的异质性回归检验与分组回归结果

变量	制造业	批发和零售业	信息传输、软件和信息技术服务业
	Salary	Salary	Salary
Digit 数字化	0.0026	0.0272 *	0.0140
	(0.58)	(1.81)	(1.01)
Size 企业规模	−0.0097 *	−0.0570 ***	0.0060
	(−1.95)	(−3.45)	(0.39)

续表7.4

变量	制造业	批发和零售业	信息传输、软件和信息技术服务业
Lev 企业资本结构	0.4286 ***	0.4387 ***	0.1697 *
	(13.48)	(4.27)	(1.95)
Age 企业年龄	0.0712 ***	0.1518 ***	0.0009
	(4.62)	(2.74)	(0.02)
Growth 企业成长能力	−0.0810 ***	−0.0656 *	−0.1125 ***
	(−6.18)	(−1.83)	(−3.26)
ROA 总资产报酬率	0.2000 **	−0.3213	0.9327 ***
	(2.24)	(−0.85)	(5.75)
Top1 第一大股东持股比率	−0.0197	0.2215 **	−0.1481
	(−0.57)	(1.98)	(−1.30)
CFO 经营净现金流比率	−0.4486 ***	−0.1798	0.0802
	(−5.68)	(−0.82)	(0.37)
_cons	0.2279 **	1.0255 ***	0.0099
	(2.15)	(2.81)	(0.03)
Industry	Yes	Yes	Yes
Year	Yes	Yes	Yes
N	22907	1872	2273
R^2	0.023	0.032	0.036
adj. R^2	0.022	0.020	0.027
F	21.3846	2.7687	3.8561

注:t 值(t 检测值)括号中显示;*、**、*** 分别指(双尾检验)10%、5%、1%的显著性水平上显著。

从制造业组的固定行业和年份的双向固定效应模型的回归结果能清晰看到,本书的核心解释变量 Digit 会对 Salary 产生正向影响,即在其他条件不变的同等条件下,升高的数字化程度,会导致员工薪酬占企业总净利润的比重提高,但是这一影响并不明显。

从批发和零售业组固定行业和年份的双向固定效应模型的回归结果可以看出,本书的核心解释变量 Digit 会对 Salary 产生正向影响,且在 10% 水平上显著,即在其他条件相同的情况下,企业的数字化程度越高,那么员工薪酬占企业总净利润的比重越高。

从信息传输、软件和信息技术服务业组的固定行业和年份的双向固定效应模型的回归结果可以看出,本书的核心解释变量 Digit 会对 Salary 产生正向影响,即在相同条件下,企业数字化程度越高,那么员工薪酬占企业总净利润的比重越高,但是这一影响并不明显。

7.3.2 稳健性检验

进行稳健性检测,替换被解释变量的回归结果,发现基准回归结果仍然稳健(如表 7.5 所示)。其中,变量 lnSalary 表示在岗工人薪酬绝对值,[①] Salary2 代表在岗员工薪酬占企业营业总收入的比重,Salary3 代表在岗员工薪酬占企业总资产的比重。

表7.5 替换被解释变量的回归结果

变量	(1) lnSalary 在岗工人薪酬绝对值	(2) Salary2 在岗员工薪酬占企业营业总收入的比重	(3) Salary3 在岗员工薪酬占企业总资产的比重
Digit 数字化	0.0907 ***	0.0008 ***	0.0009 ***
	(16.46)	(8.17)	(17.82)
Size 企业规模	0.8781 ***	−0.0019 ***	−0.0012 ***
	(153.66)	(−18.09)	(−24.44)
Lev 企业资本结构	0.1901 ***	−0.0107 ***	0.0040 ***

---

① 在 Stata 中 lnSalary = log(应付职工薪酬)。

续表7.5

变量	(1) lnSalary 在岗工人薪酬绝对值	(2) Salary2 在岗员工薪酬占企业营业总收入的比重	(3) Salary3 在岗员工薪酬占企业总资产的比重
	(5.05)	(−15.18)	(12.15)
Age 企业年龄	0.0091	0.0014 ***	0.0007 ***
	(0.49)	(3.88)	(4.54)
Growth 企业成长能力	−0.0438 ***	−0.0030 ***	−0.0005 ***
	(−3.13)	(−11.46)	(−3.88)
ROA 总资产报酬率	1.2667 ***	−0.0126 ***	0.0170 ***
	(12.39)	(−6.55)	(18.79)
Top1 第一大股东持股比率	0.2891 ***	−0.0018 **	0.0019 ***
	(7.05)	(−2.38)	(5.19)
CFO 经营净现金流比率	2.3507 ***	0.0108 ***	0.0217 ***
	(26.31)	(6.43)	(27.46)
_cons	−2.5503 ***	0.0696 ***	0.0332 ***
	(−19.46)	(28.29)	(28.63)
Industry	Yes	Yes	Yes
Year	Yes	Yes	Yes
N	35559	35559	35559
R^2	0.569	0.155	0.159
adj. R^2	0.568	0.154	0.158
F	1116.0713	155.2829	159.8476

注:t值(t检测值)括号中显示;＊、＊＊、＊＊＊分别指(双尾检验)10%、5%、1%的显著性水平上显著。

从固定行业和年份的双向固定效应模型的回归结果可以看出,本书的核心解释变量 Digit 会对 lnSalary 产生正向相关影响,且在 1% 的水平上显著,即在其他条件相同的情况下,企业的数字化程度越高,那么员工薪酬绝对值越高。

从固定行业和年份的双向固定效应模型的回归结果可以看出,本书的核心解释变量 Digit 会对 Salary2 产生正向影响,且此影响在 1% 的水平上显著,即在其他条件相同的情况下,企业的数字化程度越高,那么员工薪酬占企业营业总收入的比重越高。

从固定行业和年份的双向固定效应模型的回归结果可以看出,本书的核心解释变量 Digit 会对 Salary3 产生正向相关影响,且在 1% 的水平上显著,即在其他条件相同的情况下,企业的数字化程度越高,那么员工薪酬占企业总资产的比重越高。

7.3.3 数字化条件下实证检验环节结果证明与验证总结

在数字化条件下,企业数字化程度提升,从上市公司数据中,工人绝对工资、工人工资上升,且企业利润率上升。

从固定行业和年份的双向固定效应模型的回归结果可以看出,核心解释变量 Digit 会对 Salary(核心解释变量"数字化"对变量"工资")产生正向影响,且相关性影响在 5% 的水平上显著,即在其他条件相同的情况下,企业的数字化程度越高,那么员工薪酬越多。回归实证表明,变量间呈现显著正相关关系。直接通过计量结果证明了,随着公司进行数字化投入,公司利润升高,在岗工人薪酬升高且在岗工人薪酬占企业总净利润的比重提高。

同时,使用异质性检验与稳健性检验证明了所得出的结论的正确性,即核心解释变量 Digit("数字化")会对 lnSalary(在岗工人薪酬绝对值)产生正相关影响,且在 1% 的水平上显著,即在其他条件相同的情况下,企业的数字化程度越高,那么员工薪酬绝对值越高。从固定行业和年份的双向固定效应模型的回归结果可以看出,核心解释变量 Digit 对 Salary2(在岗员工薪酬占企业营业总收入的比重)产生正向影响,且在 1% 的水平上显著,即在其他条件相同的情况下,企业的数字化程度越高,那么员工薪酬占企业营业总收入的比重越高。从固定行业和年份的双向固定效应模型的回归结果可以看出,本书的核心解释变量 Digit 会对 Salary3(在岗员工薪酬占企业总资产的比重)产生正向影响,并且这一影响在 1% 的水平上显著,即在其他条件相同的情况下,企业的数字化程度越高,那么员工薪酬占企业总资产的比重越高。工人工资上升侧面也反映了企业利润上升,因为在竞争市场中企业不会平白无故给工人多发工资,所以利润与利润率也呈现上升结果。

8 研究结论与建议

8.1 研究结论

本书的基本研究结论有以下几点：

第一，数字化带来了生产资料、生产工具的非实体化，并使得生产资料、生产工具，以及劳动者、劳动场所、劳动对象、劳动过程都具有了分布式、智能化、数字化特征。这促使劳资关系变化，也使得未来数字化条件下劳资关系更松散。

第二，数字化条件下的劳动过程中，劳动方式发生了新变化。数字化条件下强化了资本对劳动过程的监督，资本对劳动，资本对劳动过程的掌控力更强。数字化具有先天的垄断特征，使用数字化平台等方式，非常便于形成行业垄断。资本对生产的控制力增强，劳动过程的劳动控制权权重发生变化，即掌握数据所有权便掌握了主动，也就是说数据所有权的掌握替代了物质资本所有权在劳动过程控制中的主导地位。劳动的数据从属性被强化。劳动从属性呈现多次化趋势。

第三，通过对数字化条件下劳动过程视角的研究，以政治经济学视角，发现了数字化后劳资关系隐蔽化的趋势：①隐蔽所有权；②隐蔽控制权；③隐蔽剩余价值生产。这种深入生产关系的研究改变了当今平台研究多停留在平台表象与平台形式构架方面的问题。劳动过程控制权和劳动从属性发生了演化。发掘了劳动关系隐蔽的原因，即在生产过程中，劳动过程控制权和劳动从属性发生了演化，提出三点主要原因：①劳动过程的分布式导致劳动地点与劳动时间灵活多变。②资本对劳动过程的监督与控制加强，劳动组织从属性降低。③劳动的人身属性呈弱化趋势，同时组织从属性弱化。

第四，通过逻辑推演与计量实证，证明了市场经济中的经济主体采用数字化后,将使得该经济主体的利润升高。数字化直接带来生产效率提升,资本有机构成变化,以及利润的升高,同时,数字化带来在岗工人收入的提升。这方面是本书经济模型与经济理论所证明的核心结论。

第五,劳资关系变化的内因是资本对剩余价值的无限追逐与对超额垄断利润的贪婪。数字化条件下,社会劳资关系较以往社会剥削更加严重。资本剥削打破了"共享经济"的华丽外衣。

研究结果表明:分布式特征的数字化使利润率上升,生产力上升,在社会劳动生产力未稳定,社会生产率没有达到稳定时,剩余价值持续升高,剩余价值率上升,资本有机构成上升,利润率上升,在岗工人工资上升。在工资上,打破过去学者提出的工资下降的观点,系统化地提出,工人收入差距拉大,整体收入降低。数字化企业中的工人工资上升。数字化条件下资本对劳动的监督手段多样,监督力度增强,剩余价值获取更多。

本研究结论证明了,当社会生产率持续提升时,实际工资增长与生产率可以同方向增长(利润率提升,剩余价值率提升,资本有机构成提升,在岗工人工资提升。表明实际工资增长同生产率增长同方向、正相关)。虽然资本有机构成与利润率都在变化,但利润率的变化方向可以确定。

本书清晰且有力地证明了斯威齐下列观点的错误。斯威齐(P. M. Sweezy)[1]分析了利润率与剩余价值率和资本构成的关系[2],认为,在资本主义经济中存在着产业后备军,它起着压低实际工资,提高剩余价值率的作用,实际工资的增长幅度不可能与劳动生产率的增长幅度一致[3]。其次,斯威齐认为,如果资本有机构成和剩余价值率均为可变,利润率的变化方向不能确定。

研究结论对当代理论学界与对数字经济研究中,对工人阶级工资变高

---

① 对马克思一般利润率提出疑问的经济学者中,美国经济学者斯威齐的论证具有代表性。

② 斯威齐.资本主义发展论[M].北京:商务印书馆,2006:336.斯威齐在1942年出版的《资本主义发展论》第六章"利润率"第三节"对本规律的一个批评"中,对马克思一般利润率提出问题。

③ 斯威齐.资本主义发展论[M].北京:商务印书馆,2006:336.

还是变低,劳资矛盾缓和还是加剧,资本剥削增高还是降低等方面的争议,做出了明确的结论,并证明了该结论的科学性与准确性。研究结论将对当代数字化背景下马克思主义中国化时代化、建设中国特色社会主义方面具有积极的理论意义与现实意义。

8.2 数字生产力理论的研究推论与证明

本书的理论研究内容,针对马克思一般利润率下降规律提出疑问的经济学者的不同观点,重点分析了资本有机构成与利润率的关系。通过实证研究,得出了正确的结论,并指出了在不同情况下应该投入或减少投资的行业领域。在对马克思利润率研究的基础上,本书对利润率理论做出有益补充。

给出推论:在社会生产率达到均衡并稳定的情况下,长期看利润率下降。利润率上升或下降受社会生产率稳定性的制约。当社会生产率处在不稳定,如提升状态下时,资本有机构成升高,利润率升高。如果社会生产率长期处在上升状况(不稳定状态),那么长期看,资本有机构成提升,利润率上升。并通过实证与模型证明了上述观点理论。同时,提出了边际剩余价值理论,该理论指出并可以解释,在生产力上升状态,资本主体持续获得超额利润,对工人的剥削程度持续增大。虽然工人工资上升,但是工人收入与所创造价值以及应得价值不符,工人受剥削程度加剧。并针对数字化条件下的经济增长模型,劳资关系的变化与应对方式,给出理论与实践的建议。本书的理论分析具有积极的理论意义与现实意义,对马克思主义中国化时代化和建设中国特色社会主义也具有积极的理论意义。

补充推论:在数字化条件下的商品价值量 = 商品交换的货币商品价值量 = 生产该商品社会必要劳动时间凝结的无差别人类劳动量+预期拟带来价值量。之所以在价值交换中加入预期拟交换价值量,是因为等式两边还是价值量的交换①。因为预期拟交换价值量所交换的还是预期可以得到的商品,这些预期能得到的商品可以是实物商品,可以是虚拟数字商品,也可以是货币商品②。拟带来价值量:关于商品价值的交换表现为该商品可能带来的价值量体现,即商品的价值相当于拟带来价值量,具体也可以说是预期有可能获得的价值量③。

8.2.1 资本有机构成与利润率的关系与模型

马克思资本有机构成理论指出,资本有机构成越高,利润率越低。本书认为,这一理论应加一个限制,即这是考虑到社会生产率一定的前提下,当社会生产率固定时,资本家采用资本购买固定资本生产工具替代活劳动。因为此时,资本有机构成提高,同时由于市场内资本家普遍购买这种生产工具替代活劳动,造成市场内供给变化,商品生产供大于求,利润率下降。这是普遍成立的。

数字化条件下,企业只需要购买固定资本的生产设备,生产工具具有智能化,完全可以替代所有的活人类进行生产,实现商品生产和商品销售的所有环节。在逻辑上假设,企业投入成本在固定资本上,企业解雇了所有的活劳动力,此时,资本有机构成很高,假设此时生产工具的普遍社会效率稳定,且达到了较为合适的稳定的价格,而且生产的商品完成了销售环节。那么此时,企业获得的利润比雇佣工人要高。那么,当资本完成原始积累后,完全不需要活人类。同时,也可假定,如果此时购买设备后只雇佣一名工人,那么资本有机构成升高。

假设生产的商品售卖成功,那么便可以实现利润的获取。这是在逻辑上行得通的。因此,当获得原始积累后(通过早期社会化生产过程中的剩余

---

① 王兆成.资金价值论、方法论与哥德巴赫猜想[C]//中国国际科技促进会国际院士联合体工作委员会.经济管理研究国际学术论坛论文集(五).2022(4):39-42.

② 王兆成.数字经济背景下商品生产和价值实现的政治经济学分析[J].成功营销,2021(12):71-82.

③ 王兆成.数字经济背景下商品生产和价值实现的政治经济学分析[J].成功营销,2021(12):71-82.

价值的积累),在数字化条件下,依靠原始积累,便可以不断获得当时剩余价值的"利息"。如果全社会都这样,那么此时资本再生产循环将发生危机。

8.2.1.1 资本有机构成与利润率的关系

资本有机构成的提升,带来的利润率的变化,需要先考察此时该行业的普遍社会生产率是否达到均衡。本书提出资本有机构成与利润率关系模型:假定社会生产率不变,或生产率均衡,那么当资本有机构成提升,利润率呈现下降趋势。在某时段里,没有持续不断的技术进步,且生产率达到均衡状态,此时资本有机构成提升,利润率下降。从长期看,资本有机构成提高,利润率下降。资本有机构成提升,利润率下降,受社会普遍生产率 P 的变化的制约,如在一段时间内 P 常呈现上升趋势,那么利润率将不一定随着资本有机构成上升而下降。所以需要规定一定的时间段,另外考察该时间段内,该行业的 P 是否存在持续变化,该行业的社会普遍生产率 P 是否为较为固定的状态,或 P 是否处于均衡状态。当某个观测时段没有技术革命或 P 相对稳定,那么该行业在该时段内,随着资本有机构成提升,利润率下降。

当处在技术发展期时,普遍社会生产率处在不稳定时期,企业采用固定资本增大的方式,提升生产效率,获取超额利润。此时,从短期和长期看,均是资本有机构成升高,利润率升高。因为从短期看,企业获取超额利润,资本有机构成升高,利润率升高。从长期看,因为长期内社会生产率在持续提升,此时社会生产率是非均衡状态,如果长期社会生产率持续增高,那么采用固定资本投入提升生产率高于社会普遍生产率,持续获得超额利润,带来资本有机构成升高,利润率升高。

如,采用先进技术的公司,由于生产效率超过了社会普遍生产率,获利润提升,此时利润率上升。当公司采用数字化技术后,获取了超过该行业一般劳动生产率的生产效率时,该公司通过采用新技术,获得了超额利润,也获得了超额剩余价值。从分析视角上看,可参考我们分析的短期和长期视角,主要依照社会普遍生产率是否短期稳定或长期稳定。如社会生产率长期平稳且均衡,且无上升,此时资本有机构成上升,利润率降低。或者,资本有机构成降低,利润率升高。

同样,也可用西方经济学中的均衡理论解释。假设市场其他因素不变,当这个行业的市场中产生均衡价格后,边际成本等于边际平均成本,等于价格,此时,产生均衡,市场的生产效率为均衡生产效率。当某个公司采用新的数字技术提升生产力后,该公司生产效率高于社会普遍均衡生产效率,此时该公司获得更多利润。即短期看,投入固定资本到数字技术上,资本有机构成提升,提升生产效率,提升利润,提升利润率。但是当普遍生产率均衡且没有变化时,长期看,资本有机构成提高,将伴随着利润率下降。

在社会生产率(普遍生产率,也是社会生产率,指的是从抽象上、宏观上看,社会生产这种商品时的普遍生产效率或生产率)达到均衡并稳定的情况下,长期看利润率下降。利润率上升或下降受社会生产率稳定性制约。所以,关键在于考察时研究对象所处的市场中,普遍生产率是否达到均衡状态,并保持均衡状态不动。

当社会生产率处在不稳定如提升状态时,资本有机构成升高,利润率升高。如社会生产率长期状况一直处在上升状况(不稳固状态),长期看,资本有机构成提升,利润率上升。

8.2.1.2 推论与应用:投资公式模型

$$F = \triangle 资本有机构成 \times \triangle 利润率$$

(△资本有机构成=本年资本有机构成−上一年的资本有机构成数值;△利润率=本年利润率−上一年利润率)

当 F>0 时,可以投资,当 F<0 时,利润低,谨慎投资或不投资。

8.2.2 资本有机构成、利润率与工资的关系及剥削问题

8.2.2.1 衡量资本剥削程度的指标:边际剩余价值量 Mm

本研究提出,边际剩余价值:在一定的生产条件下的自由市场中,假定汇率不变,所有企业处于自由竞争状态,此时,一单位商品售出后,在此普遍生产力技术不变条件下,市场上售卖的每一个商品所兑换的货币基准量,如一元货币基准单位所对应的剩余价值量。边际剩余价值,或边际剩余价值量以字母 Mm 表示。它由凝结在社会中的抽象社会劳动生产率决定。另外,

边际剩余价值量与一单位商品一定时间内凝结社会必要劳动时间无差别的人类劳动,这两个概念都是受当时生产力发展水平影响的。

定义概念:商品卖出后,企业付给工人工资 E,E 乘以 Mm 等于此工人创造的单工人剩余价值量 Pm。此时,定义概念,一个工人单位时间内创造的剩余价值总量,以字母 Pm 表示,如以一个月为例,此月此工人收入工资为 E。

工人一个月内创造的工人剩余价值量 Pm = E×Mm。

应用:在一定的时期内,假如 A 工厂工人工资高于 B 工厂,根据上述定义,那么 A 工厂的工人被剥削的剩余价值量一定比 B 工厂高。

A 工厂中工人工资用 Ea 表示,B 工厂工人工资用 Eb 表示。因为,此时 A 工厂工人一个月创造的剩余价值 ma 为 Pma = Ea×Mm,而 B 工厂工人一个月创造的剩余价值 mb 为 Pmb = Eb×Mm,由于工资 Ea>Eb,所以 Pma>Pmb,即 ma>mb。所以所有工人人数加起来的 A 工厂剩余价值量>B 工厂所有工人创造的剩余价值量。

上面实证环节也证明了此结论正确。

8.2.2.2 关于采用技术后的资本有机构成、利润率与工资的关系及剥削问题

1. 传统工业社会

关于资本剥削方面,市场中有 A 企业与 B 企业,从事同一行业的商品生产。此时,A 用高科技,购买先进的固定资本生产工具,提升生产效率,生产效率高于社会普遍劳动生产率。此时单位时间内,A 生产更多产品,成功售卖后,A 虽获得更多利润,但 A 工厂工人此时没有提升工资。B 企业未采用高科技,采用社会普遍劳动生产率水平生产。B 工厂工人此时也没有提升工资。

此时,A 工厂工人人数与 B 工厂工人人数 n 相等情况下,A 工厂工人人数以 na 表示,B 工厂人数以 nb 表示。A 工厂一个工人以 Pa 表示,B 工厂一个工人以 Pb 表示。A 工厂购买先进生产设备花费资本,A 工厂不变成本 c 发生变化,同时,A 工厂未涨工资,表示 A 工厂可变成本 v 未发生变化。A 工

厂资本有机构成＝c/v,增大。B 工厂资本有机构成不变。

此时,A 工厂一个工人创造的剩余价值(Pma)为:A 工厂工人工资(Ea)乘以边际剩余价值量(Mm),加上 A 工厂工人工资(Ea)乘以每单位超额边际剩余价值量(MmN)。每单位超额边际剩余价值量指采用先进技术带来生产效率提高与生产力提高,带来的超过社会一般劳动生产率产生的超额剩余价值,这种超额剩余价值作用于边际剩余价值量上,称之为超额边际剩余价值量。工人一个月的剩余价值(m),由工资(E)乘以边际剩余价值量(Mm)加上工资(E)乘以每单位超额边际剩余价值量(MmN)的和组成。

推演如下:

A 工厂一个工人创造的剩余价值为:

$$Pma = Ea \times Mm + Ea \times MmN \tag{8.1}$$

A 工厂所有工人创造的剩余价值为:

$$Pma.na = (Ea \times Mm + Ea \times MmN).na \tag{8.2}$$

B 工厂一个工人创造的剩余价值为:

$$Pmb = Eb \times Mm \tag{8.3}$$

B 工厂所有工人创造的剩余价值为:

$$Pmb.nb = (Eb \times Mm).nb \tag{8.4}$$

同时由于 A 工厂的生产率 LpNa>社会普遍生产率 Lp,(字母 N 表示超额)此时,A 工厂工人创造更多的剩余价值,也表示 A 工厂工人被剥削程度更高。

工业时代,商品价值生成与转移中,不变成本 c 占据很大部分,也可称为相对剥削。数字化条件下,商品价值生产与转移中,可变成本 v 参与并占据很大部分,此时称为绝对剥削。

2. 数字化条件下的弱人工智能时期的社会

数字化技术使社会生产力发展迭代,A 工厂与 B 工厂为生产软件的企业。同样 A 工厂采用数字技术,B 工厂未采用,条件同上。此时,A 工厂购买数字化设备,采用数字手段,实现了生产率高于社会生产率,即 LpNa>Lp。同时,A 工厂为了防止工人流失或者跳槽,采用提升 A 工厂工人工资的方式。

此时,B 工厂工资没变。因为,此时的软件商品价值普遍由工人的活劳动创造,可变成本 v 成为商品生产与价值转移的主要力量。工人形象地被称为高级"生产机械"。此时期企业固定成本投入相对较少。数字化条件前期如弱人工智能时代的劳动力市场,供小于求,高级编程工人缺失。为了让稀缺的工人留在企业,企业主动提高薪资,避免工人缺失带来的生产波动。等到后期,供大于求时,将变化工资,工人工资将降低。

此时,资本投入 c 减少,A 工厂工人涨工资,可变成本 v 上升,A 工厂的资本有机构成变化,即 A 工厂资本有机构成＝c/v,此时,c 减小,v 增大,资本有机构成减小。B 工厂资本有机构成不变。

推演如下:

A 工厂一个工人创造的剩余价值为:

$$Pma = Ea \times Mm + Ea \times MmN \tag{8.5}$$

A 工厂所有工人创造的剩余价值为:

$$Pma.na = (Ea \times Mm + Ea \times MmN).na \tag{8.6}$$

B 工厂一个工人创造的剩余价值为:

$$Pmb = Eb \times Mm \tag{8.7}$$

B 工厂所有工人创造的剩余价值为:

$$Pmb.nb = (Eb \times Mm).nb \tag{8.8}$$

由于 A 工厂工人工资上涨,A 工厂工人工资(Ea)大于 B 工厂工人工资(Eb)

$$Ea > Eb \tag{8.9}$$

随着数字化程度加深,A 工厂工人相比 B 工厂工人创造的剩余价值更多,也意味着 A 工厂工人被剥削程度更高。同时由于 A 工厂工人工资上涨,Ea>Eb,此时,弱人工智能时期比工业化时期,A 工厂比 B 工厂获得更多的剩余价值。

这个研究同样可以放大到数字化条件下初期的所有采用数字化技术的行业企业中。此例子表示,数字化使企业获取更多剩余价值,工人获得收入增多的同时,被企业剥削程度也更高。此时,资本利润率增高,资本有机构成下降,企业采用先进数字技术,工人工资升高,但被剥削的程度也更高。

在高级人工智能时代,则资本有机构成提升,利润率提升,也适用此理论框架,不再赘述。

8.2.3 实例证明

8.2.3.1 外国的实例证明

美国私人企业一般利润率在1948—1982年的34年的时期里趋向下降。但在1982—2015年的33年的时期里趋向上升(见图8.1)。这意味着一般利润率在很长的历史时期中确实趋向下降,但从更长的历史时期看未必是趋向下降的。

1982—2015年这个时期,正是计算机发明并应用的时期,数字化不断融入市场经济中的各种主体,随之带来了生产效率的不断提升。随着数字化融入的场景增多,功能增强,带来了社会各行业普遍生产效率的不断提升。假定某一个行业领域,随着数字化技术的融入,该行业内不断有公司采用数字化技术,由此带来了生产效率的提升。此时,该行业的普遍生产效率处于非均衡状态,且不断提升。在该阶段的某个时间点上,该行业中,高于此时该行业一般生产效率(以P表示)的公司获得超额利润,低于P的公司慢慢被市场淘汰。但此时,由于数字化技术不断发展,不断有新的技术产生,该行业的普遍生产效率P也处在不断提高的状态,且P始终未达到均衡状态。由此,带来了该行业的企业争先采用新的数字技术,不断提升生产效率,获取超额利润。由于产生均衡的生产效率P,所以,此时这些不断采用新技术的公司,都获得了超额利润,都在不停地更新技术。所以,从阶段上的数据看,这些行业的公司的资本有机构成都是提高的,同时,这些公司的利润率也是上升的。

如将此时间段(1982—2015年)平均生产率提取出,作为均衡不变生产率考察,作为该时段的平均生产率考察,那么在这个考察维度上,将必然可以看到,公司随着资本有机构成提高,其利润率是下降的。

这均与前文中我们指出的趋势一致。这也从侧面印证了我们上述理论模型的正确。

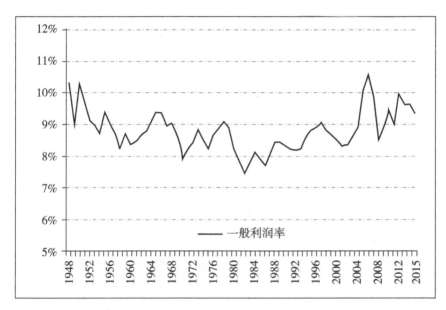

图 8.1 美国私人企业 1948—2015 年一般利润率的变化

8.2.3.2 国内实证检验

通过上一章的国内计量实证,证明了从总时间段上(2007—2021 年)呈现结果是,公司采用新数字技术,利润率上升,工人工资上升。同样,从本书上述模型的结论看,从 2007—2021 年 15 年 35 559 个上市公司"企业-年度"观测值构成的非平衡面板数据的,基于固定行业和年份的双向固定效应模型的回归的实证显示了随着公司采用数字化技术,资本有机构成提高,同时带来了利润率上升,工人工资上升。也是同样的论证道理,证明了本论点的正确性。从总时间段上(2007—2021 年),计量实证结果显示,在新的数字技术带来的社会生产力变革且当社会普遍劳动生产率并不稳定时,公司采用新数字技术,公司资本有机构成提高,利润率上升。

8.3　政策建议

8.3.1　加大对劳动者权益的保护

在数字化条件下保护劳动者权益是一个重要而复杂的议题,需要多方合作和综合施策。以下是一些可以采取的方法:

(1)通过建立工会和组织,保障数字化条件下劳动者的合法权益。劳动者可以通过建立工会和其他组织来共同维护自己的权益。这些组织可以代表劳动者与雇主谈判,协商更好的工作条件和待遇。

首先,工会可以代表劳动者与雇主进行谈判和协商,就工资、工时、福利、安全和健康等问题达成协议,确保劳动者的权益得到保护。其次,工会可以为劳动者提供法律援助和支持,帮助他们解决与雇主之间的纠纷和争议,维护自己的合法权益。再次,工会可以监督和监测数字化劳动市场的运行情况,发现并纠正违法行为和不当行为,保护劳动者的权益不受侵犯。而且工会可以为劳动者提供培训和教育机会,帮助他们适应数字化环境中的工作需求,提升自己的技能和竞争力。最后,工会可以建议政府制定和改进相关法律法规,以更好地保护劳动者的权益,应对数字化劳动市场的挑战和变化。

总之,工会不仅能有效地在生产中确保劳动者的权益得到保护,还能推动合作经济和共享经济模式的发展,为劳动者提供更多选择和更好的工作条件。工会还能倡导企业承担起社会责任,尊重劳动者的权益,提供公平合理的待遇和工作环境,避免剥削和滥用劳动力。通过以上措施,工会可以在数字化条件下充分发挥作用,维护劳动者的合法权益。

(2)通过立法、执法与监管保障保护劳动者权益。政府可以通过制定法律来确保劳动者在数字化环境中的权益得到保护。这些法律可以涵盖工资标准、工时、安全和健康标准,以及保障劳动者合法权益的机制等方面。

首先,制定并完善相关法律,确立并规范劳动者与资本之间的权利与义务。完善劳动法,确立数字劳动者的权利和义务,以适应数字化环境下新兴工作形式的需求。明确数字劳动者的权利,如工资、工时、福利、安全和健康等,并明确他们的责任和义务。同时,完善相关法律并规范平台经济。针对平台经济中的劳动关系,制定专门的法律或规章,明确平台经济企业与数字劳动者之间的权利和责任,保障数字劳动者的合法权益。

其次,设立最低工资标准,确保数字劳动者获得合理的报酬,避免他们被压榨或剥削。规定数字劳动者的工作时间和休息制度,包括每日工作时长、每周工作时长、休息日和假期等,保障他们的身体健康和工作生活平衡。保障数字化条件下的平等就业机会,禁止任何形式的就业歧视,包括性别歧视、种族歧视、年龄歧视等,为劳动者提供公平的就业环境。

最后,加强劳动监管和执法。加大对数字劳动市场的监管力度,建立健全监管机制,加强执法力度,及时查处违法行为,保护劳动者的合法权益。加强劳动者参与劳动法制定和实施的机制,确保他们的声音被听取和重视,同时提供法律援助和保护,帮助劳动者维护自己的权益。政府部门需要加强对数字化劳动市场的监管和执法力度,确保企业和雇主遵守相关法律法规,保障劳动者的权益不受侵犯。

通过上述对劳动法或其他相关法律的立法及执法方面的积极措施,可在数字化条件下有效保护劳动者的权益,促进数字化劳动市场的健康发展,实现劳动者和企业的共赢。

(3)发挥政府与企业的职能,倡导企业社会责任,提供培训和技能发展机会,合力推动经济发展。

首先,政府和企业可以提供培训和技能发展机会,帮助劳动者适应数字化环境中不断变化的工作需求,提升他们的就业竞争力和工作质量。例如,开展技术人才培养和引进工作。加大对数字技术领域的人才培养和引进力度。培养具备数字技术专业知识和技能的人才,提高技术人才的数量和质量,为技术公司和创新项目提供强有力的支持。同时,吸引国际上的优秀技术人才来到本国,促进技术和资本的跨国互动。加大劳动者自身的数字化知识普及水平与个人能力综合发展,以适应数字化条件下经济生活中对劳动者的新要求。

其次,倡导企业社会责任。企业应当承担起社会责任,尊重劳动者的权益,提供公平合理的待遇和工作环境,避免剥削和滥用劳动力。利用科技监控和保护等方式保护劳动者的权益。虽然数字化技术可能会被用来监控劳动者,但也可以利用这些技术来保护他们的权益,例如通过数据分析和监控系统来检测和防止违法行为。

最后,发挥政府与企业的职能,推动合作经济和共享经济发展。合作经济和共享经济模式可以为劳动者提供更多选择和灵活性,但也需要建立相应的规范和保障机制,确保劳动者的权益得到保护。例如,可以开设创新投资基金,政府可以设立专门的创新投资基金,用于支持数字技术的研发和应用。这些基金可以提供资本支持,鼓励技术公司和初创企业进行创新实践,并与传统行业进行合作,推动数字技术的应用和商业化。也可建立技术孵化器和加速器,为初创企业和技术创新提供培训、导师支持和资源共享的平台。这些机构可以为创业者和技术公司提供资金、办公空间、专业指导和市场推广等支持,促进技术和资本的互动。

综合来看,保护劳动者权益需要政府、企业、劳动者和社会各界的共同努力,需要建立完善的法律法规和制度机制,同时也需要不断推动技术发展和社会进步,以确保数字化条件下的公平与正义。

8.3.2 改革收入分配制度实现共同富裕

本书研究结果表明,数字化劳动过程使公司短期利润提升,工人工资提升。此时工人虽工资增多但创造更多相对剩余价值,且被无偿占有。分布式的替代作用使劳动力市场增大,工人议价能力降低。采用数字化技术的公司,虽然在岗工人工资提升,但这些在岗工人创造的剩余价值更多,剩余价值率更高,工人被剥削更重。在数字化条件下,改革收入分配制度,提升劳动者待遇,是促进共同富裕的重要一环。以下是一些可以采取的措施:

(1)对数字平台收入分配的方式进行优化完善,并实施有效监管,尽量避免或减少由于平台算法或监督方式问题导致的平台劳动者过度劳动、待遇低下的问题。同时,也应从多方面加强平台劳动者的自我保护意识,让他们能主动识别算法陷阱并能主动争取自我权益。如提供有关数字平台劳动权益、健康保护和工作管理的培训,增强劳动者的自我保护意识和能力。

首先,应建立透明公正的算法机制。数字平台应该公开其算法的工作原理和运作方式,让劳动者了解他们被评估和分配工作的方式,避免算法不透明导致的不公平待遇。努力建立独立的监督机构或委员会,负责监督和审查平台算法的使用情况,确保其公平性,避免不合理算法滥用导致的劳动者过度劳动和待遇低下问题。

其次,设定每日和每周的工作时限,确保劳动者的工作时间合理,避免过度劳动导致的身体健康问题和工作效率下降。要求数字平台商提供定期的休息和休假安排,让劳动者有时间恢复体力和精神,避免平台劳动者连续长时间不间断工作造成身心疲惫和健康问题。

最后,建立科学透明的平台投诉机制与公平评价机制。避免平台劳动者因恶意投诉而得不到合理的报酬。同时,建立便捷的投诉机制,让劳动者能够随时向平台或相关监管部门举报算法滥用和不公平待遇情况,及时解决问题。努力建立公平的评价和奖励机制,确保平台劳动者的工作表现能够得到公正评价和合理奖励,避免因算法或平台机制偏差导致的不公平待遇。

相信未来通过以上措施,能有效减少由于平台算法或监督方式问题导致的平台劳动者过度劳动和待遇低下的问题,确保数字平台劳动市场的健康发展和劳动者权益的保护。

(2)提高低收入群体收入,实施基本收入保障制度。面对数字化带来的诸多问题,首先,可通过提高最低工资标准或实施其他形式的最低收入保障,确保低收入群体的基本生活水平,减少收入差距。探索实施基本收入保障制度,确保每个人都能够获得基本生活保障,缓解收入差距、贫困问题和不平等现象。其次,提高最低工资标准。通过适当提高最低工资标准,保障低收入群体的基本生活需求,减少社会收入不平等现象,降低社会矛盾发生。最后,通过建立适应数字化经济发展的新型福利制度,包括灵活的社会保障、医疗保险和养老金制度,确保劳动者在数字化经济中能够获得合理的福利待遇。健全社会保障体系,包括医疗保险、失业保险、养老金、住房补贴、教育补助等,为低收入群体提供保障,减轻他们的经济压力。

例如:①在社会保障制度方面,建立灵活、适应性强的社会保障制度,考虑到数字化经济中工作形式的多样性和灵活性,为劳动者提供与工作状态相适应的社会保障待遇。②在适时调整福利政策方面,随着数字化经济的发展,及时调整福利政策,确保劳动者能够获得与经济发展相适应的福利待遇,减少收入差距和社会不公平。③在医疗保险覆盖方面,提供全面的医疗保险覆盖,包括数字化劳动者和自由职业者在内,确保他们能够获得及时和充分的医疗保障。④在失业保险和培训支持方面,建立失业保险制度,为失业劳动者提供一定期限内的失业救济金和职业培训支持,帮助他们重新就业或提升技能。⑤在养老金制度方面,建立灵活、个性化的养老金制度,允许数字化劳动者根据自己的需求和情况灵活调整养老金缴纳和领取方式。⑥在家庭和育儿福利方面,加强家庭和育儿福利政策,为数字化劳动者提供适当的育儿津贴、托儿服务和灵活的工作安排,帮助他们平衡工作和家庭生活。⑦在工伤保险和职业健康保障方面,加强工伤保险制度,为数字化劳动者提供职业健康保障和工伤赔偿,保障他们的工作安全和健康。⑧在提供全面的福利信息和咨询服务方面,建立全面的福利信息和咨询服务平台,为数字化劳动者提供相关福利政策和待遇的信息,帮助他们了解和享受相应的福利权益。

(3)建立普惠性税收政策与税制改革。适当调整税收政策,确保高收入者承担更多税收责任,例如增加高收入者的个人所得税率或财产税,以缩小收入差距。增加对垄断性数字平台的税收收入。以税制改革的方式,通过调整税收政策,对高收入群体实行更高的税率,减少收入差距,增加对低收入群体的税收减免和福利补贴。

首先,增强数字化条件下新的税种的管理。例如:①在数字服务税方面,引入数字服务税,针对跨境数字服务提供商征收税费,确保他们按照其在本国的销售额或用户数量向本国政府纳税。②在数字资产税方面,建立数字资产税制度,对数字资产(如加密货币、数字货币、数字资产交易平台等)征收适当的税费,减少数字财富积累和不平等现象。③在数据交易税方面,针对数据交易进行征税,包括数据的收集、存储、分析和交易等,鼓励数据共享和数据合作,促进数据资源的合理利用。④在加强跨境税收合作方面,加强国际税收合作,建立更加有效的跨境税收信息交换机制,打击跨境逃税和避税行为,确保数字经济中的税收公平和有效征收。⑤在税收创新方面,鼓励税收创新,采用新的税收工具和手段,如环境税、碳排放税等,引导企业和个人行为向更加环保和可持续的方向发展。通过上述举措,降低平台避税行为,从垄断平台方增多的税收纳入政府税收财政收入。其次,让高收入者承担更多税收责任,缩小收入差距。这可以通过调整个人所得税的税率结构和幅度来实现。审查并调整税收优惠和减免政策,确保其符合公平原则,避免高收入者通过各种逃税手段规避税收,减少不公平现象。

(4)积极推动技能培训和教育,改善就业环境与就业条件,提高低收入群体的收入来源。首先,通过提供免费或低成本的技能培训和教育机会,帮助低收入群体提升技能水平,增加就业机会和收入。加大对教育和技能培训的投入,提高劳动者的技能水平和就业能力,从而提高他们的收入水平。其次,加强对数字化劳动市场的监管和管理,改善就业条件。确保劳动者享有公平的工资待遇、工作环境和福利待遇,减少劳动力市场的不平等现象。最后,促进就业机会并鼓励创业和创新。通过提供贷款、税收优惠和其他政策支持,鼓励创业和创新,帮助低收入群体改善经济状况。通过制定就业政策和投资政策,创造更多的就业机会,提高低收入群体的就业率,增加他们的收入。具体措施如下:

①设立创新投资基金。政府和私营组织可以设立专门的创新投资基金,用于支持数字技术的研发和应用。这些基金可以提供资金支持,鼓励技术公司和初创企业进行创新实践,并与传统行业进行合作,推动数字技术的应用和商业化。②建立技术孵化器和加速器,为初创企业和技术创新提供培训、导师支持和资源共享的平台。这些机构可以为创业者和技术公司提供资金、办公空间、专业指导和市场推广等支持,促进技术和资本的互动。③推动跨界合作。鼓励不同行业之间的跨界合作,例如技术公司与传统行业企业的合作,通过共享技术、知识和资源,双方可以互相促进,实现技术与资本的有效结合。政府可以提供相应的政策支持和奖励措施,鼓励跨界合作和合作伙伴关系的形成。④培养和引进技术人才。加大对数字技术领域的人才培养和引进力度,培养具备数字技术专业知识和技能的人才,提高技术人才的数量和质量,为技术公司和创新项目提供强有力的支持。同时,吸

引国际上的优秀技术人才来到本国,促进技术和资本的跨国互动。⑤提供法规和政策支持。建立有利于技术和资本互动的法规和政策环境,减少市场准入壁垒,提供创新保护和知识产权保护,简化审批程序和监管要求,为技术和资本的互动提供更加便利和稳定的环境。⑥建立政府主导的科技创新项目,通过组织科研机构、高校和企业等资源,共同开展前沿技术研究和应用示范。这样的项目可以引领技术和资本的互动,形成技术创新的引擎,并为资本提供投资机会和市场前景。

8.3.3 努力建立适应数字技术的新式分工

新式分工可以促进企业员工随生产力发展而全面发展。企业员工发展经济系统中的劳动分工和劳动者分工是系统内部劳动主体和劳动客体相互作用的结果①。在劳动过程中,一方面,对劳动进行划分;另一方面,让劳动者根据自身技能条件参与到合适的劳动实践中去。技术进步的发展及应用会对劳动分工和劳动者分工产生巨大影响②。以下是建立适应数字技术的新式分工的一些建议。

(1)技能培训和教育:推动广泛的技能培训和教育计划,以提升人们的数字技术能力。这包括培养编码、数据分析、人工智能、机器学习等方面的技能,使人们具备适应数字技术的能力,并能在新的分工环境中发挥作用。

(2)跨领域合作:鼓励不同领域之间的跨界合作和交流,以促进知识和经验的共享。数字技术的应用不仅限于技术行业,它在各个行业都有潜在的应用价值。通过跨领域合作,不同行业的专业人士可以共同探索和实施数字技术,形成新的分工模式。

(3)弹性工作和远程办公:数字技术为弹性工作和远程办公提供了可能性。这种新的工作模式可以让人们更加灵活地选择工作时间和工作地点,提高工作效率和生活质量。同时,也能够为不同地区和国家的人才提供更

---

① 赵家祥.《资本论》及其手稿中的分工理论——基于历史唯物主义的视域[J].学习与探索.2014(7):4-15.

② 李新灵.科学技术与社会结构变化[J].理论探索.2011(1):49-51.

多机会,促进全球范围内的新式分工。

(4)自主创业和创新生态系统:数字技术为自主创业和创新提供了更广阔的平台,政府和企业可以共同建立创新生态系统,提供创业支持,鼓励人们利用数字技术创造新的价值和就业机会。这种新式分工模式将促进创新和经济增长。

(5)数据驱动的分工决策:数字技术可以提供更多的数据支持,用于分析市场需求、消费者行为、供应链等信息。在新式分工中,利用数据驱动的分析和决策,可以更好地匹配人力资源和需求,实现更精确和高效的分工模式。

(6)智能自动化和机器人技术:数字技术中的智能自动化和机器人技术可以承担繁重、重复和危险的工作,释放人力资源,使人们能够从事更高级和创造性的工作。通过人与机器的合作,可实现更高效的分工和生产模式。

通过培养数字技术能力、促进跨领域合作、推动弹性工作、激励创新和利用数据驱动的分工决策,可以打造适应数字化时代的分工模式,推动经济和社会的发展。

8.3.4　发挥公有制经济与国家政策在数字化进程中的主导作用和总指导作用

数字化条件下,应积极发挥公有制经济与国家政策在数字化进程中的主导作用和总指导作用。一方面,各种数字平台与资本的结合在很多行业形成了数字平台,国有经济应加强在各种数字平台中的总指导作用,提升公有制经济的主导作用;另一方面,国有经济或公有制经济也应主导数字化技术的基础设施的主导权。如发展移动物联网,优化算力基础设施布局,建立各级数据统筹管理机构,加强对数据的使用与管理。总之,5G网络、IPv6、北斗以及实现共享数据资源的计价研究及分配机制均是构建数字中国的关键步骤。在实施有关措施的过程中,必须加强传统基础设施的数字化和智能化改造,帮助提升应用基础设施水平。同时,为实现数字中国建设的目标,强化人才策略,也是必不可少的措施。构建覆盖全民、城乡融合的数字素养与技能发展培育体系,并实施数字中国发展监测评估等措施,以实现数字中国建设的目标。随着数字经济的快速发展，全面赋能经济社会发展已经成为当务之急。为此：

首先，政府应持续加强和完善数字经济核心产业发展，提升公有制经济在各产业的总指导地位。此外，政府还应推动数字技术与实体经济的融合，促进社会经济的转型升级，以及对中小企业的融资融通创新提供支持，避免投资"绿灯"项目出现出入。同时，应通过不断开展相关研究和策略论证，深入解析数字技术在农业、工业、金融、教育、医疗、交通等领域的应用情况，并积极促进大中小企业的良性发展。

其次，加强国有经济在数字设施基础建设中的总指导作用。推行线上线下融合，加强和规范政务移动互联网应用程序管理，这是构建数字社会的重要内容。应详细研究数字政务支撑体系，分析行业特点，总结出不同应用场景的技术架构和实施策略，深入攻克构建数字社会重要的研究难点。

再次，随着网络文化发展的进一步加快，在国家层面出台政策的基础上，地方政府要积极推进文化数字化技术应用，以促进中华文化传承和跨越式发展，并提升数字文化功能。一方面，国家可以实施文化数字化战略，加强多种文字、图像、声音、视频等多媒体的数字化采集和存储。另一方面，可以构建国家文化大数据体系，并将整理的信息和数据应用到相应的文化产业中。另外，可以加强文化产业链条上的 IT 工具和数字技术融合应用，以提高数字文化发展。

最后，国家多方面构建绿色智慧的数字生态文明体系，促进数字型公共服务普惠化建设，推进普惠便捷的数字化社会服务。随着当今社会的发展，普惠便捷的数字社会等发展也是当务之急。如完善国家智慧平台；推动生态环境智慧治理，构建智慧高效的生态环境信息化体系；健全数字化绿色化协同转型，倡导绿色智慧生活方式。推动数字公共服务普惠化、建设生态环境智慧治理体系、实施数字化绿色化协同转型以及倡导绿色智慧生活方式等，都是构建绿色智慧的数字生态文明的必要举措。促进数字公共服务普惠化也是促进社会可持续发展的有力举措。例如，国家通过完善智慧教育平台、发展数字健康、规范互联网诊疗和互联网医院等方式，使社会大众都能够获得诸如教育、健康等社会公共服务的支持。国家大力推动智慧高效的生态环境信息化体系的建设,利用数字技术推动山水林田湖草沙一体化保护和系统治理,以及构建一张图等一系列宏伟计划。积极推行数字化绿色化协同转型以及倡导绿色智慧生活方式等措施,推动可持续发展。

8.3.5　改革教育培养模式,增强自主创新意识

企业生产规模扩大、企业生产场地变更等变革与发展都与企业员工密切相关。努力提升在岗工人的技能水平与创新精神,增加企业活力,可间接使企业产生越来越多的创造性成果。除积极开展多种形式和手段的在岗工人的技能再培训外,还要加强学校教育,注重以下几点数字人才培养的方法。

(1)数字技术教育:将数字技术教育纳入学校课程体系,并提供系统的培训和教育资源。教授编码、数据分析、人工智能、物联网等数字技术领域的知识与技能,培养学生的数字技术基础。

(2)实践导向的学习:重视实践导向的学习,让学生通过实际项目和案例分析来应用数字技术知识。引导学生从实践中发现问题、解决问题,培养他们的实际操作和解决实际问题的能力。

(3)创新性项目与挑战:鼓励学生参与数字技术的创新性项目和挑战。设立创新项目基金,支持学生开展数字技术创新项目,提供资源和指导,激发学生的自主创新意识和能力。

(4)跨学科课程:设计跨学科课程,将数字技术与其他学科融合。例如,数字营销、数据科学、数字创意等课程,将数字技术应用于实际行业和领域,培养学生综合思考和创新的能力。

(5)数字技术实践平台:建立数字技术实践平台,为学生提供进行实际操作和实验的场所,如实验室、创客空间、虚拟现实等技术设施,让学生亲身体验和探索数字技术的应用。

(6)导师和行业合作:学校与行业合作,邀请专业导师和行业专家参与数字技术教育。他们可以提供实际案例、行业洞察和实践经验,帮助学生理解数字技术在实际场景中的应用和挑战。

(7)创新文化建设:积极营造鼓励创新的校园文化,包括组织创新活动、

举办创新竞赛、设立创新奖项等。鼓励学生展示和分享他们的数字技术创新成果,激励他们参与创新实践和自主学习。

通过数字技术教育、实践导向的学习、创新性项目与挑战、跨学科课程、数字技术实践平台、导师和行业合作,以及创新文化建设,可以改革数字技能教育培养模式,增强学生的数字技术能力和自主创新意识。这将有助于他们在数字化时代中具备竞争力,并能够积极应对数字技术的发展与创新挑战。

8.3.6 多重举措支持返乡创业

迎合大众创业、万众创新,推动新城镇化建设,发展低碳绿色经济,低技能体力劳动者里的农村转移人口返乡创业能够推进城乡经济交融互动,实现这些人员的再就业。但是这些创业人员具有一定的特殊性,应鼓励具备这些特征条件的人员进行返乡创业。

首先,从事低技能体力劳动的农业转移劳动力,及在之前的就业中积累了一定的资金、技术经验和管理经验的劳动者,能利用之前的劳动经验,在乡村里适应产业升级和转型趋势,开设与之前劳动经验相关的门店,利用农村转型之际,占领农村这些领域发展初期相关的市场,实现创业。

其次,输出地资源嫁接输入地市场的返乡创业,对不但了解输出地生产资源又了解输入地商品行情的农业转移劳动力,鼓励其回乡创业,能发挥其熟悉输出地资源及人脉优势,与输出地市场完美对接,实现各种成本上的节约,特别适应于特色土产品、特色工艺品、特色绿色农产品方面的电子商务行业的返乡创业。它借助智能云平台、大数据与数字平台的优势,获取市场信息,通过网络完成销售订单发展的创业,具有绿色化、第三产业服务化特征。返乡创业实现了输出地资源和输入地市场完美对接,借助互联网云平台实现现代化生产和销售。

最后,优势产业、新兴数字平台带动的返乡创业。这种比较适合具有旅游资源,具有规模优势的旅游地域,具有得天独厚优势的地域开展。乡村旅游、林下经济、休闲农业、各种民宿保健、文旅农业,结合旅游方面的数字平台和 App 的渗透,这方面的返乡创业也会有一个较大前景。农业经营主体带动的返乡就业。主要是针对家庭农场、林场这些新型农业经营主体的农产品现代化加工、规模养殖、规模种植、农机推广、农资营销、农具配送等生产与销售渠道相关的创业。

虽说上述分析的前景较好，但由于低技能体力劳动者中的农村转移人口的文化程度较低，启动资金不足，管理经验较为欠缺，对政策关注度不够，普遍属于"被动被迫的"返乡生存式创业，这些创业人员会面临一系列的困难。需要社会和政府提供培训环境、政策支持、资金项目扶持，软硬件齐下手，营造良好的回乡创业环境，降低低技能体力劳动者中农村转移人口创业的成本与风险。

8.3.7 完善失业保障体系

应完善失业保障体系，积极发挥服务业的作用，充分发挥第三产业广纳劳动者的社会潜能。为应对由数字技术以及制造业中由智能云制造带来的低技能体力劳动者失业状态和其中大量的农村迁移人员失业情形，可以试图通过发挥第三产业的优势，鼓励这些人员积极参与第三产业实现再就业来应对。我国第三产业的发展空间还很大，从数据上看，在发达国家人均GDP 6000 美元时，第三产业增加值占 GDP 份额的 60%，提供了大量就业人口。我国在 2014 年达到人均 GDP 6000 美元，此时第三产业增加值占 GDP 份额为 48.1%。可以看到第三产业的发展空间还很大，还能吸纳更多的劳动者就业，包括吸纳大批低技能体力劳动者的就业。

我国服务业每年新增大量就业岗位，一部分低技能体力劳动者能经过简单培训后进入第三产业服务业。家庭服务、养老服务、社区服务、餐饮服务、旅游服务等领域，仍有很多就业岗位供低技能体力劳动者和农业转移人口实现就业。育儿与养老服务行业：如婴儿洗护、宠物洗护、养老陪护、生活料理、康复陪护、家电修理等方面。住宿旅游餐饮方面，如民宿服务、农家乐服务、特色旅游服务等。① 批发服务方面,如社区电商、物流配送、物流社区服务等。② 上述列举的服务业方面,在当前阶段还能提供低技能体力劳动者就业机会。③

在生产性服务领域,基于智能云制造推动制造业企业向服务型制造转变,在这种趋势下,大量的生产性服务岗位被创造,这些岗位也可以吸纳低技能体力劳动者。生产车间服务、仓储服务、物流管理等领域,能吸纳低技能体力劳动者的就业。生产性保洁领域涉及车间环境清理、厂房外设施清理、生产废料清理等环节,都可以提供低技能体力劳动者转型就业机会。运输货物与仓库货物储备方面,各种快递服务、运输服务、装卸服务也能提供就业岗位。例如,平台数字化企业"货拉拉"专门负责搬家工作,它的平台端司机能提供各种搬家、搬运、拉货服务。"UU 跑腿"能提供客户城市里各种文件和物品的运输传递服务。这些新数字企业中新增的业务,能吸纳部分低技能体力劳动者,或受城镇化过程或农民工迁移影响的农业转移劳动力的就业。基于此,可采取以下措施:

首先,扩大失业保险覆盖范围,将失业保险的覆盖范围扩大到更多的就业人群,包括城镇和农村的居民,以及非正式就业者;提高失业保险金水平,调整失业保险金标准,使其能够更好地满足失业者的基本生活需求,同时考虑区域差异和生活成本。

其次,加强就业服务和职业培训,积极发挥第三产业服务业的作用,提供更广泛的就业服务,包括职业指导、职业培训和技能提升课程,帮助失业者重新就业;建立灵活的再就业机制,制定政策,支持失业者灵活的再就业选择,鼓励创业和自主就业,并提供相关的财政和税收优惠政策。

再次,加强失业保险基金与监管体系的建设,建立健全失业保险基金管

---

① 徐宁,张丽云,邱明慧,李田,蔡湛.智慧农家乐体系构建——以河北天桂山景区柏树庄智慧农家乐建设为例[J].中国集体经济,2017(36):1-2.

② 吕晓永.农产品批发市场电子商务发展策略研究[J].当代经济,2018(10):32-33.

③ 陈丽娴,魏作磊.地区制造业服务化程度与劳动者工资收入——基于 CHIP 数据的经验研究[J].财经论丛(浙江财经学院学报),2019(5):13-21.

理机制,确保基金的可持续性和稳定性,及时足额支付失业保险金;建立有效的监督与监管机制,监督失业保险基金的使用情况,确保资金使用合规,同时定期评估失业保障体系的运行效果,及时调整政策。

最后,促进跨部门合作,加强劳动部门、财政部门、教育部门等相关部门之间的协调合作,形成失业保障的综合政策。加强对失业保障政策的宣传和教育,提高公众对失业保障制度的认知和参与度,提高公众意识,增强制度的公信力和可持续性。需要强调说明的是,无论是消费性服务业还是生产性服务业,这些低技能体力劳动者往往都需要进行严格的岗前培训,由公司、企业、学校或校企联合搭建的培训班,提供知识技能岗前培训;或者由社会上的培训班提供岗前技能培训,扶持培训费用。这些低技能体力劳动者结合新的数字技术创造效应的新岗位进行培训,培训符合要求后,获得再就业。新岗位技能、知识和综合素质,将是被数字技术替代的劳动者新岗位就业的首要前提和必要条件。通过合力促使数字技术带来更好更快的经济效益与社会效用。这些措施有助于中国完善失业保障体系。

参考文献

[1]迈尔-舍恩伯格,拉姆什.数据资本时代[M].李晓霞,周涛,译.北京:中信出版社,2018.

[2]阿格拉沃尔,甘斯,戈德法布.AI极简经济学[M].闫佳,译.长沙:湖南科学技术出版社,2018.

[3]OECD.数据驱动创新:经济增长和社会福利中的大数据[M].北京:电子工业出版社,2017.

[4]萨德-费洛.马克思的价值:当代资本主义政治经济学批判[M].周丹丹,孔祥润,译.北京:社会科学文献出版社,2021.

[5]安启念.马克思唯物史观思想的两个维度:从《1857—1858年经济学手稿谈起[J].中国人民大学学报,2011(2):34-39.

[6]白永亮.共享经济下灵活就业法律制度重构[J].江西社会科学,2017(10):209-217.

[7]奥尔曼.马克思的异化理论[M].王贵贤,译.北京:北京师范大学出版社,2018.

[8]曾小满.2009—2015年"双十一"期间电商平台的促销策略分析[J].市场周刊,2016(9):58-60.

[9]陈抗,郁明琴.从中国制造到中国创造:第三次工业革命的因应之道[J].江海学刊,2013(6):91-96.

[10]陈玲.双边市场理论视角下的市场平台研究[J].商业研究,2010(4):21-24.

[11]陈硕颖.当代资本主义新型生产组织形式:模块化生产网络研究[J].当代经济研究,2011(4):20-28.

[12]陈盈颖.浅谈人工智能在工业 4.0 中的应用[J].中国高新区,2019（4）:58.

[13]陈宇.马克思的异化理论及其当代价值[J].改革与战略,2013（12）:13-15.

[14]程啸.论大数据时代的个人数据权利[J].中国社会科学,2018（3）:102-122,207-208.

[15]哈维.资本社会的 17 个矛盾[M].许瑞宋,译.北京:中信出版社,2016.

[16]邓利群,肖应连,史晓斌.马克思主义哲学原理[M].长沙:中南大学出版社,2004.

[17]董明玉.生产力是高质量发展的引擎[J].经贸实践,2019（24）:68-69.

[18]董小康,赵科科,郭晓蓓.当代资本主义生产力的变化及启示[J].科技展望,2016（6）:253-253.

[19]杜品圣.智能工厂[J].自动化博览,2014（1）:22-25.

[20]樊润华.浅析人工智能的发展对社会就业形势的影响[J].当代经济,2018（7）:18-19.

[21]冯军政,魏江.国外动态能力维度划分及测量研究综述与展望[J].外国经济与管理,2011,33（7）:26-33.

[22]高海建.基于大数据视角的电子商务产业研究[D].北京:首都经济贸易大学,2015.

[23]高子平.新型科技人才呼之欲出[J].国际人才交流,2019（12）:20-21.

[24]龚潇.劳动关系、劳务关系、雇佣关系的特征及其归责[J].法制博览,2013（11）:225-227.

[25]郭进利.供应链型网络中双幂律分布模型[J].物理学报,2006,55（8）:3916-3921.

[26]郭莉莉,孟祥丽,马丽娜,等.加快沈阳人工智能产业链建设的对策研究[J].大科技,2020（35）:205-206.

[27]郭珉江,李亚子,张芳源,等.平台经济学视角下"互联网+"医保支付参与机制的探讨[J].中国卫生经济,2020（1）:30-33.

[28]郭壬癸.认识论视域下人工智能著作权主体适格性分析[J].北京理工大学学报(社会科学版),2019(4):145-154.

[29]郭宇强.我国职业结构变迁研究[D].北京:首都经济贸易大学,2007.

[30]韩文.互联网平台企业与劳动者之间的良性互动:基于美国优步案的新思考[J].中国人力资源开发,2016(10):86-90.

[31]何干强.也谈劳动生产率同价值创造的关系[J].教学与研究,2011(7):46-53.

[32]贺俊,吕铁.战略性新兴产业:从政策概念到理论问题[J].财贸经济,2012(5):106-113.

[33]胡莹.论数字经济时代资本主义劳动过程中的劳资关系[J].马克思主义研究,2020(6):136-145.

[34]胡斌,汪泓.战略性新兴产业发展的需求创新政策框架体系设计[J].工业技术经济,2014(5):117-123.

[35]胡放之,陈欣然,张文旭.网约工劳动权益保障:问题、原因及对策[J].科技创业,2020(9):137-140.

[36]胡乐明,刘刚,高桂爱.经济长波的历史界分与解析框架:唯物史观视角下的新拓展[J].中国人民大学学报,2019(5):89-103.

[37]胡磊,网络平台经济中"去劳动关系化"的动因及治理[J].经济纵横,2019(9):122-127.

[38]胡磊.马克思劳动从属于资本理论及其现实意义[J].观察与思考,2020(4):13-22.

[39]胡磊.平台经济下劳动过程控制权和劳动从属性的演化与制度因应[J].经济纵横,2020(2):36-44.

[40]华中生.网络环境下的平台服务及其管理问题[J].管理科学党报,2013(12):1-12.

[41]黄桂田.产业组织理论[M].北京:北京大学出版社,2012.

[42]黄家良,谷斌.基于大数据的电子商务行业监管体系[J].中国科技论坛,2016(5):46-51.

[43]黄建烽.马克思主义交往实践观及其当代意义:从科技与文化发展的视角审视[J].理论探讨,2013(6):66-69.

[44]黄南.现代产业体系构建与产业结构调整研究[M].南京:东南大学出版社,2011.

[45]黄阳华,林智,李萌."互联网+"对我国制造业转型升级的影响[J].中国党政干部论坛,2015(7):73-75.

[46]黄再胜.网络平台劳动的合约特征、实践挑战与治理路径[J].外国经济与管理,2019(7):99-111.

[47]江飞涛,李晓萍.构建功能型产业政策体系的若干建议[J].经济研究参考,2017(12):22-23.

[48]姜江,洪群联,等."十三五"产业新增长点:打造经济发展新引擎[M].北京:中国市场出版社,2016.

[49]蒋大兴,王首杰.共享经济的法律规制[J].中国社会科学,2017(9):49-57.

[50]蒋南平,徐明.资本有机构成理论发展的新态势与当代中国的实践[J].社会科学研究,2020(4):40-46.

[51]蒋上彬.一种零售企业营销大数据分析系统的设计与实现[D].郑州:郑州大学,2019.

[52]蒋永穆,张鹏.马克思经济学共享发展思想:缘起、关键、途径与愿景[J].当代经济研究,2017(4):13-19.

[53]蒋永穆.中国特色社会主义政治经济学研究[J].四川大学学报(哲学社会科学版),2018(5):1.

[54]焦豪.企业动态能力绩效机制及其多层次影响要素的实证研究[D].上海:复旦大学,2010.

[55]帕克,邱达利.平台革命:改变世界的商业模式[M].志鹏,译.北京:机械工业出版社,2017.

[56]雷德雨,张占斌.贵州经济绿色发展的理论内涵、实现路径与政策创新[J].经济研究参考,2017(40):56-65.

[57]冷柏军,吴锦今.微软垄断案的法律与经济分析[J].对外经贸实务, 2005(9):40-42.

[58]李伯虎,张霖,柴旭东.云制造概论[J].中兴通讯技术,2010(4):5-8.

[59]李丹.基于双边市场理论的社区服务平台定价机制研究[D].南京:南京理工大学,2015.

[60]李定中.技术创新劳动在价值创造中的独特作用[J].经济经纬,2003 (1):1-5.

[61]李二玲,李小建.企业集群的竞争优势研究[J].河南大学学报(社会科学版),2005(3):9-14.

[62]李海舰,田跃新,李文杰.互联网思维与传统企业再造[J].中国工业经济,2014(10):135-146.

[63]李坤刚,乔安丽.劳务承揽与劳动关系的区别:基于雇佣历史发展的分析[J].中国劳动,2015(3):55-59.

[64]李梦琴,谭建伟,吴雄,共享经济模式下的共享型用工关系研究进展与启示[J].中国人力资源开发,2018(8):105-114.

[65]李明.政治经济学研究对象的新探[J].现代经济信息,2014(16):426-427.

[66]李培林,尉建文.新的历史条件下我国工人阶级构成的变化和应对[J].学术月刊,2021(9):129-138.

[67]李培楠,万劲波.工业互联网发展与"两化"深度融合[J].中国科学院院刊,2014(2):215-222.

[68]李盛基,吕康银,朱金霞.我国最低工资制度的完善对策[J].经济纵横, 2013(3):62-65.

[69]李晓华.分享经济的内涵与特征探析[J].商业研究,2017(7):119-126.

[70]李晓华.人工智能的马克思主义解读[J].人民论坛,2019(Z1):98-99.

[71]李晓菁,刘爱玉.资本控制与个体自主:对国内空姐情感劳动的实证研究[J].妇女研究论丛,2017(5):24-36.

[72]李新灵.科学技术与社会结构变化[J].理论探索,2011(1):49-51.

[73]曾令秋.马克思一般资本理论与古典学派的对比[J].四川师范大学学报(社会科学版),2000(9):30-33.

[74]李彦军.首都经济圈建设中北京的经济转型与产业效率提升[J].区域经济评论,2014(2):29-34.

[75]曾令秋,王德忠.马克思失业理论与西方经济学失业理论:一个新的综合[J].经济学家,2008(4):73-78.

[76]李重华.话说劳动与价值[M].北京:国防大学出版社,2004.

[77]厉以宁,吴敬琏,林毅夫,等.解码"供给侧改革"[M].北京:群言出版社,2016.

[78]梁鑫鹏.基于物联网技术的电子商务精准营销研究[J].商场现代化,2017(15):69-70.

[79]刘爱文,王碧英.资本主义生产组织模式的演进与创新[J].当代经济研究,2015(7):36-52.

[80]刘凤义,王媛媛."苹果—富士康"模式中的劳资关系问题[J].当代经济研究,2015(2):50-55.

[81]刘凤义.劳动关系研究中的马克思主义分析框架:兼谈资本主义劳动关系的演变[J].马克思主义研究,2012(9):50-60,159.

[82]刘皓琰.数据霸权与数字帝国资本主义的新型掠夺[J].当代经济研究,2021(2):25-32.

[83]刘红玉.马克思的创新思想研究[D].长沙:湖南大学,2011.

[84]刘九如."工业4.0"中国版:两化深度融合[J].中国信息化,2014(15):5-7.

[85]刘湘丽.新常态时期中国工业劳动力的变化与原因分析[J].中国经贸导刊,2017(36):28-31.

[86]刘英团.供给侧结构性改革的困境与出路[J].时代金融(上旬),2017(4):70-71.

[87]刘志亭.新工业革命背景下青岛制造业转型升级的路径探索[J].青岛科技大学学报(社会科学版),2016(1):55-59.

[88]龙俊.数字音乐版权独家授权的竞争风险及其规制方法[J].华中科技大学学报(社会科学版),2020(2):83-94.

[89]罗花.马克思主义政治经济学原理[M].南京:河海大学出版社,2001.

[90]罗美美.关于"互联网+"视域下交通运输行业档案管理研究[J].环球市场,2017(1):37.

[91]马伯钧.政治经济学[M].长沙:中南大学出版社,2003.

[92]中共中央马克思恩格斯列宁斯大林著作编译局.马克思恩格斯文集:第5卷[M].北京:人民出版社,2009.

[93]中共中央马克思恩格斯列宁斯大林著作编译局.马克思恩格斯文集:第8卷[M].北京:人民出版社,2009.

[94]中共中央马克思恩格斯列宁斯大林著作编译局.马克思恩格斯选集:第1卷[M].北京:人民出版社,2012.

[95]中共中央马克思恩格斯列宁斯大林著作编译局.马克思恩格斯选集:第2卷[M].北京:人民出版社,2012.

[96]马蔷,李雪灵,刘京,等.数据资源对企业竞合战略选择的影响机理研究:基于平台理论的多案例研究[J].经济管理,2018(2):37-54.

[97]马晓辉.生产方式的内涵和几个相关问题[J].商业研究,2005(22):38-41.

[98]马远达.知识经济时代的先进生产力与知识分子的地位和作用[J].天府新论,2001(5):3-5.

[99]拉扎拉托,高燕.非物质劳动(上)[J].国外理论动态,2005(3):77-79.

[100]毛育民.政治经济学[M].北京:中国财政经济出版社,1997.

[101]缪顾贤,徐和平,冯定忠.数字经济驱动下长三角纺织服装产业数字化提升路径研究[J].染整技术,2020(3):18-23.

[102]穆随心,王昭.共享经济背景下网约车司机劳动关系认定探析[J].河南财经政法大学学报,2018(1):34-42.

[103]斯尔尼塞克.平台资本主义[M].程水英,译.广州:广东人民出版社,2018.

[104]宁立志,王少南.双边市场条件下相关市场界定的困境和出路[J].政法论丛,2016(6):121-132.

[105]牛二耀.生态文明视阈下中国特色社会主义发展之路[D].南昌:华东交通大学,2015.

[106]牛禄青.平台经济崛起[J].新经济导刊,2017(11):10-18.

[107]潘旦.互联网"零工经济"就业群体的劳动权益保障研究[J].浙江社会科学,2022(4):89-95.

[108]潘文砚,庄越.企业开放式创新的影响因素研究[J].工商管理,2016(3):46-54.

[109]逄锦聚.政治经济学[M].北京:高等教育出版社,2003.

[110]裴长洪,倪江飞,李越.数字经济的政治经济学分析[J].财贸经济,2018(9):7-24.

[111]彭瑜,王健,刘亚威,等.智慧工厂:中国制造业探索实践[M].北京:机械工业出版社,2016.

[112]戚聿东,刘欢欢.数字经济下数据的生产要素属性及其市场化配置机制研究[J].经济纵横,2020(11):63-76.

[113]齐昊,李钟瑾.平台经济金融化的政治经济学分析[J].经济学家,2021(10):14-22.

[114]乔龙宝.企业长寿战略基于系统能力的企业生命周期研究[M].北京:中国财政经济出版社,2004.

[115]秦国荣.网络用工与劳动法的理论革新及实践应对[J].南通大学学报(社会科学版),2018(4):54-61.

[116]人民论坛.中国制造2025:智能时代的国家战略[M].北京:中信出版社,2015.

[117]任保平,宋文月.新一代人工智能和实体经济深度融合促进高质量发展的效应与路径[J].西北大学(哲学社会科学版),2019(5):6-13.

[118]任保平.中国特色经济学创新与发展中的基本范畴[J].西北大学学报(哲学社会科学版),2008(5):17-19.

[119]任巧巧.论管理信息化与企业组织变革[J].理论界,2006(6):219-220.

[120]2018(第三届)中国大数据产业生态大会圆满召开[J].软件和集成电路,2018(8):14-15.

[121]邵婧婷.数字化、智能化技术对企业价值链的重塑研究[J].经济纵横,2019(9):95-102.

[122]邵娜.互联网时代政府模式变革的逻辑进路[J].海南大学学报(人文社会科学版),2016(1):23-29.

[123]申利娜.马克思生产方式理论及其当代价值[D].北京:北京交通大学,2019.

[124]申明远,魏建生.现代性视域下资本逻辑的批判与突围[J].理论导刊,2020(7):107-111.

[125]申治安.溯源考流、整合重建、辩难驳责:本·阿格尔对西方马克思主义发展所做的积极探索[J].理论月刊,2012(3):32-36.

[126]沈杰.共享经济下劳资关系的分析[J].营销界,2020(5):86.

[127]石淑华.我国对社会主义政治经济学研究对象的探索、反思与创新[J].福建师范大学学报(哲学社会科学版),2007(5):7-13.

[128]史丹.新能源产业发展与政策研究[M].北京:中国社会科学出版社,2015.

[129]宋景堂.人的全面发展与社会的全面发展[J].南京政治学院学报,2002(3):15-18.

[130]孙可庸.社会主义生产方式论[M].桂林:广西人民出版社,2001.

[131]孙寿涛.20世纪70年代以来发达资本主义社会劳资关系的新变化[J].当代资本主义研究,2014(2):62-69.

[132]孙夕龙.人同人如何相异化:遵循马克思的思想脉络[J].北京行政学院学报,2015(2):73-78.

[133]孙耀吾,翟翌,陈立勇.平台企业主导能力及其演化:理论构架与研究逻辑[J].创新与创业管理,2016(1):17-27.

[134] 谭敏,杨丹.国外众创空间发展实践简考及启示[J].重庆行政(公共论坛),2018(5):31-34.

[135] 汤龙.劳动价值论再认识:基于人工智能的视角[D].合肥:安徽大学,2019.

[136] 汤美芳.网络环境下劳动就业与劳动关系的嬗变[J].内蒙古科技与经济,2019(14):16-19.

[137] 唐金倍,林翰.支持实体经济发展的财政政策研究[J].发展研究,2014(12):40-47.

[138] 唐鑛,李彦君,徐景昀.共享经济企业用工管理与《劳动合同法》制度创新[J].中国劳动,2016(14):41-52.

[139] 唐永,张衔.人工智能会加剧资本主义失业风险吗:基于政治经济学视角的分析[J].财经科学,2020(6):51-65.

[140] 涂永前.新时代中国特色社会主义和谐劳动关系构建研究:现状、问题与对策[J].社会科学家,2018(1):119-125.

[141] 万文海,王新新.共创价值的两种范式及消费领域共创价值研究前沿述评[J].经济管理,2013(1):186-199.

[142] 汪雁,张丽华.关于我国共享经济新就业形态的研究[J].中国劳动关系学院学报,2019(2):49-59,98.

[143] 汪雁.关于共享经济平台网约工劳动权益保障的研究[J].中国劳动关系学院学报,2019(6):122-127.

[144] 王彬彬,李晓燕.互联网平台组织的源起、本质、缺陷与制度重构[J].马克思主义研究,2018(12):65-73.

[145] 王传东,杨学成.重新解读马克思的劳动价值论[J].前沿,2004(8):30-33.

[146] 王峰明.《资本论》第1卷导读下册[M].北京:中国民主法制出版社,2012.

[147] 王健.APP平台用工中的网约工身份认定与劳动关系重构[J].兰州学刊,2019(6):46-55.

[148] 王金平.展望"十二五"信息化战略[J].中国投资,2009(8):34-37.

[149]王乐.移动互联背景下的双边市场商业模式的运作机理研究[D].南京:南京财经大学,2016.

[150]王磊,谭清美.智能生产与服务网络条件下产业创新平台的利润分配机制:基于灰数运算的 Shapley 值模型[J].科技管理研究,2017(5):198-202.

[151]王丽荣,朱奎.劳动内含量的变动及其影响研究[J].海派经济学,2013(3):35-43.

[152]王茜.互联网平台经济从业者的权益保护问题[J].云南社会科学,2017(4):47-52.

[153]王荣.浅析电子商务对企业管理的影响[J].中国商贸,2011(9):104-105.

[154]王天玉.劳动法规制灵活化的法律技术[J].法学,2017(10):76-89.

[155]王文军,李琪,刘丹.论人工智能时代绿色发展的挑战及应对[J].西安财经学院学报,2020(1):30-36.

[156]王献美.基于大数据的智慧云物流理论、方法及其应用研究[D].杭州:浙江理工大学,2015.

[157]王媛媛.劳动异化逻辑的解构与科学唯物史观的建构:马克思《评李斯特》中的唯物史观考析[J].经济研究导刊,2016(22):8-10.

[158]王镇,陆金青.现代中介型平台企业竞争策略研究:基于双边市场理论的分析[J].现代商贸工业,2010(24):32-33.

[159]魏江,焦豪.创业导向、组织学习与动态能力关系研究[J].外国经济与管理,2008(2):36-41.

[160]魏益华,谭建萍.互联网经济中新型劳动关系的风险防范[J].社会科学战线,2018(2):84-90.

[161]翁仁木.平台从业人员职业伤害保障制度研究[J].中国劳动,2019(10):78-90.

[162]吴清军,杨伟国.共享经济与平台人力资本管理体系:对劳动力资源与平台工作的再认识[J].中国人力资源开发,2018(6):101-108.

［163］吴晓波,朱克力,等.读懂中国制造2025［M］.北京:中信出版社,2016.

［164］吴益仙.科技型中小企业人力资源开发与管理的伦理诉求［J］.浙江科技学院学报,2017(4):260-265.

［165］武晓光.马克思分配思想的形成逻辑［J］.河北经贸大学学报,2015(6):23-26.

［166］武照云,张毓兰,原富林,等.基于排样优化与车间调度的粮机装备智能制造平台研究［J］.河南工业大学学报(自然科学版),2019(1):89-93.

［167］夏莹.论共享经济的"资本主义"属性及其内在矛盾［J］.山东社会科学,2017(8):44-49.

［168］向晓梅,吴伟萍.改革开放40年持续性产业升级的动力机制与路径:广东迈向高质量发展之路［J］.南方经济,2018(7):1-18.

［169］肖潇."分享经济"背景下劳资关系的演变趋势探析［J］.探索,2018(2):185-190.

［170］谢富胜,宋宪萍.从形式隶属到实际隶属:马克思的劳动过程理论［J］.当代经济研究,2012(5):15-21.

［171］谢富胜,周亚霆.知识经济与资本主义劳动过程［J］.教学与研究,2012(3):63-71.

［172］谢富胜,江楠,吴越.数字平台收入的来源与获取机制:基于马克思主义流通理论的分析［J］.经济学家,2022(1):16-24.

［173］徐宏潇.国际数字资本主义的发展动向及其内在悖论［J］.经济学家,2020(2):54-60.

［174］徐晋,张祥建.平台经济学初探［J］.中国工业经济,2006(5):77-79.

［175］徐景一,李昕阳.共享经济背景下平台企业利益关系演变研究［J］.经济纵横,2019(6):109-115.

［176］徐景一.算法机器与资本控制:劳动过程理论视域下的平台劳资关系与资本积累［J］.社会主义研究,2022(3):32-39.

［177］徐秋慧.经济学经典著作导读［M］.北京:经济科学出版社,2011.

[178]徐翔,赵墨非.数据资本与经济增长路径[J].经济研究,2020(10):38-54.

[179]许崇正.论马克思的生产力理论[J].福建论坛(人文社会科学版),2007(9):4-8.

[180]许崇正.马克思主义政治经济学原理[M].合肥:安徽大学出版社,2003.

[181]许崇正.生产力增长、智慧生产力与人的自由全面发展[J].改革与战略,2010(5):19-26.

[182]许光伟.资本主义生产组织演变的整体性解读与反思[J].马克思主义研究,2009(6):63-80.

[183]许晖,许守任,王睿智.嵌入全球价值链的企业国际化转型及创新路径:基于六家外贸企业的跨案例研究[J],科学学研究,2014(1):73-83.

[184]莫塞德,约翰逊.平台垄断:主导21世纪经济的力量[M].杨菲,译.北京:机械工业出版社,2017.

[185]杨斌,魏亚欣,丛龙峰.中国劳动关系发展途径探讨:基于劳动关系形态视角的分析[J].中国人力资源开发,2014(19):96-101.

[186]杨虎涛,冯鹏程.去技能化理论被证伪了吗?:基于就业极化与技能溢价的考察[J].当代经济研究,2020(10):50-63.

[187]杨骅,王雪颖.5G新基建打造数字社会新图景[J].移动通信,2020(8):66-72.

[188]杨慧玲.从政治经济学研究对象到中国政治经济学的创新[J].当代经济研究,2005(2):27-31.

[189]杨静.平台企业从业人员保障方案:中欧对比及启示[J].社会保障研究,2020(3):94-102.

[190]杨云霞.分享经济中用工关系的中美法律比较及启示[J].西北大学学报(哲学社会科学版),2016(5):147-153.

[191]姚挺.《资本论》的"以人为本"观[J].中共福建省委党校学报,2016

(9):2-6.

[192]尹君,谭清美.智能生产与服务网络下新型产业创新平台运行模式研究[J].科技进步与对策,2018(6):65-69.

[193]尹倩.价值创新视角下的"互联网+"时代商业模式探析[J].中国商论,2016(31):129-131.

[194]于洪军,刘金凤.资本有机构成理论视阈下大学生结构性失业问题研究[J].现代教育管理,2011(1):118-121.

[195]于金富,曲瑞琴.社会主义初级阶段生产方式导论 社会主义初级阶段政治经济学理论的新探索[M].北京:经济科学出版社,2003.

[196]于金富.论中国政治经济学的学科定位[J].当代经济研究,2016(10):37-42.

[197]于金富.知识经济条件下资本主义生产方式的新特点[J].当代经济研究,2003(5):22-26.

[198]于蒙蒙.数字经济视域下劳资关系新变化研究[J].理论建设,2021(3):100.

[199]余斌.《资本论》的研究对象与中国特色社会主义政治经济学的研究对象[J].政治经济学评论,2017(3):40-41.

[200]科伦.全球化制造革命[M].倪军,陈靖芯,等译.北京:机械工业出版社,2014.

[201]战勇.大规模定制生产模式理论综述及实践应用[J].商业时代,2012,25:73-74.

[202]张伯旭,赵剑波,李辉.服务型制造的模式创新[J].企业管理,2016(11):12-15.

[203]张慧.生产力与人的教育[J].黑龙江高教研究,2003(1):8-10.

[204]张洁,吕佑龙.智能制造的现状与发展趋势[J].高科技与产业化,2015(3):42-47.

[205]张礼立.大数据时代的云计算敏捷红利[M].北京:清华大学出版社,2013.

[206]张连怀.从三次产业革命看高技术企业成长[J].经济问题探索,2004
      (5):16-19.

[207]张梅,张立诚.马克思哲学视阈下个人自由与共同体发展的关系[J].
      广西社会科学,2015(7):72-76.

[208]张素凤."专车"运营中的非典型用工问题及其规范[J].华东政法大学
      学报,2016(6):75-87.

[209]张彤玉.关于劳动方式的二重属性[J].南开经济研究,2000(3):
      27-35.

[210]张衔.坚持《资本论》原理,开拓当代中国马克思主义政治经济学新境
      界[J].当代经济研究,2021(2):11-13.

[211]张衔.马克思的社会资本再生产模型:一个技术性补充[J].当代经济
      研究,2015(8):5-14,97,101.

[212]张衔.社会总资本的再生产和流通:理论原理与意义[J].政治经济学
      评论,2017(5):58-71.

[213]张岩.共享经济下灵活就业人员的工伤保险制度探析:以平台工作者
      为视角[J].吉林工商学院学报,2018(6):90-94.

[214]张一兵,周晓虹,周宪.社会理论论丛:第三辑[M].南京:南京大学出
      版社,2006.

[215]张于喆.传统工业领域利用新一代信息技术向中高端迈进的路径和建
      议[J].中国经贸导刊,2018(31):51-54.

[216]赵家祥.《资本论》及其手稿中的分工理论:基于历史唯物主义的视
      域[J].学习与探索,2014(7):4-15.

[217]赵家祥.《资本论》及其手稿中的生产方式概念[J].北京行政学院学
      报,2013(4):58-65.

[218]赵毅.丝路起点再出发陕西移动助力企业"上云"新征程[J].通信世
      界,2018(16):48-49.

[219]赵玉娇,黄少敏.企业WebOA系统和企业信息化浅论[J].武汉科技学
      院学报,2020(6):40-42.

[220]郑成武,张奎霞.异质退货背景下 C2B 电子商务供应链回购路径探索[J].商业经济研究,2017(24):77-79.

[221]郑祁,杨伟国.零工经济的研究视角:基于西方经典文献的述评[J].中国人力资源开发,2019,36(1):129-137.

[222]郑文智.不完全契约下的劳动剩余控制权安排研究[J].湖北经济学院学报,2010(2):105-109.

[223]郑智龙,黄长旗,汤爱玉.采运生产力水平与科技发展及应用关系研究[J].林业经济问题,2002(4):217-220.

[224]工信部,财政部.《智能制造发展规划(2016-2020 年)》发布[J].中国信息化,2016(12):61-62.

[225]智能建筑与智慧城市编辑部.新基建·新发展·新优势·新希望:"新基建"为产业发展注入智能数字新动力[J].智能建筑与智慧城市,2020(8):7-10.

[226]中共南京市委宣传部课题组.正确认识当代资本主义的基本矛盾与发展趋势[J].江海学刊,2001(2):3-8.

[227]周冬冬.马克思资本积累思想研究[D].保定:河北大学,2018.

[228]周国庆.新零工经济下均衡雇佣关系重构研究[J].人力资源管理,2022(6):117.

[229]周建锋.劳动的应然目的、劳动异化与理想的劳动制度建构原则:基于马克思理论的分析[J].广西社会科学,2014(1):56-61.

[230]周晋名,毛润泽.基于网络游记的景区游客画像构建研究:以上海迪士尼乐园为例[J].旅游论坛,2020(3):34-45.

[231]周敏芬.网络平台与网约工的法律关系认定[J].福建茶叶,2019(7):76.

[232]周天骥.社会主义市场经济理论[M].大连:大连理工大学出版社,2002.

[233]周孝,冯中越,张耘.京津冀晋蒙地区生产性服务业发展与制造业升级[J].北京工商大学学报(社会科学版),2013(4):16-23.

[234]周振华.现代经济中生产劳动内涵及其外延扩展[J].上海经济研究,

2010(10):3-10.

[235]周中之. 中国特色社会主义理论发微[M]. 上海:上海人民出版社, 2005.

[236]朱坚强,王晨. 马克思主义哲学原理习题集[M]. 上海:立信会计出版 社,2002.

[237]朱江涛. 大数据对社会变革的影响[D]. 武汉:武汉理工大学,2016.

[238]朱巧玲,李敏. 人工智能、技术进步与劳动力结构优化对策研究[J]. 科 技进步与对策,2018(6):36-41.

[239]王兆成. 数字经济背景下商品生产和价值实现的政治经济学分析[J]. 成功营销,2021(12):71-82.

[240]王兆成. 元宇宙背景下基于区块链的数字产品的商品属性解析[J]. 成 功营销,2022(5):70-72.

[241]Alyssa M Stokes. Driving Courts Crazy:A Look at How Labor and Employ-ment Laws Do Not Coincide with Ride Platforms in the Sharing Economy[J]. University of Nebraska-Lincoln,2017(3):853.

[242]Andrejevic M. Digital labor:The internet as playground and factory[J]. Es-tranged free labor,2013:149-164.

[243]Annabele Gawer. Bridging Difering Perspectives on the Technological Plat-form:Toward an Integrative Framework [J]. Research Policy, 2014: 1239-1249.

[244]Armstrong M. Competition in two-sided markets[J]. R& Journal of Eco-nomics,2010,37(3):668-691.

[245]Zhaocheng Wang. Value Finance Theory[J]. 经济科学研究(英文), 2022,5(4):1-7.

[246]Zhaocheng Wang. Supply and Demand,Tax,Income,Profit and Proof of Goldbach's Conjecture:Logic is the Basis of Correct Mathematical Meas-urement[J]. Journal of Economic Science Research,2022(10):22-33.

[247]Arvidsson A. Brands:A critical perspective[J]. Journal of consumer cul-

ture,2005,5(2):235-258.

[248]Autor D H,Levyf,Murnane R J. Skil demand,inequality,and computeriza-
tion:con-necting the dots[M]. Netherlands:Kluwer Aca-demic Publish-
ers,2002.

[249]B Rogers. Employment Rights in the Platform Economy,getting Back to
Basics[J]. Harvard Law &Policy Review,2016,10(2):479-520.

[250]Banning M E. Shared entanglements-Web 2. 0,info-liberalism & digital
sharing[J]. Information Communication and Society,2016,19(3-4):
1-15.

[251]Barrat James. Our Final Invention:Artificial Intelligence and the End of the
Human Era[M]. New York:St. Martin's Press,2013.

[252]Ben Vermeulen,Jan Kesselhut,Andreas Pyka,Pier Paolo Saviotti. The Im-
pact of Automation on Employment:Just the Usual Structural Change? [J].
Sustainability,2018(10).

[253]Bieber F,Moggia J. Risk Shifts in the Gig Economy:The Normative Case
for an Insurance Scheme against the Effects of Precarious Work[J]. Jour-
nal of Political Philosophy,2021,29(3):281-304.

[254]Bill Taylor,Chang Kai,Li Qi. Industrial Relations in China[M]. Edward
Elgar Publishing Inc,2003.

[255]Birnbaum S,De Wispelaere J. Basic income in the capitalist economy:the
mirage of "exit" from employment[J]. Basic Income Studies,2016,11
(1):61-74.

[256]Bodie M T. The Law of Employee Data:Privacy,Property,Governance[J].
Indiana Law Journal,2021:97.

[257]Burawoy M. The Public Turn:From Labor Process to Labor Movement[J].
Work and Occupations,2008,35(4):371-387.

[258]Campbell M. Synthetic Data:How AI Is Transitioning From Data Consumer
to Data Producer and Why That's Important[J]. Computer,2019,52(10):

89-91.

[259]Casilli A A. Waiting for robots:the ever-elusive myth of automation and the global exploitation of digital labor[J]. Sociologias,2021,23:112-133.

[260]Cavaglia C,Etheridge B. Job Polarization and the Declining Quality of Knowledge Workers:Evidence from the UK and Germany[J]. Labour Economics,2020,66:701-884.

[261]Cette G,Nevoux S,Py L. The impact of ICTs and digitalization on productivity and labor share:evidence from French firms[J]. Economics of Innovation and New Technology,2021:1-24.

[262]Chai S,Scully M A. It's about distributing rather than sharing:using labor process theory to probe the "Sharing" economy[J]. Journal of Business Ethics,2019,159(4):943-960.

[263]Chai S,Scully M A. Using Labor Process Theory to Probe the "Sharing" Economy[J]. Academy of Management Annual Meeting Proceedings,2018(1):18-48.

[264]Chen M K,Rossi P E,Chevalier J A,et al. The Value of Flexible Work:Evidence from Uber Drivers[J]. Journal of Political Economy,2019,127(6):2735-2794.

[265]Cherry M A,Aloisi A. Dependent contractors in the gig economy:a comparative approach[J]. Am. UL Rev. ,2016(66):635.

[266]Clemes S A,O'connell S E,Edwardson C L. Office workers' objectively measured sedentary behavior and physical activity during and outside working hours[J]. Journal of occupational and environmental medicine,2014,56(3):298-303.

[267]Cockayne D G. Sharing and neoliberal discourse:The economic function of sharing in the digital on-demand economy[J]. GEOFORUM,2016,77:73-82.

[268]Conor Quigley. European Community Contract Law:The Effect of EC Legis-

lation on Contractual Rights, Obligations and Remedies [M]. Netherlands: Kluwer Law International Press, 1998.

[269] Cooper R, Slagmulder R. Interorganizational cost management and relational context [J]. Accounting Organizations& Society, 2004, 29(1):1-26.

[270] Cusumano Michael. The Business of Software [M]. Cambridge: Free Pree, 2004.

[271] Da Xu L, He W, Li S. Internet of things in industries: A survey [J]. IEEE Transactions on industrial informatics, 2014, 10(4):2233-2243.

[272] Damodaran A. The dark side of valuation: valuing young, distressed, and complex businesses [M]. London: pearson education, 2018.

[273] David Cabrelli. Employment law in context: text and materials [M]. Oxford: Oxford University Press, 2016.

[274] Dewan S, Riggins F J. The digital divide: Current and future research directions [J]. Journal of the Association for information systems, 2005, 6(12): 298-337.

[275] Dillahunt T R, Wang X, Wheeler E, et al. The Sharing Economy in Computing: A Systematic Literature Review [J]. Proceedings of the Acm on Human Computer Interaction, 2017, 1(CSCW):1-26.

[276] Doorn N, A Badger. Platform capitalism's hidden abode: producing data assets in the gig economy [J]. Antipode, 2020, 52(5):1475-1495.

[277] Eichhorst W, Marx P. Reforming German Labor Market Institutions: A Dual Path to Flexibility [J]. Journal of European Social Policy, 2011, 21(1): 73-87.

[278] Elsby M W L, Hobijn B, Şahin A. The decline of the US labor share [J]. Brookings Papers on Economic Activity, 2013(2):1-63.

[279] Emanuele Leonardi. The Imprimatur of Capital: Gilbert Simondon and the Hypothesis of Cognitive Capitalism [J]. Ephemera: Theroy & Politics in Orgamzation, 2010(10):253-266.

[280]M Julià,C Vanroelen,K Bosmans,et al. Precarious Employment and Quality of Employment in Relation to Health and Well-being in Europe[J]. International Journal of Health Services,2017,3(47):389-409.

[281]Evans D S. The Antitrust Economics of Two-Sided Markets[J]. Social Science Electronic Publishing,2002(20):253.

[282]Filistrucchi L, Geradin D, Van Damme E. Identifying Two-Sided Markets[J]. Tilec Discussion Paper,2012(1):33-60.

[283]Flanagan F. Symposium on work in the 'gig' economy:Introduction[J]. Economic and Labour Relations Review,2017,28(3):1035-3046.

[284]Friedemann J. Risk Shifts in the Gig Economy:The Normative Case for an Insurance Scheme against the Effects of Precarious Work[J]. Journal of Political Philosophy,2020,29:281-304.

[285]Friedman G. Workers without employers:shadow corporations and the rise of the gig economy[J]. Review of Keynesian Economics,2014,2(2):171-188.

[286]Fuchs C. Web 2.0,prosumption,and surveillance[J]. Surveillance & Society,2011,8(3):288-309.

[287]Fuchs C. Digital Labour and Karl Marx[M]. New York and London:Routledge,2014.

[288]Georgellis Y,Sessions J G,Tsitsianis N. Self-employment Longitudinal Dynamics:A Review of the Literature[J]. Economic Issues,2005,10(2):51-84.

[289]Gillespie,Tarleton,Pablo J,et al. Media technologies:Essays on communication,materiality,and society[M]. MIT Press,2014.

[290]Goldman. Labour Law in the USA[M]. Netherlands:Kluwer Law International Press,2011.

[291]Gottfried. Developing Neo-fordism:A Comparative Perspective[J]. Critical Sociology,1995(3):45.

[292] Gulati R, Nohria N, Zaheer A. Strategic networks [J]. Strategic Management Journal, 2000, 21(3): 302-216.

[293] Hart K, Hann C. Introduction: Learning from Polanyi [J]. Market and Society: The Great Transformation Today, 2009: 1-16.

[294] Heery E, Conley H, Delbridge R, et al. Beyond the enterprise: trade union representation of freelances in the UK [J]. Human Resource Management Journal, 2004, 14(2): 20-35.

[295] Hemous D, Morten O. The Rise of the Machines: Automation, Horizontal Innovation and Income Inequality [M]. London: The Centre for Economic Policy Research, 2014.

[296] Hesmondhalgh D. User-generated content, free labour and the cultural industries [J]. Ephemera, 2010, 10(3/4): 267-284.

[297] Hodder I, Mol A. Network analysis and entanglement [J]. Journal of archaeological method and theory, 2016, 23(4): 1066-1094.

[298] Huber E. Development and crisis of the welfare state [M]. Chicago: The University of Chicago Press, 2001.

[299] Jens Kirchner, Pascal R. Kremp and Michael Magotsch. Key Aspects of German Employment and Labour Law [M]. Berlin Heidelberg: Springer-Verlag Press, 2010.

[300] Jeung D Y, Kim C, Chang S J. Emotional labor and burnout: A review of the literature [J]. Yonsei medical journal, 2018, 59(2): 187.

[301] Karabarbounis L, Neiman B. The global decline of the labor share [J]. The Quarterly journal of economics, 2014, 129(1): 61-103.

[302] Kaufman B E. History of the British Industrial Relations Field Reconsidered: Getting from the Webbs to the New Employment Relations Paradigm [J]. British Journal of Industrial Relations, 2014: 52(1): 1-31.

[303] Kaufman B E. Industrial Relations and Labor Institutionalism: A Century of Boom and Bust [J]. Labor History, 2006: 47(3): 295-318.

[304] Keller B. Interest representation and industrial relations in the age of digitalization – an outline [J]. Industrielle Beziehungen, 2020, 27 (3): 255–285.

[305] King S P. Sharing Economy: What Challenges for Competition Law? [J]. Journal of European Competition Law & Practice, 2015, 6(10): 72.

[306] Kolot A, Herasimenko O. Labor 4.0 concept: theoretical–applicable principles of formation and development[J]. Economy and Forecasting, 2020 (1): 7–31.

[307] Koutsimpogiorgos N, van Slageren J, Herrmann A M, et al. Conceptualizing the Gig Economy and Its Regulatory Problems[J]. Policy and Internet, 2020, 12(4): 525–545.

[308] Kuhn K, Maleki A. A Workforce of Micro – Entrepreneurs: Online Labor Platforms in the Sharing Economy[J]. Academy of Management Annual Meeting Proceedings, 2015(1): 85–109.

[309] Kung L C, Zhong G Y. The optimal pricing strategy for two–sided platform delivery in the sharing economy[J]. Transportation Research Part E: Logistics and Transportation Review, 2017, 101: 1–12.

[310] Kurzweil R. The Singularity is Near: When Humans Transcend Biology[M]. New York: Viking Press, 2005.

[311] Lei Y. Delivering Solidarity: Platform Architecture and Collective Contention in China's Platform Economy[J]. American Sociological Review, 2021, 86(2): 1.

[312] Lerner J, R Nanda. Venture capital's role in financing innovation: what we know and how much we still need to learn[J]. Journal of economic perspectives, 2020, 34(3): 237–261.

[313] Manfred Weiss, Marlene Schmidt. Labour Law and Industrial Relations in Germany[M]. Netherlands: Kluwer Law International Press, 2008.

[314] Manyika J, Mischke J, Bughin J, et al. A new look at the declining labor

share of income in the United States[J]. McKinsey Global Institute Discussion paper,2019:1–64.

[315] Mark Freedland. The Personal Employment Contract[M]. Oxford: Oxford University Press,2003.

[316] Martin Neil Baily, Jacob Funk Kirkegaard. US Pension Reform: Lessons from Other Countries[M]. Washington: Peterson Institute for International Economics Press,2009.

[317] Maurizio Lazzarato. The making of indebted man[M]. Los Angeles: semiotext,2012.

[318] Mccann D, Fudge J. A Strategic Approach to Regulating Unacceptable Forms of Work[J]. Journal of Law and Society,2019,46(2):76–87.

[319] Minter K. Negotiating labor standards in the gig economy: Airtasker and unions new south wales[J]. Economic & Labor Relations Review,2017,28(3):438–454.

[320] Muntaner C. Digital Platforms, Gig Economy, Precarious Employment, and the Invisible Hand of Social Class[J]. International Journal of Health Services,2018,48(4):597–600.

[321] Nass C, Moon Y. Machines and mindlessness: Social responses to computers[J]. Journal of social issues,2000,56(1):81–103.

[322] Negri Antonio. Value and affect[J]. Boundary 2,1999,26(2):77–88.

[323] Nolse Grünbaum N, Stenger M. Dynamic capabilities: do they lead to innovation performance and profitability? [J] IUP Journal of Business Strategy,2013,10(4):60–70.

[324] Paddy Quick. Modes of Production and Household Production[J]. Review of Radical Political Economics,2016,48:4.

[325] Partha P Datta, Rajkumar Roy. Cost modelling techniques for availability type service support contracts: a literature review and empirical study[J]. CIRP Journal of Manufacturing Science and Technology, 2010 (3):

142-157.

[326] Pollman E, Barry J M. Regulatory entrepreneurship[J]. S. Cal. L. Rev, 2016,(90):383.

[327] Pulkka V V. A free lunch with robots-can a basic income stabilise the digital economy? [J]. Transfer:European Review of Labour and Research, 2017,23(3):295-311.

[328] Querbes A. Banned from the sharing economy:an agent-based model of a peer-to-peer marketplace for consumer goods and services[J]. Journal of Evolutionary Economics,2018,28(3):1-33.

[329] Ravenelle A J. Sharing economy worker: selling, not sharing[J]. Cambridge Journal of Regions,Economy and Society,2017,10(2):281-295.

[330] Rigi J,Prey R. Value,rent,and the political economy of social media[J]. The Information Society,2015,31(5):392-406.

[331] Ritzer G,Jurgenson N. Production,consumption,prosumption:The nature of capitalism in the age of the digital 'prosumer' [J]. Journal of consumer culture,2010,10(1):13-36.

[332] Robert N. Covington. Employment Law in a Nutshell[M]. Minnesota:West Academic Press,2009.

[333] Rosen R. Two-sided markets:a tentative survey[J]. Journal of network economics,2005(4):142-160.

[334] Sabri E H,Beamon B M. Amulti-objective approach to simultaneousstrategicandoperational planningin supply chain design[J]. Omega,2000,28(5):581-598.

[335] Sadowski J. The Internet of landlords: digital platforms and new mechanisms of rentier capitalism[J]. Antipode,2020(52):562-580.

[336] Sanders D E,Pattiso P. Worker characterization in a gig economy viewed through an Uber centric lens[J]. Southern law journal,2016,26(2):297-320.

［337］Sang-Chul Park. The Fourth Industrial Revolution and Implications for Innovative Cluster Policies［J］. AI & Society,2018(33):433-445.

［338］Schobin J,Tomazic A C. The digital gamification of labour:a new form of labour process regulation? ［J］. International Journal of Work Innovation, 2020,2(4):308-327.

［339］Shkarlet S,Dubyna M,Shtyrkhun K,et al. Transformation of the paradigm of the economic entities development in digital economy［J］. wseas transactions on environment and development,2020,16:413-422.

［340］Simon Deakin,Gillian S Morris. Labour law［M］. Oxford:Hart Publishing Press,2012.

［341］Song E. What drives labor share change? Evidence from Korean industries［J］. Economic Modelling,2021,94:370-385.

［342］Sprague R. Worker (mis)classification in the sharing economy:Trying to fit square pegs into round holes［J］. ABA Journal of labor & employment law,2015,31(1):53-76.

［343］Srnicek N. Platform capitalism［M］. Cambridge:polity press,2017.

［344］Stepanov I. Introducing a property right over data in the EU:the data producer's right-an evaluation［J］. International Review of Law,Computers & Technology,2020,34(1):65-86.

［345］Terranova T. Free labor:Producing culture for the digital economy［J］. Social text,2000,18 (2):33-58.

［346］Thomas Poole. Reason of State:Law, Prerogative and Empire［M］. New York:Cambridge University Press,2015.

［347］Thompson P,Vincent S. Labour process theory and critical realism［J］. Working life:Renewing labour process analysis,2010:47-69.

［348］Wendt M,Li P,Wozny G. Nonlinear Chance-Constrained Process Optimization under Uncertainty ［J］. Industrial & Engineering Chemistry Research,2002,41(15):3621-3629.

[349] Wiebe A. Protection of industrial data-a new property right for the digital economy? [J]. Journal of Intellectual Property Law & Practice, 2017, 12 (1):62-71.

[350] World Economic Forum. Strategies for the New Economy: Skills as the Currency of the Labour Market[R], 2017, 12:3-7.

[351] Wu T. The curse of bigness: antitrust in the new gilded Age[R]. Columbia global reports, 2018(11):49.

[352] Yu P K. Data Producer's Right and the Protection of Machine-Generated Data[J]. Tulane Law Review, 2019(93):859-929.

[353] Zech H. Data as a tradeable commodity in: De Franceschi[J]. European Contract Law and Digital Single Market-The implications of the Digital Revolution, Intersentia, Cambridge, Antwerp, Portland, 2016:51-81.

[354] Zichermann G, Linder J. Game-based marketing: inspire customer loyalty through rewards, challenges, and contests[M]. Hoboken: Wiley, 2010.

[355] Zweimuller J, Brunner J K. Innovation and growth withrich and poor consumers[J]. Metroeconomcia, 2005, 56:233-262.

[356] Pfeifer C, Stephan G, Dütsch M, et al. Do workers perceive high wage settlements of craft unions as fair? [J]. Applied Economics Letters, 2017, 24 (15):1093-1096.

[357] David Cabrelli, Employment law in context: text and materials[M]. Oxford: Oxford University Press, 2016.

[358] Finkin M W. Beclouded work, beclouded workers in historical perspective[J]. Comparative Labor Law & Policy Journal, 2016 (37): 603-618.